中国社会科学院文库
历史考古研究系列
The Selected Works of CASS
History and Archaeology

中國社會科學院創新工程學術出版資助項目

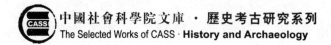 中國社會科學院文庫 · 歷史考古研究系列
The Selected Works of CASS · **History and Archaeology**

《資治通鑑》
十六國資料釋證
【前秦、後秦國部分】

ANNOTATION AND VERIFICATION FOR THE HISTORY OF THE SIXTEEN KINGDOMS IN
COMPREHENSIVE MIRROR FOR AID IN GOVERNMENT (FORMER AND LATER QIN)

陳 勇 著

中國社會科學出版社

圖書在版編目（CIP）數據

《資治通鑑》十六國資料釋證．前秦、後秦國部分/陳勇著．—北京：
中國社會科學出版社，2015.6
ISBN 978 - 7 - 5161 - 5651 - 3

Ⅰ.①資…　Ⅱ.①陳…　Ⅲ.①中國歷史—研究—五胡十六國時代
②《資治通鑑》—研究　Ⅳ.①K204.3②K238.07

中國版本圖書館 CIP 數據核字（2015）第 041932 號

出 版 人　趙劍英
責任編輯　李炳青
責任校對　董曉月
責任印製　李寡寡

出　　版　中國社會科學出版社
社　　址　北京鼓樓西大街甲 158 號
郵　　編　100720
網　　址　http：//www.csspw.cn
發 行 部　010 - 84083685
門 市 部　010 - 84029450
經　　銷　新華書店及其他書店

印　　刷　北京市大興區新魏印刷廠
裝　　訂　廊坊市廣陽區廣增裝訂廠
版　　次　2015 年 6 月第 1 版
印　　次　2015 年 6 月第 1 次印刷

開　　本　710×1000　1/16
印　　張　26.75
插　　頁　2
字　　數　448 千字
定　　價　86.00 圓

《中國社會科學院文庫》出版説明

　　《中國社會科學院文庫》（全稱爲《中國社會科學院重點研究課題成果文庫》）是中國社會科學院組織出版的系列學術叢書。組織出版《中國社會科學院文庫》，是我院進一步加强課題成果管理和學術成果出版的規範化、制度化建設的重要舉措。

　　建院以來，我院廣大科研人員堅持以馬克思主義爲指導，在中國特色社會主義理論和實踐的雙重探索中做出了重要貢獻，在推進馬克思主義理論創新、爲建設中國特色社會主義提供智力支持和各學科基礎建設方面，推出了大量的研究成果，其中每年完成的專著類成果就有三四百種之多。從現在起，我們經過一定的鑒定、結項、評審程序，逐年從中選出一批通過各類別課題研究工作而完成的具有較高學術水平和一定代表性的著作，編入《中國社會科學院文庫》集中出版。我們希望這能夠從一個側面展示我院整體科研狀況和學術成就，同時爲優秀學術成果的面世創造更好的條件。

　　《中國社會科學院文庫》分設馬克思主義研究、文學語言研究、歷史考古研究、哲學宗教研究、經濟研究、法學社會學研究、國際問題研究七個系列，選收範圍包括專著、研究報告集、學術資料、古籍整理、譯著、工具書等。

中國社會科學院科研局

2006 年 11 月

目　錄

《資治通鑑》前秦國資料釋證

《資治通鑑》後秦國資料釋證

爲司馬光正名

——《通鑑》十六國部分的史料價值

　　在以往的十六國史研究中，《通鑑》並未像《晉書》那樣被大量引用，是一個不爭的事實。究其緣由，則如嚴耕望所言："或許有人認爲《通鑑》只是融鑄正史材料，就史料觀點言，價值並不很高。"① 有學者說："引《通鑑》者多被視爲外行。"② 也不是空穴來風。實際上，我們已注意到："《通鑑》十六國部分的情節、文字乃至架構，多與《晉書》近似，可見《通鑑》該部分是以《晉書》爲主要藍本，或者說，其中大量文字與《晉書》同源，甚至直接出自《晉書》。"③ 但這決不意味著《通鑑》的內容僅限於對《晉書》或其他正史的改寫。由於學界對《通鑑》十六國部分獨家保留的內容是否可靠、是否具有史料價值等問題，尚未形成共識，本書擬就此進一步加以探討。

一　與諸史不同、具體的史實陳述
——《通鑑》十六國史料的判定

　　嚴耕望說："就史學言，當視《通鑑》爲一整體論之；若從史料觀點言，可依時代先後分爲戰國秦漢、魏晉南北朝與隋唐五代三個時代。"④ 爲了便於觀察，筆者將嚴氏對《通鑑》史料的分類及十六國史料所處的

---

① 嚴耕望：《〈資治通鑑〉的史料價值》，《嚴耕望史學論文集》下冊，上海古籍出版社 2009 年版，第 1163—1177 頁。

② 同行學者網上交流時所言。

③ 陳勇：《重溫〈通鑑〉——以十六國史料爲線索》，《文史》2009 年第 3 輯，後作爲序言收入拙著《〈資治通鑑〉十六國資料釋證》（漢趙、後趙、前燕國部分），中國社會科學出版社 2010 年版，第 20 頁。

④ 嚴耕望前引文，《嚴耕望史學論文集》下冊，第 1163 頁。

位置列表示意如下：

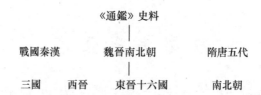

《通鑑》史料
｜
戰國秦漢　　　　　魏晉南北朝　　　　　隋唐五代
｜
三國　　　西晉　　　東晉十六國　　　　南北朝

　　嚴耕望又說：《通鑑》"魏晉南北朝時代，所採正史以外之史料已很不少"。而"就《晉紀》言，《通鑑》所記，頗多出於《晉書》之外，其敘十六國事，尤多爲《晉書‧載記》所不載"①。根據本書的統計：《通鑑》十六國部分獨家保留的文字，數量極爲可觀。舉其犖犖大者，如《通鑑》前燕國部分約四萬五千字，獨家保留的內容約二萬五千字②；又如《通鑑》前秦國部分約六萬二千字，獨家保留的內容更是多達二萬八千字，均可爲嚴說提供佐證。

　　《通鑑》十六國資料"爲《晉書‧載記》所不載"者，或見於現存其他十六國史文獻，因而筆者選擇"獨家保留"、"與諸史不同"等表述，意在對《通鑑》十六國文字的出處，更嚴格地加以限定。

　　值得一提的是，《通鑑》獨家保留的十六國資料，涉及大量重要史實。如《通鑑》卷八五晉惠帝永興元年（304）引述劉淵從祖、左賢王劉宣鼓動其族人起兵之語，有"今吾眾雖衰，猶不減二萬，奈何斂手受役，奄過百年"③數句，不見於現存其他文獻，周師一良推測出自崔鴻《十六國春秋》。④ 而在關於《通鑑》史料價值的討論中，同行學者的看法頗爲接近，都認爲這段文字反映兩晉之際一重要族羣的人口（一說民戶）數量，是具體的史實陳述，因此是可以作爲史料使用的。

　　此事給我們一個啟示：與諸史不同、具體的史實陳述，是同行學者普遍認可的《通鑑》史料的判定標準。《通鑑》文字的出處，反而不是人們刻意追究甚至不是人們最爲關注的事項。問題在於，像前引劉宣之語這樣

① 嚴耕望前引文，《嚴耕望史學論文集》下冊，第 1163 頁。
② 前引拙著，第 3—4 頁。
③ 《資治通鑑》卷八五晉惠帝永興元年（304），中華書局 1956 年版，第 2699 頁。
④ 周一良：《北朝的民族問題與民族政策》，《魏晉南北朝史論集》，北京大學出版社 1997 年版，第 167 頁。此數句不見於現存《十六國春秋》殘卷，也可能出自和苞《趙記》（《漢趙記》），說見前引拙著。

符合上述史料判定標準的例子，在《通鑑》中並非絕無僅有。

如《通鑑》卷八六晉懷帝永嘉四年（310）："漢主淵寢疾……以齊王裕爲大司徒，魯王隆爲尚書令，北海王乂（引者按：《晉書》作"乂"）爲撫軍大將軍、領司隸校尉，始安王曜爲征討大都督、領單于左輔，廷尉喬智明爲冠軍大將軍、領單于右輔，光祿大夫劉殷爲左僕射，王育爲右僕射，任顗爲吏部尚書，朱紀爲中書監，護軍馬景領左衛將軍，永安王安國領右衛將軍，安昌王盛、安邑王欽、西陽王璿皆領武衛將軍，分典禁兵。"①《晉書》卷一○一《劉元海載記》："元海寢疾……以其子裕爲大司徒。"其餘魯王隆等人職位，均僅見於《通鑑》。

又如《通鑑》卷九五晉成帝咸和八年（333）：蒲（苻）洪說石虎徙關中豪傑及氐、羌以實東方，稱"諸氐皆洪家部曲，洪帥以從，誰敢違者"②。蒲（苻）洪關於諸氐與蒲（苻）氏關係的這段話，也僅見於《通鑑》。③

又如《通鑑》卷九五晉成帝咸和八年（333）：慕容皝"以高詡爲廣武將軍，將兵五千與庶弟建武將軍幼、稚、廣威將軍軍、寧遠將軍汗、司馬遼東佟壽共討（母弟）仁。與仁戰於汶城北，皝兵大敗，幼、稚、軍皆爲仁所獲"④。幼、稚、軍、汗爲皝庶弟，僅見于《通鑑》。⑤

又如《通鑑》卷九六晉成帝咸康四年（338）載冉閔言於石虎曰："蒲洪雄儁，得將士死力，諸子皆有非常之才，且握強兵五萬，屯據近

---

① 《資治通鑑》卷八六晉惠帝永嘉四年（310），第2749頁。

② 《資治通鑑》卷九五晉成帝咸和八年（333），第2989頁。

③ 蔣福亞考氏族苻氏遷徙事，即引《通鑑》此條。見氏著《前秦史》，北京師範學院出版社1993年版，第27頁。

④ 《資治通鑑》卷九五晉成帝咸和八年（333），第2990—2991頁。

⑤ 前燕的例子，另見《通鑑》卷九九晉穆帝永和十年（354）四月戊申："燕主儁封撫軍將軍軍爲襄陽王，左將軍彭爲武昌王；以衛將軍恪爲大司馬、侍中、大都督、錄尚書事，封太原王；鎮南將軍評爲司徒、驃騎將軍，封上庸王；封安東將軍霸爲吳王，左賢王友爲范陽王，散騎常侍屬爲下邳王，散騎常侍宜爲廬江王，寧北將軍度爲樂浪王；又封弟桓爲宜都王，逮爲臨賀王，徽爲河間王，龍爲歷陽王，納爲北海王，秀爲蘭陵王，岳爲安豐王，德爲梁公，默爲始安公，僂爲南康公；子臧爲樂安王，亮爲勃海王，溫爲帶方王，涉爲漁陽王，暐爲中山王；以尚書令陽騖爲司空，仍守尚書令。"第3140頁。除慕容恪爲太原王、霸（垂）爲吳王、德爲梁公，分見《晉書》諸慕容載記外，其餘前燕宗室的爵位，均僅見於《通鑑》。儁弟桓、逮、徽、龍、納、秀、岳、默、僂及子亮、溫、涉等人名諱，同樣僅見於《通鑑》，也是具體的史實陳述。且《通鑑》敘五胡各國宗室行跡，多冠以王、公爵號，與《晉書》一般僅稱官位不同，其例甚多，說詳前引拙著第5頁，都是具體的史實陳述。

畿；宜密除之，以安社稷。"① 其中 "握強兵五萬，屯據近畿"② 兩句，僅見於《通鑑》。

又如《通鑑》卷一〇一晉海西公太和二年（367）九月："秦淮南公幼之反也，征東大將軍、并州牧、晉公柳，征西大將軍、秦州刺史趙公雙，皆與之通謀；秦王堅以雙，母弟至親，柳，健之愛子，隱而不問。柳、雙復與鎮東將軍、洛州刺史魏公廋，安西將軍、雍州刺史燕公武謀作亂，鎮東主簿南安姚眺諫曰：'明公以周、邵之親，受方面之任，國家有難，當竭力除之，況自爲難乎！'廋不聽。堅聞之，徵柳等詣長安。"③ 這一大段關於前秦苻氏内部鬥爭的文字，都僅見於《通鑑》。

又如《通鑑》卷一一二晉安帝元興元年（402）三月："司馬休之、劉敬宣、高雅之俱奔洛陽，各以子弟爲質於秦以求救。秦王興與之符信，使於關中募兵，得數千人，復還屯彭城間。"④ 此段僅見於《通鑑》。桓玄崛起，司馬休之等人被迫去國，周旋於後秦、南燕之間，在洛陽到彭城一線組織力量反抗桓氏，相關細節，賴溫公等人保存而爲後人所知。

又如《通鑑》卷一一四晉安帝義熙三年（407）：姚興送還慕容超之母，"超親帥六宫迎于馬耳關"⑤。嚴耕望說："南北朝時代，馬耳山、馬耳關之名屢見，在今萊蕪縣東北七十里原山西麓，爲泰山山脈中段之一斷谷，爲古代齊、魯兩地區之一交通要道，而見史最早者莫過於《通鑑》此條，但《晉書・載記》無馬耳關之名，殆亦採錄《十六國春秋》者歟？"⑥《通鑑》此條是否出於《十六國春秋》，還難以確定，但作爲後秦一處交通要道，馬耳關之名最早見於《通鑑》，則是無疑的。

依照上述《通鑑》史料判定的標準，這些與諸史不同、具體的史實陳述應該也都是史料。

由拙著《〈資治通鑑〉十六國資料釋證》（漢趙、後趙、前燕國部分）所附《〈資治通鑑〉獨家所存漢趙、後趙、前燕國資料輯錄》可知⑦，與上引各例類似的具體史實陳述，在《通鑑》中幾乎俯拾皆是。筆

---

① 《資治通鑑》卷九六晉成帝咸康四年（338），第3020頁。
② 蔣福亞考前秦苻氏起兵事，即引《通鑑》此條。見《前秦史》，第31頁。
③ 《資治通鑑》卷一〇一晉海西公太和二年（367），第3207—3208頁。
④ 《資治通鑑》卷一一二晉安帝元興元年（402）三月，第3541頁。
⑤ 《資治通鑑》卷一一四晉安帝義熙三年（407），第3602頁。
⑥ 嚴耕望前引文，《嚴耕望史學論文集》下册，第1167—1168頁。
⑦ 前引拙著，第185—198、389—400、582—623頁。

者最初的結論：“‘《通鑑》所記與《晉書》不同’——不是修辭的區別，而是情節的差異——在溫公等人筆下，其實是屢見不鮮的。”① 則還要稍作修改，目前我傾向於如下表述：《通鑑》十六國部分所記，凡不見於正史及其他傳世文獻而爲具體的史實陳述者，都可以作爲史料使用。

在對《通鑑》十六國史料的討論中，有學者猜測：“可能其他時期，比如東晉南朝時期，《通鑑》也有不見於他書的內容。”② 進一步的檢索表明：《通鑑》魏晉南北朝的史料，確實不限於十六國時期。

如前秦《鄧太尉祠碑》有所謂“白虜”，《晉書》卷一一四《苻堅載記下》：“秦人呼鮮卑爲白虜。”③《通鑑》卷七九晉武帝泰始五年（269）：“分雍、涼、梁州置秦州，以胡烈爲刺史。先是，鄧艾納鮮卑降者數萬，置於雍、涼之間，與民雜居。朝廷恐其久而爲患，以烈素著名於西方，故使鎮撫之。”胡注：“此河西鮮卑也。”④ 馬長壽引《通鑑》此條，說“此事爲《三國·魏志》所不載”。又說：“若以《通鑑》爲說，鮮卑由塞北而遷居雍涼之間，再遷雍州之關中，並非不可能的。”⑤ 另據《晉書》卷一二六《禿髮烏孤載記》：“泰始中，殺秦州刺史胡烈于萬斛堆……盡有涼州之地。”⑥ 似與《通鑑》及胡注相抵牾，馬長壽說：“然則《通鑑》與胡注的說法都是有根據的。”⑦

又如《通鑑》卷一一〇晉安帝隆安三年（399）載孫恩起兵，晉廷遣謝琰、劉牢之率軍擊之，時“東土遭亂，企望官軍之至，既而牢之等縱軍士暴掠，士民失望，郡縣城中無復人跡，月餘乃稍有還者”⑧。《晉書》卷一〇《安帝紀》：隆安三年（399）十一月，“遣衛將軍謝琰、輔國將軍劉牢之逆擊，走之”。同書卷八四《劉牢之傳》：“牢之率眾軍濟

---

① 前引拙著，第4頁。“《通鑑》所記與《晉書》不同”，是唐長孺在分析前燕依附人口時，對《通鑑》、《晉書》卷一一一《慕容暐載記》兩條材料比較後所作的判斷，見《晉代北境各族“變亂”的性質及五胡政權在中國的統治》，《魏晉南北朝史論叢》，生活·讀書·新知三聯書店1955年版，第165頁。
② 同行學者網上交流時所言。
③ 《晉書》卷一一四《苻堅載記下》，中華書局1974年版，第2928頁。
④ 《資治通鑑》卷七九晉武帝泰始五年（269），第2508—2509頁。
⑤ 馬長壽：《碑銘所見前秦至隋初的關中部族》，中華書局1985年版，第18頁。所引《通鑑》上條，“西方”訛作“四方”。
⑥ 《晉書》卷一二六《禿髮烏孤載記》，第3141頁。
⑦ 馬長壽前引書，第19頁注1。
⑧ 《資治通鑑》卷一一〇晉安帝隆安三年（399），第3500頁。

浙江，恩懼，逃於海。"① 劉牢之諸軍暴掠導致大批士民逃亡，則僅見於《通鑑》的記載。

又如《通鑑》卷一四〇齊明帝建武三年（496）："魏主下詔，以爲：'北人謂土爲拓，后爲跋。魏之先出於黃帝，以土德王，故爲拓跋氏。夫土者，黃中之色，萬物之元也；宜改姓元氏。諸功臣舊族自代來者，姓或重複，皆改之。'"② 北魏孝文帝改姓氏，是其漢化政策中的重要一環，而諸姓中最顯赫的拓跋氏改元氏，相關詔文僅見於《通鑑》③，姚薇元《北朝胡姓考》亦引此條。④

又如《通鑑》卷一五七梁武帝大同三年（537）："（高）歡每號令軍士，常令丞相屬代郡張華原宣旨，其語鮮卑則曰：'漢民是汝奴，夫爲汝耕，婦爲汝織，輸汝粟帛，令汝溫飽，汝何爲陵之？'其語華人則曰：'鮮卑是汝作客，得汝一斛粟、一匹絹，爲汝擊賊，令汝安寧，汝何爲疾之。'"⑤ 高歡這兩段話人所習知，竟不見於諸史，而爲《通鑑》獨家所保留。

又如《通鑑》卷一六二梁武帝太清三年（549）五月丙辰："上臥靜居殿，口苦，索蜜不得，再曰：'荷！荷！'遂殂。"⑥ 嚴耕望說："《梁書》、《南史·武帝紀》與《侯景傳》皆無'口苦'以下十二字，不如《通鑑》此處之能得梁武臨終之困辱實情。檢《建康實錄》卷一七《梁紀》上亦無此文，不知採自何書。"⑦

總之，《通鑑》三國、兩晉、南北朝部分，均有"不見於他書的內容"，且多爲具體的史實陳述，範圍遠遠超出十六國時期，根據上述史料判定的標準，都可以作爲史料使用。

---

① 《晉書》卷一〇《安帝紀》，第 252 頁；卷八四《劉牢之傳》，第 2190 頁。
② 《資治通鑑》卷一四〇齊明帝建武三年（496），第 4393 頁。
③ 《魏書》卷一《序紀》："黃帝以土德王，北俗謂土爲托，謂后爲跋，故以爲氏。"中華書局 1974 年版，第 1 頁。《通鑑》文字多不同，且溫公等人注明爲孝文帝詔，此條可信並非僅以魏收書爲本。
④ 姚薇元：《北朝胡姓考》"宗族十姓·元氏"條，中華書局 1962 年版，第 6 頁。
⑤ 《資治通鑑》卷一五七梁武帝大同三年（537），第 4882 頁。
⑥ 《資治通鑑》卷一六二梁武帝太清三年（549），第 5017 頁。
⑦ 嚴耕望前引文，《嚴耕望史學論文集》下冊，第 1168 頁。

二　"遍閱舊史，旁採小說"
——《通鑑》十六國史料的出處

關於《通鑑》史料價值的討論，至此還沒有結束。我們最終的目標，是查明《通鑑》獨家保留的資料的出處。

"《通鑑》只是融鑄正史材料，就史料觀點言，價值並不很高"，一些前輩學者對此其實另有看法。早在二十世紀二十年代末，傅斯年就說過："司馬光作《通鑑》（遍閱舊史，旁採小說），他和劉攽、劉恕、范祖禹諸人能利用無限的史料，考定舊記，凡《通鑑》和所謂正史不同的地方，每多是詳細考定的結果。"① 不限於隋唐五代部分，而是涵蓋《通鑑》全書，可惜在後來的魏晉南北朝史研究中，此說並未得到普遍的重視。

"遍閱舊史，旁採小說"，爲司馬光《進資治通鑑表》中語。② 溫公在給范祖禹的信中，另就《通鑑》材料的取捨，明確表達了自己的主張："其《實錄》、正史未必皆可據，雜史、小說未必皆無憑。在高鑑擇之。"③ 可見是一種自覺的選擇。

"無限的史料"，當然是極言其多。金毓黻說："《通鑑》于晉代則兼採用十六國史，於南北朝則兼采八朝所撰之私史，于唐、五代則兼採實錄及諸家紀載。"④ 高似孫統計：《通鑑》採正史之外"雜史諸書凡二百二十家"⑤。崔萬秋舉《通鑑·晉紀》引書見於《考異》者，除正史之外也有十餘種。⑥ 嚴耕望又說："晉代前期《考異》隨時提到《晉春秋》、《十六國春秋》、《三十國春秋》與《燕書》紀、傳等，且常云從之。亦偶引

---

① 傅斯年：《歷史語言研究所工作之旨趣》，《中央研究院歷史語言研究所集刊》第 1 冊第 1 分，1928 年。

② 司馬光：《進資治通鑑表》，《司馬溫公文集》卷一，《叢書集成初編》第 1917 冊，中華書局 1985 年版，第 14 頁。

③ 司馬光：《答范夢得書》，《司馬文正公傳家集》卷六三，《萬有文庫》，商務印書館民國二十六年（1937）版。

④ 金毓黻：《中國史學史》，河北教育出版社 2000 年版，第 262 頁。

⑤ 高似孫：《緯略》卷一二"《通鑑》"條，《叢書集成初編》第 309 冊，中華書局 1985 年版，第 206 頁。

⑥ 崔萬秋：《通鑑研究》，人人文庫 276，商務印書館民國五十六年（1967）版，第 42—43 頁。該書所舉《晉載記》、《李雄載記》、《石勒載記》、《劉聰載記》、《慕容垂載記》、《慕容儁載記》、《姚興載記》七種，皆爲《晉書·載記》或其省稱，應從引書單中剔除。

文集與碑文、祖孝徵《修文殿御覽》等。其月日往往取《長曆》爲斷，又引陳鴻《大統曆》。此諸書絕大多數已失傳。"①《通鑑·晉紀》參閱的"雜史諸書"，絕大多數既已失傳，溫公等人"從之"而轉錄或改寫的資料，就顯得彌足珍貴了。

《通鑑》獨家保留的十六國文字，各部分數量並不均衡。而由兩《唐書》及《宋史》經籍、藝文志可知，唐代十六國國別史尚存二十餘種，入宋後散失殆盡，到溫公等人編纂《通鑑》時，和苞《趙記》（《漢趙記》）僅剩一卷，此類著作中保存完整者，只有常璩《華陽國志》、范亨《燕書》（當時分別稱《前·後燕書》）、蕭方等《三十國春秋》數種。筆者因此懷疑：僅見於《通鑑》的前燕、前秦、後燕諸國的文字，明顯多於其他各國如漢趙國文字，或許同當時《漢趙記》、《燕書》、《三十國春秋》等十六國史殘存文字的多寡有關，並非一種巧合。②

《四庫提要》"《通鑑考異》"條云："修史之家，未有自撰一書，明所以去取之故者，有之，實自光始。"③《考異》因此提供了《通鑑》一部分史料的出處，但是如我們所見，溫公等人對更多獨家保留的資料，卻未作《考異》。嚴耕望說："《考異》者，乃因其事之各種史料記載有異，必須折衷去取，故作《考異》，以明舍彼取此之故。若各種史料不異，或僅有一種記載而溫公判爲可信者，則直書之，不作《考異》。故《通鑑》前後常有大段紀事，爲正史所無，而又不作《考異》者，則亦必有所據，惟無歧異之史料可資比堪耳。"④ 又說："《通鑑·晉紀》前後《考異》常引用《燕書》、《十六國春秋》、《三十國春秋》。本文敘十六國事往往爲《晉書·載記》所不見者，蓋即多出於此類較原始之文字，但無其他史料可資比較，故不盡作《考異》引證耳。"⑤ 都是令人信服的解釋。

在《通鑑》史料價值的討論中，筆者曾提出一點疑問："以往我們遇到不見於兩《唐書》及其他唐史文獻而僅爲《通鑑》所載的文字，如果無法判斷溫公等人折衷是否合理甚至是否可以折衷時是如何處理的呢？是棄而不顧還是姑且用之呢？如果姑且用之、待反證出現後再作計議是一種

---

① 嚴耕望前引文，《嚴耕望史學論文集》下冊，第 1164 頁。
② 前引拙著，第 22 頁。但當時未提及《通鑑》前秦部分及《三十國春秋》，是一個缺憾。
③ 《四庫全書總目》上冊，中華書局 1985 年版，第 423 頁下欄—424 頁上欄。
④ 嚴耕望前引文，《嚴耕望史學論文集》下冊，第 1165 頁。
⑤ 嚴耕望前引文，《嚴耕望史學論文集》下冊，第 1165—1166 頁。

可行的辦法，那麽爲什麽在隋唐的時段可行而在十六國乃至兩晉南北朝的時段就不可行呢？"

有學者回應說："不見於兩《唐書》而僅見於《通鑑》的材料絕對可用，因爲唐代材料很多，基本可以判斷其來源的性質。相應的，兩晉南北朝也應該可用，只是在來源性質上不如唐代材料那樣容易判斷而已。《通鑑》材料如果不見於《晉書》等著作，並不等於就不見於其他唐人所編的通史類著作，可能南北朝的記載《通鑑》根據的更多是唐人的著述。"①

另有學者說："《通鑑》根據唐人的著作或更早時期的著作——這些可能性都是存在的。但不管怎樣，只要這些著作我們看不到了，那《通鑑》的記載當然可以當史料用，前輩學者都是這樣處理的……除非有具體的證據證明《通鑑》的某段記述是作者自己編出來的。"②

"兩晉南北朝也應該可用"，是相對于唐代文字而言的。值得注意的是，此說隱含的前提：由於唐代資料來源的性質"基本可以判斷"，所以被視爲史料——"當然可用"，那些來源性質無法判斷的文字，也統統包括在內。持此說的學者有一項結論更是意味深長："幾乎可以說，《通鑑》的材料都是有根據的。"③ 這使我們聯想到馬長壽的說法：儘管《通鑑》關於鄧艾安置鮮卑降者的記載不見於《三國志》，且與《晉書》不合，卻"是有根據的"；我們又聯想到嚴耕望的說法：僅見於《通鑑》而未作《考異》的紀事，"亦必有所據"。由此可見，相關研究者對《通鑑》資料出處的問題已形成一種共識，即該書前後各部分獨家保留的內容，都不是司馬光等人憑空臆造的。

拙著曾以《通鑑》西漢部分爲切入點，分析溫公等人史料的出處。北宋時保存的西漢史文獻，與今日所見大致相當。通過對讀又不難發現：《通鑑》記前漢事，"無一語不出於《史》《漢》"④。同行學者討論《通

---

①　同行學者網上交流時所言。

②　同上。

③　同上。

④　金毓黻說："《漢紀》一書，系由班書鈔撮而成，絕無翦裁，殊乏精義。而《通鑑》則不然，凡前漢十二帝之紀事，雖不出荀悅所紀之範圍，而與《漢紀》之面目則大異，蓋取《史》、《漢》之文，徐徐自出手眼，冶於一爐，創爲新作，試取其書觀之，無一語不出於《史》、《漢》，而無一處全襲《史》、《漢》。"《中國史學史》，第261頁。拙著也說：《通鑑》西漢部分就是《史記》《漢書》的改寫，未增加新的內容。見前引拙著，第20頁。都是大略言之，事實上《通鑑》西漢部分也有個別取自《史》《漢》以外或其獨家保存的內容，茲不贅引。

鑑》十六國部分的史料價值而無意窮追其出處，主要原因大概就在這裏：
人們相信《通鑑》所有文字都有確定的出處，其漢代、唐代的文字如此，
魏晉南北朝的文字，應該也是如此。

　　這裏再作一點補充：我們搜尋《通鑑》資料的出處，有時只能發現
其大致的方向。仍以《通鑑》前燕國部分爲例，有一個現象引起筆者的
注意：《通鑑》獨家保留的該部分資料，往往具有特定的政治傾向。如
《通鑑》晉海西公太和四年（369）記慕容垂歸秦事，言多溢美。其中
"關中士民素聞垂父子名，皆向慕之"兩句尤爲明顯。① 另據《通鑑》晉
海西公太和五年（370）載前秦伐前燕時，前燕司徒長史申胤答黃門侍郎
封孚曰："鄴必亡矣，吾屬今茲將爲秦虜。然越得歲而吳伐之，卒受其
禍。今福德在燕，秦雖得志，而燕之復建，不過一紀耳。"② 又載前燕滅
後燕人趙秋曰："天道在燕，而秦滅之。不及十五年，秦必復爲燕有。"③
所謂"不過一紀耳"、"不及十五年"云云，與後事若合符節，可信都是
附會之詞。

　　據劉知幾記述："後燕（垂、寶、盛、熙）建興元年，董統受詔草創
《後書》，著《本紀》並佐命功臣、王公《列傳》，合三十卷。慕容垂稱
其敘事富贍，足成一家之言。但褒述過美，有慚董、史之直。其後申秀、
范亨各取前後二燕，合成一史。"④ 上引種種對慕容垂"褒述過美"的記
載及爲後燕建國張本的敘事，究竟是出於董統《後燕書》還是申秀、范
亨《燕書》（《前·後燕書》），雖無法確定，但其作者的立場深受後燕官
方影響，卻是不言而喻的，他們多半就是後燕史官或其他御用文人。由此
例我們最終發現的，並非《通鑑》所依據的具體文本或作者，而是文本
的類別及作者的身份特徵，即《通鑑》文字出處的大致方向，或者按上
引同行學者的說法，是所謂"來源的性質"。

　　毋庸諱言，對歷代研究者來說，查明《通鑑》獨家保留的所有文字
的出處，甚至只是查明其大致的方向、來源的性質，往往是難以實現的目
標。但這並未妨礙一些前輩學者將僅見於《通鑑》的具體史實陳述視爲

① 《資治通鑑》卷一〇二晉海西公太和四年（369），第3221—3223頁。
② 《資治通鑑》卷一〇二晉海西公太和五年（370），第3232頁。
③ 《資治通鑑》卷一〇二晉海西公太和五年（370），第3240頁。
④ 《史通通釋》卷一二《古今正史》"十六國史"條，上海古籍出版社1978年版，下冊，
第358頁。

史料，並在其研究中加以利用。金毓黻說："今人徵考正史以外之史實，往往於《通鑑》求之，以得梗概。"① 以十六國部分爲例，除上引周一良師提示匈奴五部規模、嚴耕望介紹馬耳關地理位置、馬長壽分析鄧艾安置入塞鮮卑的個案外，拙著還曾舉出唐長孺、王仲犖討論前燕搜括隱附人口的實例。② 有人說"前輩學者都是這樣處理的"，並非言過其實。

三　"詳引諸書錯互之文，折衷以歸一是"
——《通鑑》十六國史料的瑕疵

在《通鑑》史料價值的討論中，有學者指出：《通鑑》的弊病之一，在於"司馬光把自己的理解融入史料"。另有學者說："《通鑑》常常把官修史撰的材料拿來，加上些溫公自己喜歡的古人寫的文字，略加組合，變成'新史料'，後人就以爲是原始材料，跟著走下去，完全變樣了，根本不可靠。"又說："材料裏面性質各不相同的情況是很多的。比如唐代，溫公等人喜歡用一些他們信任的唐代文人的文集裏的材料，而在運用這些材料時，常有改寫的現象，這種改寫固然有根據，但放在上下文敘事的脈絡裏，便會走樣，這就會有近乎編造的作用，雖然材料本身是有根據的。即便宋代也並非在運用這些材料上看法一致，否則范祖禹就不用出來寫《唐鑑》了。"③ 這些學者的意見，並非無的放矢。溫公等人改寫走樣而"近乎編造"，無疑是嚴重的敗筆。我們評估《通鑑》的史料價值，對這類瑕疵又是無法回避的。

《通鑑》改寫走樣，既不限於唐代，也不限於文人文集。該書卷四四漢明帝永平三年（60）將"雲台二十八將"等建武功臣重新排序而致誤，就是其漢代部分一個極端的例子。嚴耕望前引文，對此已有評判。④ 嚴衍《資治通鑑補》所舉事例⑤，也揭示溫公等人的若干舛訛。

四庫館臣論《通鑑考異》成書的背景，又說："（司馬）光編集《通鑑》，有一事用三四出處纂成者……光既擇可信者從之，復參考同異，別

---

① 金毓黻：《中國史學史》，第262頁。
② 前引拙著。
③ 同行學者網上交流時所言。
④ 嚴耕望前引文，《嚴耕望史學論文集》下冊，第1169頁。
⑤ 嚴衍：《資治通鑑補》，上海古籍出版社2008年版。

爲此書，辨證謬誤，以祛將來之惑。昔陳壽作《三國志》，裴松之注之，詳引諸書錯互之文，折衷以歸一是，其例最善"①，云云。有學者說："這其實也就是溫公等人的做法，當然折衷的方法有不同，但這折衷裏面才大有文章。古人常常不得不折衷。很多材料從性質上講其實根本不能折衷的。"② 在筆者看來：《三國志》與裴注的資料，大多就不能折衷，二者得以並行於世，這或許是重要的原因之一。嚴耕望又說："《通鑑》史料豐富，考證著墨亦極嚴謹。然改編前人陳篇，且加濃縮，照例不免有誤解誤書處。"③ 所謂"誤解誤書"，既有改寫走樣的情況，也有"不能折衷"而折衷的情況。

這裏舉一個十六國的例子。《晉書》卷四四《盧欽傳子志附傳》："爲劉粲所虜，與次子諶、詵等俱遇害於平陽。"④ 同卷《盧欽傳孫諶附傳》："洛陽沒，隨志北依劉琨，與志俱爲劉粲所虜。粲據晉陽，留諶爲參軍。琨收散卒，引猗盧騎還攻粲。粲敗走，諶得赴琨，先父母兄弟在平陽者，悉爲劉聰所害。"⑤ 同書卷一〇二《劉聰載記》：建興三年（315），太弟太師盧志、太傅崔瑋、太保許遐勸太弟劉乂謀反，乂不從。後被東宮舍人荀裕告發，聰"收志、瑋、遐於詔獄，假以他事殺之"⑥。《通鑑》卷八八晉懷帝永嘉六年（312）："（劉）琨徙居陽曲，招集亡散。盧諶爲劉粲參軍，亡歸琨，漢人殺其父志及弟謐、詵。"《考異》："《劉聰載記》：'志勸太弟乂（引者按：即乂）作亂，被誅。'按志勸成都王穎起義兵，諫穎攻長沙王乂，忠義敦篤，始終不虧，非勸人作亂者也。今從《盧諶傳》。"⑦

《晉書·盧諶傳》與《劉聰載記》對盧志之死的陳述判然有別，其出處應該是不同的：前者可能出自東晉檔案，後者則可能出自《十六國春秋》或《趙記》（《漢趙記》）。《晉書》前後兩說未詳孰是，但《載記》所錄劉乂（乂）案大量細節，未必都是杜撰。至少僅憑目前的材料，還不能排除盧志鼓動劉乂謀反——"勸人作亂"的可能。至於"盧諶爲劉

① 《四庫全書總目》上冊，第 421 頁下欄。
② 同行學者網上交流時所言。
③ 嚴耕望前引文，《嚴耕望史學論文集》下冊，第 1169 頁。
④ 《晉書》卷四四《盧欽傳子志附傳》，第 1258 頁。
⑤ 《晉書》卷四四《盧欽傳孫諶（志子）附傳》，第 1259 頁。
⑥ 《晉書》卷一〇二《劉聰載記》，第 2666—2667 頁。
⑦ 《資治通鑑》卷八八晉懷帝永嘉六年（312），第 2785 頁。

粲參軍，亡歸琨”，或許就是劉聰捕殺盧志的藉口，即《載記》所謂“假
以他事”之“他事”。更重要的是，晉成都王穎與漢太弟乂起兵的背景完
全不同，溫公等人以“忠義敦篤，始終不虧”爲由，否認其“勸太弟乂
作亂”的史實，顯然欠妥。實際上，盧志降漢，拜太弟太師，大約已把
漢國視爲其立命之所，而把劉乂（乂）視爲其政治上的依託。有學者說：
“以溫公的水準當然可以揭示一些眞相，但他屈服於更大的（資治）目
標，不惜犧牲自己的史識。”① 此爲一則確鑿的證據。

　　溫公“屈服於更大的（資治）目標，不惜犧牲自己的史識”，也反映
在他對史實、史料的取捨上。錢穆說：“一部《通鑑》裏沒有屈原，總覺
得是一件憾事”；又說：“漢初晁錯的《賢良對策》，《史記》《漢書》都
有，但溫公《通鑑》一字不著。董仲舒《對策》，《通鑑》載得很詳”②，
凡此種種，都是我們所熟悉的實例。

　　那麼，是不是因此就可以說，溫公等人的改寫或折衷大都有誤而不可
取呢？結論又是否定的。前引同行學者謂“古人常常不得不折衷”，事實
正是如此：《通鑑》要折衷，《晉書》要折衷，《魏書》、《十六國春秋》
要折衷；《後漢書》、《三國志》也要折衷。不過，折衷裏面的確“大有文
章”。筆者以爲：《通鑑》與唐修《晉書》的“折衷”就有高下之別。總
體而論，《通鑑》要高明得多。這可能與唐修《晉書》的成書倉促有關：
該書執筆者中雖不乏出色的史家，紀、傳、載記卻多有扞格之處。相形之
下，《通鑑》的處置顯得更爲周全。

　　如《晉書·元帝紀》：“平北將軍祖逖及石勒將石季龍戰於浚儀，王
師敗績。”卷六二《祖逖傳》：“逖率眾伐（陳）川，石季龍領兵五萬救
川，逖設奇以擊之，季龍大敗。”③ 浚儀之戰，《晉書》各篇所述戰況互相
對立，其出處應該也是不同的，且必有一方嚴重失實。另據《通鑑》卷
九一晉元帝太興二年（319）：“祖逖攻陳川于蓬關，石勒遣石虎將兵五萬
救之，戰於浚儀，逖兵敗，退屯梁國。”④ 所錄細節，多不見於《晉書》，
當另有所本，或即與《元帝紀》同源。《元帝紀》謂“王師敗績”，可能

① 同行學者網上交流時所言。
② 錢穆：《中國史學名著》，生活·讀書·新知三聯書店 2000 年版，第 179 頁。諸如此類
的例子，錢著有詳細列舉與評述。
③ 《晉書》卷六《元帝紀》，第 152 頁；卷六二《祖逖傳》，第 1696 頁。
④ 《資治通鑑》卷九一晉元帝太興二年（319），第 2869 頁。

出自東晉檔案，也就是石趙敵方的記載，自然更爲可信，《通鑑》的取捨也更爲合理。

又如《晉書》卷一〇九《慕容皝載記》："三年，遣其世子儁與恪率騎萬七千東襲夫餘，克之，虜其王及部眾五萬餘口以還。"①《通鑑》繫於晉穆帝永和二年（346）。中華書局點校本《晉書·慕容皝載記》"校勘記"五："周校（引者按：指周家祿《晉書校勘記》）：三年上脱年號，按之當爲永和也。今按：永和元年十二月皝始不用晉年號，自稱十二年（見《通鑑》九七）。《御覽》一二一引《前燕錄》自咸和九年後即用皝之紀年，晉封皝爲燕王及遷都龍城在八年（晉咸康七年），龍見立寺在十二年（晉永和元年），皝於東序考試學生在十四年（永和三年）。則此'三年'當是'十三年'，脱'十'字。《通鑑》九七在永和二年可證。"②

《晉書·慕容皝載記》此"三年"上最近的紀年，爲咸康七年（341）、八年（342）③；"三年"下最近的紀年，則爲永和四年（348）④。周家祿謂"三年"上脱年號，又謂此三年"當爲永和"，都是正確的。《載記》前後所見均系晉年號，中間夾雜一燕年號（慕容皝十三年），卻不盡合理。中華點校本"校勘記"稱"三年"上脱"十"字，疑爲誤判。《通鑑》與《載記》所記相差一年，《載記》"三年"是否爲"二年"之訛，還難以確認⑤，但《通鑑》此處紀年，比《載記》年號不詳的"三年"，看來要嚴謹得多。

又如《晉書》卷八《穆帝紀》：永和十二年（356）正月，"鎮北將軍段龕及慕容恪戰於廣固，大敗之，恪退據安平"⑥。同書卷一一〇《慕容儁載記》記此事，謂段龕率眾三萬拒慕容恪，"恪遇龕于濟水之南，與戰，大敗之，遂斬其弟欽，盡俘其眾。恪進圍廣固"⑦。《晉書》本紀、載記敘同一戰事，又是截然相反。

另據《通鑑》卷一〇〇晉穆帝永和十二年（356）正月："燕太原王恪引兵濟河，未至廣固百餘里，段龕帥眾三萬逆戰。丙申，恪大破龕於淄

---

① 《晉書》卷一〇九《慕容皝載記》，第 2826 頁。
② 同上書，第 2830 頁。
③ 同上書，第 2822 頁。
④ 同上書，第 2826 頁。
⑤ "三年"、"二年"，或爲當時不同文本的不同記載。
⑥ 《晉書》卷八《穆帝紀》，第 201 頁。
⑦ 《晉書》卷一一〇《慕容儁載記》，第 2837 頁。

水，執其弟欽，斬右長史袁範等。齊王龍辟間蔚被創，恪聞其賢，遣人求之，蔚已死，士卒降者數千人。龕脱走，還城固守，恪進軍圍之。"① 所錄細節，多不見於《晉書》，當另有所本，此條又可證《晉書·穆帝紀》不確。筆者懷疑：關於廣固之戰的兩種說法，一種說法即段龕大敗慕容恪於廣固，系段氏謊報軍情，被晉人記入檔案，並爲《晉書·穆帝紀》所採納；另一種說法即慕容恪大敗段龕于濟水之南，系前燕史官的記錄，又爲《晉書·慕容儁載記》所採納。《晉書》各篇出處本來不同，唐初史臣的鑑別又有疏漏，於是造成前後矛盾的局面。《通鑑》此條是否與《載記》同源，尚不清楚，但溫公等人排除《穆帝紀》訛傳，無疑是高明之舉。

又如《魏書》卷一〇八《禮志一》謂太祖時羣臣奏稱"國家繼黃帝之後"②。《通鑑》卷一一〇晉安帝隆安二年（398）十二月己丑，魏王珪"用崔宏議，自謂黃帝之後"③。姚大力以爲：《魏書·序紀》將拓跋譜系遠溯至黃帝，是以《山海經》爲本。並說《通鑑》崔宏建議的說法，"其依據今已不可查考。但是從上文對這段敘事之來歷的發掘（引者按：指姚文對《魏書·序紀》拓跋爲黃帝後裔說淵源的考證）看，我們也許只能讚歎司馬光的目光如炬"④。

另據《魏書》卷二三《衛操傳》：操爲拓跋猗㐌立碑，稱"魏，軒轅之苗裔"，又稱"桓穆二帝，馳名域外，九譯宗焉"，云云。⑤ 姚大力說："是則拓跋爲黃帝後裔之說遠早于崔宏即已流行。錢大昕曾指出，這塊碑中'魏'的國號及'桓穆二帝'之謚號都出於後世追改，他因此懷疑開頭第一字'魏'原應寫作'拓跋鮮卑'。唯從碑文通篇皆以四言成文看，'軒轅之苗裔'一句也很像是經後世追改過的文字。司馬光不采此碑證據，仍以拓跋氏接受黃帝之裔說是出自崔宏的建議，似乎是經過斟酌的。"⑥ 這樣的斟酌，也體現了溫公等人的史識。

《魏書》卷三《明元帝紀》："（永興五年，弘始十五年，413）十一

---

① 《資治通鑑》卷一〇〇晉穆帝永和十二年（356），第 3152 頁。

② 《魏書》卷一〇八《禮志一》，第 2734 頁。

③ 《資治通鑑》卷一一〇晉安帝隆安二年（398），第 3484 頁。

④ 姚大力：《論拓跋鮮卑部的早期歷史》，《北方民族史十論》，廣西師範大學出版社 2007 年版，第 5 頁。

⑤ 《魏書》卷二三《衛操傳》，第 599 頁。

⑥ 姚大力：《論拓跋鮮卑部的早期歷史》，《北方民族史十論》，第 5 頁。

月癸酉……姚興遣使朝貢，來請進女，帝許之。"① 另據《晉書》卷一一八《姚興載記下》："時魏遣使聘於興，且請婚。會平陽太守姚成都來朝，興謂之曰：'卿久處東藩，與魏鄰接，應悉彼事形。今來求婚，吾已許之，終能分災共患，遠相接援以不？'成都曰：'魏自柴壁克捷已來，戎甲未曾損失，士馬桓桓，師旅充盛。今修和親，兼婚姻之好，豈但分災共患而已，實亦永安之福也。'興大悅，遣其吏部郎嚴康報聘，並致方物。"② 上引《魏書》、《晉書》所記，爲一事無疑。耐人尋味的是，《魏書》謂姚興"請進女"，《晉書》卻說是魏人"請婚"，雙方的表述截然相反。《魏書·明元帝紀》至宋代已闕，後人據魏澹《魏書》補。③ 魏澹《魏書》重提北魏與後秦通聘以及拓跋嗣與姚興聯姻事，多半是查閱了未公開的北魏官方記錄。《晉書·載記》的依據，主要是《十六國春秋》或十六國國別史。最早的出處可能是後秦的檔案，其與拓跋史家的表述相對立，也不足爲怪。由姚興、姚成都二人的對話內容看，姚興所謂"今來求婚，吾已許之"，大致可信。《通鑑》卷一一六晉安帝義熙九年（413）十一月記此事："魏主嗣遣使請昏於秦，秦王興許之。"④ 依秦人所言而未從《魏書》之說，可謂慧眼獨具。溫公等人于中古時期諸史所記紛紜之處，細緻甄別，意見多可信從，此爲一顯例。

崔萬秋說《通鑑》"紀事之信實，亦較諸正史爲正確也"⑤，未必盡然，卻是言而有據的；傅斯年說"凡《通鑑》和所謂正史不同的地方，每多是詳細考定的結果"，也不是主觀的臆斷。《通鑑》中"較諸正史爲正確"或"高鑑"的例子，遠比其"改寫走樣"或"不能折衷"而折衷的例子爲多，這樣的結果，一是由於溫公等人所遇與資治目標相背而不得不犧牲史識的情況並不算多，至少像上引盧志之死那樣的線索，就十分罕見；二是由於《考異》一類反映溫公等人改寫、折衷的資料甚少，後人的分析往往也無從入手。

判別《通鑑》十六國乃至魏晉南北朝部分的史料價值，當然不能僅

① 《魏書》卷三《明元帝紀》，第54頁。

② 《晉書》卷一一八《姚興載記下》，第2999頁。

③ 殿本《魏書》卷三《明元帝紀》下《考證》，宋人校語。唐長孺《校勘記》，附標點本《魏書》卷三《明元帝紀》後，第64—65頁。

④ 《資治通鑑》卷一一六晉安帝義熙九年（416）十一月，第3663頁。

⑤ 崔萬秋：《通鑑研究》，第91頁。

以上述正反兩類例證的多寡爲憑。但《通鑑》資料中眞僞並存、溫公等人的改寫或折衷瑕瑜互見，則是確定的事實。因此，我們既不能忽略資治目標對溫公等人的干擾，對僅見於《通鑑》的文字未經仔細分析就全盤接受；更不能無視《通鑑》作者對史家立場的堅守，對溫公等人保留下來的大量文字統統加以排斥。

　　事實上，一些學者排斥《通鑑》，可能是出於對其史料來源的誤判。晚近的例子是杉山正明在《疾馳的草原征服者：遼、西夏、金、元》一書中指責司馬光抄錄他人憑空的"創作"，或直接"虛構故事"。如《通鑑》有耶律阿保機因鎮州"美女如雲、金帛如山"而發兵入寇的一段記載，此事見於《新五代史》而不見於《舊五代史》，杉山正明據以認定是歐陽修的"創作"，並說司馬光是從《新五代史》抄錄了這個故事。姚大力有一項反批評："司馬光抄的根本就不是歐陽修，而是他寫作《資治通鑑》時大量利用過的五代'實錄'。意思完全相同、而文字稍見繁複的這一條記載，亦可見於《冊府元龜》'外臣部'，當然那也同樣是從'實錄'裏抄來的。後者並交代該資訊來源說，'時或賊中人'（也就是契丹方面的人）言"，云云。可見杉山氏因此事對《通鑑》的指責，未必站得住腳。

　　另如《通鑑》記阿保機猝死後，月里朵太后執意選擇次子堯骨繼承皇位，而不是長子突欲，爲此殺戮了一批舊臣。杉山正明說：阿保機生前分封突欲在東丹國，可證其"本意"是以突欲爲自己的繼承人，後來是大權在握的月里朵改變了亡夫的遺願。但姚從吾已指出：阿保機在立突欲爲太子後封堯骨爲"天下兵馬大元帥"，並不僅僅是安排最高軍事統帥，而且是更立皇位繼承人。阿保機死前不久封突欲爲人皇王、東丹國王，恰恰表明突欲失去了天皇王繼承人的地位。[①] 而以天下兵馬大元帥身份繼承皇位的做法，後來也多次被沿用，可見月里朵以堯骨繼位是依循丈夫的心思，並非她個人的主張。姚大力因此質疑杉山正明對《通鑑》的批評，稱"虛構"之說"難免有不實之嫌"。[②]

---

　　① 姚從吾：《契丹君位繼承問題的分析》，《文史哲學報》第 2 期（1951 年），收入《東北史論叢》第一卷，第 248—282 頁。

　　② 以上兩例俱見杉山正明《疾馳的草原征服者：遼、西夏、金、元》及姚大力爲該書所作推薦序《一段與"唐宋變革"相並行的故事》，烏蘭、烏日娜譯，廣西師範大學出版社 2014 年版，第 XI、XII、150、175 頁。

　　我們不妨換一個角度，思考《通鑑》資料出處的問題：溫公等人
"折衷"的文本至今多已散失，其如何"捨彼取此"往往不易判斷，《通
鑑》獨家保留的大量十六國資料的出處，也難以核實。有學者提出，在
這種情況下，只能"先將《通鑑》所載視作一手史料來用"，待"有資料
證明《通鑑》所載錯了"（也就是上引其他學者說的"有具體的證據證明
《通鑑》的某段記述是作者自己編出來的"），再"加以糾正"。① 看來是
一種穩妥的辦法。

　　事實上，包括《史記》在內的所有正史，都是在"折衷"的基礎上
成書的，嚴格說來，最初也都不能算是史料，但當其參閱的原始文本逐漸
殘缺，甚至喪失殆盡之後，人們又只能將其作爲史料看待了，歷來的史學
實踐正是如此。同行學者所討論的《通鑑》的史料價值及其處置方法問
題，在古史研究中具有普遍意義，而以往似乎並未引起爭議，這一現象也
值得我們深思。

結　語

　　有學者提出："在引用相關史料時，也許可考慮：若《通鑑》與南北
《史》或各《書》一模一樣，則引先出的；若有不同，哪怕是一個字不
同，都要斟酌何以不同。"② "南北《史》或各《書》"，指魏晉南北朝各
種正史。筆者贊同此說，覺得可以作爲處理《通鑑》文字的一項原則。

　　錢穆說："善讀《通鑑》者，正貴能在其刪去處添進處注意，細看他
刪與添之所以然，才能瞭解到《通鑑》一書之大處與深處。"③ 爲探究
《通鑑》的史料價值提示了重要的切入點。嚴衍作《資治通鑑補》，將十
七史與《通鑑》系統加以比對④，則为我們示範了鑑定《通鑑》史料眞
僞的有效途徑。⑤

　　將《通鑑》與相應的正史及現存其他文獻細緻對讀，逐一甄別其文

---

　　①　同行學者網上交流時所言。
　　②　同上。
　　③　錢穆：《中國史學名著》，第 177 頁。
　　④　談允厚：《資治通鑑補·序》第 1 冊，第 5 頁。
　　⑤　趙儷生所撰《〈十六國春秋〉〈晉書載記〉對讀記》，刊於《史學史研究》1986 年第 3
期，也是此類對讀的成功事例。

字、情節的異同，將來源或來源的性質難以判斷的內容，暫時也都作爲史料使用，待反證出現後再作取捨，或許是我們目前唯一的出路？

　　退一步講，在史料稀缺的十六國乃至魏晉南北朝史研究中，如果由於擔心《通鑑》改寫或折衷出錯，而在未得到具體證據的情況下，拒絕使用其獨家保留的文字，就有可能與溫公等人精心篩選、摘錄的珍貴史料失之交臂，甚至可能錯過徹底挖掘《通鑑》史料的機會。

（原刊於《史學史研究》2013 年第 10 期，收入本書時
文字略有變化，題目也做了改動）

《資治通鑑》前秦國資料釋證

卷九一

晉元帝太興二年（319）

是歲，蒲洪降趙，趙主曜以洪爲率義侯。（第2875頁）

此條分見《魏書・臨渭氐苻健傳》①、《晉書・苻洪載記》②。慕容氏始祖莫護跋從司馬懿討平公孫淵，封"率義王"，其事又見《晉書・慕容廆載記》③，據知"率義"王侯係曹魏之制。現存前趙"率義侯印"七枚，俱見羅福頤《秦漢南北朝官印徵存》④。

卷九四

晉成帝咸和四年（329）

九月

氐王蒲洪、羌酋姚弋仲俱降于（石）虎，虎表洪監六夷軍事，弋仲爲六夷左都督。徙氐、羌十五萬落于司、冀州。（第2971頁）

此條分見《十六國春秋・前秦錄》⑤、《魏書・臨渭氐苻健傳》⑥、《晉書・石勒載記下》、《苻洪載記》。⑦ 唯"虎表洪監六夷軍事"，《苻洪載記》作"拜（洪）冠軍將軍，委以西方之事"，按此時長安一帶軍事，由後趙宗室石生統轄，蒲洪所監，可信僅限於六夷而與後趙國人無關。

---

①　《魏書》卷九五《臨渭氐苻健傳》，第2073頁。

②　《晉書》卷一一二《苻洪載記》，第2867頁。

③　《晉書》卷一○八《慕容廆載記》，第2803頁。

④　羅福頤：《秦漢南北朝官印徵存》第九卷"十六國官印"二"前趙劉曜官印"，文物出版社1987年版，第362—363頁。

⑤　《太平御覽》卷一二一《偏霸部五》"前秦苻洪"條引，中華書局1960年版，第1冊，第585頁下欄。

⑥　《魏書》卷九五《臨渭氐苻健傳》，第2073頁。

⑦　《晉書》卷一○五《石勒載記下》，第2745頁；卷一一二《苻洪載記》，第2867頁。

卷九五

咸和八年（333）

十月

（石生遣使降晉，）氐帥蒲洪自稱雍州刺史，西附張駿。（第 2988
頁）

此條見《十六國春秋·前秦錄》①。蒲洪在前趙稱氐王，入後趙封涇
陽伯，《通鑑》記作"氐帥"，可知仍被視爲氐族酋長。

（石）虎分命諸將屯汧、隴，遣將軍麻秋討蒲洪。（第 2989 頁）

此條僅見於《通鑑》。

（蒲）洪帥戶二萬降於（石）虎，虎迎拜洪光烈將軍、護氐校
尉。（第 2989 頁）

此條分見《十六國春秋·前秦錄》②、《魏書·臨渭氐苻健傳》③。胡
注："前此未有光烈將軍號，石虎創置也。"《前秦錄》又載："劉聰遣使
拜（洪）平遠將軍，不受，自稱護氐校尉、秦州刺史、略陽公。"④ 按蒲
洪降石趙，拜護氐校尉，疑與其此前稱護氐校尉有關。

（蒲）洪至長安，說（石）虎徙關中豪傑及氐、羌以實東方，
曰："諸氐皆洪家部曲，洪帥以從，誰敢違者！"虎從之，徙秦、雍
民及氐、羌十餘萬戶於關東。（第 2989 頁）

---

① 《太平御覽》卷一二一《偏霸部五》"前秦苻洪"條引，第 1 冊，第 585 頁下欄。
② 同上。
③ 《魏書》卷九五《臨渭氐苻健傳》，第 2073 頁。
④ 《太平御覽》卷一二一《偏霸部五》"前秦苻洪"條引，第 1 冊，第 585 頁下欄。

《十六國春秋·前秦錄》："徙秦雍州民羌十餘萬戶於關東。"①　"民"或爲"氏"字之訛，或此條有脫文。《晉書·苻洪載記》："季龍滅石生，洪說季龍宜徙關中豪傑及羌戎內實京師，季龍從之。"《通鑑》"諸氏皆洪家部曲，洪帥以從，誰敢違者"數句，爲其獨家所存。

　　以（蒲）洪爲龍驤將軍、流民都督，使居枋頭。（第2989頁）

此條分見《十六國春秋·前秦錄》②、《晉書·苻洪載記》③，唯"流民"，《載記》作"流人"，避唐諱。

卷九六

咸康四年（338）

　　五月

　　蒲洪以功拜使持節、都督六夷諸軍事、冠軍大將軍，封西平郡公。（第3020頁）

《魏書·臨渭氏苻健傳》："稍遷冠軍大將軍，進封西平公。"④　《晉書·苻洪載記》作"累有戰功，封西平郡公"⑤，蒲洪拜使持節、都督六夷諸軍事，僅見於《通鑑》。蒲氏咸和四年（329）降石趙，"監六夷諸軍事"，已見上引，此時由監遷都督。

　　石閔言於（石）虎曰："蒲洪雄儁，得將士死力，諸子皆有非常之才，且握強兵五萬，屯據近畿；宜密除之，以安社稷。"虎曰："吾方倚其父子以取吳、蜀，奈何殺之！"待之愈厚。（第3020頁）

―――――――――

①　《太平御覽》卷一二一《偏霸部五》"前秦苻洪"條引，第1冊，第585頁下欄。
②　同上。
③　《晉書》卷一一二《苻洪載記》，第2867頁。
④　《魏書》卷九五《臨渭氏苻健傳》，第2073頁。
⑤　《晉書》卷一一二《苻洪載記》，第2867頁。

《晉書·符洪載記》："冉閔言於季龍曰：'符洪雄果，其諸子並非常才，宜密除之。'季龍待之愈厚。"① 按《通鑑》錄冉閔之言，較《載記》爲詳，當另有所本。石虎之語，僅見於《通鑑》。

卷九七

晉穆帝永和二年（346）

五月

趙中黃門嚴生惡尚書朱軌，會久雨，生譖軌不修道路，又謗訕朝政，趙王虎囚之。蒲洪諫曰："陛下既有襄國、鄴宮，又修長安、洛陽宮殿，將以何用？作獵車千乘，環數千里以養禽獸，奪人妻女十萬餘口以實後宮，聖帝明王之所爲，固若是乎？今又以道路不修，欲殺尚書。陛下德政不脩，天降淫雨，七旬乃霽。霽方二日，雖有鬼兵百萬，亦未能去道路之塗潦，而況人乎！政刑如此，其如四海何！其如後代何！願止作徒，罷苑囿，出宮女，赦朱軌，以副眾望。"虎雖不悅，亦不之罪，爲之罷長安、洛陽作役，而竟誅朱軌。（第3070—3071頁）

此條見《晉書·石季龍載記上》②，唯朱軌遭宦官構陷，石虎"囚之"，《載記》作"殺之"。《載記》所錄蒲洪稍後進諫之語，另有"赦朱軌"一句，可證朱軌最初未被處決。《載記》作"殺之"，疑誤。又"環數千里以養禽獸"，《載記》作"養獸萬里"，也不盡合理。

卷九八

永和五年（349）

（高力督梁）犢遂東掠滎陽、陳留諸郡，（趙王）虎大懼，以燕王斌爲大都督，督中外諸軍事，統冠軍大將軍姚弋仲、車騎將軍蒲洪

---

① 《晉書》卷一一二《符洪載記》，第2867—2868頁。
② 《晉書》卷一〇六《石季龍載記上》，第2778頁。

等討之。（第 3086 頁）

此條見《晉書・石季龍載記下》①，唯“大都督”下，《載記》脫一“督”字。蒲洪爲車騎將軍，僅見於《通鑑》。

（及梁犢滅，趙王虎以）蒲洪爲侍中、車騎大將軍、開府儀同三司、都督雍秦州諸軍事、雍州刺史，進封略陽郡公。（第 3087 頁）

《十六國春秋・前秦錄》：“太寧元年，進位侍中、車騎大將軍、開府儀同三司、雍州刺史，進封本國略陽郡公。”② 《魏書・臨渭氐苻健傳》：“討平梁犢，（蒲洪）進位車騎大將軍、開府儀同三司、略陽公。”③ 按蒲洪咸和四年（329）始降石虎，崔《錄》“太寧元年”四字下疑有闕文。《魏書》稱“進位車騎大將軍”，疑由《通鑑》上條所記車騎將軍遷。石趙平梁犢之役，“以燕王斌爲大都督，督中外諸軍事，統冠軍大將軍姚弋仲、車騎將軍蒲洪”，見上引諸史，冠軍大將軍姚弋仲位次似在車騎將軍蒲洪前，戰後，蒲洪進位車騎大將軍，位次又在弋仲前，當以軍功在上之故。“都督雍、秦州諸軍事”，僅見於《通鑑》。又蒲洪地望、族屬，諸史皆謂“略陽臨渭氐人”，故洪進封略陽郡公，崔《錄》冠以“本國”二字。另據《晉書・姚弋仲載記》：以滅梁犢功，“進封西平郡公”④。蒲洪此前封西平郡公，已見上引，此時改封略陽郡公，姚弋仲則受洪舊爵。

四月

彭城王遵至河內，聞喪；姚弋仲、蒲洪、劉寧及征虜將軍石閔、武衛將軍王鸞等討梁犢還，遇遵于李城，共說遵曰：“殿下長且賢，先帝亦有意以殿下爲嗣；正以末年悖惑，爲張豺所誤。今女主臨朝，姦臣用事，上白相持未下，京師宿衛空虛，殿下若聲張豺之罪，鼓行而討之，其誰不開門倒戈而迎殿下者！”遵從之。（第 3089 頁）

---

① 《晉書》卷一〇七《石季龍載記下》，第 2786 頁。
② 《太平御覽》卷一二一《偏霸部五》“前秦苻洪”條引，第 1 冊，第 585 頁下欄。
③ 《魏書》卷九五《臨渭氐苻健傳》，第 2073 頁。
④ 《晉書》卷一一六《姚弋仲載記》，第 2961 頁。

　　此條見《晉書·石季龍載記下》①，唯"今女主臨朝，姦臣用事"兩句，僅見於《通鑑》。

五月

　　武興公閔言於（石）遵曰："蒲洪，人傑也；今以洪鎮關中，臣恐秦、雍之地非復國家之有。此雖先帝臨終之命，然陛下踐祚，自宜改圖。"遵從之，罷洪都督，余如前制。洪怒，歸枋頭，遣使來降。（第 3091—3092 頁）

　　此條見《晉書·苻洪載記》②，唯石閔說石遵語，僅見於《通鑑》；蒲洪歸枋頭事，亦僅見於《通鑑》。按蔣福亞說苻洪枋頭起兵，由"石遵罷免苻洪秦雍都督、雍州刺史的官職，不許他到關中赴任"③ 所致，但諸史謂石遵"罷洪都督"而"餘如前制"，"前制"即侍中、車騎大將軍、開府儀同三司、雍州刺史四項，見前引《十六國春秋·前秦錄》，可知苻洪雍州刺史一職，此時未遭罷免。

十一月

　　秦、雍流民相帥西歸，路由枋頭，共推蒲洪爲主，眾至十餘萬。洪子健在鄴，斬關出奔枋頭。（石）鑑懼洪之逼，欲以計遣之，乃以洪爲都督關中諸軍事、征西大將軍、雍州牧、領秦州刺史。洪會官屬，議應受與不；主簿程樸請且與趙連和，如列國分境而治。洪怒曰："吾不堪爲天子邪，而云列國乎！"引樸斬之。（第 3098 頁）

　　《魏書·臨渭氐苻健傳》："冉閔之亂，秦、雍徙民西歸，憑洪爲主，眾至十餘萬，自稱大將軍、大單于、三秦王。"④ 《晉書·苻洪載記》："石鑑殺遵，所在兵起，洪有眾十餘萬。"其餘情節，僅見於《通鑑》。蒲洪將"天子"與"列國"對舉，後者指"分境而治"，前者指一統之局。

---

① 《晉書》卷一〇七《石季龍載記下》，第 2788 頁。
② 《晉書》卷一一二《苻洪載記》，第 2868 頁。
③ 蔣福亞：《前秦史》，北京師範學院出版社 1993 年版，第 29 頁。
④ 《魏書》卷九五《臨渭氐苻健傳》，第 2073 頁。

《通鑑》下文記蒲洪"有據關右之志"，其自稱"三秦王"即爲確證。又可知蒲洪當時所言"天子"，實指關中之主。

新興王祗，（石）虎之子也，時鎮襄國，與姚弋仲、蒲洪等連兵，移檄中外，欲共誅（石）閔、（李）農。（第3098頁）

此條僅見於《通鑑》。

永和六年（350）

正月

撫軍將軍張沈據滏口，張賀度據石瀆，建義將軍段勤據黎陽，寧南將軍楊羣據桑壁，劉國據陽城，段龕據陳留，姚弋仲據灄頭，蒲洪據枋頭，眾各數萬，皆不附於（石）閔。（第3100頁）

《晉書·石季龍載記下》①文略同，唯"姚弋仲據灄頭"，《石季龍載記下》作"姚弋仲據混橋"。另據《晉書·姚弋仲載記》："冉閔之亂，弋仲率眾討閔，次於混橋。"②可知弋仲自灄頭討冉閔，進軍至混橋，《石季龍載記下》所記，稍嫌簡略。

王朗、麻秋自長安赴洛陽。秋承（石）閔書，誅朗部胡千餘人。朗奔襄國。秋帥眾歸鄴。（第3101頁）

此條分見《十六國春秋·前秦錄》③、《晉書·石季龍載記下》④。

蒲洪使其子龍驤將軍雄迎擊（麻秋），獲之，以爲軍師將軍。（第3101頁）

---

① 《晉書》卷一〇七《石季龍載記下》，第2792頁。
② 《晉書》卷一一六《姚弋仲載記》，第2961頁。
③ 《太平御覽》卷一二一《偏霸部五》"前秦苻洪"條引，第1冊，第586頁上欄。
④ 《晉書》卷一〇七《石季龍載記下》，第2792頁。

此條分見《十六國春秋·前秦錄》①、《晉書·石季龍載記下》②。

閏月

（晉）以蒲洪爲氐王、使持節、征北大將軍、都督河北諸軍事、冀州刺史、廣川郡公。（第 3102 頁）

此條分見《晉書·穆帝紀》③、《晉書·苻洪載記》④。唯使持節一項，僅見於《通鑑》。

（晉以）蒲健爲假節、右將軍、監河北征討前鋒諸軍事、襄國公。（第 3102 頁）

此條見《晉書·穆帝紀》⑤，唯"監河北征討前鋒諸軍事"，《穆帝紀》作"監河北諸軍事"，疑有脫文。

姚弋仲、蒲洪各有據關右之志。弋仲遣其子襄帥眾五萬擊洪，洪迎擊，破之，斬獲三萬餘級。（第 3102 頁）

《十六國春秋·前秦錄》："時姚弋仲亦圖關中，恐洪先之，遣子襄率眾五萬來伐洪。洪逆擊，敗之。"⑥ 此役蒲洪斬獲三萬餘級，僅見於《通鑑》。

（蒲）洪自稱大都督、大將軍、大單于、三秦王，改姓苻氏。（第 3102 頁）

《魏書·臨渭氐苻健傳》："（健父洪）自稱大將軍、大單于、三秦王。"⑦《十六國春秋·前秦錄》："洪以讖文有'草付應王'，又孫堅之生

① 《太平御覽》卷一二一《偏霸部五》"前秦苻洪"條引，第 1 冊，第 586 頁上欄。
② 《晉書》卷一〇七《石季龍載記下》，第 2792 頁。
③ 《晉書》卷八《穆帝紀》，第 196 頁。
④ 《晉書》卷一一二《苻洪載記》，第 2868 頁。
⑤ 《晉書》卷八《穆帝紀》，第 196 頁。
⑥ 《太平御覽》卷一二一《偏霸部五》"前秦苻洪"條引，第 1 冊，第 585 頁下欄。
⑦ 《魏書》卷九五《臨渭氐苻健傳》，第 2073 頁。

背有‘符’字，遂改姓符氏，自稱大將軍、單于、三秦王。"① 《晉書·符洪載記》② 與《前秦錄》略同，唯"單于"，《載記》作"大單于"。《通鑑》此條下胡注："符，上從‘竹’者非。"蒲洪自稱大都督，僅見於《通鑑》。又蒲洪改姓符氏，在永和六年（350），《晉書》此前皆稱"苻洪"，蓋以敘述之便。《通鑑》作蒲洪，則更爲準確。

（符洪）以南安雷弱兒爲輔國將軍；安定梁楞爲前將軍，領左長史；馮翊魚遵爲右將軍，領右長史；京兆段陵爲左將軍，領左司馬；天水趙俱、隴西牛夷、北地辛牢皆爲從事中郎；氐酋毛貴爲單于輔相。（第3102頁）

此條僅見於《通鑑》。按"領左司馬"下，各本有"王墮爲右將軍，領右司馬"兩句。符洪其時並設左右長史及左右司馬，《通鑑》下文載符健繼位，以武威賈玄碩爲左長史，洛陽梁安爲右長史，段純爲左司馬，辛牢爲右司馬，應是沿襲符洪遺制。王墮以右將軍領右司馬，似有其事。又魚遵爲右將軍，各本"右"或作"後"，如王墮任右將軍，則魚遵疑爲後將軍。毛貴族屬、身份，特別注明爲"氐酋"，其任單于輔相，氐人可能爲單于所轄。另據《通鑑》晉懷帝永嘉四年（漢劉淵河瑞二年，310）：漢主劉淵寢疾，以"始安王曜爲征討大都督、領單于左輔，廷尉喬智明爲冠軍大將軍、領單于右輔"③。《晉書·劉聰載記》：聰置"單于左右輔，各主六夷十萬落，萬落置一都尉"④。《晉書·石季龍載記上》：勒即大單于，"署爲單于元輔"⑤。前秦"單于輔相"，似以漢趙舊制爲本。"單于輔相"之"相"，是依其實際地位而言之。

三月

麻秋說符洪曰："冉閔、石祇方相持，中原之亂未可平也。不如先取關中，基業已固，然後東爭天下，誰能敵之！"洪深然之。（第

---

① 《太平御覽》卷一二一《偏霸部五》"前秦苻洪"條引，第1冊，第586頁上欄。

② 《晉書》卷一一二《苻洪載記》，第2868頁。

③ 《資治通鑑》卷八六，晉惠帝永嘉四年（310），第2749頁。

④ 《晉書》卷一〇二《劉聰載記》，第2665頁。

⑤ 《晉書》卷一〇六《石季龍載記上》，第2762頁。

3105 頁）

《十六國春秋·前秦錄》僅有“秋說洪西都長安”① 一句。《晉書·苻洪載記》較崔《錄》多“洪深然之”② 四字。麻秋說苻洪語，僅見於《通鑑》，溫公等人當另有所本。

既而（麻）秋因宴鴆（苻）洪，欲併其眾；世子健收秋斬之。（第 3105 頁）

此條分見《十六國春秋·前秦錄》③、《晉書·苻洪載記》④。

（苻）洪謂健曰：“吾所以未入關者，以爲中州可定；今不幸爲豎子所困。中州非汝兄弟所能辦，我死，汝急入關！”言終而卒。（第 3105 頁）

此條分見《十六國春秋·前秦錄》⑤、《魏書·臨渭氐苻健傳》⑥、《晉書·苻洪載記》⑦，“今不幸爲豎子所困”、“中州非汝兄弟所能辦” 兩句，另見《十六國春秋纂錄校本》⑧。

（苻）健代統其眾，乃去大都督、大將軍、三秦王之號，稱晉官爵，遣其叔父安來告喪，且請朝命。（第 3105 頁）

《晉書·苻健載記》：“及洪死，健嗣位，去秦王之號，稱晉爵，遣使告喪於京師，且聽王命。”⑨ “秦王” 前似脫 “三” 字。苻健去大都督、

---

① 《太平御覽》卷一二一《偏霸部五》“前秦苻洪” 條引，第 1 冊，第 586 頁上欄。
② 《晉書》卷一一二《苻洪載記》，第 2868 頁。
③ 《太平御覽》卷一二一《偏霸部五》“前秦苻洪” 條引，第 1 冊，第 586 頁上欄。
④ 《晉書》卷一一二《苻洪載記》，第 2868 頁。
⑤ 《太平御覽》卷一二一《偏霸部五》“前秦苻洪” 條引，第 1 冊，第 586 頁上欄。
⑥ 《魏書》卷九五《臨渭氐苻健傳》，第 2073 頁。
⑦ 《晉書》卷一一二《苻洪載記》，第 2868 頁。
⑧ 湯球：《十六國春秋纂錄校本》，《叢書集成初編》，中華書局 1985 年版，第 26 頁。
⑨ 《晉書》卷一一二《苻洪載記》，第 2868 頁。

大將軍號及遣叔父安告喪於東晉事，僅見於《通鑑》。據上引諸史，是年閏月，晉廷以蒲洪爲氐王、使持節、征北大將軍、都督河北諸軍事、冀州刺史、廣川郡公，苻健所稱"晉官爵"當指此。《晉書》、《通鑑》均未提及"大單于"號，疑苻健此時已放棄"大單于"號而改稱"氐王"。

　　（趙新興王祗即皇帝位於襄國）又以苻健爲都督河南諸軍事、鎮南大將軍、開府儀同三司、兗州牧、略陽郡公。（第3106頁）

　　此條僅見於《通鑑》。苻氏係"略陽臨渭氐人"①，石祗封苻健爲略陽郡公，略陽即健本國。

　　八月
　　王朗之去長安也，朗司馬杜洪據長安，自稱晉征北將軍、雍州刺史，以馮翊張琚爲司馬；關西夷、夏皆應之。（第3107頁）

　　此條分見《魏書·臨渭氐苻健傳》②、《晉書·苻健載記》③，唯"夷、夏"，《載記》作"戎、夏"。杜洪以馮翊張琚爲司馬，僅見於《通鑑》。

　　苻健欲取之，恐（杜）洪知之，乃受趙官爵。以趙俱爲河內太守，戍溫；牛夷爲安集將軍，戍懷；治宮室於枋頭，課民種麥，示無西意，有知而不種者，健殺之以徇。（第3107頁）

　　此條分見《魏書·臨渭氐苻健傳》④、《晉書·苻健載記》⑤，"乃受趙官爵"一句下胡注："趙主祗所授者也。"據《通鑑》上引文，"趙官爵"共五項，即都督河南諸軍事、鎮南大將軍、開府儀同三司、兗州牧、略陽郡公。苻健以趙俱爲河內太守，戍溫；牛夷爲安集將軍，戍懷，僅見於《通鑑》。

---

① 《晉書》卷一一二《苻洪載記》，第2867頁。
② 《魏書》卷九五《臨渭氐苻健傳》，第2073頁。
③ 《晉書》卷一一二《苻健載記》，第2869頁。
④ 《魏書》卷九五《臨渭氐苻健傳》，第2073頁。
⑤ 《晉書》卷一一二《苻健載記》，第2869頁。

（苻健）既而自稱晉征西大將軍、都督關中諸軍事、雍州刺史。（第 3107 頁）

此條分見《十六國春秋·前秦錄》①、《魏書·臨渭氐苻健傳》②、《晉書·苻健載記》③。唯“關中”，《前秦錄》作“關西”；“征西大將軍”下，《前秦錄》又有“開府”一項。此前東晉授苻健使持節、征北大將軍、都督河北諸軍事、冀州刺史；石祇授苻健都督河南諸軍事、鎮南大將軍、開府儀同三司，兗州牧，轄區皆在關東。苻健自稱征西大將軍、都督關中諸軍事、雍州刺史，名義上仍是晉官，卻已改領關中。

（苻健）以武威賈玄碩爲左長史，洛陽梁安爲右長史，段純爲左司馬，辛牢爲右司馬，京兆王魚、安定程肱、胡文等爲軍諮祭酒。（第 3107 頁）

此條僅見於《通鑑》。“洛”字或作“略”。

（苻健）悉眾而西。以魚遵爲前鋒，行至盟津，爲浮梁以濟。（第 3107 頁）

此條分見《十六國春秋·前秦錄》④、《魏書·臨渭氐苻健傳》⑤、《晉書·苻健載記》⑥，唯魚遵任前鋒，僅見於《通鑑》。

（苻健）遣弟輔國將軍雄帥眾五千自潼關入，兄子揚武將軍菁帥眾七千自軹關入。臨別，執菁手曰：“若事不捷，汝死河北，我死河南，不復相見。”既濟，焚橋，自帥大眾隨雄而進。（第 3107 頁）

---

① 《太平御覽》卷一二一《偏霸部五》“前秦苻健”條引，第 1 冊，第 586 頁上欄。
② 《魏書》卷九五《臨渭氐苻健傳》，第 2073 頁。
③ 《晉書》卷一一二《苻健載記》，第 2869 頁。
④ 《太平御覽》卷一二一《偏霸部五》“前秦苻健”條引，第 1 冊，第 586 頁上欄。
⑤ 《魏書》卷九五《臨渭氐苻健傳》，第 2073 頁。
⑥ 《晉書》卷一一二《苻健載記》，第 2869 頁。

此條分見《魏書·臨渭氐苻健傳》①、《晉書·苻健載記》②。

　　杜洪聞之，與（苻）健書，侮嫚之。（第 3107 頁）

此條僅見於《通鑑》。

　　（杜洪）以張琚弟先爲征虜將軍，帥眾萬三千逆戰於潼關之北。先兵大敗，走還長安。（第 3107 頁）

《魏書·臨渭氐苻健傳》：“杜洪遣其將張光逆健於潼關，雄擊破之。”③《晉書·苻健載記》④ 文略同，唯“張光”，《載記》亦作“張先”。其餘情節，均僅見於《通鑑》。

　　（杜）洪悉召關中之眾以拒（苻）健。洪弟郁勸洪迎健，洪不從；郁帥所部降於健。（第 3107 頁）

此條僅見於《通鑑》。

　　（苻）健遣苻雄徇渭北。氐酋毛受屯高陵，徐磋屯好畤，羌酋白犢屯黃白，眾各數萬，皆斬（杜）洪使，遣子降於健。苻菁、魚遵所過城邑，無不降附。洪懼，固守長安。（第 3108 頁）

《晉書·苻健載記》：“遣（苻）雄略地渭北。”⑤ 其餘情節，均僅見於《通鑑》。

　　九月
　　苻菁與張先戰於渭北，擒之，三輔郡縣堡壁皆降。（第 3109 頁）

---

① 《魏書》卷九五《臨渭氐苻健傳》，第 2073—2074 頁。
② 《晉書》卷一一二《苻洪載記》，第 2869 頁。
③ 《魏書》卷九五《臨渭氐苻健傳》，第 2074 頁。
④ 《晉書》卷一一二《苻健載記》，第 2869 頁。
⑤ 同上。

　　此條分見《十六國春秋‧前秦錄》①、《晉書‧苻健載記》②。

　　十月

　　苻健長驅至長安，杜洪、張琚奔司竹。（第 3109 頁）

　　此條分見《魏書‧臨渭氐苻健傳》③、《晉書‧苻健載記》④。

　　十一月

　　甲午，苻健入長安，以民心思晉，乃遣參軍杜山伯詣建康獻捷，并修好於桓溫。於是秦、雍夷夏皆附之。（第 3109—3110 頁）

　　《晉書‧苻健載記》：“健入（長安）而都之，遣使獻捷京師，并修好於桓溫。”⑤ 苻健遣參軍杜山伯使晉，僅見於《通鑑》。

　　趙涼州刺史石寧獨據上邽不下，十二月，苻雄擊斬之。（第 3110 頁）

　　此條僅見於《通鑑》。

卷九九

永和七年（前秦天王苻健皇始元年，351）

　　正月

　　苻健左長史賈玄碩等請依劉備稱漢中王故事，表健爲都督關中諸軍事、大將軍、大單于、秦王。健怒曰：“吾豈堪爲秦王邪！且晉使未返，我之官爵，非汝曹所知也。”既而密使梁安諷玄碩等上尊號，

---

① 《太平御覽》卷一二一《偏霸部五》“前秦苻健”條引，第 1 冊，第 586 頁上欄。
② 《晉書》卷一一二《苻健載記》，第 2869 頁。
③ 《魏書》卷九五《臨渭氐苻健傳》，第 2074 頁。
④ 《晉書》卷一一二《苻洪載記》，第 2869 頁。
⑤ 同上。

健辭讓再三，然後許之。（第 3111 頁）

《十六國春秋·前秦錄》：“於是長史賈玄碩等依諸葛亮劉備故事，表健爲秦王。玄碩等乃上尊號，健僞讓再三，乃從之。”①《晉書·苻健載記》：“健軍師將軍賈玄碩等表健爲侍中、大都督關中諸軍事、大單于、秦王，健怒曰：‘我官位輕重，非若等所知。’既而潛使諷玄碩等使上尊號。”②按《載記》“大都督關中諸軍事”，“大”下疑脫“將軍”二字。“諸葛亮劉備故事”，即“劉備稱漢中王故事”。“潛使諷玄碩等使上尊號”，“使”字下似脫“梁安”之名。《通鑑》所載苻健之言，多“吾豈堪爲秦王邪”、“且晉使未返”兩句，當另有所本。

丙辰，（苻）健即天王、大單于位，國號大秦，大赦，改元皇始。（第 3111 頁）

此條分見《十六國春秋·前秦錄》③、《魏書·臨渭氏苻健傳》④、《晉書·穆帝紀》⑤、《苻健載記》⑥。唯苻健國號“大秦”，《穆帝紀》脫“大”字。

（苻健）追尊父洪爲武惠皇帝，廟號太祖。（第 3111 頁）

此條分見《十六國春秋·前秦錄》⑦、《晉書·苻洪載記》⑧。“武惠皇帝”，《載記》作“惠武帝”，疑誤倒。

（苻健）立妻強氏爲天王后，子萇爲太子，靚爲平原公，生爲淮南公，覿爲長樂公，方爲高陽公，碩爲北平公，騰爲淮陽公，柳爲晉公，

---

① 《太平御覽》卷一二一《偏霸部五》“前秦苻健”條引，第 1 冊，第 586 頁上欄。
② 《晉書》卷一一二《苻健載記》，第 2869 頁。
③ 《太平御覽》卷一二一《偏霸部五》“前秦苻健”條引，第 1 冊，第 586 頁上欄。
④ 《魏書》卷九五《臨渭氏苻健傳》，第 2074 頁。
⑤ 《晉書》卷八《穆帝紀》，第 197 頁。
⑥ 《晉書》卷一一二《苻健載記》，第 2869 頁。
⑦ 《太平御覽》卷一二一《偏霸部五》“前秦苻健”條引，第 1 冊，第 586 頁上欄。
⑧ 《晉書》卷一一二《苻洪載記》，第 2888 頁。

桐爲汝南公，廋爲魏公，武爲燕公，幼爲趙公。以苻雄爲都督中外諸軍事、丞相、領車騎大將軍、雍州牧、東海公；苻菁爲衛大將軍、平昌公，宿衛二宮；雷弱兒爲太尉，毛貴爲司空，略陽姜伯周爲尚書令，梁楞爲左僕射，王墮爲右僕射，魚遵爲太子太師，強平爲太傅，段純爲太保，呂婆樓爲散騎常侍。伯周，健之舅；平，王后之弟；婆樓，本略陽氏酋也。（第3111—3112頁）

《十六國春秋·前秦錄》："立妻強氏爲皇后，子萇爲皇太子，靚爲平原公，生爲淮南公，弟雄爲丞相、東海公；其餘封授各有差。"① 其餘情節，均僅見於《通鑑》。《晉書·苻健載記》："母姜氏。"② 《通鑑》此條稱略陽姜伯周爲苻健之舅，可知苻洪妻姜氏郡望略陽。

二月
趙并州刺史張平遣使降秦，秦王以平爲大將軍、冀州牧。（第3114頁）

此條僅見於《通鑑》。

三月
秦王健分遣使者問民疾苦，搜羅儁異，寬重斂之稅，弛離宮之禁，罷無用之器，去侈靡之服，凡趙之苛政不便於民者，皆除之。（第3116頁）

此條僅見於《通鑑》。

杜洪、張琚遣使召梁州刺史司馬勳。（第3116頁）

《晉書·苻健載記》："初，杜洪之奔也，招晉梁州刺史司馬勳。"③

---

① 《太平御覽》卷一二一《偏霸部五》"前秦苻健"條引，第1冊，第586頁上欄。
② 《晉書》卷一一二《苻健載記》，第2868頁。
③ 同上書，第2869頁。

四月

（司馬）勳帥步騎三萬赴之，秦王健禦之於五丈原。勳屢戰皆敗，退歸南鄭。（第 3116 頁）

此條分見《晉書·穆帝紀》①、《苻健載記》②，唯司馬勳退歸南鄭，僅見於《通鑑》。

（秦王）健以中書令賈玄碩始者不上尊號，銜之，使人告玄碩與司馬勳通，并其諸子皆殺之。（第 3116 頁）

此條僅見於《通鑑》。

永和八年（皇始二年，352）

正月

秦丞相雄等請秦王健正尊號，依漢、晉之舊，不必效石氏之初。健從之，即皇帝位，大赦。諸公皆進爵爲王。（第 3122 頁）

此條分見《十六國春秋·前秦錄》③、《晉書·穆帝紀》④、《苻健載記》⑤，唯“效石氏之初”，《前秦錄》作“同趙之初號”。

（秦王健）且言單于所以統壹百蠻，非天子所宜領，以授太子萇。（第 3122 頁）

《晉書·苻健載記》：“以大單于授其子萇。”⑥ 其餘情節，僅見於《通鑑》。

---

① 《晉書》卷八《穆帝紀》，第 197 頁。
② 《晉書》卷一一二《苻健載記》，第 2869—2870 頁。
③ 《太平御覽》卷一二一《偏霸部五》“前秦苻健”條引，第 1 冊，第 586 頁上欄。
④ 《晉書》卷八《穆帝紀》，第 198 頁。
⑤ 《晉書》卷一一二《苻健載記》，第 2870 頁。
⑥ 同上。

三月

（姚）弋仲卒，子襄秘不發喪，帥戶六萬南攻陽平、元城、發干，破之，屯於碻磝津，以太原王亮爲長史，天水尹赤爲司馬，太原薛瓚、略陽權翼爲參軍。（第3123—3124頁）

此條見《晉書·姚襄載記》①。

（姚）襄與秦兵戰，敗，亡三萬餘戶。（第3124頁）

此條僅見於《通鑑》。

（姚襄）南至滎陽，始發喪。（第3124頁）

此條分見《十六國春秋·後秦錄》②、《晉書·姚襄載記》③。

（姚襄）又與秦將高昌、李歷戰于麻田，馬中流矢而斃。弟萇以馬授襄，襄曰："汝何以自免？"萇曰："但令兄濟，豎子必不敢害萇！"會救至，俱免。（第3124頁）

此條分見蕭方等《三十國春秋》④、《晉書·姚襄載記》⑤。姚襄、姚萇兄弟對話，則僅見於《通鑑》。

（姚襄司馬）尹赤奔秦，秦以赤爲并州刺史，鎮蒲阪。（第3124頁）

此條僅見於《通鑑》。

---

① 《晉書》卷一一六《姚襄載記》，第2962頁。
② 《太平御覽》卷一二三《偏霸部七》"後秦姚襄"條引，第1冊，第594頁下欄。
③ 《晉書》卷一一六《姚襄載記》，第2962頁。
④ 《太平御覽》卷三二五《兵部五六》"救援"條引，第2冊，第1495頁上欄。
⑤ 《晉書》卷一一六《姚襄載記》，第2962頁。

　　四月

　　秦以張遇爲征東大將軍、豫州牧。（第 3126 頁）

　　此條僅見於《通鑑》。《晉書·穆帝紀》：永和七年（351）八月，"冉閔豫州牧張遇以許昌來降。"①《晉書·石季龍載記下》："閔徐州刺史周成、兖州刺史魏統、豫州牧冉遇、荆州刺史樂弘皆以城歸順。"②《通鑑》永和七年（351）八月條："魏徐州刺史周成、兖州刺史魏統、荆州刺史樂弘、豫州牧張遇以廩丘、許昌等諸城來降。"③ 按"張遇"，《石季龍載記下》作"冉遇"，疑爲冉閔賜姓，《校勘記》則謂"冉"爲"張"字之訛④。另據《晉書·謝尚傳》："初，苻健將張遇降尚，尚不能綏懷之。遇怒，據許昌叛。尚討之，爲遇所敗，收付廷尉。"⑤《通鑑》永和八年（352）二月條："謝尚不能撫慰張遇，遇怒，據許昌叛。"⑥ 張遇降秦在降晉之後，《石季龍載記下》稱"冉閔豫州牧"、《通鑑》稱"魏豫州牧"，均不誤，《謝尚傳》稱"苻健將"，則未妥。《晉書·苻健載記》："健至自宜秋，遣雄、菁率眾掠關東，并援石季龍豫州刺史張遇於許昌，與晉鎮西將軍謝尚戰于潁水之上，王師敗績。雄乘勝逐北，至於墨門，殺傷太半，遂虜遇及其眾歸于長安，拜遇司空、豫州刺史，鎮許昌。"又謂"張遇自許昌來降"⑦。"石季龍豫州刺史張遇"，指其原來的身份，張遇叛晉後疑向苻健求救，故《苻健載記》又說健遣雄、菁援遇於許昌。"張遇自許昌來降"，則是簡略的說法。苻健以張遇爲"征東大將軍、豫州牧"，《苻健載記》作"司空、豫州刺史"，另據《通鑑》下文，遇徙於關中，右衛將軍楊羣代爲豫州刺史，可知張遇降秦之初，拜"征東大將軍、豫州牧"，入關後解軍職、州牧，遷司空，《苻健載記》疑誤。

　　五月

　　秦主健攻張琚於宜秋，斬之。（第 3126 頁）

---

① 《晉書》卷八《穆帝紀》，第 197 頁。
② 《晉書》卷一〇七《石季龍載記下》，第 2796 頁。
③ 《資治通鑑》卷九九晉穆帝永和七年（351）八月，第 3118 頁。
④ 《晉書》卷一〇七《石季龍載記下》，第 2800 頁。
⑤ 《晉書》卷七九《謝尚傳》，第 2070—2071 頁。
⑥ 《資治通鑑》卷九九晉穆帝永和八年（352）二月，第 3123 頁。
⑦ 《晉書》卷一一二《苻健載記》，第 2870 頁。

　　此條見《晉書·苻健載記》①。苻健稱天王，《通鑑》以“秦王”名之；稱帝，《通鑑》又以“秦主”名之。溫公等人記十六國事書法如此，違例處疑爲傳抄之訛。

　　　　六月
　　　　甲申，秦主健還長安。（第3127頁）

　　此條見《晉書·苻健載記》②。

　　　　謝尚、姚襄共攻張遇於許昌。秦主健遣丞相東海王雄、衛大將軍平昌王菁略地關東，帥步騎二萬救之。丁亥，戰于潁水之誠橋，尚等大敗，死者萬五千人。（第3127頁）

　　此條分見《晉書·穆帝紀》③、《苻健載記》④。唯此役晉軍死者萬五千人，及苻菁爲衛大將軍、平昌王，僅見於《通鑑》。

　　　　七月
　　　　秦丞相雄徙張遇及陳、潁、許、洛之民五萬餘戶於關中，以右衛將軍楊羣爲豫州刺史，鎮許昌。（第3128頁）

　　《晉書·穆帝紀》：永和八年四月誠橋戰後，“苻健使其弟雄襲（張）遇，虜之”⑤。《晉書·苻健載記》：苻雄、苻菁“虜遇及其眾歸于長安，拜遇司空、豫州刺史，鎮許昌”⑥。《通鑑》所述細節當另有所本；楊羣由右衛將軍遷（或兼）豫州刺史、鎮許昌，僅見於《通鑑》。“拜遇司空”，亦見下引《通鑑》。《載記》“司空”二字下疑有脫文。

---

　　① 《晉書》卷一一二《苻健載記》，第2870頁。
　　② 同上。
　　③ 《晉書》卷八《穆帝紀》，第198頁。
　　④ 《晉書》卷一一二《苻健載記》，第2870頁。
　　⑤ 《晉書》卷八《穆帝紀》，第198頁。
　　⑥ 《晉書》卷一一二《苻健載記》，第2870頁。

八月

秦以雷弱兒爲大司馬，毛貴爲太尉，張遇爲司空。（第 3129 頁）

此條僅見於《通鑑》。

十月

謝尚遣冠軍將軍王俠攻許昌，克之。秦豫州刺史楊羣退屯弘農。
（第 3130 頁）

《晉書·謝尚傳》："時苻健將楊平戍許昌，尚遣兵襲破之。"[1]　平即
羣，說詳《校勘記》[2]。謝尚所遣爲冠軍將軍王俠，僅見於《通鑑》。楊
羣兵敗後退屯弘農，亦僅見於《通鑑》。

十一月

秦丞相雄攻王擢於隴西，擢奔涼州，雄還屯隴東。（第 3131 頁）

此條分見《晉書·穆帝紀》[3]、《苻健載記》[4]，唯《穆帝紀》此事繫於
十月。

永和九年（皇始三年，353）

二月

張重華遣將軍張弘、宋修會王擢帥騎萬五千伐秦。秦丞相雄、衛
將軍菁拒之，大敗涼兵于龍黎，斬首萬二千級，虜張弘、宋修，王擢
棄秦州，奔姑臧。（第 3132 頁）

此條分見《晉書·張重華傳》[5]、《晉書·苻健載記》[6]。唯"秦丞相

---

① 《晉書》卷七九《謝尚傳》，第 2071 頁。
② 同上書，第 2091 頁。
③ 《晉書》卷八《穆帝紀》，第 199 頁。
④ 《晉書》卷一一二《苻健載記》，第 2870 頁。
⑤ 《晉書》卷八六《張重華傳》，第 2244 頁。
⑥ 《晉書》卷一一二《苻健載記》，第 2870 頁。

雄、衛將軍菁拒之", 《張重華傳》作"健遣苻碩禦之", 似各有所本。

　　秦主健以領軍將軍苻願爲秦州刺史, 鎮上邽。(第 3132 頁)

此條僅見於《通鑑》。

　　三月
　　西域胡劉康詐稱劉曜子, 聚眾於平陽, 自稱晉王; 夏, 四月, 秦
左衛將軍苻飛討擒之。(第 3132 頁)

此條僅見於《通鑑》。

　　五月
　　張重華復使王擢帥眾二萬伐上邽, 秦州郡縣多應之; 苻願戰敗,
奔長安。(第 3132 頁)

《晉書·穆帝紀》: 是年五月, "張重華復使王擢襲秦州, 取之"①。《張重
華傳》: "復授擢兵, 使攻秦州, 克之。"②《通鑑》其他細節, 當另有所據。

　　(張) 重華因上疏請伐秦。詔進重華涼州牧。(第 3132 頁)

此條詳見《晉書·張重華傳》③。

　　六月
　　秦苻飛攻氐王楊初于仇池, 爲初所敗。丞相雄、平昌王菁帥步騎
四萬屯於隴東。(第 3132—3133 頁)

《晉書·穆帝紀》: 是年五月, "仇池公楊初爲苻雄所敗"④。其餘情

---

①　《晉書》卷八《穆帝紀》, 第 199 頁。
②　《晉書》卷八六《張重華傳》, 第 2244 頁。
③　同上。
④　《晉書》卷八《穆帝紀》, 第 199 頁。

節，僅見於《通鑑》。

　　秦主健納張遇繼母韓氏爲昭儀，數於眾中謂遇曰："卿，吾假子也。"遇恥之，因雄等精兵在外，陰結關中豪傑，欲滅苻氏，以其地來降。秋，七月，遇與黃門劉晃謀夜襲健，晃約開門以待之。會健使晃出外，晃固辭，不得已而行。遇不知，引兵至門，門不開。事覺，伏誅。於是孔持起池陽，劉珍、夏侯顯起鄠，喬秉起雍，胡陽赤起司竹，呼延毒起灞城，眾數萬人，各遣使來請兵。（第 3133 頁）

　　《晉書·苻健載記》："初，張遇自許昌來降，健納遇後母韓氏爲昭儀，每於眾中謂遇曰：'卿，吾子也。'遇慚恨，引關中諸將欲以雍州歸順，乃與健中黃門劉晃謀夜襲健，事覺，遇害。"① 其餘情節，僅見於《通鑑》。孔持，《苻健載記》作"孔特"②。

　　秦以左僕射魚遵爲司空。（第 3133 頁）

此條僅見於《通鑑》。

　　九月
　　秦丞相雄帥眾二萬還長安，遣平昌王菁略定上洛，置荊州於豐陽川，以步兵校尉金城郭敬爲刺史。（第 3133 頁）

　　《晉書·苻健載記》："（苻）雄遣菁掠上洛郡，於豐陽縣立荊州。"③ 其餘情節，僅見於《通鑑》。置州於川不盡合理，"川"疑爲"縣"字之訛。

　　（苻）雄與清河王法、苻飛分討孔持等。（第 3133 頁）

---

① 《晉書》卷一一二《苻健載記》，第 2870 頁。
② 同上。
③ 同上。

此條僅見於《通鑑》。

初，（殷）浩陰遣人誘秦梁安、雷弱兒，使殺秦主健，許以關右
之任，弱兒僞許之，且請兵應接。浩聞張遇作亂，健兄子輔國將軍黃
眉自洛陽西奔，以爲安等事已成。（第 3134 頁）

此條分見《晉書·王彪之傳》①、《殷浩傳》②，唯黃眉，《王彪之傳》、
《殷浩傳》均脫“黃”字；黃眉拜輔國將軍，僅見於《通鑑》。

十月
（殷）浩自壽春帥眾七萬北伐，欲進據洛陽，修復園陵。吏部尚
書王彪之上會稽王昱牋，以爲：“弱兒等容有詐僞，浩未應輕進。”不
從。（第 3134—3135 頁）

此條分見《晉書·王彪之傳》③、《殷浩傳》④，唯殷浩北伐有眾七萬，
僅見於《通鑑》。

十一月
秦丞相雄克池陽，斬孔持。（第 3136 頁）

此條僅見於《通鑑》。

十二月
清河王法、苻飛克鄡，斬劉珍、夏侯顯。（第 3136 頁）

此條僅見於《通鑑》。

---

① 《晉書》卷七六《王彪之傳》，第 2009 頁。
② 《晉書》卷七七《殷浩傳》，第 2045 頁。
③ 《晉書》卷七六《王彪之傳》，第 2009 頁。
④ 《晉書》卷七七《殷浩傳》，第 2045 頁。

永和十年（皇始四年，354）

正月

秦丞相雄克司竹；胡陽赤奔霸城，依呼延毒。（第 3138 頁）

此條僅見於《通鑑》。

二月

乙丑，桓溫統步騎四萬發江陵；水軍自襄陽入均口，至南鄉；步兵自淅川趣武關；命司馬勳出子午道以伐秦。（第 3138—3139 頁）

此條分見《晉書·桓溫傳》①、《苻健載記》②，唯"步兵"，《桓溫傳》脫"兵"字。

三月

桓溫別將攻上洛，獲秦荊州刺史郭敬；進擊青泥，破之。司馬勳掠秦西鄙，涼秦州刺史王擢攻陳倉以應溫。秦主健遣太子萇、丞相雄、淮南王生、平昌王菁、北平王碩帥眾五萬軍于嶢柳以拒溫。（第 3139 頁）

此條分見《晉書·桓溫傳》③、《苻健載記》④，唯"涼秦州刺史王擢攻陳倉以應溫"，及秦太子萇、平昌王菁、北平王碩與丞相雄、淮南王生等帥眾五萬禦晉軍，僅見於《通鑑》。

四月

己亥，（桓）溫與秦兵戰于藍田。秦淮南王生單騎突陳，出入以十數，殺傷晉將士甚眾。溫督眾力戰，秦兵大敗。（第 3139 頁）

---

① 《晉書》卷九八《桓溫傳》，第 2571 頁。
② 《晉書》卷一一二《苻健載記》，第 2870 頁。
③ 《晉書》卷九八《桓溫傳》，第 2571 頁。
④ 《晉書》卷一一二《苻健載記》，第 2870 頁。

此條分見《晉書·穆帝紀》①、《桓溫傳》②，唯苻生單騎突陳，"出入以十數"，僅見於《通鑑》。

　　　　將軍桓沖又敗秦丞相雄于白鹿原。（第 3139 頁）

此條見《晉書·桓溫傳》③。

　　　　（桓）溫轉戰而前，壬寅，進至灞上。秦太子萇等退屯城南，秦主健與老弱六千固守長安小城，悉發精兵三萬，遣大司馬雷弱兒等與萇合兵以拒溫。（第 3139—3140 頁）

此條分見《晉書·桓溫傳》④、《苻健載記》⑤，唯"六千"，《桓溫傳》作"五千"，未詳孰是；"秦太子萇等退屯城南"，苻健"遣大司馬雷弱兒等與萇合兵以拒溫"，僅見於《通鑑》。

　　　　三輔郡縣皆來降。（桓）溫撫諭居民，使安堵復業。民爭持牛酒迎勞，男女夾路觀之，耆老有垂泣者，曰："不圖今日復覩官軍！"（第 3140 頁）

《晉書·桓溫傳》："溫進至霸上，健以五千人深溝自固，居人皆安堵復業，持牛酒迎溫於路者十八九，耆老感泣曰：'不圖今日復見官軍！'"⑥按《晉書》"居人皆安堵復業"一句，轉折突兀，"居人"二字上疑有脫文，或即《通鑑》此條所載桓溫"撫諭"等內容。居人，避唐諱。

　　　　秦丞相雄帥騎七千襲司馬勳於子午谷，破之，勳退屯女媧堡。（第 3140 頁）

①　《晉書》卷八《穆帝紀》，第 200 頁。
②　《晉書》卷九八《桓溫傳》，第 2571 頁。
③　同上。
④　同上。
⑤　《晉書》卷一一二《苻健載記》，第 2870—2871 頁。
⑥　《晉書》卷九八《桓溫傳》，第 2571 頁。

此條僅見於《通鑑》。

五月

北海王猛，少好學，倜儻有大志，不屑細務，人皆輕之。猛悠然自得，隱居華陰。聞桓溫入關，披褐詣之，捫蝨而談當世之務，旁若無人。溫異之，問曰："吾奉天子之命，將銳兵十萬，爲百姓除殘賊，而三秦豪傑未有至者，何也？"猛曰："公不遠數千里，深入敵境，今長安咫尺而不渡灞水，百姓未知公心，所以不至。"溫嘿然無以應，徐曰："江東無卿比也！"乃署猛軍謀祭酒。（第3141頁）

此條見《晉書·王猛傳》①，唯桓溫所言"江東無卿比也"及溫"署猛軍謀祭酒"，僅見於《通鑑》。

（桓）溫與秦丞相雄等戰于白鹿原，溫兵不利，死者萬餘人。（第3141頁）

《晉書·穆帝紀》："（永和十年）六月，苻健將苻雄悉眾及桓溫戰于白鹿原，王師敗績。"②此役晉軍死者萬餘人，僅見於《通鑑》。

初，（桓）溫指秦麥以爲糧，既而秦人悉艾麥，清野以待之，溫軍乏食。（第3141—3142頁）

此條見《晉書·桓溫傳》③。

六月

丁丑，（桓溫）徙關中三千餘戶而歸。（第3142頁）

---

① 《晉書》卷一一四《苻堅載記下附王猛傳》，第2929—2930頁。
② 《晉書》卷八《穆帝紀》，第200頁。
③ 《晉書》卷九八《桓溫傳》，第2571頁。

此條分見《晉書·桓溫傳》①、《苻健載記》②。唯“三千餘戶”，《桓溫傳》作“三千餘口”③，未詳孰是。

　　（桓溫）以王猛爲高官督護，欲與俱還，猛辭不就。（第3142頁）

此條見《晉書·王猛傳》④。胡注：“職爲督護，而加之以高官也。魏、晉之間，凡居節鎮者，其部將有督護，其後又置高官督護。王敦鎮武昌，有高官督護繆坦。”

　　呼延毒帥衆一萬從（桓）溫還。（第3142頁）

此條僅見於《通鑑》。

　　秦太子萇等隨（桓）溫擊之，比至潼關，溫軍屢敗，失亡以萬數。（第3142頁）

此條分見《魏書·臨渭氏苻健傳》⑤、《晉書·苻健載記》⑥，唯晉軍“失亡以萬數”，僅見於《通鑑》。

　　（桓）溫之屯灞上也，順陽太守薛珍勸溫徑進逼長安；溫弗從。珍以偏師獨濟，頗有所獲。及溫退，乃還，顯言於衆，自矜其勇而咎溫之持重；溫殺之。（第3142頁）

此條僅見於《通鑑》。

---

① 《晉書》卷九八《桓溫傳》，第2571頁。
② 《晉書》卷一一二《苻健載記》，第2871頁。
③ 《晉書》卷九八《桓溫傳》，第2571頁。
④ 《晉書》卷一一四《苻堅載記下附王猛傳》，第2930頁。
⑤ 《魏書》卷九五《臨渭氏苻健傳》，第2074頁。
⑥ 《晉書》卷一一二《苻健載記》，第2871頁。

秦丞相雄擊司馬勳、王擢於陳倉，勳奔漢中，擢奔略陽。（第 3142
頁）

《晉書·苻健載記》僅有"司馬勳奔還漢中"① 一句，其餘情節爲
《通鑑》獨家所載。

秦以光祿大夫趙俱爲洛陽刺史，鎮宜陽。（第 3142 頁）

此條僅見於《通鑑》。另據《晉書·地理志上》：苻健以"洛州刺史
鎮宜陽"②。按前秦設洛州刺史，屢見於諸史，《十六國疆域志》"前秦洛
州"條臚列甚詳③，洛陽刺史則僅見於《通鑑》。

秦東海敬武王雄攻喬秉於雍。（第 3142 頁）

此條僅見於《通鑑》。

丙申，（苻）雄卒。秦主健哭之嘔血，曰："天不欲吾平四海邪！
何奪吾元才之速也？"贈魏王，葬禮依晉安平獻王故事。雄以佐命元
勳，權侔人主，而謙恭汎愛，遵奉法度，故健重之，常曰："元才，
吾之周公也。"（第 3142 頁）

此條分見《十六國春秋·前秦錄》④、《晉書·苻生載記》⑤。唯"贈
魏王"，《前秦錄》作"贈相國，進封魏王"；"汎愛"，《載記》又作"奉
法"；"葬禮依晉安平獻王故事"，僅見於《通鑑》。

（苻雄）子堅襲爵。（第 3142 頁）

---

① 《晉書》卷一一二《苻健載記》，第 2871 頁。
② 《晉書》卷一四《地理志上》，第 431 頁。
③ 洪亮吉：《十六國疆域志》卷四，商務印書館 1958 年版，第 182 頁。
④ 《太平御覽》卷一二一《偏霸部五》"前秦苻健"條引，第 1 冊，第 586 頁上、下欄。
⑤ 《晉書》卷一一二《苻生載記》，第 2880 頁。

此條僅見於《通鑑》。此條下胡注："堅襲爵東海王。"

　　（苻）堅性至孝，幼有志度，博學多能，交結英豪，呂婆樓、強汪及略陽梁平老皆與之善。（第3142—3143頁）

此條見《晉書·苻堅載記上》①。

　　秦太子萇攻喬秉於雍，八月，斬之，關中悉平。（第3143頁）

此條僅見於《通鑑》。

　　秦主健賞拒桓溫之功，以雷弱兒爲丞相，毛貴爲太傅，魚遵爲太尉，淮南王生爲中軍大將軍，平昌王菁爲司空。（第3143頁）

此條僅見於《通鑑》。另據前引《通鑑》永和七年（351）正月：苻健以苻菁爲衛大將軍、平昌公，雷弱兒爲太尉，毛貴爲司空，王墮爲右僕射，魚遵爲太子太師。②

　　（苻）健勤於政事，數延公卿咨講治道；承趙人苛虐奢侈之後，易以寬簡、節儉，崇禮儒士，由是秦人悅之。（第3143頁）

《晉書·苻健載記》："與百姓約法三章，薄賦卑宮，垂心政事，優禮耆老，修尚儒學，而關右稱來蘇焉。"③《通鑑》此條敘事與《載記》多不同，似另有所本。

　　秦太子萇之拒桓溫也，爲流矢所中，冬，十月，卒，謚曰獻哀。（第3143頁）

---

① 《晉書》卷一一三《苻堅載記上》，第2884頁。
② 《資治通鑑》卷九九，晉穆帝永和七年（351），第3112頁。
③ 《晉書》卷一一二《苻健載記》，第2871頁。

此條分見《魏書・臨渭氐苻健傳》①、《晉書・苻健載記》②，唯苻萇死於十月及其謚號，僅見於《通鑑》。

十一月

（王）擢帥衆降秦，秦以擢爲尚書，以上將軍啖鐵爲秦州刺史。（第 3144 頁）

此條僅見於《通鑑》。另據《晉書・姚興載記上》："武都氐屠飛、啖鐵等殺隴東太守姚迴，略三千餘家，據方山以叛。"③可知啖鐵係武都氐酋。

秦王健叔父武都王安自晉還，爲姚襄所虜，以爲洛州刺史。十二月，安亡歸秦，健以安爲大司馬、驃騎大將軍、并州刺史，鎮蒲阪。（第 3144 頁）

此條僅見於《通鑑》。另據前引《通鑑》永和六年（350）三月："（苻洪死，子）健代統其衆，乃去大都督、大將軍、三秦王之號，稱晉官爵，遣其叔父安來告喪，且請朝命。"④據知苻安告喪即留於晉，至此始歸秦。按《通鑑》記苻健事，皆作"秦主"，唯此條作"秦王"。苻健數年前已稱帝，"王"爲"主"字之訛。

是歲，秦大饑，米一升直布一匹。（第 3144 頁）

《魏書・臨渭氐苻健傳》作"關中大饑"⑤，當時米價高漲之細節，爲《通鑑》獨家所載。

---

① 《魏書》卷九五《臨渭氐苻健傳》，第 2074 頁。
② 《晉書》卷一一二《苻健載記》，第 2871 頁。
③ 《晉書》卷一一七《姚興載記上》，第 2978 頁。
④ 《資治通鑑》卷九八，晉穆帝永和六年（350），第 3105 頁。
⑤ 《魏書》卷九五《臨渭氐苻健傳》，第 2074 頁。

卷一〇〇

晉穆帝永和十一年（皇始五年，厲王苻生壽光元年，355）

二月

秦大蝗，百草無遺，牛馬相噉毛。（第 3145 頁）

此條分見《魏書·臨渭氐苻健傳》①、《晉書·苻健載記》②。

四月

蘭陵太守孫黑、濟北太守高柱、建興太守高瓮及秦河內太守王
會、黎陽太守韓高皆以郡降燕。（第 3145—3146 頁）

此條見《晉書·慕容儁載記》③。唯"秦"，《載記》作"苻生"。苻
生即帝位在六月，《載記》徑稱"苻生"不確，當從《通鑑》。

秦淮南王生幼無一目，性麤暴。其祖父洪嘗戲之曰："吾聞瞎兒
一淚，信乎？"生怒，引佩刀自刺出血，曰："此亦一淚也。"洪大
驚，鞭之。生曰："性耐刀槊，不堪鞭箠！"洪謂其父健曰："此兒狂
悖，宜早除之；不然，必破人家。"健將殺之，健弟雄止之曰："兒
長自應改，何可遽爾！"及長，力舉千鈞，手格猛獸，走及奔馬，擊
刺騎射，冠絕一時。獻哀太子卒，強后欲立少子晉王柳；秦主健以讖
文有"三羊五眼"，乃立生爲太子。（第 3146 頁）

此條分見《十六國春秋·前秦錄》④、《魏書·臨渭氐苻健傳》⑤、《晉
書·苻健載記》⑥。"獻哀太子卒，強后欲立少子晉王柳"，《魏書》作

---

① 《魏書》卷九五《臨渭氐苻健傳》，第 2074 頁。
② 《晉書》卷一一二《苻健載記》，第 2871 頁。
③ 《晉書》卷一一〇《慕容儁載記》，第 2835 頁。
④ 《太平御覽》卷一二一《偏霸部五》"前秦苻生"條引，第 1 冊，第 586 頁下欄。
⑤ 《魏書》卷九五《臨渭氐苻健傳》，第 2074 頁。
⑥ 《晉書》卷一一二《苻健載記》，第 2872 頁。

"健之長子死，生母強氏意在少子柳"。另據前引《通鑑》永和七年（351）正月："（苻健）立妻強氏爲天王后，子萇爲太子，靚爲平原公，生爲淮南公，覿爲長樂公，方爲高陽公，碩爲北平公，騰爲淮陽公，柳爲晉公，桐爲汝南公，廋爲魏公，武爲燕公，幼爲趙公。"這份名單中，苻健長子萇爲太子，排名第一；第三子生爲淮南公，排名第三；其餘兄弟，似皆以長幼爲序。而晉公柳之下，又有汝南公桐、魏公廋、燕公武、趙公幼，疑均爲柳弟。若此說不誤，則《魏書》、《通鑑》所言"少子柳"，非苻健之少子，而是強后所生諸子中之最少者，即苻生同母之少弟。苻健十二子年齡順序爲：萇、靚、生、覿、方、碩、騰、柳、桐、廋、武、幼，幼爲健之少子。

（秦主健）以司空、平昌王菁爲太尉，尚書令王墮爲司空，司隸校尉梁楞爲尚書令。（第 3146 頁）

此條僅見於《通鑑》。

六月

丙子，秦主健寢疾。庚辰，平昌公菁勒兵入東宮，將殺太子生而自立。時生侍疾西宮，菁以爲健已卒，攻東掖門。健聞變，登端門，陳兵自衛。衆見健惶懼，皆捨仗逃散。健執菁，數而殺之，餘無所問。（第 3146 頁）

此條見《晉書・苻健載記》[1]，唯"餘無所問"一句，僅見於《通鑑》。

壬午，以大司馬、武都王安都督中外諸軍事。（第 3147 頁）

此條僅見於《通鑑》。胡注："苻雄死，健以菁都督中外諸軍；菁以逆誅，以安代之。"

----

[1]　《晉書》卷一一二《苻健載記》，第 2871 頁。

　　　　甲申，（秦主）健引太師魚遵、丞相雷弱兒、太傅毛貴、司空王
墮、尚書令梁楞、左僕射梁安、右僕射段純、吏部尚書辛牢等受遺詔
輔政。（第 3147 頁）

　　《十六國春秋·前秦錄》：皇始五年（永和十一年，355）六月，
"（苻健）引太師魚遵、丞相雷弱兒、太傅毛貴、司空王隨等囑以後事，
受遺輔政"①。另據《晉書·苻生載記》，生殺太傅毛貴，車騎、尚書令梁
楞，左僕射梁安，謂"毛太傅、梁車騎、梁僕射受遺輔政"②，云云。唯
右僕射段純、吏部尚書辛牢亦受遺詔輔政，僅見於《通鑑》。又王墮、王
隨爲一人。黃烈述前秦任用漢族官僚事，將墮、隨並舉③，可酌。

　　　　（秦主）健謂太子生曰："六夷酋帥及大臣執權者，若不從汝命，
宜漸除之。"（第 3147 頁）

　　此條僅見於《通鑑》。

　　　　乙酉，（秦主）健卒；謚曰景明皇帝，廟號高祖。（第 3147 頁）

　　《十六國春秋·前秦錄》作："乙酉，（苻健）薨於太極前殿，年四十
九。葬原陵，僞謚明皇帝，廟號世宗。永興初，追尊曰景明皇帝，廟號高
祖。"④《晉書·苻健載記》與崔《錄》文略同。苻健謚曰景明、廟號高
祖爲苻堅時所改，《通鑑》此條不確。

　　　　丙戌，太子生即位，大赦，改元壽光。（第 3147 頁）

　　此條分見《十六國春秋·前秦錄》⑤、《魏書·臨渭氐苻健傳》⑥、《晉

---

① 《太平御覽》卷一二一《偏霸部五》"前秦苻健"條引，第 1 冊，第 586 頁下欄。
② 《晉書》卷一一二《苻生載記》，第 2873 頁。
③ 黃烈：《中國古代民族史研究》第二章"氐族的來源、形成和融合"，列前秦漢族官僚，
前有"司空王隨"，後有"宰相王墮"，分別爲兩人，人民出版社 1987 年版，第 146 頁。
④ 《太平御覽》卷一二一《偏霸部五》"前秦苻健"條引，第 1 冊，第 586 頁下欄。
⑤ 同上。
⑥ 《魏書》卷九五《臨渭氐苻健傳》，第 2075 頁。

書·苻生載記》①。

　　羣臣奏曰："未踰年而改元，非禮也。"（秦主）生怒，窮推議主，得右僕射段純，殺之。（第 3147 頁）

《十六國春秋·前秦錄》："羣臣奏'先帝晏駕甫爾，不宜改號'。生怒，不從，窮推議主。壽光元年七月，殺右僕射段純。"②《通鑑》所錄羣臣奏言與此不同，似另有所本。

　　七月
　　秦主生尊母強氏曰皇太后，立妃梁氏爲皇后。梁氏，安之女也。（第 3147 頁）

此條見《晉書·苻生載記》③。另據《十六國春秋·前秦錄》："（苻生梁皇）后，安之女孫。"④"孫"疑爲"也"字之誤。

　　以其嬖臣太子門大夫南安趙韶爲右僕射，太子舍人趙誨爲中護軍，著作郎董榮爲尚書。（第 3147—3148 頁）

此條僅見於《通鑑》。另據《晉書·苻生載記》載丞相雷弱兒"剛鯁好直言，見生嬖臣趙韶、董榮亂政，每大言於朝"⑤，又不及趙誨。

　　秦主生封衛大將軍黃眉爲廣平王，前將軍飛爲新興王，皆素所善也。（第 3148 頁）

此條僅見於《通鑑》。

---

① 《晉書》卷一一二《苻生載記》，第 2872 頁。
② 《太平御覽》卷一二一《偏霸部五》"前秦苻生"條引，第 1 冊，第 586 頁下欄。
③ 《晉書》卷一一二《苻生載記》，第 2872 頁。
④ 《太平御覽》卷一二一《偏霸部五》"前秦苻生"條引，第 1 冊，第 586 頁下欄。
⑤ 《晉書》卷一一二《苻生載記》，第 2873 頁。

　　（秦主生）徵大司馬、武都王安領太尉。以晉王柳爲征東大將軍、并州牧，鎮蒲阪；魏王廋爲鎮東大將軍、豫州牧，鎮陝城。（第3148頁）

此條見《晉書‧苻生載記》[1]。

　　中書監胡文、中書令王魚言於（秦主）生曰：“比有星孛於大角，熒惑入東井。大角，帝坐；東井，秦分；於占不出三年，國有大喪，大臣戮死；願陛下脩德以禳之！”生曰：“皇后與朕對臨天下，可以應大喪矣。毛太傅、梁車騎、梁僕射受遺輔政，可以應大臣矣。”九月，生殺梁后及毛貴、梁楞、梁安。貴，后之舅也。（第3148—3149頁）

此條見《十六國春秋‧前秦錄》[2]。唯“比有星孛於大角”，崔《錄》“比”字訛作“昆”。苻生所言“毛太傅、梁車騎、梁僕射受遺輔政，可以應大臣矣”兩句，僅見於《通鑑》；毛貴爲梁皇后舅，也僅見於《通鑑》。《前秦錄》“左僕射梁安”條下又載：“后，安之女孫。”“孫”疑爲“也”字之誤，說見上文。據此，可大致勾勒出苻洪、苻健、苻生三代的姻戚關係：

（注：單線丨或一，表示血親關係；雙線＝，表示婚姻關係。）

　　右僕射趙韶、中護軍趙誨，皆洛州刺史俱之從弟也，有寵於（秦主）生，乃以俱爲尚書令。俱固辭以疾，謂韶、誨曰：“汝等不復顧祖宗，欲爲滅門之事！毛、梁何罪，而誅之？吾何功，而代之？汝等可自爲，吾其死矣！”遂以憂卒。（第3149頁）

---

① 《晉書》卷一一二《苻生載記》，第2872頁。
② 《太平御覽》卷一二一《偏霸部五》“前秦苻生”條引，第1冊，第586頁下欄。

此條僅見於《通鑑》。

十一月

秦以辛牢守尚書令，趙韶爲左僕射，尚書董榮爲右僕射，中護軍趙誨爲司隸校尉。（第 3150 頁）

此條僅見於《通鑑》。

秦丞相雷弱兒性剛直，以趙韶、董榮亂政，每公言於朝，見之常切齒。韶、榮譖之於秦主生，生殺弱兒及其九子、二十七孫。於是諸羌皆有離心。（第 3151 頁）

此條分見《十六國春秋·前秦錄》①、《晉書·苻生載記》②，雷弱兒，崔《錄》、《載記》云：“南安羌酋也。”“諸羌皆有離心”，崔《錄》、《載記》作“諸羌悉叛”。胡注：“雷弱兒，南安羌酋也，以非罪而死，故諸羌皆有離心。”

（秦主）生雖諒陰，遊飲自若，彎弓露刃，以見朝臣，錘鉗鋸鑿，可以害人之具，備置左右。（第 3151 頁）

此條見《魏書·臨渭氐苻健傳》③、《晉書·苻生載記》。④

（秦主生）即位未幾，后妃、公卿已下至於僕隸，凡殺五百餘人，截脛、拉脅、鋸項、刳胎者，比比有之。（第 3151 頁）

此條分見《十六國春秋·前秦錄》⑤、《魏書·臨渭氐苻健傳》⑥、《晉書·苻生載記》⑦。

① 《太平御覽》卷一二一《偏霸部五》“前秦苻生”條引，第 1 冊，第 586 頁下欄。
② 《晉書》卷一一二《苻生載記》，第 2873 頁。
③ 《魏書》卷九五《臨渭氐苻健傳》，第 2075 頁。
④ 《晉書》卷一一二《苻生載記》，第 2873 頁。
⑤ 《太平御覽》卷一二一《偏霸部五》“前秦苻生”條引，第 1 冊，第 586 頁下欄。
⑥ 《魏書》卷九五《臨渭氐苻健傳》，第 2075 頁。
⑦ 《晉書》卷一一二《苻生載記》，第 2879 頁。

永和十二年（壽光二年，356）

　　秦司空王墮性剛峻，右僕射董榮、侍中強國皆以佞幸進，墮疾之如
讎，每朝見，榮未嘗與之言。或謂墮曰：“董君貴幸無比，公宜小降意接
之。”墮曰：“董龍是何雞狗，而令國士與之言乎！”（第 3152 頁）

此條僅見於《通鑑》。

　　會有天變，（董）榮與強國言於秦主生曰：“今天譴甚重，宜以
貴臣應之。”生曰：“貴臣惟有大司馬及司空耳。”榮曰：“大司馬國
之懿親，不可殺也。”乃殺王墮。（第 3152 頁）

**此條分見《十六國春秋・前秦錄》①、《晉書・苻生載記》②。唯《前
秦錄》繫此事於壽光二年（升平元年，357）正月；又“天譴甚重”，
《前秦錄》作“日蝕之災”；“生曰：‘貴臣惟有大司馬及司空耳。’榮曰：
‘大司馬國之懿親，不可殺也’。”《前秦錄》作“生曰：‘唯有大司馬，
國之懿戚，不可’”。疑有脫文。**

　　將刑，（董）榮謂之曰：“今日復敢比董龍於雞狗乎？”（王）墮
瞋目叱之。洛州刺史杜郁，墮之甥也，左僕射趙韶惡之，譖於生，以
爲貳於晉而殺之。（第 3152 頁）

此條僅見於《通鑑》。

　　壬戌，（秦主）生宴羣臣於太極殿，以尚書令辛牢爲酒監，酒酣，
生怒曰：“何不強人酒而猶有坐者！”引弓射牢，殺之。羣臣懼，莫
敢不醉，偃仆失冠，生乃悅。（第 3152 頁）

---

① 《太平御覽》卷一二一《偏霸部五》“前秦苻生”條引，第 1 冊，第 586 頁下欄—587 頁上欄。
② 《晉書》卷一一二《苻生載記》，第 2873 頁。

　　此條分見《十六國春秋·前秦錄》①、《魏書·臨渭氐苻健傳》②、《晉書·苻生載記》③。

　　秦征東大將軍晉王柳遣參軍閻負、梁殊使於涼，以書說涼王玄靚。（第 3153 頁）

此條見《晉書·苻生載記》④。

　　（閻）負、（梁）殊至姑臧，張瓘見之曰："我，晉臣也；臣無境外之交，二君何以來辱？"負、殊曰："晉王與君鄰藩，雖山河阻絕，風通道會，故來脩好，君何怪焉！"（第 3153 頁）

　　此條見《晉書·苻生載記》⑤。"風通道會"，胡注曰："秦使苻柳鎮蒲阪，非與涼州鄰也，故以風通道會爲言。"

　　（張）瓘曰："吾盡忠事晉，於今六世矣。若與苻征東通使，是上違先君之志，下墜士民之節，其可乎！"（閻）負、（梁）殊曰："晉室衰微，墜失天命，固已久矣；是以涼之二王北面二趙，唯知機也。今大秦威德方盛，涼王若欲自帝河右，則非秦之敵；欲以小事大，則曷若捨晉事秦，長保福祿乎！"（第 3153—3154 頁）

　　此條見《晉書·苻生載記》⑥。唯"吾盡忠事晉，於今六世矣"，《載記》作"本朝六世重光，固忠不貳"；"涼之二王"，《載記》作"尊先王"，疑爲前秦史官原文。"今大秦威德方盛，涼王若欲自帝河右，則非秦之敵；欲以小事大，則曷若捨晉事秦，長保福祿乎！"《載記》作："君公若欲稱制河西，眾旅非秦之敵，如欲宗歸遺晉，深乖先君雅旨，孰若遠

---

① 《太平御覽》卷一二一《偏霸部五》"前秦苻生"條引，第 1 冊，第 587 頁上欄。
② 《魏書》卷九五《臨渭氐苻健傳》，第 2075 頁。
③ 《晉書》卷一一二《苻生載記》，第 2873 頁。
④ 同上。
⑤ 同上。
⑥ 同上書，第 2873—2874 頁。

蹤竇融附漢之規，近述先王歸趙之事，垂祚無窮，永享遐祉乎？"

　　（張）瓘曰："中州好食言，嚮者石氏使車適返，而戎騎已至，吾不敢信也。"（閻）負、（梁）殊曰："自古帝王居中州者，政化各殊，趙爲姦詐，秦敦信義，豈得一概待之乎！張先、楊初皆阻兵不服，先帝討而擒之，赦其罪戾，寵以爵秩，固非石氏之比也。"（第3154頁）

此條見《晉書·苻生載記》[①]。唯"自古帝王居中州者，政化各殊"，《載記》作"三王異政，五帝殊風"，似各有所本。

　　（張）瓘曰："必如君言，秦之威德無敵，何不先取江南，則天下盡爲秦有，征東何辱命焉！"（閻）負、（梁）殊曰："江南文身之俗，道汙先叛，化隆後服。主上以爲江南必須兵服，河右可以義懷，故遣行人先申大好。若君不達天命，則江南得延數年之命，而河右恐非君之土也。"（第3154頁）

此條見《晉書·苻生載記》[②]。唯"威德無敵"，《載記》作"兵強化盛"；"河右"，《載記》作"涼州"；"江南文身之俗，道汙先叛，化隆後服"，僅見於《通鑑》。

　　（張）瓘曰："我跨據三州，帶甲十萬，西苞葱嶺，東距大河，伐人有餘，況於自守，何畏於秦！"（閻）負、（梁）殊曰："貴州山河之固，孰若殽、函？民物之饒，孰若秦、雍？杜洪、張琚，因趙氏成資，兵強財富，有囊括關中、席卷四海之志，先帝戎旗西指，冰消雲散，旬月之間，不覺易主。主上若以貴州不服，赫然奮怒，控弦百萬，鼓行而西，未知貴州將何以待之？"（第3154頁）

此條見《晉書·苻生載記》[③]。唯"民物之饒"，《載記》作"五郡之

---

① 《晉書》卷一一二《苻生載記》，第2874頁。
② 同上。
③ 同上書，第2874—2875頁。

眾";"先帝戎旗西指,冰消雲散,旬月之間,不覺易主",《載記》又作"先帝神矛一指,望旗冰解,人詠來蘇,不覺易主"。似各有所本。

(張)瓘笑曰:"茲事當決之於王,非身所了。"(閻)負、(梁)殊曰:"涼王雖英睿夙成,然年在幼沖;君居伊、霍之任,國家安危,繫君一舉耳。"(第3154頁)

此條見《晉書·苻生載記》①。

(張)瓘懼,乃以玄靚之命遣使稱藩於秦,秦因玄靚所稱官爵而授之。(第3154頁)

此條見《晉書·苻生載記》②。唯"瓘懼",《載記》作"瓘新輔政,河西所在兵起,懼秦師之至"。

(晉)將軍劉度攻秦青州刺史王朗於盧氏;燕將軍慕輿長卿入軹關,攻秦幽州刺史強哲于裴氏堡。秦主生遣前將軍新興王飛拒度,建節將軍鄧羌拒長卿。飛未至而度退。羌與長卿戰,大破之,獲長卿及甲首二千餘級。(第3154—3155頁)

此條見《晉書·苻生載記》③。唯"強哲",《載記》作"張哲";"甲首二千餘級",《載記》作"甲首二千七百餘級"。

三月
秦主生發三輔民治渭橋,金紫光祿大夫程肱諫,以爲妨農;生殺之。(第3155頁)

此條見《晉書·苻生載記》④。唯"三輔民",《載記》作"三輔人",

---

① 《晉書》卷一一二《苻生載記》,第2876頁。
② 同上。
③ 同上。
④ 同上。

避唐諱。

　　四月
　　長安大風，發屋拔木。秦宮中驚擾，或稱賊至，宮門晝閉，五日
乃止。秦主生推告賊者，刳出其心。（第 3155 頁）

此條見《魏書·臨渭氏苻健傳》①、《晉書·苻生載記》②。

　　左光祿大夫強平諫曰："天降災異，陛下當愛民事神，緩刑崇德
以應之，乃可弭也。"（秦主）生怒，鑿其頂而殺之。（第 3155 頁）

此條分見《魏書·臨渭氏苻健傳》③、《晉書·苻生載記》④。《通鑑》
似據《載記》改寫而多有刪減。

　　衛將軍廣平王黃眉、前將軍新興王飛、建節將軍鄧羌，以（強）
平，太后之弟，叩頭固諫，（秦主）生弗聽。（第 3155 頁）

此條見《晉書·苻生載記》⑤。

　　（秦主生）出黃眉為左馮翊、飛為右扶風、羌行咸陽太守，猶惜
其驍勇，故皆弗殺。（第 3155 頁）

此條僅見於《通鑑》。

　　五月
　　太后強氏以憂恨卒，諡曰明德。（第 3155 頁）

---

①　《魏書》卷九五《臨渭氏苻健傳》，第 2075 頁。
②　《晉書》卷一一二《苻生載記》，第 2876—2877 頁。
③　《魏書》卷九五《臨渭氏苻健傳》，第 2075 頁。
④　《晉書》卷一一二《苻生載記》，第 2877 頁。
⑤　同上。

此條見《晉書‧苻生載記》①。唯強太后謚號，僅見於《通鑑》。

六月
秦主生下詔曰：“朕受皇天之命，君臨萬邦；嗣統以來，有何不善，而謗讟之音，扇滿天下！殺不過千，而謂之殘虐！行者比肩，未足爲希。方當峻刑極罰，復如朕何！”（第3155—3156頁）

此條見《晉書‧苻生載記》②。唯“殘虐”，《載記》作“刑虐”。

自去春以來，潼關之西，至于長安，虎狼爲暴，晝則繼道，夜則發屋，不食六畜，專務食人，凡殺七百餘人。民廢耕桑，相聚邑居，而爲害不息。秋，七月，秦羣臣奏請禳災，生曰：“野獸飢則食人，飽當自止，何禳之有！且天豈不愛民哉，正以犯罪者多，故助朕殺之耳！”（第3156頁）

此條分見《魏書‧臨渭氐苻健傳》③、《晉書‧苻生載記》。④唯“且天豈不愛民哉，正以犯罪者多，故助朕殺之耳”，《魏書》作“天將助吾行誅，以施刑教，但勿犯罪，何爲怨天”。

姚襄奔平陽，秦并州刺史尹赤復以衆降襄，襄遂據襄陵。秦大將軍張平擊之，襄爲平所敗，乃與平約爲兄弟，各罷兵。（第3157—3158頁）

此條僅見於《通鑑》。胡注：“永和七年，張平降秦，已而貳於燕。《通鑑》以秦所授官繫之。”

十月
秦主生夜食棗多，旦而有疾，召太醫令程延，使診之，延曰：“陛下無他疾，食棗多耳。”生怒曰：“汝非聖人，安知吾食棗！”遂

---

① 《晉書》卷一一二《苻生載記》，第2877頁。
② 同上。
③ 《魏書》卷九五《臨渭氐苻健傳》，第2075頁。
④ 《晉書》卷一一二《苻生載記》，第2877頁。

斬之。（第 3158 頁）

此條見《魏書·臨渭氐苻健傳》①。唯 "太醫令"，《魏書》作 "太醫"。

　　是歲，仇池公楊國從父俊殺國自立；以俊爲仇池公。國子安奔秦。（第 3160 頁）

此條見《晉書·穆帝紀》②。唯仇池公楊國子安奔秦事，僅見於《通鑑》。

升平元年（壽光三年，宣昭帝苻堅永興元年，357）

　　太白入東井。秦有司奏："太白罰星，東井秦分，必有暴兵起京師。"秦主生曰："太白入井，自爲渴耳，何所怪乎！"（第 3161 頁）

此條見《晉書·苻生載記》③。

　　姚襄將圖關中，夏，四月，自北屈進屯杏城，遣輔國將軍姚蘭略地敷城，曜武將軍姚益生、左將軍王欽盧各將兵招納諸羌、胡。蘭，襄之從兄；益生，襄之兄也。羌、胡及秦民歸之者五萬餘戶。秦將苻飛龍擊蘭，擒之。襄引兵進據黃落；秦主生遣衛大將軍廣平王黃眉、平北將軍苻道、龍驤將軍東海王堅、建節將軍鄧羌將步騎萬五千以禦之。襄堅壁不戰。羌謂黃眉曰："襄爲桓溫、張平所敗，銳氣喪矣。然其爲人強狠，若鼓譟揚旗，直壓其壘，彼必忿恚而出，可一戰擒也。"（第 3161—3162 頁）

此條分見《十六國春秋·前秦錄》④、《晉書·苻生載記》⑤。唯 "敷城"，姚襄、苻生《載記》作 "郿城"，《通鑑》此條下胡注："敷城，唐坊州郿城縣是也；後魏置敷城縣，隋改曰郿城。"可知《載記》不確。又

---

①　《魏書》卷九五《臨渭氐苻健傳》，第 2075 頁。
②　《晉書》卷八《穆帝紀》，第 202 頁。
③　《晉書》卷一一二《苻生載記》，第 2878 頁。
④　《太平御覽》卷一二一《偏霸部五》"前秦苻生" 條引，第 1 冊，第 587 頁上欄。
⑤　《晉書》卷一一二《苻生載記》，第 2878 頁。

“姚益生”，《姚襄載記》作“姚益”；“羌、胡及秦民”，《姚襄載記》作
“北地戎夏”；苻生所遣諸將有平北將軍苻道，姚益生爲曜武將軍，王欽
盧爲左將軍，苻道爲平北將軍，僅見於《通鑑》。

　　五月

　　（鄧）羌帥騎三千壓其壘門而陳，（姚）襄怒，悉衆出戰。羌陽
不勝而走，襄追之至于三原，羌迴騎擊之，黃眉等以大衆繼至，襄兵
大敗。襄所乘駿馬曰黧眉騧，馬倒，秦兵擒而斬之，弟萇帥其衆
降……以公禮葬襄。（第 3162 頁）

　　此條見《十六國春秋·前秦錄》①、《晉書·苻生載記》②、《晉書·姚
襄載記》③。唯“襄所乘駿馬曰黧眉騧，馬倒，秦兵擒而斬之，弟萇帥其
衆降”，崔《錄》作“襄有駿馬，日行千里，是戰也，馬倒而擒之”。
《通鑑》似另有所據。

　　（姚）襄載其父弋仲之柩在軍中，秦主生以王禮葬弋仲於孤磐。
（第 3162 頁）

　　《晉書·姚弋仲載記》：“子襄之入關也，爲苻生所敗，弋仲之柩爲生
所得，生以王禮葬之於天水冀縣。”④《通鑑》此條下胡注：“孤磐，在天
水冀縣界。”

　　（苻）黃眉等還長安，（秦主）生不之賞，數衆辱黃眉。黃眉怒，
謀弒生；發覺，伏誅；事連王公親戚，死者甚衆。（第 3162 頁）

　　此條見《晉書·苻生載記》⑤。唯黃眉“謀弒生”，《載記》作“謀殺
生自立”。

①　《太平御覽》卷一二一《偏霸部五》“前秦苻生”條引，第 1 冊，第 587 頁上欄。
②　《晉書》卷一一二《苻生載記》，第 2878 頁。
③　《晉書》卷一一六《姚襄載記》，第 2964 頁。
④　《晉書》卷一一六《姚弋仲載記》，第 2961 頁。
⑤　《晉書》卷一一二《苻生載記》，第 2878 頁。

秦主生夢大魚食蒲,又長安謠曰:"東海大魚化爲龍,男皆爲王女爲公。"生乃誅太師、錄尚書事、廣寧公魚遵并其七子、十孫。(第3162頁)

此條分見《十六國春秋·前秦錄》①、《魏書·臨渭氏苻健傳》②、《晉書·苻生載記》③。

金紫光祿大夫牛夷懼禍,求爲荊州;(秦主)生不許,以爲中軍將軍,引見,調之曰:"牛性遲重,善持轅軛;雖無驥足,動負百石。"夷曰:"雖服大車,未經峻壁;願試重載,乃知勳績。"生笑曰:"何其快也!公嫌所載輕乎?朕將以魚公爵位處公。"夷懼,歸而自殺。(第3162—3163頁)

《晉書·苻生載記》:"金紫光祿大夫牛夷懼不免禍,請出鎮上洛。生曰:'卿忠肅篤敬,宜左右朕躬,豈有外鎮之理。'改授中軍。夷懼,歸而自殺。"④ 另據《晉書·桓溫傳》:"別軍攻上洛,獲苻健荊州刺史郭敬。"⑤ 可知上洛在荊州。《通鑑》此條所錄苻生、牛夷對話,與《載記》不同,當另有所本。

(秦主)生飲酒無晝夜,或連月不出。奏事不省,往往寢落,或醉中決事;左右因以爲姦,賞罰無準。或至申酉乃出視朝,乘醉多所殺戮。(第3163頁)

此條分見《十六國春秋·前秦錄》⑥、《魏書·臨渭氏苻健傳》⑦、《晉

---

① 《太平御覽》卷一二一《偏霸部五》"前秦苻生"條引,第1冊,第587頁上欄。
② 《魏書》卷九五《臨渭氏苻健傳》,第2075—2076頁。
③ 《晉書》卷一一二《苻生載記》,第2878頁。
④ 同上。
⑤ 《晉書》卷九八《桓溫傳》,第2571頁。
⑥ 《太平御覽》卷一二一《偏霸部五》"前秦苻生"條引,第1冊,第587頁上欄。
⑦ 《魏書》卷九五《臨渭氏苻健傳》,第2075頁。

書·苻生載記》①。

　　（秦主生）自以眇目，諱言"殘、缺、偏、隻、少、無、不具"
之類，誤犯而死者，不可勝數。好生剝牛、羊、驢、馬，燖雞、豚、
鵝、鴨，縱之殿前，數十爲羣。或剝人面皮，使之歌舞，臨觀以爲
樂。嘗問左右曰："自吾臨天下，汝外間何所聞！"或對曰："聖明宰
世，賞罰明當，天下唯歌太平。"怒曰："汝媚我也！"引而斬之。他
日又問，或對曰："陛下刑罰微過。"又怒曰："汝謗我也！"亦斬之。
勳舊親戚，誅之殆盡，羣臣得保一日，如度十年。（第3163頁）

　　此條分見《十六國春秋·前秦錄》②、《魏書·臨渭氐苻健傳》③、《晉
書·苻生載記》④，唯"誤犯而死者"，《載記》作"左右忤旨而死者"；
"剝人面皮"，《前秦錄》、《載記》作"剝死囚面皮"。

　　東海王堅，素有時譽，與故姚襄參軍薛讚、權翼善。（第3163
頁）

　　《晉書·姚襄載記》：以"太原薛讚、略陽權翼爲參軍"⑤。

　　（薛）讚、（權）翼密說（東海王）堅曰："主上猜忍暴虐，中
外離心，方今宜主秦祀者，非殿下而誰！願早爲計，勿使他姓得之！"
（第3163頁）

　　《晉書·苻堅載記上》："讚、翼說堅曰：'今主上昏虐，天下離心。
有德者昌，無德受殃，天之道也。神器業重，不可令他人取之，願君王行
湯武之事，以順天人之心。'"⑥與《通鑑》似各有所本。

---

①　《晉書》卷一一二《苻生載記》，第2879頁。
②　《太平御覽》卷一二一《偏霸部五》"前秦苻生"條引，第1冊，第587頁上欄。
③　《魏書》卷九五《臨渭氐苻健傳》，第2076頁。
④　《晉書》卷一一二《苻生載記》，第2879頁。
⑤　《晉書》卷一一六《姚襄載記》，第2962頁。
⑥　《晉書》卷一一三《苻堅載記上》，第2884頁。

（東海王堅）以問尚書呂婆樓，婆樓曰："僕，刀鐶上人耳，不足以辦大事。僕里舍有王猛，其人謀略不世出，殿下宜請而咨之。"堅因婆樓以招猛，一見如舊友；語及時事，堅大悅，自謂如劉玄德之遇諸葛孔明也。（第3163—3164頁）

《晉書·王猛傳》："苻堅將有大志，聞猛名，遣呂婆樓招之，一見便若平生，語及廢興大事，異符同契，若玄德之遇孔明也。"① 呂婆樓之語，則僅見於《通鑑》。

六月

太史令康權言於秦主生曰："昨夜三月並出，孛星入太微，連東井，自去月上旬，沈陰不雨，以至于今，將有下人謀上之禍。"生怒，以爲妖言，撲殺之。（第3164頁）

此條見《晉書·苻生載記》②。

特進、領御史中丞梁平老等謂（東海王）堅曰："主上失德，上下嗷嗷，人懷異志，燕、晉二方，伺隙而動，恐禍發之日，家國俱亡。此殿下之事也，宜早圖之！"堅心然之，畏生趫勇，未敢發。（第3164頁）

《晉書·苻堅載記上》僅有"梁平老等亟以爲言"③ 一句，其餘情節，僅見於《通鑑》。又《晉書·苻生載記》載閻負、梁殊答張瓘之語，謂前秦文武輔臣，"才識明達，令行禁止"者，有"特進、領御史中丞梁平老"④。

（秦主）生夜對侍婢言曰："阿法兄弟亦不可信，明當除之。"婢以告堅及堅兄清河王法。法與梁平老及特進光祿大夫強汪帥壯士數百

---

① 《晉書》卷一一四《苻堅載記下附王猛傳》，第2930頁。
② 《晉書》卷一一二《苻生載記》，第2879頁。
③ 《晉書》卷一一三《苻堅載記上》，第2884頁。
④ 《晉書》卷一一二《苻生載記》，第2875頁。

潛入雲龍門，堅與呂婆樓帥麾下三百人鼓譟繼進，宿衛將士皆舍仗歸堅。生猶醉寐，堅兵至，生驚問左右曰："此輩何人？"左右曰："賊也！"生曰："何不拜之！"堅兵皆笑。生又大言："何不速拜，不拜者斬之！"堅兵引生置別室，廢爲越王，尋殺之，謚曰厲王。（第3164頁）

此條分見《十六國春秋·前秦錄》①、《魏書·臨渭氏苻健傳》②、《晉書·苻生載記》③，唯"左右曰：'賊也！'生曰：'何不拜之！'堅兵皆笑。生又大言：'何不速拜，不拜者斬之'"數句，僅見於《通鑑》。

（東海王）堅以位讓（清河王）法，法曰："汝嫡嗣，且賢，宜立。"堅曰："兄年長，宜立。"堅母苟氏泣謂羣臣曰："社稷事重，小兒自知不能，他日有悔，失在諸君。"羣臣皆頓首請立堅。（第3164—3165頁）

《晉書·苻堅載記上》："以僞位讓其兄法。法自以庶孽，不敢當。堅及母苟氏並慮眾心未服，難居大位，羣僚固請，乃從之。"④《通鑑》所錄苻法、苻堅及苟氏之言，皆當另有所本。又《通鑑》此條下胡注："堅母苟氏，雄之元妃，故謂堅爲嫡嗣。"

（東海王）堅乃去皇帝之號，稱大秦天王，即位於太極殿；誅生倖臣中書監董榮、左僕射趙韶等二十餘人。大赦，改元永興。追尊父雄爲文桓皇帝，母苟氏爲皇太后，妃苟氏爲皇后，世子宏爲皇太子，以清河王法爲都督中外諸軍事、丞相、錄尚書事、東海公，諸王皆降爵爲公。以從祖右光祿大夫、永安公侯爲太尉，晉公柳爲車騎大將軍、尚書令。封弟融爲陽平公，雙爲河南公，子丕爲長樂公，暉爲平原公，熙爲廣平公，叡爲鉅鹿公。以漢陽李威爲左僕射，梁平

---

① 《太平御覽》卷一二一《偏霸部五》"前秦苻生"條引，第1冊，第587頁上欄。
② 《魏書》卷九五《臨渭氏苻健傳》，第2076頁。
③ 《晉書》卷一一二《苻生載記》，第2879頁。
④ 《晉書》卷一一三《苻堅載記上》，第2884頁。

老爲右僕射，強汪爲領軍將軍，呂婆樓爲司隸校尉，王猛爲中書侍郎。（第 3165 頁）

　　此條分見《十六國春秋・前秦錄》①、《魏書・臨渭氐苻健傳》②、《晉書・苻堅載記上》③，唯"董榮"，《前秦錄》、《載記》均作"董龍"，《載記》上文又作"董榮"④，"龍"疑爲"榮"字之訛；"王猛爲中書侍郎"，崔《錄》"書"下衍一"令"字；堅從祖侯苻生朝爲"右光祿大夫"，則僅見於《通鑑》。李威郡望漢陽，又見《前秦錄》下文。⑤《通鑑》此條下胡注："李威於堅母有辟陽之寵，故擢用之。"此前苻健、苻生皆稱帝，《通鑑》稱二人爲"秦主"。苻堅去皇帝號，改稱大秦天王，《通鑑》又稱堅爲"秦王"，溫公等人書法如此。

　　（陽平公）融好文學，明辨過人，耳聞則誦，過目不忘；力敵百夫，善騎射擊刺，少有令譽；（秦王）堅愛重之，常與共議國事。融經綜內外，刑政修明，薦才揚滯，補益弘多。（第 3165 頁）

　　此條見《晉書・苻融傳》⑥，唯"融好文學"，本傳作"下筆成章，至於談玄論道，雖道安無以出之"。

　　（長樂公）丕亦有文武才幹，治民斷獄，皆亞於融。（第 3165 頁）

　　《晉書・苻丕載記》作"文武才幹亞于苻融"⑦。《通鑑》"治民斷獄"四字，似另有出處。

　　（李）威，苟太后之姑子也，素與魏王雄友善，生屢欲殺堅，賴

---

① 《太平御覽》卷一二二《偏霸部六》"前秦苻堅"條引，第 1 冊，第 588 頁上欄。
② 《魏書》卷九五《臨渭氐苻健傳》，第 2076 頁。
③ 《晉書》卷一一三《苻堅載記上》，第 2884—2885 頁。
④ 《晉書》卷一一二《苻生載記》，第 2875 頁。
⑤ 《太平御覽》卷一二二《偏霸部六》"前秦苻堅"條引，第 1 冊，第 589 頁下欄。
⑥ 《晉書》卷一一四《苻堅載記下附苻融傳》，第 2934 頁。
⑦ 《晉書》卷一一五《苻丕載記上》，第 2941 頁。

威嘗救得免。威得幸於苟太后，堅事之如父。（第 3165—3166 頁）

此條見《十六國春秋・前秦錄》①。

（李）威知王猛之賢，常勸（秦王）堅以國事任之；堅謂猛曰："李公知君，猶鮑叔牙之知管仲也。"猛以兄事之。（第 3165—3166 頁）

此條僅見於《通鑑》。

七月
秦大將軍、冀州牧張平遣使請降，拜并州刺史。（第 3166 頁）

此條見《晉書・穆帝紀》②。另據上引《通鑑》卷九九永和七年（351）二月："趙并州刺史張平遣使降秦，秦王以平爲大將軍、冀州牧。"③《晉書・苻生載記》："寇掠河東。生怒，命其大將軍張平討之。"④可知張平於苻健時降秦，拜大將軍、冀州牧，苻生、苻堅繼位後一仍其舊。

秦王堅以權翼爲給事黃門侍郎，薛讚爲中書侍郎，與王猛並掌機密。（第 3166 頁）

此條分見《十六國春秋・前秦錄》⑤、《晉書・苻堅載記上》⑥，唯《載記》記作六月苻堅即位時事，疑爲敘述之便，實在七月。

---

① 《太平御覽》卷一二二《偏霸部六》"前秦苻堅"條引，第 1 冊，第 589 頁下欄。
② 《晉書》卷八《穆帝紀》，第 202 頁。
③ 《資治通鑑》卷九九晉穆帝永和七年（351）二月，第 3114 頁。
④ 《晉書》卷一一二《苻生載記》，第 2876 頁。
⑤ 《太平御覽》卷一二二《偏霸部六》"前秦苻堅"條引，第 1 冊，第 588 頁上欄。
⑥ 《晉書》卷一一三《苻堅載記上》，第 2884 頁。

九月

（秦王堅）追復太師魚遵等官，以禮改葬，子孫存者皆隨才擢敍。（第 3166 頁）

此條見《晉書·苻堅載記上》①，所記追復原職者有魚遵、雷弱兒、毛貴、王墮、梁楞、梁安、段純、辛牢等八人。

張平據新興、鴈門、西河、太原、上黨、上郡之地，壁壘三百餘，夷、夏十餘萬戶，拜置征鎮，欲與燕、秦爲敵國。（第 3166 頁）

此條見《晉書·慕容儁載記》②，唯"夷、夏"，《載記》作"胡、晉"；"欲與燕、秦爲敵國"，《載記》又作"爲鼎跱之勢"。按《載記》上文稱：石虎舊將張平與李歷、高昌等"並率其所部稱藩於（慕容）儁，遣子入侍。既而投款建鄴，結援苻堅，並受爵位，羈縻自固，雖貢使不絕，而誠節未盡"。可知溫公等人所謂"欲與燕、秦爲敵國"，不爲無據；《載記》所謂"爲鼎跱之勢"，也正是與燕、秦抗衡之意。《通鑑》此條下胡注云："石氏之敗，平兩附燕、秦，今恃其強，欲與燕、秦爲敵國。"

十月

（張）平寇略秦境，秦王堅以晉公柳都督并、冀州諸軍事，加并州牧，鎮蒲阪以禦之。（第 3166 頁）

《晉書·苻堅載記上》："（秦王堅）將張平以并州叛，堅率眾討之。"③《通鑑》當另有所本。

十一月

秦太后苟氏遊宣明臺，見東海公法之第門車馬輻湊，恐終不利於秦王堅，乃與李威謀賜法死。堅與法訣於東堂，慟哭歐血；謚曰獻哀

---

① 《晉書》卷一一三《苻堅載記上》，第 2885 頁。
② 《晉書》卷一一〇《慕容儁載記》，第 2839—2840 頁。
③ 《晉書》卷一一三《苻堅載記上》，第 2885 頁。

公，封其子陽爲東海公，敷爲清河公。（第 3166—3167 頁）

　　此條分見《十六國春秋・前秦錄》①、《魏書・臨渭氐苻健傳》②、《晉書・苻堅載記上》③，唯"諡曰獻哀公"，《載記》脫"獻"字。"秦太后苟氏遊宣明臺，見東海公法之第門車馬輻湊，恐終不利於秦王堅，至此，遣殺之"，《載記》作"初，堅母以法長而賢，又得眾心，懼終爲變"。按苻法之獄爲苟太后策劃，此時秦政亦爲苟氏主宰。李威參與宮闈密計，依崔鴻的說法："誅苻生及法，皆威與太后潛決大謀。"苟氏以苻法"長而賢，又得眾心，懼終爲變"，是苻法被殺的主要原因。

　　秦王堅行至尚書，以文案不治，免左丞程卓官，以王猛代之。（第 3167 頁）

《晉書・王猛傳》僅有"遷尚書左丞"④ 一句，具體情節見於《通鑑》。

　　（秦王）堅舉異材，脩廢職，課農桑，恤困窮，禮百神，立學校，旌節義，繼絕世；秦民大悅。（第 3167 頁）

此條見《晉書・苻堅載記上》⑤。唯"秦民大悅"一句，僅見於《通鑑》。

升平二年（永興二年，358）

　　二月
　　秦王堅自將討張平，以鄧羌爲前鋒督護，帥騎五千，軍于汾上；平使養子蚝禦之。（第 3167 頁）

此條見《晉書・苻堅載記上》⑥，唯"前鋒督護"，《載記》作"前鋒"。

---

① 《太平御覽》卷一二二《偏霸部六》"前秦苻堅"條引，第 1 冊，第 588 頁上欄—下欄。
② 《魏書》卷九五《臨渭氐苻健傳》，第 2076 頁。
③ 《晉書》卷一一三《苻堅載記上》，第 2885 頁。
④ 《晉書》卷一一四《苻堅載記下附王猛傳》，第 2931 頁。
⑤ 《晉書》卷一一三《苻堅載記上》，第 2885 頁。
⑥ 同上。

　　（張）蚝多力趫捷，能曳牛卻走；城無高下，皆可超越。與（鄧）羌相持旬餘，莫能相勝。（第3167頁）

此條僅見於《通鑑》。

　　三月

　　（秦王）堅至銅壁，（張）平盡衆出戰，（張）蚝單馬大呼，出入秦陳者四、五。堅募人生致之，鷹揚將軍呂光刺蚝，中之，鄧羌擒蚝以獻，平衆大潰。平懼，請降。堅拜平右將軍，以蚝爲虎賁中郎將。（第3167—3168頁）

此條見《晉書·苻堅載記上》①，唯"（張）蚝單馬大呼，出入秦陳者四、五"，及"堅募人生致之，鷹揚將軍呂光刺蚝，中之"等情節，僅見於《通鑑》。又《晉書·穆帝紀》升平二年（358）六月條："并州刺史張平爲苻堅所逼，帥衆三千奔于平陽，堅追敗之。"② 似另有所本。

　　（張）蚝，本姓弓，上黨人也；堅寵待甚厚，常置左右。秦人稱鄧羌、張蚝皆萬人敵。（第3168頁）

此條僅見於《通鑑》。

　　（呂）光，婆樓之子也。（第3168頁）

此條見《晉書·呂光載記》③。

　　（秦王）堅徙張平部民三千餘戶于長安。（第3168頁）

---

① 《晉書》卷一一三《苻堅載記上》，第2885頁。
② 《晉書》卷八《穆帝紀》，第203頁。
③ 《晉書》卷一二二《呂光載記》，第3053頁。

此條見《晉書·苻堅載記上》①。

四月
秦王堅如雍，祠五畤。（第 3168 頁）

此條見《十六國春秋·前秦錄》②，胡注："用漢禮也。"按西漢備五畤，見《括地志》③。

六月
（秦王堅）如河東，祠后土。（第 3168 頁）

此條見《十六國春秋·前秦錄》④，胡注："用漢禮也。"按西漢祠后土之禮，見《史記·武帝本紀》⑤。

九月
庚辰，秦王堅還長安，以太尉侯守尚書令。（第 3169 頁）

此條僅見於《通鑑》。

於是秦大旱；（秦王）堅減膳徹樂，命后妃以下悉去羅紈；開山澤之利，公私共之，息兵養民；旱不爲災。（第 3169 頁）

此條見《晉書·苻堅載記上》⑥，唯"旱不爲災"一句，僅見於《通鑑》。

王猛日親幸用事，宗親勳舊多疾之，特進、姑臧侯樊世，本氐豪，佐秦主健定關中，謂猛曰："吾輩耕之，君食之邪？"猛曰："非

---

① 《晉書》卷一一三《苻堅載記上》，第 2885 頁。
② 《太平御覽》卷一二二《偏霸部六》"前秦苻堅"條引，第 1 冊，第 588 頁下欄。
③ 《史記》卷五《秦本紀》宣公四年"密畤"條下"正義"引，第 185 頁。
④ 《太平御覽》卷一二二《偏霸部六》"前秦苻堅"條引，第 1 冊，第 588 頁下欄。
⑤ 《史記》卷一二《武帝本紀》，第 461 頁。
⑥ 《晉書》卷一一三《苻堅載記上》，第 2885 頁。

徒使君耕之,又將使君炊之!"世大怒曰:"要當懸汝頭於長安城門;不然,吾不處世!"猛以白堅,堅曰:"必殺此老氐,然後百寮可肅。"會世入言事,與猛爭論於堅前,世欲起擊猛;堅怒,斬之。於是羣臣見猛皆屏息。(第 3170 頁)

此條見《晉書·苻堅載記上》①,唯"佐秦主健定關中",《載記》作"有大勳於苻氏";"非徒使君耕之,又將使君炊之",《載記》又作"方當使君爲宰夫,安直耕稼而已";樊世封姑臧侯,僅見於《通鑑》。

升平三年（永興三年，甘露元年，359）

（燕主儁發趙王虎墓,求虎尸不獲,鄴女子李菟知而告之。得尸於東明觀下,鞭之投於漳水。）及秦滅燕,王猛爲之誅李菟,收而葬之。(第 3174 頁)

《十六國春秋·前燕錄》②、《晉書·慕容儁載記》③ 載此事,皆不及李菟,《通鑑》當另有所本。

秦平羌護軍高離據略陽叛,永安威公侯討之,未克而卒。夏,四月,驍騎將軍鄧羌、秦州刺史啖鐵討平之。(第 3174 頁)

此條僅見於《通鑑》。

五月
秦王堅如河東。(第 3175 頁)

此條僅見於《通鑑》。

---

① 《晉書》卷一一三《苻堅載記上》,第 2885—2886 頁。
② 《太平御覽》卷一二一《偏霸部五》"慕容儁"條引,第 1 冊,第 584 頁下欄。
③ 《晉書》卷一一〇《慕容儁載記》,第 2841 頁。

　　六月

　　（秦王堅）大赦，改元甘露。（第3175頁）

　　此條分見《魏書·臨渭氐苻健傳》①、《晉書·苻堅載記上》②。

　　秦王堅自河東還，以驍騎將軍鄧羌爲御史中丞。（第3176頁）

　　《晉書·苻堅載記上》僅有"中丞鄧羌"③一句，其餘情節見於《通鑑》。

　　八月

　　（秦王堅）以咸陽內史王猛爲侍中、中書令，領京兆尹。（第3176頁）

　　此條分見《十六國春秋·前秦錄》④、《晉書·苻堅載記上》⑤。按《晉書·王猛傳》："遷尚書左丞、咸陽內史、京兆尹。"⑥猛由尚書左丞遷咸陽內史，又遷侍中、中書令，領京兆尹。⑦本傳有脫文。

　　特進、光祿大夫強德，太后之弟也，酗酒，豪橫，掠人財貨、子女，爲百姓患。（王）猛下車收德，奏未及報，已陳尸於市；堅馳使赦之，不及。（第3176頁）

　　《晉書·苻堅載記上》："其特進強德，健妻之弟也，昏酒豪橫，爲百姓之患。猛捕而殺之，陳尸於市。"⑧強德任光祿大夫，及爲王猛所捕、苻健救之不及等細節，均僅見於《通鑑》。

―――――――――

① 《魏書》卷九五《臨渭氐苻健傳》，第2076頁。
② 《晉書》卷一一三《苻堅載記上》，第2886—2887頁。
③ 同上書，第2887頁。
④ 《太平御覽》卷一二二《偏霸部六》"前秦苻堅"條引，第1冊，第588頁下欄。
⑤ 《晉書》卷一一三《苻堅載記上》，第2887頁。
⑥ 《晉書》卷一一四《苻堅載記上附王猛傳》，第2931頁。
⑦ 參見《通鑑》同卷"猛時年三十六，歲中五遷"條下胡注，第3178頁。
⑧ 《晉書》卷一一三《苻堅載記上》，第2887頁。

　　（王猛）與鄧羌同志，疾惡糾案，無所顧忌，數旬之間，權豪、貴戚，殺戮、刑免者二十餘人，朝廷震栗，姦猾屏氣，路不拾遺。堅歎曰："吾始今知天下之有法也！"（第3176頁）

　　此條分見《十六國春秋·前秦錄》①、《晉書·苻堅載記上》②，唯"始今"二字誤倒，應從《前秦錄》、《載記》改。

　　　十月
　　秦王堅以王猛爲吏部尚書，尋遷太子詹事。（第3177頁）

　　此條見《十六國春秋·前秦錄》③、《晉書·王猛傳》④。參閱前引諸史，可知猛是由京兆尹遷吏部尚書，又遷太子詹事。《通鑑》下文猛十一月"爲左僕射，餘官如故"；又遷輔國將軍、司隸校尉，"僕射、詹事、侍中、中書令、領選如故"，可知猛任吏部尚書、太子詹事後，依舊爲侍中、中書令。

　　　十一月
　　（王猛）爲左僕射，餘官如故。（第3177頁）

　　此條見《十六國春秋·前秦錄》⑤、《晉書·王猛傳》⑥。聯繫上文，可知"餘官"指太子詹事、侍中、中書令、領選數項。王猛遷尚書左僕射，不應再任尚書，而是以僕射領選。

　　秦王堅以王猛爲輔國將軍、司隸校尉，居中宿衛，僕射、詹事、侍中、中書令、領選如故。（第3177頁）

---

① 《太平御覽》卷一二二《偏霸部六》"前秦苻堅"條引，第1冊，第588頁下欄。
② 《晉書》卷一一三《苻堅載記上》，第2887頁。
③ 《太平御覽》卷一二二《偏霸部六》"前秦苻堅"條引，第1冊，第588頁下欄。
④ 《晉書》卷一一四《苻堅載記下附王猛傳》，第2931頁。
⑤ 《太平御覽》卷一二二《偏霸部六》"前秦苻堅"條引，第1冊，第588頁下欄。
⑥ 《晉書》卷一一四《苻堅載記下附王猛傳》，第2931頁。

《十六國春秋·前秦錄》："十一月，以猛爲司隸、侍中，領選如故。"① 《晉書·王猛傳》："又遷尚書左僕射、輔國將軍、司隸校尉，加騎都尉，居中宿衛。"② 綜合上述，王猛此時爲尚書左僕射（領選）、太子詹事、侍中、中書令；輔國將軍、司隸校尉、騎都尉。

（王）猛上疏辭讓，因薦散騎常侍陽平公融、光祿散騎西河任羣、處士京兆朱彤自代。堅不許，而以融爲侍中、中書監、左僕射，任羣爲光祿大夫、領太子家令，朱彤爲尚書侍郎、領太子庶子。（第3177—3178頁）

此條見《十六國春秋·前秦錄》③。符融、任羣爲散騎常侍，朱彤郡望京兆，僅見於《通鑑》。按據前引諸史，王猛辭讓而爲符堅所拒，可知其依舊兼左僕射；《前秦錄》載此事，謂符融遷"右僕射"，《通鑑》作"左僕射"誤；《前秦錄》永興三年（360）九月條，有"（秦王堅）與左僕射猛、右僕射融議於露堂"④ 一句，可爲確證。《晉書·符堅載記上》載此事，作"堅之將爲赦也，與王猛、符融密議於露堂，悉屏左右。堅親爲赦文，猛、融供進紙墨"⑤。陳琳國說："時王猛爲侍中、中書令、京兆尹；而符融爲侍中、中書監、尚書左僕射。"⑥ 王猛此時已解京兆尹，與符融並任尚書左、右僕射。唯朱彤爲尚書侍郎，《十六國春秋》作"中書侍郎"，未詳孰是。

（王）猛時年三十六，歲中五遷，權傾內外；人有毀之者，堅輒罪之，於是羣臣莫敢復言。（第3178頁）

此條見《晉書·王猛傳》⑦。胡注："猛自尚書左丞遷咸陽內史；又遷侍中、中書令，領京兆尹；又遷吏部尚書；尋遷太子詹事，爲左僕射；及今凡五遷。"按猛何時由尚書左丞遷咸陽內史，史載不詳。諸史所謂"歲中五遷"指：

---

① 《太平御覽》卷一二二《偏霸部六》"前秦符堅"條引，第1冊，第588頁下欄。
② 《晉書》卷一一四《符堅載記下附王猛傳》，第2931頁。
③ 《太平御覽》卷一二二《偏霸部六》"前秦符堅"條引，第1冊，第588頁下欄。
④ 同上。
⑤ 《晉書》卷一一三《符堅載記上》，第2884頁。
⑥ 陳琳國：《中國北方民族史探》，商務印書館2010年版，第368—369頁。
⑦ 《晉書》卷一一四《符堅載記下附王猛傳》，第2931頁。

一、晉穆帝升平三年（359，前秦宣昭帝永興三年）八月，由咸陽內史遷侍中、中書令，領京兆尹；

二、同年十月，由京兆尹遷吏部尚書，侍中、中書令如故；

三、同月，由吏部尚書遷太子詹事，侍中、中書令、領選如故；

四、十一月，任尚書左僕射，太子詹事、侍中、中書令、領選如故；

五、同月，任輔國將軍、司隸校尉，尚書左僕射、太子詹事、侍中、中書令、領選如故。

其中，由吏部尚書遷太子詹事在十月，任尚書左僕射在十一月，三省歸爲一事，而以"自尚書左丞遷咸陽內史"爲一遷，似不確。

（秦王堅）以左僕射李威領護軍；右僕射梁平老爲使持節、都督北垂諸軍事、鎮北大將軍，戍朔方之西；丞相司馬賈雍爲雲中護軍，戍雲中之南。（第 3178 頁）

此條僅見於《通鑑》。《晉書·苻堅載記上》記匈奴左賢王衛辰遣使降秦事（《通鑑》繫於升平四年三月），有"雲中護軍賈雍"。又永興元年（357，升平元年）苻堅稱大秦天王時，以李威爲尚書左僕射；梁平老爲右僕射，已見前引《十六國春秋·前秦錄》①、《晉書·苻堅載記上》② 及《通鑑》③；此後永興三年（359，升平三年）十一月，王猛拜左僕射、苻融拜右僕射，見《十六國春秋·前秦錄》④、《晉書·王猛傳》⑤ 及《通鑑》⑥；永興四年（360，升平四年）九月，秦王堅"與左僕射猛、右僕射融議於露堂"，又見《十六國春秋·前秦錄》⑦。可信李威、梁平老解左、右僕射之職，至遲在永興三年（359，升平三年）十一月。《通鑑》此條稱"左僕射李威"、"右僕射梁平老"，似不確。

---

① 《太平御覽》卷一二二《偏霸部六》"前秦苻堅"條，第 1 冊，第 588 頁上欄。

② 《晉書》卷一一三《苻堅載記上》，第 2884 頁。

③ 《資治通鑑》卷一〇〇晉穆帝升平元年（357），第 3165 頁。

④ 《太平御覽》卷一二二《偏霸部六》"前秦苻堅"條引，第 1 冊，第 588 頁下欄；卷六五二《刑法部一八》"赦"條引，第 3 冊，第 2914 頁上欄。

⑤ 《晉書》卷一一四《苻堅載記下附王猛傳》，第 2931 頁。

⑥ 《資治通鑑》卷一〇〇晉穆帝升平三年（359），第 3177、3178 頁。

⑦ 《太平御覽》卷一二二《偏霸部六》"前秦苻堅"條引，第 1 冊，第 588 頁下欄。

卷一〇一

升平四年（甘露二年，360）

正月

秦王堅分司隸置雍州，以河南公雙爲都督雍河涼三州諸軍事、征西大將軍、雍州刺史，改封趙公，鎮安定。封弟忠爲河南公。（第3179頁）

此條僅見於《通鑑》。

三月

匈奴劉衛辰遣使降秦，請田內地，春來秋返；秦王堅許之。夏，四月，雲中護軍賈雍遣司馬徐贇帥騎襲之，大獲而還。堅怒曰：“朕方以恩信懷戎狄，而汝貪小利以敗之，何也！”黜雍以白衣領職，遣使還其所獲，慰撫之。衛辰於是入居塞內，貢獻相尋。（第3182頁）

此條見《晉書·苻堅載記上》①，唯“春來秋返”及“還其（指賈雍）所獲”兩句，僅見於《通鑑》；“以恩信懷戎狄”，《載記》又作“修魏絳和戎之術”。

十月

烏桓獨孤部、鮮卑沒奕干各帥衆數萬降秦，秦王堅處之塞南。陽平公融諫曰：“戎狄人面獸心，不知仁義。其稽顙內附，實貪地利，非懷德也；不敢犯邊，實憚兵威，非感恩也。今處之塞內，與民雜居，彼窺郡縣虛實，必爲邊患，不如徙之塞外，以防未然。”堅從之。（第3183頁）

此條見《晉書·苻堅載記上》②，唯“戎狄人面獸心，不知仁義”，《載記》作“匈奴爲患，其興自古”，是烏桓獨孤部、鮮卑沒奕干被秦人

---

① 《晉書》卷一一三《苻堅載記上》，第2887頁。
② 同上。

視爲"匈奴"之證。

升平五年（甘露三年，361）

正月

劉衛辰掠秦邊民五十餘口爲奴婢以獻於秦；秦王堅責之，使歸所掠。衛辰由是叛秦，專附於代。（第3183—3184頁）

此條僅見於《通鑑》。

九月

張平襲燕平陽，殺段剛、韓苞；又攻鴈門，殺太守單男。既而爲秦所攻，平復謝罪於燕以求救。燕人以平反覆，弗救也，平遂爲秦所滅。（第3186頁）

此條僅見於《通鑑》。

乙亥，秦大赦。（第3186頁）

《晉書·苻堅載記上》："堅僭位五年，鳳皇集於東闕，大赦其境内，百僚進位一級。"① 疑即一事。

十二月

秦王堅命牧伯守宰各舉孝悌、廉直、文學、政事，察其所舉，得人者賞之，非其人者罪之。由是人莫敢妄舉，而請託不行，士皆自勵；雖宗室外戚，無才能者皆棄不用。當是之時，内外之官，率皆稱職；田疇修闢，倉庫充實，盜賊屏息。（第3188頁）

《晉書·苻堅載記上》："堅廣修學官，召郡國學生通一經以上充之，公卿已下子孫並遣受業。其有學爲通儒、才堪幹事、清修廉直、孝悌力田

_____

① 《晉書》卷一一三《苻堅載記上》，第2887頁。

者，皆旌表之。於是人思勸勵，號稱多士，盜賊止息，請託路絕，田疇修闢，帑藏充盈，典章法物靡不悉備。"①《通鑑》敘事與《載記》多不同，似另有所本。

哀帝隆和元年（甘露四年，362）

五月
秦王堅親臨太學，考第諸生經義，與博士講論，自是每月一至焉。（第 3191 頁）

此條見《晉書·苻堅載記上》②，唯 "考第諸生經義"，《載記》作 "考學生經義優劣，品而第之"。

興寧二年（甘露六年，364）

六月
秦王堅遣大鴻臚拜張天錫爲大將軍、涼州牧、西平公。（第 3195 頁）

《十六國春秋·前秦錄》此事繫於甘露六年（364）。③ 另據《晉書·哀帝紀》："（興寧元年）秋七月，張天錫弒涼州刺史、西平公張玄靚，自稱大將軍、護羌校尉、涼州牧、西平公。"④《張天錫傳》："（興寧元年）玄靚死，國人立之，自號大將軍、校尉、涼州牧、西平公。"⑤ 疑天錫自稱大將軍、護羌校尉、涼州牧、西平公，在興寧元年（甘露五年，363），苻堅遣使拜天錫爲大將軍、涼州牧、西平公，則在次年（364）。

八月
秦汝南公騰謀反，伏誅。騰，秦主生之弟也。是時，生弟晉公柳

① 《晉書》卷一一三《苻堅載記上》，第 2888 頁。
② 同上。
③ 《太平御覽》卷一二二《偏霸部六》"前秦苻堅" 條引，第 1 冊，第 588 頁下欄。
④ 《晉書》卷八《哀帝紀》，第 208 頁。
⑤ 《晉書》卷八六《張天錫傳》，第 2250 頁。

等猶有五人，王猛言於堅曰："不去五公，終必爲患。"堅不從。（第
3196 頁）

　　此條僅見於《通鑑》。按《魏書·臨渭氐苻健傳》："堅從弟晉公柳反
于蒲阪，魏公廋反于陝，燕公武反于安定，堅弟趙公雙反於上邽。"[1] 廋、
武疑即苻柳弟，《通鑑》下文又有"征北將軍、淮南公幼"，胡注："幼，
亦秦主生之弟也。"王猛所謂"五公"，應即晉公柳、魏公廋、燕公武、
淮南公幼及其名、爵不詳的某人，均爲苻生弟。綜合上引諸史，苻洪以下
四代世系大致爲：

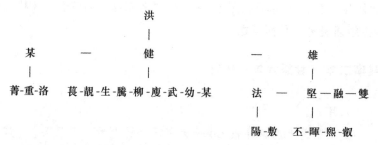

　　秦王堅命公國各置三卿，并餘官皆聽自采辟，獨爲置郎中令。
（第 3196—3197 頁）

　　此條僅見於《通鑑》。胡注："晉制：王國置郎中令、中尉、大農爲
三卿；秦因其制。"

　　富商趙掇等車服僭侈，諸公競引以爲卿；黃門侍郎安定程憲請治
之。（秦王）堅乃下詔稱："本欲使諸公延選英儒，乃更猥濫如是！
宜令有司推檢，辟召非其人者，悉降爵爲侯，自今國官皆委之銓衡。
自非命士已上，不得乘車馬；去京師百里内，工商皂隸，不得服金
銀、錦繡，犯者棄市。"於是平陽、平昌、九江、陳留、安樂五公皆
降爵爲侯。（第 3197 頁）

---

① 《魏書》卷九五《臨渭氐苻健傳》，第 2076—2077 頁。

　　此條見《晉書‧苻堅載記上》①，唯“諸公競引以爲卿”，“卿”，《載記》作“二卿”，“二”字疑衍；“不得乘車馬；去京師百里內”，《載記》又作“不得乘車馬於都城百里之內”，“去”似爲“於”字之誤。苻堅詔文中“本欲使諸公延選英儒，乃更猥濫如是！宜令有司推檢，辟召非其人者，悉降爵爲侯”數句，僅見於《通鑑》。降平陽、平昌、九江、陳留、安樂五公爲侯，亦僅見於《通鑑》。按前述秦王堅兄弟子姪受封者，計有堅弟陽平公融、河南公雙、子長樂公丕、平原公暉、廣平公熙、鉅鹿公叡，平陽、平昌、九江、陳留、安樂五公爲何人則不詳。

興寧三年（甘露七年‧建元元年，365）

　　二月
　　秦大赦，改元建元。（第 3198 頁）

　　此條分見《魏書‧臨渭氐苻健傳》②、《晉書‧苻堅載記上》③。

　　七月
　　匈奴右賢王曹轂、左賢王劉衛辰皆叛秦。轂帥衆二萬寇杏城，秦王堅自將討之，使衛大將軍李威、左僕射王猛輔太子宏留守長安。（第 3200 頁）

　　此條分見《晉書‧海西公紀》④、《苻堅載記上》⑤，唯“轂帥衆二萬寇杏城”，《載記》脫“轂”字；秦王堅“使衛大將軍李威、左僕射王猛輔太子宏留守長安”，僅見於《通鑑》。

　　八月
　　（秦王）堅擊（曹）轂，破之，斬轂弟活，轂請降，徙其豪傑六

---

① 《晉書》卷一一三《苻堅載記上》，第 2888—2889 頁。
② 《魏書》卷九五《臨渭氐苻健傳》，第 2077 頁。
③ 《晉書》卷一一三《苻堅載記上》，第 2889 頁。
④ 《晉書》卷八《海西公紀》，第 210 頁。
⑤ 《晉書》卷一一三《苻堅載記上》，第 2889 頁。

千餘戶于長安。建節將軍鄧羌討衛辰，擒之於木根山。（第 3200—3201 頁）

此條見《晉書·苻堅載記上》①，唯 "豪傑"，《載記》作 "酋豪"。

　　九月
　　（秦王）堅如朔方，巡撫諸胡。（第 3201 頁）

此條僅見於《通鑑》。

　　十月
　　征北將軍、淮南公幼帥杏城之衆乘虛襲長安，李威擊斬之。（第 3201 頁）

此條僅見於《通鑑》。胡注："幼，亦秦主生之弟也。"

　　十一月
　　秦王堅還長安，以李威守太尉，加侍中。以曹轂爲鴈門公，劉衛辰爲夏陽公，各使統其部落。（第 3201 頁）

《晉書·苻堅載記上》僅有 "以衛辰爲夏陽公以統其衆"② 一句，其餘情節爲《通鑑》獨家所載。

海西公太和元年（建元二年，366）

　　七月
　　秦輔國將軍王猛、前將軍楊安、揚武將軍姚萇等帥衆二萬寇荊州，攻南鄉郡；荊州刺史桓豁救之。（第 3202 頁）

---

① 《晉書》卷一一三《苻堅載記上》，第 2889 頁。
② 同上。

此條分見《晉書・海西公紀》①、《苻堅載記上》②。

八月
秦兵掠安陽民萬餘戶而還。（第 3202 頁）

《晉書・苻堅載記上》作“掠漢陽萬餘戶而還”③。胡注：“安陽縣，漢屬漢中郡。魏置魏興郡，安陽屬焉；晉省。秦攻南鄉而退，安能深入山阻，掠安陽之民乎！《載記》作‘漢陽’，謂漢水之北也。當從《載記》爲是。”

十月
張天錫遣使至秦境上，告絕於秦。（第 3203 頁）

此條僅見於《通鑑》。

十二月
初，隴西李儼以郡降秦，既而復通於張天錫。十二月，羌斂岐以略陽四千家叛秦，稱臣於儼；儼於是拜置牧守，與秦、涼絕。（第 3203 頁）

此條分見《晉書・張天錫傳》④、《苻堅載記上》⑤，胡注：“《載記》作‘斂岐’。《張天錫傳》作‘廉岐’。斂，羌姓也。”“儼於是拜置牧守，與秦、涼絕”兩句，僅見於《通鑑》。

太和二年（建元三年，367）

二月
秦輔國將軍王猛、隴西太守姜衡、南安太守南安邵羌、揚武將軍

---

① 《晉書》卷八《海西公紀》，第 211 頁。
② 《晉書》卷一一三《苻堅載記上》，第 2889 頁。
③ 同上。
④ 《晉書》卷八六《張天錫傳》，第 2250 頁。
⑤ 《晉書》卷一一三《苻堅載記上》，第 2889 頁。

姚萇等帥衆萬七千討斂岐。（第3203—3204頁）

此條見《晉書·苻堅載記上》①，唯姚萇參與此役，僅見於《通鑑》。

　　三月
　　張天錫遣前將軍楊遹向金城，征東將軍常據向左南，游擊將軍張統向白土，天錫自將三萬人屯倉松，以討李儼。（第3204頁）

此條見《晉書·張天錫傳》②。

　　斂岐部落先屬姚弋仲，聞姚萇至，皆降。（第3204頁）

此條僅見於《通鑑》。

　　王猛遂克略陽，斂岐奔白馬。（第3204頁）

此條見《晉書·苻堅載記上》③。

　　秦王堅以萇爲隴東太守。（第3204頁）

《晉書·姚萇載記》④ 載苻堅朝任隴東太守，時間不詳。

　　四月
　　張天錫攻李儼大夏、武始二郡，下之。常據敗儼兵于葵谷，天錫進屯左南。儼懼，退守枹罕，遣其兄子純謝罪於秦，且請救。秦王堅使前將軍楊安、建威將軍王撫帥騎二萬，會王猛以救儼。（第3204頁）

---

①　《晉書》卷一一三《苻堅載記上》，第2889頁。
②　《晉書》卷八六《張天錫傳》，第2250頁。
③　《晉書》卷一一三《苻堅載記上》，第2890頁。
④　《晉書》卷一一六《姚萇載記》，第2965頁。

　　此條分見《晉書·張天錫傳》①、《苻堅載記上》②，唯"常據"，《載記》作"掌據"；張天錫"進屯左南"，李儼"退守枹罕"，楊安、王撫"帥騎二萬"，均僅見於《通鑑》。

　　（王）猛遣邵羌追斂岐，王撫守侯和，姜衡守白石，猛與楊安救枹罕。（張）天錫遣楊遹逆戰于枹罕東，猛大破之，俘斬萬七千級，與天錫相持於城下。邵羌禽斂岐於白馬，送之。（第3204頁）

　　此條見《晉書·苻堅載記上》③，唯"猛大破之，俘斬萬七千級，與天錫相持於城下"，《載記》作"猛不利"。溫公等人所記頗爲具體，疑《載記》有誤。又"送之"下脫"長安"二字，當據《載記》補。

　　（王）猛遺（張）天錫書曰："吾受詔救儼，不令與涼州戰，今當深壁高壘，以聽後詔。曠日持久，恐二家俱弊，非良算也。若將軍退舍，吾執儼而東，將軍徙民西旋，不亦可乎！"天錫謂諸將曰："猛書如此；吾本來伐叛，不來與秦戰。"遂引兵歸。（第3204—3205頁）

　　《晉書·苻堅載記上》僅有"天錫遂引師而歸"④一句，《晉書·張天錫傳》作"天錫乃還"⑤，王猛遺天錫書及天錫謂諸將之語，僅見於《通鑑》。

　　李儼猶未納秦師，王猛白服乘輿，從者數十人，請與儼相見。儼開門延之，未及爲備，將士繼入，遂執儼。以立忠將軍彭越爲平西將軍、涼州刺史，鎮枹罕。（第3205頁）

　　此條見《晉書·苻堅載記上》⑥，唯彭越爲立忠將軍，僅見於《通

①　《晉書》卷八六《張天錫傳》，第2250—2251頁。
②　《晉書》卷一一三《苻堅載記上》，第2889—2890頁。
③　同上書，第2890頁。
④　同上。
⑤　《晉書》卷八六《張天錫傳》，第2251頁。
⑥　《晉書》卷一一三《苻堅載記上》，第2890頁。

鑑》。胡注："立忠將軍，苻秦所創置。"

　　張天錫之西歸也，李儼將賀肫說儼曰："以明公神武，將士驍
悍，柰何束手於人！王猛孤軍遠來，士卒疲弊，且以我請救，必不設
備，若乘其怠而擊之，可以得志。"儼曰："求救於人以免難，難既
免而擊之，天下其謂我何！不若固守以老之，彼將自退。"猛責儼以
不即出迎，儼以賀肫之謀告；猛斬肫，以儼歸。（第 3205 頁）

此條僅見於《通鑑》。

　　（王猛挾李儼）至長安，（秦王）堅以儼爲光祿勳，賜爵歸安侯。
（第 3205 頁）

此條見《晉書·苻堅載記上》①。

　　五月
　　秦王堅聞（慕容）恪卒，陰有圖燕之計，欲覘其可否，命匈奴
曹轂發使如燕朝貢，以西戎主簿郭辯爲之副。燕司空皇甫眞兄腆及從
子奮、覆皆仕秦，腆爲散騎常侍。辯至燕，歷造公卿，謂眞曰："僕
本秦人，家爲秦所誅，故寄命曹王，貴兄常侍及奮、覆兄弟並相知有
素。"眞怒曰："臣無境外之交，此言何以及我！君似奸人，得無因
緣假託乎！"白暐，請窮治之；太傅評不許。辯還，爲堅言："燕朝政
無綱紀，實可圖也。鑒機識變，唯皇甫眞耳。"堅曰："以六州之衆，
豈得不使有智士一人哉！"（第 3206 頁）

此條見《晉書·皇甫眞傳》②，唯"發使如燕朝貢"，《皇甫眞傳》作
"遣使詣鄴"。

　　曹轂尋卒，秦分其部落爲二，使其二子分統之，號東、西曹。

―――――――――

① 《晉書》卷一一三《苻堅載記上》，第 2890 頁。
② 《晉書》卷一一一《慕容暐載記附皇甫真傳》，第 2861 頁。

（第 3206 頁）

此條見《晉書·苻堅載記上》①。

　　秦淮南公幼之反也，征東大將軍、并州牧、晉公柳，征西大將軍、秦州刺史趙公雙，皆與之通謀；秦王堅以雙，母弟至親，柳，健之愛子，隱而不問。柳、雙復與鎮東將軍、洛州刺史魏公廋，安西將軍、雍州刺史燕公武謀作亂，鎮東主簿南安姚眺諫曰：“明公以周、邵之親，受方面之任，國家有難，當竭力除之，況自爲難乎！”廋不聽。堅聞之，徵柳等詣長安。（第 3207—3208 頁）

此條僅見於《通鑑》。胡注：“秦并州刺史治蒲阪，秦州刺史治上邽，洛州刺史治陝，雍州刺史治安定。廋、武，皆健子也。”

　　十月
　　（晉公）柳據蒲阪，（趙公）雙據上邽，（魏公）廋據陝城，（燕公）武據安定，皆舉兵反。（秦王）堅遣使諭之曰：“吾待卿等，恩亦至矣，何苦而反！今止不徵，卿宜罷兵，各定其位，一切如故。”各歃黎以爲信。皆不從。（第 3208 頁）

此條分見《魏書·臨渭氏苻堅傳》②、《晉書·苻堅載記上》③，秦王堅諭苻柳等人語，僅見於《通鑑》。

　　（代王什翼犍擊劉衛辰，）衛辰奔秦，秦王堅送衛辰還朔方，遣兵戍之。（第 3208 頁）

此條僅見於《通鑑》。

---

①　《晉書》卷一一三《苻堅載記上》，第 2889 頁。
②　《魏書》卷九五《臨渭氏苻健傳》，第 2076—2077 頁。
③　《晉書》卷一一三《苻堅載記上》，第 2890 頁。

太和三年（建元四年，368）

　　正月，秦王堅遣後將軍楊成世、左將軍毛嵩分討上邽、安定，輔國將軍王猛、建節將軍鄧羌攻蒲阪，前將軍楊安、廣武將軍張蠔攻陝城。（第 3208 頁）

此條見《晉書·苻堅載記上》①，唯"後將軍"，《載記》作"後禁將軍"。

　　（秦王）堅命蒲、陝之軍皆距城三十里，堅壁勿戰，俟秦、雍已平，然後并力取之。（第 3208 頁）

此條僅見於《通鑑》。

　　秦魏公廋以陝城降燕，請兵應接；秦人大懼，盛兵守華陰。（第 3209 頁）

此條見《晉書·慕容暐載記》②，唯"廋"字，《載記》作"誢"。

　　燕魏尹范陽王德上疏，以爲："先帝應天受命，志平六合；陛下纂統，當繼而成之。今苻氏骨肉乖離，國分爲五，投誠請援，前後相尋，是天以秦賜燕也。天與不取，反受其殃，吳、越之事，足以觀矣。宜命皇甫眞引并、冀之衆徑趨蒲阪，吳王垂引許、洛之兵馳解廋圍，太傅總京師虎旅爲二軍後繼，傳檄三輔，示以禍福，明立購賞，彼必望風響應，渾壹之期，於此乎在矣！"（第 3209 頁）

此條見《晉書·慕容暐載記》③，唯"苻氏"，《載記》作"逆氏"，似爲慕容德疏原文；"國分爲五"，《載記》作"勢分四國"，胡注："蒲

---

① 《晉書》卷一一三《苻堅載記上》，第 2890 頁。
② 《晉書》卷一一一《慕容暐載記》，第 2851 頁。
③ 同上書，第 2852 頁。

阪、陝城、上邽、安定與長安爲五。""四國",則指蒲阪、陝城、上邽、安定。"虎旅",《載記》作"武旅",避唐諱。

時燕人多請救陝,因圖關中者,太傅評曰:"秦,大國也,今雖有難,未易可圖。朝廷雖明,未如先帝;吾等智略,又非太宰之比。但能閉關保境足矣,平秦非吾事也。"(第3209—3210頁)

此條見《晉書·慕容暐載記》①。

魏公廆遺吳王垂及皇甫真牋曰:"苻堅、王猛,皆人傑也,謀爲燕患久矣;今不乘機取之,恐異日燕之君臣將有甬東之悔矣!"垂謂真曰:"方今爲人患者必在於秦,主上富於春秋,觀太傅識度,豈能敵苻堅、王猛乎?"真曰:"然,吾雖知之,如言不用何!"(第3210頁)

此條見《晉書·慕容暐載記》②。

三月
秦楊成世爲趙公雙將苟興所敗,毛嵩亦爲燕公武所敗,奔還。秦王堅復遣武衛將軍王鑒、寧朔將軍呂光、將軍馮翊郭將、翟儛等帥衆三萬討之。(第3210頁)

《晉書·苻堅載記上》:"成世、毛嵩爲雙、武所敗,堅又遣其武衛王鑒、寧朔呂光等率中外精銳以討之,左衛苻雅、左禁竇衝率羽林騎七千繼發。"③《通鑑》所述細節或另有所本。

四月
(趙公)雙、(燕公)武乘勝至于榆眉,以苟興爲前鋒。王鑒欲速戰,呂光曰:"興新得志,氣勢方銳,宜持重以待之。彼糧盡必

---

① 《晉書》卷一一一《慕容暐載記》,第2851—2852頁。
② 同上書,第2852頁。
③ 《晉書》卷一一三《苻堅載記上》,第2890頁。

退，退而擊之，蔑不濟矣！”二旬而興退。光曰：“興可擊矣。”遂追之；興敗，因擊雙、武，大破之，斬獲萬五千級，武棄安定，與雙皆奔上邽；鑒等進攻之。（第 3210 頁）

《晉書·苻堅載記上》：“雙、武乘勝至於榆眉，鑒等擊敗之，斬獲萬五千人。武棄安定，隨雙奔上邽，鑒等攻之。”①《通鑑》敘事更詳，當另有所據。

晉公柳數出挑戰，王猛不應。柳以猛爲畏之，五月，留其世子良守蒲阪，帥衆二萬西趨長安。去蒲阪百餘里，鄧羌帥精騎七千夜襲，敗之。柳引軍還，猛邀擊之，盡俘其衆。柳與數百騎入城，猛、羌進攻之。（第 3211 頁）

此條見《晉書·苻堅載記上》②。

七月
王鑒等拔上邽，斬（苻）雙、武，宥其妻子。（第 3211 頁）

此條見《晉書·苻堅載記上》③，唯“宥其妻子”，僅見於《通鑑》。

以左衛將軍苻雅爲秦州刺史。（第 3211 頁）

此條僅見於《通鑑》。

八月
以長樂公丕爲雍州刺史。（第 3211 頁）

此條僅見於《通鑑》。

---

① 《晉書》卷一一三《苻堅載記上》，第 2890 頁。
② 同上。
③ 同上。

九月

王猛等拔蒲阪，斬晉公柳及其妻子。猛屯蒲阪，遣鄧羌與王鑒等會攻陝城。（第 3211 頁）

此條見《晉書·苻堅載記上》①。

十二月

秦王猛等拔陝城，獲魏公廋，送長安。秦王堅問其所以反，對曰：“臣本無反心，但以弟兄屢謀逆亂，臣懼并死，故謀反耳。”堅泣曰：“汝素長者，固知非汝心也；且高祖不可以無後。”乃賜廋死，原其七子，以長子襲魏公，餘子皆封縣公，以嗣越厲王及諸弟之無後者。苟太后曰：“廋與雙俱反，雙獨不得置後，何也？”堅曰：“天下者，高祖之天下，高祖之子不可以無後。至於仲羣，不顧太后，謀危宗廟，天下之法，不可私也！”（第 3211—3212 頁）

《晉書·苻堅載記上》：“猛屯蒲阪，遣鄧羌與王鑑等攻陷陝城，克之，送廋於長安，殺之。”② 其餘情節，僅見於《通鑑》。胡注：“苻雙，字仲羣。”

以范陽公抑爲征東大將軍、并州刺史，鎮蒲阪；鄧羌爲建武將軍、洛州刺史，鎮陝城。擢姚眺爲汲郡太守。（第 3212 頁）

此條僅見於《通鑑》。

是歲，以仇池公楊世爲秦州刺史，世弟統爲武都太守。世亦稱臣於秦，秦以世爲南秦州刺史。（第 3212 頁）

此條見《晉書·苻堅載記上》③，唯“南秦州刺史”，《載記》脫

---

① 《晉書》卷一一三《苻堅載記上》，第 2890 頁。
② 同上。
③ 同上書，第 2894 頁。

"南"字。

卷一〇二

太和四年（建元五年，369）

七月

（晉桓溫伐燕，燕主）暐又遣散騎侍郎樂嵩請救于秦，許略以虎牢以西之地。（第3216頁）

此條分見《十六國春秋·前秦錄》①、《晉書·慕容暐載記》②、《苻堅載記上》③，唯"虎牢"，《晉書》作"武牢"，避唐諱。

秦王堅引羣臣議于東堂，皆曰："昔桓溫伐我，至灞上，燕不救我；今溫伐燕，我何救焉！且燕不稱藩於我，我何爲救之！"王猛密言於堅曰："燕雖強大，慕容評非溫敵也。若溫舉山東，進屯洛邑，收幽、冀之兵，引并、豫之粟，觀兵崤、澠，則陛下大事去矣。今不如與燕合兵以退溫；溫退，燕亦病矣，然後我承其弊而取之，不亦善乎！"堅從之。（第3216頁）

此條僅見於《通鑑》。

八月

（秦王堅）遣將軍苟池、洛州刺史鄧羌帥步騎二萬以救燕，出自洛陽，軍至潁川。（第3216頁）

此條分見《十六國春秋·前秦錄》④、《晉書·慕容暐載記》⑤、《苻堅

---

① 《太平御覽》卷一二二《偏霸部六》"前秦苻堅"條引，第1冊，第589頁上欄。
② 《晉書》卷一一一《慕容暐載記》，第2853頁。
③ 《晉書》卷一一三《苻堅載記上》，第2890頁。
④ 《太平御覽》卷一二二《偏霸部六》"前秦苻堅"條引，第1冊，第589頁上欄。
⑤ 《晉書》卷一一一《慕容暐載記》，第2853頁。

載記上》①。

（秦王堅）又遣散騎侍郎姜撫報使于燕。（第 3216 頁）

此條僅見於《通鑑》。

（秦王堅）以王猛爲尚書令。（第 3216 頁）

《晉書·王猛傳》有“遷尚書令”② 一句，時間不詳。

燕、秦既結好，使者數往來。燕散騎侍郎郝晷、給事黃門侍郎梁
琛相繼如秦。晷與王猛有舊，猛接以平生，問以東方之事。晷見燕政
不脩而秦大治，陰欲自託於猛，頗泄其實。（第 3218—3219 頁）

《晉書·慕容暐載記》僅有“暐使其黃門侍郎梁琛聘於堅”③ 一句，
《通鑑》當另有所本。

（燕使梁）琛至長安，秦王堅方畋於萬年，欲引見琛，琛曰：“秦使
至燕，燕之君臣朝服備禮，灑掃宮庭，然後敢見。今秦王欲野見之，使
臣不敢聞命！”尚書郎辛勁謂琛曰：“賓客入境，惟主人所以處之，君爲
得專制其禮！且天子稱乘輿，所至曰行在所，何常居之有！又，《春秋》
亦有遇禮，何爲不可乎！”琛曰：“晉室不綱，靈祚歸德，二方承運，俱
受明命。而桓溫猖狂，闚我王略，燕危秦孤，勢不獨立，是以秦主同恤
時患，要結好援。東朝君臣，引領西望，愧其不競，以爲鄰憂，西使之
辱，敬待有加。今強寇既退，交聘方始，謂宜崇禮篤義以固二國之歡；
若忽慢使臣，是卑燕也，豈脩好之義乎！夫天子以四海爲家，故行曰乘
輿，止曰行在。今海縣分裂，天光分曜，安得以乘輿、行在爲言哉！禮，
不期而見曰遇；蓋因事權行，其禮簡略，豈平居容輿之所爲哉！客使單

①《晉書》卷一一三《苻堅載記上》，第 2891 頁。
②《晉書》卷一一四《苻堅載記下附王猛傳》，第 2931 頁。
③《晉書》卷一一一《慕容暐載記》，第 2854 頁。

行，誠勢屈於主人；然苟不以禮，亦不敢從也。"堅乃爲之設行宫，百僚陪位，然後延客，如燕朝之儀。（第 3219—3220 頁）

此條僅見於《通鑑》。

事畢，（秦王）堅與之私宴，問："東朝名臣爲誰?"琛曰："太傅上庸王評，明德茂親，光輔王室；車騎大將軍吳王垂，雄略冠世，折衝禦侮；其餘或以文進，或以武用，官皆稱職，野無遺賢。"（第 3220 頁）

此條僅見於《通鑑》。

（梁）琛從兄奕爲秦尚書郎，（秦王）堅使典客，館琛於奕舍。琛曰："昔諸葛瑾爲吳聘蜀，與諸葛亮惟公朝相見，退無私面，余竊慕之。今使之即安私室，所不敢也。"乃不果館。奕數來就邸舍，與琛臥起，間問琛東國事。琛曰："今二方分據，兄弟並蒙榮寵，論其本心，各有所在。琛欲言東國之美，恐非西國之所欲聞；欲言其惡，又非使臣之所得論也。兄何用問爲!"（第 3220 頁）

此條見范亨《燕書》[1]，唯"堅使典客館琛於奕舍"，《燕書》作"秦主欲令琛止弈舍"。苻健、苻生稱帝，《通鑑》稱二人爲"秦主"；苻堅去帝號，《通鑑》遂改稱"秦王"，《燕書》則依舊稱"秦主"，兩書書法不同。"今使之即安私室，所不敢也"，及"欲言其惡，又非使臣之所得論也。兄何用問爲"數句，僅見於《通鑑》。

（秦王）堅使太子延（梁）琛相見。秦人欲使琛拜太子，先諷之曰："鄰國之君，猶其君也；鄰國之儲君，亦何以異乎!"琛曰："天子之子視元士，欲其由賤以登貴也。尚不敢臣其父之臣，況他國之臣乎! 苟無純敬，則禮有往來，情豈忘恭，但恐降屈爲煩耳。"乃不果拜。（第 3220 頁）

────────────

[1]　《藝文類聚》卷二二《人部六》"公平"條引，上海古籍出版社 1965 年版，上册，第 402 頁；《太平御覽》卷四二九《人事部七〇》"公平"條引，第 2 册，第 1975 頁下欄—1976 頁上欄。

此條僅見於《通鑑》。

　　王猛勸（秦王）堅留（梁）琛，堅不許。（第3220頁）

此條僅見於《通鑑》。

　　十一月
　　初，秦王堅聞太宰恪卒，陰有圖燕之志，憚（吳王）垂威名，不敢發。及聞垂至，大喜，郊迎。（第3223頁）

此條見《晉書・慕容垂載記》[1]。

　　（秦王堅）執（慕容垂）手曰：“天生賢傑，必相與共成大功，此自然之數也。要當與卿共定天下，告成岱宗，然後還卿本邦，世封幽州，使卿去國不失爲子之孝，歸朕不失事君之忠，不亦美乎！”垂謝曰：“羈旅之臣，免罪爲幸；本邦之榮，非所敢望！”（第3223頁）

《十六國春秋・後燕錄》僅有“執手，禮之甚重”[2] 兩句，《通鑑》此條當另有所本。

　　（秦王）堅復愛（慕容垂）世子令及慕容楷之才，皆厚禮之，賞賜鉅萬，每進見，屬目觀之。關中士民素聞垂父子名，皆嚮慕之。（第3223頁）

此條僅見於《通鑑》。

　　王猛言於（秦王）堅曰：“慕容垂父子，譬如龍虎，非可馴之物，若借以風雲，將不可復制，不如早除之。”堅曰：“吾方收攬英雄以清四海，奈何殺之！且其始來，吾已推誠納之矣；匹夫猶不棄

————————————
[1]　《晉書》卷一二三《慕容垂載記》，第3078頁。
[2]　《太平御覽》卷一二五《偏霸部九》“後燕慕容垂”條引，第1冊，第605頁下欄。

言，況萬乘乎！”乃以垂爲冠軍將軍，封賓徒侯，楷爲積弩將軍。（第
3223 頁）

《十六國春秋·後燕錄》：“王猛惡垂雄略，勸堅殺之。堅不從，以爲
冠軍將軍，封賓都侯。”① 《晉書·慕容垂載記》文略同。② 《苻堅載記
上》：“王猛言於堅曰：‘慕容垂，燕之戚屬，世雄東夏，寬仁惠下，恩結
士庶，燕趙之間咸有奉戴之意。觀其才略，權智無方，兼其諸子明毅有幹
藝，人之傑也。蛟龍猛獸，非可馴之物，不如除之。’堅曰：‘吾方以義
致英豪，建不世之功。且其初至，吾告之至誠，今而害之，人將謂我
何！’”③《通鑑》所錄王猛、苻堅對話與諸史多有不同，似各有所本。

秦留梁琛月餘，乃遣歸。琛兼程而進，比至鄴，吳王垂已奔秦。
（第 3224 頁）

此條僅見於《通鑑》。

（梁）琛言於太傅評曰：“秦人日閱軍旅，多聚糧於陝東；以琛
觀之，爲和必不能久。今吳王又往歸之，秦必有窺燕之謀，宜早爲之
備。”評曰：“秦豈肯受叛臣而敗和好哉！”（第 3224 頁）

此條見《晉書·慕容暐載記》④，唯“日閱軍旅，多聚糧於陝東”，
《載記》作“揚兵講武，運粟陝東”；“受叛臣而敗和好”，《載記》又作
“受吾叛臣而不懷和好”。

（梁）琛曰：“今二國分據中原，常有相吞之志；桓溫之入寇，
彼以計相救，非愛燕也；若燕有釁，彼豈忘其本志哉！”評曰：“秦
主何如人？”琛曰：“明而善斷。”問王猛，曰：“名不虛得。”評皆不
以爲然。琛又以告燕主暐，暐亦不然之。（第 3224 頁）

---

① 《太平御覽》卷一二五《偏霸部九》“後燕慕容垂”條引，第 1 册，第 605 頁下欄。
② 《晉書》卷一二三《慕容垂載記》，第 3078 頁。
③ 《晉書》卷一一三《苻堅載記上》，第 2891 頁。
④ 《晉書》卷一一一《慕容暐載記》，第 2854 頁。

　　《晉書·慕容暐載記》：“琛曰：‘鄰國相并，有自來矣。況今並稱大號，理無俱存。苻堅機明好斷，納善如流。王猛有王佐之才，銳於進取。觀其君臣相得，自謂千載一時。桓溫不足爲慮，終爲人患者，其唯王猛乎？’暐、評不以爲虞。”① 與《通鑑》不同，溫公等人當另有所本。

　　　　（梁）琛以告皇甫真，真深憂之。（第 3224 頁）

　　此條僅見於《通鑑》。

　　　　（皇甫真）上疏言：“苻堅雖聘問相尋，然實有窺上國之心，非能慕樂德義，不忘久要也。前出兵洛川，及使者繼至，國之險易虛實，彼皆得之矣。今吳王垂又往從之，爲其謀主；伍員之禍，不可不備。洛陽、太原、壺關，皆宜選將益兵，以防未然。”（第 3224—3225 頁）

　　《晉書·慕容暐載記》載皇甫真之言，作“苻堅雖聘使相尋，託輔車爲諭，然抗均鄰敵，勢同戰國，明其甘於取利，無慕善之心，終不能守信存和，以崇久要也。頃來行人累續，兼師出洛川，夷險要害，具之耳目。觀虛實以措姦圖，聽風塵而伺國隙者，寇之常也。又吳王外奔，爲之謀主，伍員之禍，不可不慮。洛陽、并州、壺關諸城，並宜增兵益守，以防未兆”②。“并州”爲“太原”之訛。《通鑑》似另有所據。

　　　　（燕主）暐召太傅評謀之，評曰：“秦國小力弱，恃我爲援；且苻堅庶幾善道，終不肯納叛臣之言，絕二國之好；不宜輕自驚擾以啟寇心。”卒不爲備。（第 3225 頁）

　　此條見《晉書·慕容暐載記》③，唯“絕二國之好”一句，僅見於

　　① 《晉書》卷一一一《慕容暐載記》，第 2854 頁。
　　② 同上。
　　③ 同上。

《通鑑》。

　　秦遣黃門郎石越聘於燕，太傅評示之以奢，欲以誇燕之富盛。高
泰及太傅參軍河間劉靖言於評曰：“越言誕而視遠，非求好也，乃觀
釁也。宜耀兵以示之，用折其謀。今乃示之以奢，益爲其所輕矣。”
評不從。泰遂謝病歸。（第 3225 頁）

此條僅見於《通鑑》。

　　初，燕人許割虎牢以西賂秦；晉兵既退，燕人悔之，謂秦人曰：
“行人失辭。有國有家者，分災救患，理之常也。”秦王堅大怒，遣
輔國將軍王猛、建威將軍梁成、洛州刺史鄧羌帥步騎三萬伐燕。十二
月，進攻洛陽。（第 3226 頁）

此條分見《十六國春秋·前秦錄》①、《晉書·苻堅載記上》②，唯
“虎牢”，《載記》作“武牢”，避唐諱；“有國有家者”，《載記》脫
“者”字；“步騎三萬”，《前秦錄》作“步騎六萬”。

太和五年（建元六年，370）

正月

　　秦王猛遺燕荊州刺史武威王筑書曰：“國家今已塞成皋之險，杜
盟津之路，大駕虎旅百萬，自軹關取鄴都，金墉窮戍，外無救援，城
下之師，將軍所監，豈三百弊卒所能支也！”筑懼，以洛陽降；猛陳
師受之。（第 3227—3228 頁）

《晉書·苻堅載記上》僅有“筑懼而請降，猛陳師以受之”③ 兩句，
同書《慕容暐載記》僅有“筑以救兵不至，以金墉降於猛”④ 兩句，其

---

①　《太平御覽》卷一二三《偏霸部六》“前秦苻堅”條引，第 1 冊，第 589 頁上欄。
②　《晉書》卷一一三《苻堅載記上》，第 2891 頁。
③　同上。
④　《晉書》卷一一一《慕容暐載記》，第 2854 頁。

餘情節僅見於《通鑑》。

　　　燕衛大將軍，樂安王臧城新樂，破秦兵于石門，執秦將楊猛。
（第 3228 頁）

　　《晉書·慕容暐載記》僅有 "臧遂城新樂而還"① 一句，《通鑑》應
另有所據。

　　　王猛之發長安也，請慕容令參其軍事，以爲鄉導。將行，造慕容
垂飲酒，從容謂垂曰："今當遠別，何以贈我？使我覿物思人。" 垂
脫佩刀贈之。（第 3228 頁）

　　《晉書·慕容垂載記》僅有 "王猛伐洛，引（慕容）全爲參軍"② 一
句，餘爲《通鑑》獨家所載。全即令，形近而相混。

　　　（王）猛至洛陽，賂（慕容）垂所親金熙，使詐爲垂使者，謂令
曰："吾父子來此，以逃死也。今王猛疾人如讎，讒毀日深；秦王雖
外相厚善，其心難知。丈夫逃死而卒不免，將爲天下笑。吾聞東朝比
來始更悔悟，主、后相尤。吾今還東，故遣告汝；吾已行矣，便可速
發。" 令疑之，躊躇終日，又不可審覆。乃將舊騎，詐爲出獵，遂奔
樂安王臧於石門。（第 3228 頁）

　　《晉書·慕容垂載記》："猛乃令人詭傳垂語於全曰：'吾已東還，汝
可爲計也。' 全信之，乃奔暐。"③《通鑑》所述遠較《載記》爲詳，當另
有所本。

　　　（王）猛表（慕容）令叛狀，垂懼而出走，及藍田，爲追騎所
獲。秦王堅引見東堂，勞之曰："卿家國失和，委身投朕。賢子心不

────────────

① 《晉書》卷一一一《慕容暐載記》，第 2854 頁。
② 同上書，第 3078 頁。
③ 同上。

忘本，猶懷首丘，亦各其志，不足深咎。然燕之將亡，非令所能存，
惜其徒入虎口耳。且父子兄弟，罪不相及，卿何爲過懼而狼狽如是
乎！"待之如舊。（第 3228—3229 頁）

此條見《晉書·慕容垂載記》①，唯"然燕之將亡，非令所能存，惜
其徒入虎口耳"數句，僅見於《通鑑》。

　　樂安王臧進屯滎陽，王猛遣建威將軍梁成、洛州刺史鄧羌擊走
之；留羌鎮金墉，以輔國司馬桓寅爲弘農太守，代羌戍陝城而還。
（第 3229 頁）

此條分見《晉書·慕容暐載記》②、《苻堅載記上》③，唯"以輔國司
馬桓寅爲弘農太守，代羌戍陝城"，僅見於《通鑑》。

　　秦王堅以王猛爲司徒，錄尚書事，封平陽郡侯。猛固辭曰："今
燕、吳未平，戎車方駕，而始得一城，即受三事之賞，若克殄二寇，
將何以加之！"堅曰："苟不暫抑朕心，何以顯卿謙光之美！已詔有
司權聽所守；封爵酬庸，其勉從朕命！"（第 3230 頁）

《晉書·王猛傳》："遷尚書令、太子太傅，加散騎常侍。猛頻表累
讓，堅竟不許。……轉司徒、錄尚書事，餘如故。猛辭以無功，不拜。"④
"餘如故"，指依舊領尚書令、太子太傅、散騎常侍。又《通鑑》同年四
月："復以王猛爲司徒，錄尚書事；猛固辭，乃止。"詳見下引，可知王
猛未接受司徒、錄尚書事任命。苻堅封猛爲平陽郡侯及二人對話，僅見於
《通鑑》。

　　三月
　　秦王堅以吏部尚書權翼爲尚書右僕射。（第 3230 頁）

　　①　《晉書》卷一二三《慕容垂載記》，第 3078 頁。
　　②　《晉書》卷一一一《慕容暐載記》，第 2854 頁。
　　③　《晉書》卷一一三《苻堅載記上》，第 2891 頁。
　　④　《晉書》卷一一四《苻堅載記下附王猛傳》，第 2931 頁。

此條僅見於《通鑑》。

　　四月，（秦王堅）復以王猛爲司徒，錄尚書事；猛固辭，乃止。（第 3230 頁）

前引《晉書·王猛傳》"轉司徒、錄尚書事，餘如故。猛辭以無功，不拜"①，亦指此事。

　　燕、秦皆遣兵助袁瑾。（第 3230 頁）

此條分見《晉書·海西公紀》②、《苻堅載記上》③。

　　秦王堅復遣王猛督鎮南將軍楊安等十將步騎六萬以伐燕。（第 3230 頁）

此條見《晉書·苻堅載記上》④，唯楊安爲苻堅鎮南將軍，僅見於《通鑑》。

　　六月
　　乙卯，秦王堅送王猛於灞上，曰："今委卿以關東之任，當先破壺關，平上黨，長驅取鄴，所謂'疾雷不及掩耳'。吾當親督萬衆，繼卿星發，舟車糧運，水陸俱進，卿勿以爲後慮也。"猛曰："臣杖威靈，奉成算，盪平殘胡，如風掃葉，願不煩鑾輿親犯塵霧，但願速敕所司部置鮮卑之所。"堅大悅。（第 3231 頁）

此條見《晉書·苻堅載記上》⑤，唯"當先破壺關，平上黨，長驅取

---

① 《晉書》卷一一四《苻堅載記下附王猛傳》，第 2931 頁。
② 《晉書》卷八《海西公紀》，第 213 頁。
③ 《晉書》卷一一三《苻堅載記上》，第 2893 頁。
④ 同上書，第 2891 頁。
⑤ 同上書，第 2891—3892 頁。

鄴”，《載記》作“便可從壺關、上黨出潞川”。

　　　秦王猛攻壺關，楊安攻晉陽。（第3231頁）

　　此條見《晉書·慕容暐載記》①、《苻堅載記上》②。

　　　八月

　　　燕主暐命太傅上庸王評將中外精兵三十萬以拒秦。暐以秦寇爲憂，召散騎侍郎李鳳、黃門侍郎梁琛、中書侍郎樂嵩問曰：“秦兵衆寡何如？今大軍既出，秦能戰乎？”鳳曰：“秦國小兵弱，非王師之敵；景略常才，又非太傅之比，不足憂也。”（第3231頁）

　　此條分見《十六國春秋·前燕錄》③、《晉書·慕容暐載記》④、《苻堅載記上》⑤，唯中外精兵“三十萬”，《載記》作“四十餘萬”，“四”疑爲“三”字之訛。

　　　（梁）琛、（樂）嵩曰：“勝敗在謀，不在衆寡。秦遠來爲寇，安肯不戰！且吾當用謀以求勝，豈可冀其不戰而已乎！”（燕主）暐不悅。（第3231頁）

　　《晉書·慕容暐載記》載梁琛、樂嵩之言曰：“兵書之義，計敵能鬬，當以算取之。若冀敵不鬬，非萬全之道也。慶鄭有云：‘秦衆雖少，戰士倍我。’衆之多少，非可問也。且秦行師千里，固戰是求，何不戰之有乎！”⑥與《通鑑》所錄差異頗大，溫公等人當另有所本。

　　　王猛克壺關，執上黨太守南安王越，所過郡縣，皆望風降附。燕

①　《晉書》卷一一一《慕容暐載記》，第2857頁。
②　《晉書》卷一一三《苻堅載記上》，第2892頁。
③　《太平御覽》卷一二一《偏霸部五》“慕容暐”條引，第1冊，第585頁上欄。
④　《晉書》卷一一一《慕容暐載記》，第2857頁。
⑤　《晉書》卷一一三《苻堅載記上》，第2892頁。
⑥　《晉書》卷一一一《慕容暐載記》，第2857頁。

人大震。（第 3231 頁）

此條僅見於《通鑑》。

秦楊安攻晉陽，晉陽兵多糧足，久之未下。王猛留屯騎校尉苟長戍壺關，引兵助安攻晉陽，爲地道，使虎牙將軍張蚝帥壯士數百潛入城中，大呼斬關，納秦兵。辛巳，猛、安入晉陽，執燕并州刺史東海王莊。（第 3232 頁）

《晉書·苻堅載記上》：“會楊安攻晉陽，爲地道，遣張蚝率壯士數百人入其城中，大呼斬關，猛、安遂入晉陽，執暐并州刺史慕容莊。”① 與《通鑑》內容不同，似各有所本。

（燕）太傅評畏（王）猛不敢進，屯于潞川。（第 3232 頁）

此條見《晉書·苻堅載記上》②。

十月
辛亥，（王）猛留將軍武都毛當戍晉陽，進兵潞川，與慕容評相持。（第 3233 頁）

此條見《晉書·苻堅載記上》③，唯“進兵潞川，與慕容評相持”，《載記》作“進師與評相持”。

壬戌，（王）猛遣將軍徐成覘燕軍形要，期以日中；及昏而返，猛怒，將斬之。鄧羌請之曰：“今賊衆我寡，詰朝將戰；成，大將也，宜且宥之。”猛曰：“若不殺成，軍法不立。”羌固請曰：“成，羌之郡將也，雖違期應斬，羌願與成効戰以贖之。”猛弗許。羌怒，

① 《晉書》卷一一三《苻堅載記上》，第 2892 頁。
② 同上。
③ 同上。

還營，嚴鼓勒兵，將攻猛。猛問其故，羌曰："受詔討遠賊；今有近賊，自相殺，欲先除之！"猛謂羌義而有勇，使語之曰："將軍止，吾今赦之。"成既免，羌詣猛謝。猛執其手曰："吾試將軍耳，將軍於郡將尚爾，況國家乎，吾不復憂賊矣！"（第 3233 頁）

此條僅見於《通鑑》。

（燕）太傅評以（王）猛懸軍深入，欲以持久制之。評爲人貪鄙，鄣固山泉，鬻樵及水，積錢帛如丘陵；士卒怨憤，莫有鬭志。猛聞之，笑曰："慕容評眞奴才，雖億兆之衆不足畏，況數十萬乎！吾今茲破之必矣。"乃遣游擊將軍郭慶帥騎五千，夜從間道出評營後，燒評輜重，火見鄴中。燕主暐懼，遣侍中蘭伊讓評曰："王，高祖之子也，當以宗廟社稷爲憂，奈何不撫戰士而榷賣樵水，專以貨殖爲心乎！府庫之積，朕與王共之，何憂於貧！若賊兵遂進，家國喪亡，王持錢帛欲安所置之！"乃命悉以其錢帛散之軍士，且趣使戰。評大懼，遣使請戰於猛。（第 3233—3234 頁）

此條分見車頻《秦書》[1]、《十六國春秋·前秦錄》[2]、《晉書·慕容暐載記》[3]，唯"貨殖"，《載記》作"聚斂"；"朕與王共之"，《載記》作"朕豈與王愛之"。"命悉以其錢帛散之軍士，且趣使戰"兩句，僅見於《通鑑》。

甲子，（王）猛陳於渭源而誓之曰："王景略受國厚恩，任兼內外，今與諸君深入賊地，當竭力致死，有進無退，共立大功，以報國家；受爵明君之朝，稱觴父母之室，不亦美乎！"衆皆踊躍，破釜棄糧，大呼競進。（第 3234 頁）

---

① 《藝文類聚》卷八《水部上》"總載水"條引，上冊，第 149 頁。《太平御覽》卷八二八《資產部八》"賣買"條引，第 4 冊，第 2693 頁下欄—2694 頁上欄。
② 《太平御覽》卷一二三《偏霸部六》"前秦苻堅"條引，第 1 冊，第 589 頁上欄。
③ 《晉書》卷一一一《慕容暐載記》，第 2857 頁。

此條分見《十六國春秋・前秦錄》①、《晉書・苻堅載記上》②，唯"以報國家"，《載記》作"以報恩顧"。

（王）猛望燕兵之衆，謂鄧羌曰："今日之事，非將軍不能破勍敵，成敗之機，在茲一舉，將軍勉之！"羌曰："若能以司隸見與者，公勿以爲憂。"猛曰："此非吾所及也。必以安定太守、萬戶侯相處。"羌不悅而退。俄而兵交，猛召羌，羌寢不應。猛馳就許之，羌乃大飲帳中，與張蚝、徐成等跨馬運矛，馳赴燕陳，出入數四，旁若無人，所殺傷數百。及日中，燕兵大敗，俘斬五萬餘人，乘勝追擊，所殺及降者又十萬餘人。評單騎走還鄴。（第3234—3235頁）

此條分見《十六國春秋・前秦錄》③、《晉書・苻堅載記上》④，唯鄧羌等"殺傷數百"，僅見於《通鑑》。

秦兵長驅而東，丁卯，圍鄴。（第3235頁）

此條分見《十六國春秋・前秦錄》⑤、《晉書・慕容暐載記》⑥、《晉書・苻堅載記上》⑦，唯秦軍圍鄴在丁卯日，僅見於《通鑑》。

（王）猛上疏稱："臣以甲子之日，大殲醜類。順陛下仁愛之志，使六州士庶，不覺易主，自非守迷違命，一無所害。"秦王堅報之曰："將軍役不踰時，而元惡克舉，勳高前古。朕今親帥六軍，星言電赴。將軍其休養將士，以待朕至，然後取之。"（第3235頁）

此條僅見於《通鑑》。

---

① 《太平御覽》卷一二三《偏霸部六》"前秦苻堅"條引，第1冊，第589頁上欄。
② 《晉書》卷一一三《苻堅載記上》，第2892頁。
③ 《太平御覽》卷一二三《偏霸部六》"前秦苻堅"條引，第1冊，第589頁上欄。
④ 《晉書》卷一一三《苻堅載記上》，第2892頁。
⑤ 《太平御覽》卷一二三《偏霸部六》"前秦苻堅"條引，第1冊，第589頁上欄。
⑥ 《晉書》卷一一一《慕容暐載記》，第2857頁。
⑦ 《晉書》卷一一三《苻堅載記上》，第2892頁。

　　（王）猛之未至也，鄴旁剽劫公行，及猛至，遠近帖然；號令嚴明，軍無私犯，法簡政寬，燕民各安其業。（第3235頁）

　　此條分見《十六國春秋·前秦錄》①、《晉書·王猛傳》②，唯“法簡政寬”四字，僅見於《通鑑》；而“燕民”，《載記》作“燕人”，避唐諱。

　　（燕民）更相謂曰：“不圖今日復見太原王！”王猛聞之，歎曰：“慕容玄恭信奇士也，可謂古之遺愛矣！”設太牢以祭之。（第3235—3236頁）

　　此條僅見於《通鑑》。燕太原王恪，字玄恭。

　　十一月

　　秦王堅留李威輔太子守長安，陽平公融鎮洛陽，自帥精銳十萬赴鄴，七日而至安陽，宴祖父時故老。（王）猛潛如安陽謁堅，堅曰：“昔周亞夫不迎漢文帝，今將軍臨敵而棄軍，何也？”猛曰：“亞夫前卻人主以求名，臣竊少之。且臣奉陛下威靈，擊垂亡之虜，譬如釜中之魚，何足慮也！監國沖幼，鑾駕遠臨，脫有不虞，悔之何及！陛下忘臣灞上之言邪！”（第3236頁）

　　此條分見《十六國春秋·前秦錄》③、《晉書·苻堅載記上》④，唯“陛下忘臣灞上之言邪”一句僅見於《通鑑》。

　　初，燕宜都王桓帥眾萬餘屯沙亭，爲太傅評後繼，聞評敗，引兵屯內黃。（秦王）堅使鄧羌攻信都。丁丑，桓帥鮮卑五千奔龍城。戊寅，燕散騎侍郎餘蔚帥扶餘、高句麗及上黨質子五百餘人，夜，開鄴北門納秦兵，燕主暐與上庸王評、樂安王臧、定襄王淵、左衛將軍孟

---

① 《太平御覽》卷一二三《偏霸部六》“前秦苻堅”條引，第1冊，第589頁上欄。
② 《晉書》卷一一四《苻堅載記下附王猛傳》，第2931頁。
③ 《太平御覽》卷一二三《偏霸部六》“前秦苻堅”條引，第1冊，第589頁上欄—下欄。
④ 《晉書》卷一一三《苻堅載記上》，第2892—2893頁。

高、殿中將軍艾朗等奔龍城。辛巳，秦王堅入鄴宮。（第 3236 頁）

　　此條見《晉書·慕容暐載記》①，唯"夜開鄴北門"，《載記》作"夜開城門"，不及《通鑑》記載詳細；"燕主暐與上庸王評、樂安王臧、定襄王淵、左衛將軍孟高、殿中將軍艾朗等奔龍城"，《載記》又作"暐與評等數十騎奔于昌黎"，《通鑑》當另有所據。

　　（郭慶部將巨武）執（燕主暐）以詣秦王堅，堅詰其不降而走之狀，對曰："狐死首丘，欲歸死於先人墳墓耳。"堅哀而釋之，令還宮，帥文武出降。（第 3237 頁）

　　此條見《晉書·慕容暐載記》②。

　　（燕主）暐稱孟高、艾朗之忠於（秦王）堅，堅命厚加斂葬，拜其子爲郎中。（第 3237 頁）

　　此條僅見於《通鑑》。

　　郭慶進至龍城，太傅評奔高句麗，高句麗執評，送於秦。（第 3237 頁）

　　此條見《晉書·苻堅載記上》③。

　　宜都王桓殺鎮東將軍勃海王亮，并其衆，奔遼東。遼東太守韓稠，先已降秦，桓至，不得入，攻之，不克。郭慶遣將軍朱嶷擊之，桓棄衆單走，嶷獲而殺之。（第 3237—3238 頁）

　　此條見《晉書·慕容暐載記》④，唯"桓棄衆單走，嶷獲而殺之"，

---

① 《晉書》卷一一一《慕容暐載記》，第 2858 頁。
② 同上。
③ 《晉書》卷一一三《苻堅載記上》，第 2893 頁。
④ 《晉書》卷一一一《慕容暐載記》，第 2858 頁。

《載記》作"（巆）執而送之"，《通鑑》似另有所本。

　　　諸州牧守及六夷渠帥盡降於秦，凡得郡百五十七，戶二百四十六萬，口九百九十九萬。（第 3238 頁）

　　此條分見《十六國春秋·前秦錄》①、《晉書·苻堅載記上》②，唯"諸州牧守"，《載記》作"諸州郡牧守"，《通鑑》脫"郡"字；"戶二百四十六萬"，《前秦錄》、《載記》作"戶二百四十五萬八千九百六十九"；"口九百九十九萬"，《前秦錄》、《載記》作"口九百九十八萬七千九百三十五"，溫公等人皆舉其約數。

　　　（秦王堅）以燕宮人、珍寶分賜將士。（第 3238 頁）

　　此條見《晉書·苻堅載記上》③。

　　　（秦王堅）下詔大赦曰："朕以寡薄，猥承休命，不能懷遠以德，柔服四維，至使戎車屢駕，有害斯民，雖百姓之過，然亦朕之罪也。其大赦天下，與之更始。"（第 3238 頁）

　　此條僅見於《通鑑》。

　　　慕容評敗，（燕主暐）遂收（梁）琛繫獄。秦王堅入鄴而釋之，除中書著作郎，引見，謂之曰："卿昔言上庸王、吳王皆將相奇材，何爲不能謀畫，自使亡國？"對曰："天命廢興，豈二人所能移也！"堅曰："卿不能見幾而作，虛稱燕美，忠不自防，反爲身禍，可謂智乎？"對曰："臣聞'幾者動之微，吉之先見者也。'如臣愚暗，實所不及。然爲臣莫如忠，爲子莫如孝，自非有一至之心者，莫能保忠孝之始終。是以古之烈士，臨危不改，見死不避，以徇君親。彼知幾

---

① 《太平御覽》卷一二三《偏霸部六》"前秦苻堅"條引，第 1 冊，第 589 頁下欄。
② 《晉書》卷一一三《苻堅載記上》，第 2893 頁。
③ 同上。

者，心達安危，身擇去就，不顧家國，臣就使知之，尚不忍爲，況非所及邪！”（第 3238—3239 頁）

此條僅見於《通鑑》。

（秦王）堅聞悅綰之忠，恨不及見，拜其子爲郎中。（第 3239 頁）

此條僅見於《通鑑》。

（秦王）堅以王猛爲使持節、都督關東六州諸軍事、車騎大將軍、開府儀同三司、冀州牧，鎮鄴，進爵清河郡侯，悉以慕容評第中之物賜之。賜楊安爵博平縣侯；以鄧羌爲使持節、征虜將軍、安定太守，賜爵眞定郡侯；郭慶爲持節、都督幽州諸軍事、幽州刺史，鎮薊，賜爵襄城侯。其餘將士封賞各有差。（第 3239 頁）

此條分見《十六國春秋·前秦錄》[①]、《晉書·苻堅載記上》[②]，唯“都督關東六州諸軍事”，《前秦錄》脫“關東六州”四字；“開府儀同三司”，《前秦錄》又脫“三司”二字；楊安獲封博平縣侯，鄧羌爲使持節、征虜將軍及郭慶獲封襄城侯，均僅見於《通鑑》；郭慶所任官職，《通鑑》脫揚武將軍一項。

（秦王）堅以京兆韋鐘爲魏郡太守，彭豹爲陽平太守；其餘州縣牧、守、令、長，皆因舊以授之。以燕常山太守申紹爲散騎侍郎，使與散騎侍郎京兆韋儒俱爲繡衣使者，循行關東州郡，觀省風俗，勸課農桑，振恤窮困，收葬死亡，旌顯節行，燕政有不便於民者，皆變除之。（第 3239 頁）

此條僅見於《通鑑》。

---

① 《太平御覽》卷一二三《偏霸部六》“前秦苻堅”條引，第 1 冊，第 589 頁下欄。
② 《晉書》卷一一三《苻堅載記上》，第 2893 頁。

十二月

　　秦王堅遷慕容暐及燕后妃、王公、百官并鮮卑四萬餘戶于長安。
（第 3239 頁）

此條分見《十六國春秋·前燕錄》①、《晉書·慕容暐載記》②。

　　王猛表留梁琛爲主簿，領記室督。他日，猛與僚屬宴，語及燕朝
使者，猛曰：“人心不同：昔梁君至長安，專美本朝；樂君但言桓溫
軍盛；郝君微說國弊。”參軍馮誕曰：“今三子皆爲國臣，敢問取臣之
道何先？”猛曰：“郝君知幾爲先。”誕曰：“然則明公賞丁公而誅季
布也。”猛大笑。（第 3240 頁）

此條僅見於《通鑑》。

　　秦王堅自鄴如枋頭，宴父老，改枋頭曰永昌，復之終世。　（第
3240 頁）

此條見《晉書·苻堅載記上》③。

　　甲寅，（秦王堅）至長安，封慕容暐爲新興侯；以燕故臣慕容評
爲給事中，皇甫眞爲奉車都尉，李洪爲駙馬都尉，皆奉朝請；李邦爲
尚書，封衡爲尚書郎，慕容德爲張掖太守，燕國平叡爲宣威將軍，悉
羅騰爲三署郎；其餘封署各有差。衡，裕之子也。（第 3240 頁）

《十六國春秋·前燕錄》：“封暐新興郡侯，邑五千戶。”④《晉書·慕
容暐載記》：“（秦王堅）封暐新興侯，署爲尚書。”⑤《苻堅載記上》：

---

①　《太平御覽》卷一二一《偏霸部五》“慕容暐”條引，第 1 冊，第 585 頁上欄。
②　《晉書》卷一一一《慕容暐載記》，第 2858 頁。
③　《晉書》卷一一三《苻堅載記上》，第 2893 頁。
④　《太平御覽》卷一二一《偏霸部五》“慕容暐”條引，第 1 冊，第 585 頁上欄。
⑤　《晉書》卷一一一《慕容暐載記》，第 2858 頁。

“（于慕容暐及其王公已下）封授有差。”①《皇甫真傳》：“從（秦王）堅入關，爲奉車都尉。”②《慕容德載記》：“後遇暐敗，徙于長安，苻堅以爲張掖太守。”③ 其餘李洪、李邦、封衡、平叡、悉羅騰等人封授，均僅見於《通鑑》。

秦省雍州。（第 3241 頁）

此條僅見於《通鑑》。胡注： “秦置雍州於安定，今省雍州入司隸校尉。”

是歲，仇池公楊世卒，子纂立，始與秦絕。（第 3241 頁）

此條見《晉書·苻堅載記上》④。

卷一〇三

晉簡文帝咸安元年（建元七年，371）

正月

袁瑾、朱輔求救於秦，秦王堅以瑾爲揚州刺史，輔爲交州刺史，遣武衛將軍武都王鑒、前將軍張蚝帥步騎二萬救之。大司馬溫遣淮南太守桓伊、南頓太守桓石虔等擊鑒、蚝於石橋，大破之，秦兵退屯慎城。（第 3242 頁）

此條分見《晉書·桓溫傳》⑤、《桓石虔傳》⑥、《苻堅載記上》⑦，唯苻堅以袁瑾爲揚州刺史、朱輔爲交州刺史，僅見於《通鑑》。

---

① 《晉書》卷一一三《苻堅載記上》，第 2893 頁。
② 《晉書》卷一一一《慕容暐載記附皇甫真傳》，第 2862 頁。
③ 《晉書》卷一二七《慕容德載記》，第 3161 頁。
④ 《晉書》卷一一三《苻堅載記上》，第 2894 頁。
⑤ 《晉書》卷九八《桓溫傳》，第 2577 頁。
⑥ 《晉書》卷七四《桓彝傳附孫石虔傳》，第 1943 頁。
⑦ 《晉書》卷一一三《苻堅載記上》，第 2893 頁。

　　秦王堅徙關東豪傑及雜夷十五萬戶于關中，處烏桓于馮翊、北地，丁零翟斌于新安、澠池。諸因亂流移，欲還舊業者，悉聽之。（第 3243 頁）

　　此條見《晉書·苻堅載記上》①。唯關東豪傑、雜夷“十五萬戶”，《載記》作“十萬戶”；“（徙）丁零翟斌于新安、澠池”，《載記》脫“澠池”。

　　二月

　　秦以魏郡太守韋鍾爲青州刺史，中壘將軍梁成爲兗州刺史，射聲校尉徐成爲并州刺史，武衛將軍王鑒爲豫州刺史，左將軍彭越爲徐州刺史，太尉司馬皇甫覆爲荊州刺史，屯騎校尉天水姜宇爲涼州刺史，扶風內史王統爲益州刺史，秦州刺史、西縣侯雅爲使持節、都督秦晉涼雍州諸軍事、秦州牧，吏部尚書楊安爲使持節、都督益梁州諸軍事、梁州刺史。復置雍州，治蒲阪；以長樂公丕爲使持節、征東大將軍、雍州刺史。成，平老之子；統，擢之子也。（秦王）堅以關東初平，守令宜得人，令王猛以便宜簡召英俊，補六州守令，授訖，言臺除正。（第 3243 頁）

　　此條僅見於《通鑑》。另據《晉書·苻堅載記上》：太元四年（379，前秦宣昭帝建元十五年），“苻丕陷襄陽，執南中郎將朱序，送于長安，堅署爲度支尚書。以其中壘梁成爲南中郎將、都督荊揚州諸軍事、荊州刺史，領護南蠻校尉，配兵一萬鎮襄陽，以征南府器仗給之”②。可知梁成拜兗州刺史後，仍兼中壘將軍。“六州”，指關東青、兗、并、豫、徐、荊諸州。

　　三月

　　秦後將軍金城俱難攻蘭陵太守張閔子於桃山，大司馬溫遣兵擊卻之。（第 3244 頁）

_____

①　《晉書》卷一一三《苻堅載記上》，第 2893 頁。
②　同上書，第 2901 頁。

此條僅見於《通鑑》。

　　秦西縣侯雅、楊安、王統、徐成及羽林左監朱肜、揚武將軍姚萇帥步騎七萬伐仇池公楊纂。（第3244頁）

《晉書·苻堅載記上》："堅遣其將苻雅、楊安與益州刺史王統率步騎七萬，先取仇池，進圖寧益。"[1] 按王統拜益州刺史，苻雅爲使持節、都督秦晉涼雍州諸軍事、秦州牧，楊安爲使持節、都督益梁州諸軍事、梁州刺史，徐成爲并州刺史，俱見上引《通鑑》。

　　四月

　　秦兵至鷲峽；楊纂帥衆五萬拒之。梁州刺史弘農楊亮遣督護郭寶、卜靖帥千餘騎助纂，與秦兵戰于峽中；纂兵大敗，死者什三、四，寶等亦沒，纂收散兵遁還。西縣侯雅進攻仇池，楊統帥武都之衆降秦。纂懼，面縛出降，雅送纂于長安。以統爲南秦州刺史；加楊安都督南秦州諸軍事，鎮仇池。（第3244頁）

　　此條見《晉書·苻堅載記上》[2]，唯楊纂軍"死者什三、四，（郭）寶等亦沒"，僅見於《通鑑》；又"加楊安都督南秦州諸軍事"，《載記》作"加楊安都督"，溫公等人所記更詳。

　　王猛之破張天錫於枹罕也，獲其將敦煌陰據及甲士五千人。秦王堅既克楊纂，遣據帥其甲士還涼州，使著作郎梁殊、閻負送之，因命王猛爲書諭天錫曰："昔貴先公稱藩劉、石者，惟審於強弱也。今論涼土之力，則損於往時；語大秦之德，則非二趙之匹；而將軍翻然自絕，無乃非宗廟之福也歟！以秦之威，旁振無外，可以回弱水使東流，返江、河使西注，關東既平，將移兵河右，恐非六郡士民所能抗也。劉表謂漢南可保，將軍謂西河可全，吉凶在身，元龜不遠，宜深算妙慮，自求多福，無使六世之業一旦而墜地也！"天錫大懼，遣使

----

① 《晉書》卷一一三《苻堅載記上》，第2894頁。
② 同上。

謝罪稱藩。堅拜天錫使持節、都督河右諸軍事、驃騎大將軍、開府儀同三司、涼州刺史、西平公。（第3244—3245頁）

此條見《晉書·苻堅載記上》①，唯苻堅遣張天錫將士還涼州，"使著作郎梁殊、閻負送之"，僅見於《通鑑》；王猛諭天錫之書，亦爲《通鑑》獨家所載；《通鑑》記苻堅所授天錫官職，脫散騎常侍、西域都護兩項。

吐谷渾王辟奚聞楊纂敗，五月，遣使獻馬千匹、金銀五百斤于秦。秦以辟奚爲安遠將軍、漒川侯。（第3245頁）

此條見《晉書·吐谷渾傳》②、《苻堅載記上》③，唯"辟奚"，《載記》誤作"碎奚"，說詳《校勘記》④；"獻馬千匹"，《吐谷渾傳》作五十匹，未詳孰是。

七月
秦王堅如洛陽。（第3246頁）

此條見《十六國春秋·前秦錄》⑤。

秦以光禄勳李儼爲河州刺史，鎮武始。（第3247頁）

此條僅見於《通鑑》。

王猛以潞川之功，請以鄧羌爲司隸。秦王堅下詔曰："司隸校尉，董牧皇畿，吏責甚重，非所以優禮名將。光武不以吏事處功臣，實貴之也。羌有廉、李之才，朕方委以征伐之事，北平匈奴，南蕩揚、越，羌之任也，司隸何足以嬰之！其進號鎮軍將軍，位特進。"（第

---

① 《晉書》卷一一三《苻堅載記上》，第2894頁。
② 《晉書》卷九七《四夷·西戎吐谷渾傳》，第2539頁。
③ 《晉書》卷一一三《苻堅載記上》，第2894頁。
④ 《晉書》卷一一三《苻堅載記上·校勘記》八，第2905—2906頁。
⑤ 《太平御覽》卷一二三《偏霸部六》"前秦苻堅"條引，第1冊，第589頁下欄。

3247 頁）

此條僅見於《通鑑》。

九月

秦王堅還長安。歸安元侯李儼卒于上邽，堅復以儼子辯爲河州刺史。（第 3247 頁）

此條僅見於《通鑑》。

十月

秦王堅如鄴，獵于西山，旬餘忘返。伶人王洛叩馬諫曰：“陛下羣生所繫，今久獵不歸，一旦患生不虞，奈太后、天下何！”堅爲之罷獵還宮。王猛因進言曰：“畋獵誠非急務，王洛之言，不可忘也。”堅賜洛帛百匹，拜官箴左右，自是不復獵。（第 3247—3248 頁）

此條分見《十六國春秋·前秦錄》①、《晉書·苻堅載記上》②，唯“堅賜洛帛百匹，拜官箴左右”，僅見於《通鑑》。

十一月

秦王堅聞（桓）溫廢立，謂羣臣曰：“溫前敗灞上，後敗枋頭，不能思愆自貶以謝百姓，方更廢君以自說，六十之叟，舉動如此，將何以自容於四海乎！諺曰：‘怒其室而作色於父’，其桓溫之謂矣。”（第 3252 頁）

此條見《晉書·苻堅載記上》③，唯“六十之叟”，《載記》作“六十歲公”。

---

① 《太平御覽》卷四五四《人事部九五》“諫諍四”引，第 2 冊，第 2087 頁下欄。
② 《晉書》卷一一三《苻堅載記上》，第 2894 頁。
③ 同上書，第 2895 頁。

　　　秦車騎大將軍王猛，以六州任重，言於秦王堅，請改授親賢；及府選便宜，輒已停寢，別乞一州自效。（第 3252 頁）

王猛上疏，詳見《晉書·王猛傳》①。

　　　（秦王）堅報（王猛）曰："朕之於卿，義則君臣，親踰骨肉，雖復桓、昭之有管、樂，玄德之有孔明，自謂踰之。夫人主勞於求才，逸於得士。既以六州相委，則朕無東顧之憂，非所以爲優崇，乃朕自求安逸也。夫取之不易，守之亦難，苟任非其人，患生慮表，豈獨朕之憂，亦卿之責也，故虛位台鼎而以分陝爲先。卿未照朕心，殊乖素望。新政俟才，宜速銓補；俟東方化洽，當袞衣西歸。"仍遣侍中梁讜詣鄴諭旨，猛乃視事如故。（第 3252—3253 頁）

《晉書·苻堅載記上》僅有"（苻堅）遣其侍中梁讜詣鄴喻旨，猛乃視事如前"② 兩句，苻堅報王猛之言，爲《通鑑》獨家所載。

　　　秦以河州刺史李辯領興晉太守，還鎮枹罕。徙涼州治金城。（第 3254 頁）

此條僅見於《通鑑》。

　　　張天錫聞秦有兼并之志，大懼，立壇於姑臧西，刑三牲，帥其官屬，遙與晉三公盟。遣從事中郎韓博奉表送盟文，并獻書於大司馬溫，期以明年夏會于上邽。（第 3254 頁）

此條見《晉書·張天錫傳》③，唯天錫立壇"於姑臧西"，僅見於《通鑑》。

_____

①　《晉書》卷一一四《苻堅載記下附王猛傳》，第 2931 頁。
②　《晉書》卷一一三《苻堅載記上》，第 2931—2932 頁。
③　《晉書》卷八六《張天錫傳》，第 2251 頁。

　　是歲，秦益州刺史王統攻隴西鮮卑乞伏司繁於度堅山，司繁帥騎三萬拒統于苑川。統潛襲度堅山，司繁部落五萬餘皆降於統；其衆聞妻子已降秦，不戰而潰。司繁無所歸，亦詣統降。秦王堅以司繁爲南單于，留之長安；以司繁從叔吐雷爲勇士護軍，撫其部衆。　（第3254—3255頁）

　　此條見《晉書·乞伏國仁載記》[1]，唯乞伏司繁“帥騎三萬拒統于苑川”，“部落五萬餘皆降於統”，司繁衆“聞妻子已降秦，不戰而潰”，僅見於《通鑑》。又“司繁從叔吐雷”，《載記》作“司繁叔父吐雷”。

咸安二年（建元八年，372）

　　二月

　　秦以清河房曠爲尚書左丞，徵曠兄默及清河崔逞、燕國韓胤爲尚書郎，北平陽陟、田勰、陽瑤爲著作佐郎，郝略爲清河相：皆關東士望，王猛所薦也。瑤，騖之子也。（第3255頁）

　　此條僅見於《通鑑》。

　　冠軍將軍慕容垂言於秦王堅曰：“臣叔父評，燕之惡來輩也，不宜復污聖朝，願陛下爲燕戮之。”堅乃出評爲范陽太守，燕之諸王悉補邊郡。（第3255頁）

　　此條僅見於《通鑑》。

　　三月

　　秦王堅詔：“關東之民學通一經、才成一藝者，在所以禮送之。在官百石以上，學不通一經、才不成一藝者，罷遣還民。”（第3256頁）

---

[1]　《晉書》卷一二五《乞伏國仁載記》，第3114頁。

此條僅見於《通鑑》。

　　六月
　　癸酉，秦以王猛爲丞相、中書監、尚書令、太子太傅、司隸校尉，特進、常侍、持節、將軍、侯如故。（第 3256 頁）

　　此條分見《十六國春秋·前秦錄》①、《晉書·苻堅載記上》②、《王猛傳》③。王猛太和五年（370）爲車騎大將軍，封清河郡侯，已見上引，所謂"如故"，應指這兩項，而不包括特進、常侍、持節，《通鑑》此條句讀，應爲"秦以王猛爲丞相、中書監、尚書令、太子太傅、司隸校尉，特進、常侍、持節，將軍、侯如故"。《十六國春秋·前秦錄》："（建元八年，372）六月，冀州牧猛入爲丞相、中書監、司隸校尉。猛固辭丞相，改授司徒，又固辭不拜，乃停司徒之授。"④ "改授司徒"爲太和五年（建元六年，370）事，詳見上引及解說。

　　（秦以）陽平公融爲使持節、都督六州諸軍事、鎮東大將軍、冀州牧。（第 3256 頁）

　　此條見《晉書·苻堅載記上》⑤，唯使持節、都督六州諸軍事兩項，僅見於《通鑑》。

　　八月
　　秦丞相猛至長安，復加都督中外諸軍事。（第 3258 頁）

　　此條見《晉書·苻堅載記上》⑥、《王猛傳》⑦，唯"復加"，《載記》訛作"稍加"。

---

①　《太平御覽》卷一二三《偏霸部六》"前秦苻堅"條引，第 1 冊，第 589 頁下欄。
②　《晉書》卷一一三《苻堅載記上》，第 2895 頁。
③　《晉書》卷一一四《苻堅載記下附王猛傳》，第 2932 頁。
④　《太平御覽》卷一二三《偏霸部六》"前秦苻堅"條引，第 1 冊，第 589 頁下欄。
⑤　《晉書》卷一一三《苻堅載記上》，第 2895 頁。
⑥　同上。
⑦　《晉書》卷一一四《苻堅載記下附王猛傳》，第 2932 頁。

　　（王）猛辭曰："元相之重，儲傅之尊，端右事繁，京牧任大，總督戎機，出納帝命，文武兩寄，巨細並關，以伊、呂、蕭、鄧之賢，尚不能兼，況臣猛之無似！"章三四上，秦王堅不許，曰："朕方混壹四海，非卿無可委者；卿之不得辭宰相，猶朕不得辭天下也。"（第 3258 頁）

　　王猛辭職奏章，僅見於《通鑑》；且《通鑑》所錄苻堅之言，與《晉書·王猛傳》[1] 無一句相似，溫公等人當另有所本。

　　（王）猛爲相，（秦王）堅端拱於上，百官總己於下，軍國內外之事，無不由之。猛剛明清肅，善惡著白，放黜尸素，顯拔幽滯，勸課農桑，練習軍旅，官必當才，刑必當罪。由是國富兵強，戰無不克，秦國大治。堅敕太子宏及長樂公丕等曰："汝事王公，如事我也。"（第 3258—3259 頁）

　　此條見《晉書·王猛傳》[2]，唯"端拱於上，百官總己於下，軍國內外之事，無不由之"數句，僅見於《通鑑》。又《晉書》猛本傳載苻堅謂猛曰："卿夙夜匪懈，憂勤萬機，若文王得太公，吾將優游以卒歲"，《通鑑》"端拱於上"，與此意同。

　　陽平公融在冀州，高選綱紀，以尚書郎房默、河間相申紹爲治中別駕，清河崔宏爲州從事，管記室。融年少，爲政好新奇，貴苛察；申紹數規正，導以寬和，融雖敬之，未能盡從。後紹出爲濟北太守，融屢以過失聞，數致譴讓，乃自恨不用紹言。（第 3259 頁）

　　此條僅見於《通鑑》。

　　（苻）融嘗坐擅起學舍爲有司所糾，遣主簿李纂詣長安自理；纂

---

① 《晉書》卷一一四《苻堅載記下附王猛傳》，第 2932 頁。
② 同上。

憂懼，道卒。融問申紹：“誰可使者？”紹曰：“燕尚書郎高泰，清辯有膽智，可使也。”先是丞相猛及融屢辟泰，泰不起，至是，融謂泰曰：“君子救人之急，卿不得復辭！”泰乃從命。至長安，（王）猛見之，笑曰：“高子伯於今乃來，何其遲也！”泰曰：“罪人來就刑，何問遲速！”猛曰：“何謂也？”泰曰：“昔魯僖公以泮宮發頌，齊宣王以稷下垂聲，今陽平公開建學宮，追蹤齊、魯，未聞明詔褒美，乃更煩有司舉劾。明公阿衡聖朝，懲勸如此，下吏何所逃其罪乎！”猛曰：“是吾過也。”事遂得釋。猛因歎曰：“高子伯豈陽平所宜吏乎！”言於秦王堅。堅召見，悅之，問以爲治之本。對曰：“治本在得人，得人在審舉，審舉在核眞，未有官得其人而國家不治者也。”堅曰：“可謂辭簡而理博矣。”以爲尚書郎；泰固請還州，堅許之。（第3259—3260頁）

此條僅見於《通鑑》。

十月

秦都督北蕃諸軍事、鎮北大將軍、開府儀同三司、朔方桓侯梁平老卒。平老在鎮十餘年，鮮卑、匈奴憚而愛之。（第3261頁）

此條僅見於《通鑑》。

晉孝武帝寧康元年（建元九年，373）

八月

（晉）梁州刺史楊亮遣其子廣襲仇池，與秦梁州刺史楊安戰，廣兵敗，沮水諸戍皆委城奔潰。亮懼，退守磬險。九月，安進攻漢川。（第3264頁）

此條見《晉書·苻堅載記上》①。

---

① 《晉書》卷一一三《苻堅載記上》，第2896頁。

冬，秦王堅使益州刺史王統、祕書監朱彤帥卒二萬出漢川，前禁將軍毛當、鷹揚將軍徐成帥卒三萬出劍門，入寇梁、益；梁州刺史楊亮帥巴獠萬餘拒之，戰于青谷。亮兵敗，奔固西城。彤遂拔漢中。徐成攻劍閣，克之。（第3264—3265頁）

此條見《晉書·苻堅載記上》①。又前禁將軍，據胡注：“秦置左、右、前、後四禁將軍。”

楊安進攻梓潼，梓潼太守周虓固守涪城，遣步騎數千送母、妻自漢水趣江陵，朱彤邀而獲之，虓遂降於安。（第3265頁）

此條見《晉書·周虓傳》②。

十一月

（楊）安克梓潼。荊州刺史桓豁遣江夏相竺瑤救梁、益；瑤聞廣漢太守趙長戰死，引兵退。（第3265頁）

此條見《晉書·桓豁傳》③。

益州刺史周仲孫勒兵拒朱彤于縣竹，聞毛當將至成都，仲孫帥騎五千奔于南中。秦遂取梁、益二州，邛、筰、夜郎皆附於秦。秦王堅以楊安爲益州牧，鎮成都；毛當爲梁州刺史，鎮漢中；姚萇爲寧州刺史，屯墊江；王統爲南秦州刺史，鎮仇池。（第3265頁）

此條見《晉書·苻堅載記上》④，唯“姚萇爲寧州刺史”下，《載記》脫“屯墊江”三字。

秦王堅欲以周虓爲尚書郎，虓曰：“蒙晉厚恩，但老母見獲，失

---

① 《晉書》卷一一三《苻堅載記上》，第2896頁。
② 《晉書》卷五八《周訪傳附玄孫虓傳》，第1584頁。
③ 《晉書》卷七四《桓豁傳》，第1942頁。
④ 《晉書》卷一一三《苻堅載記上》，第2896—2897頁。

節於此。母子獲全，秦之惠也。雖公侯之貴，不以爲榮，況郎官乎！"遂不仕。每見堅，或箕踞而坐，呼爲氐賊。嘗值元會，儀衛甚盛，堅問之曰："晉朝元會，與此何如？"虓攘袂厲聲曰："犬羊相聚，何敢比擬天朝！"秦人以虓不遜，屢請殺之；堅待之彌厚。（第 3265 頁）

此條見《晉書·周虓傳》①，唯"天朝"，《周虓傳》作"天子"，"子"疑爲"朝"字之訛。

是歲，鮮卑勃寒掠隴右，秦王堅使乞伏司繁討之，勃寒請降；遂使司繁鎮勇士川。（第 3266 頁）

此條見《晉書·乞伏國仁載記》②。

有彗星出于尾箕，長十餘丈，經太微，掃東井；自四月始見，及秋冬不滅。秦太史令張孟言於秦王堅曰："尾、箕，燕分；東井，秦分。今彗起尾、箕而掃東井，十年之後，燕當滅秦；二十年之後，代當滅燕。慕容暐父子兄弟，我之仇敵，而布列朝廷，貴盛莫二，臣竊憂之，宜翦其魁桀者以消天變。"堅不聽。（第 3266 頁）

此條見車頻《秦書》③、《十六國春秋·前秦錄》④，唯"太史令張孟"，車頻作"太史令張益、孟光"，《通鑑》疑有脫文。"我之仇敵"，《前秦錄》作"亡虜"。

陽平公融上疏曰："東胡跨據六州，南面稱帝，陛下勞師累年，然後得之，本非慕義而來。今陛下親而幸之，使其父兄子弟森然滿朝，執權履職，勢傾勳舊。臣愚以爲狼虎之心，終不可養，星變如此，願少留意！"堅報曰："朕方混六合爲一家，視夷狄爲赤子，汝宜息慮，勿懷耿介。夫惟修德可以禳災，苟能內求諸己，何懼外患

---

① 《晉書》卷五八《周訪傳附玄孫虓傳》，第 1584 頁。
② 《晉書》卷一二五《乞伏國仁載記》，第 3114 頁。
③ 《開元占經》卷八九引，中國書店 1989 年版，第 833 頁上欄。
④ 《太平御覽》卷一二三《偏霸部六》"前秦苻堅"條引，第 1 冊，第 589 頁下欄。

乎！"（第 3266—3267 頁）

此條僅見於《通鑑》。

寧康二年（建元十年，374）

三月
秦太尉建寧烈公李威卒。（第 3267 頁）

此條見《十六國春秋·前秦錄》①，唯李威封建寧公，僅見於《通鑑》。

五月
蜀人張育、楊光起兵擊秦，有衆二萬，遣使來請兵。秦王堅遣鎮軍將軍鄧羌帥甲士五萬討之。益州刺史竺瑤、威遠將軍桓石虔帥衆三萬攻墊江，姚萇兵敗，退屯五城。瑤、石虔屯巴東。張育自號蜀王，與巴獠酋帥張重、尹萬萬餘人進圍成都。六月，育改元黑龍。秋，七月，張育與張重等爭權，舉兵相攻，秦楊安、鄧羌襲育，敗之，育與楊光退屯綿竹。八月，鄧羌敗晉兵于涪西。九月，楊安敗張重、尹萬于成都南，重死，斬首二萬三千級。鄧羌擊張育、楊光于綿竹，皆斬之。益州復入于秦。（第 3267—3268 頁）

此條見《晉書·苻堅載記上》②，唯張育、楊光起兵"有衆二萬"，鄧羌帥"甲士五萬"，"姚萇兵敗，退屯五城"，及張育改元，僅見於《通鑑》。

十二月
有人入秦明光殿大呼曰："甲申、乙酉，魚羊食人，悲哉無復遺！"秦王堅命執之，不獲。祕書監朱肜、祕書侍郎略陽趙整固請誅

---

① 《太平御覽》卷一二三《偏霸部六》"前秦苻堅"條引，第 1 冊，第 589 頁下欄。
② 《晉書》卷一一三《苻堅載記上》，第 2897 頁。

鮮卑，堅不聽。（第 3268 頁）

此條見《晉書・苻堅載記上》①，唯趙整請誅鮮卑，僅見於《通鑑》。

　　（趙）整，宦官也，博聞強記，能屬文；好直言，上書及面諫，前後五十餘事。慕容垂夫人得幸於（秦王）堅，堅與之同輦游于後庭，整歌曰："不見雀來入燕室，但見浮雲蔽白日。"堅改容謝之，命夫人下輦。（第 3268 頁）

此條僅見於《通鑑》。

寧康三年（建元十一年，375）

　　六月

　　秦清河武侯王猛寢疾，秦王堅親爲之祈南、北郊及宗廟、社稷，分遣侍臣徧禱河、嶽諸神。猛疾少瘳，爲之赦殊死以下。（第 3269 頁）

此條分見《十六國春秋・前秦錄》②、《晉書・王猛傳》③，唯猛疾"少瘳"，《載記》訛作"未瘳"。

　　（王）猛上疏曰："不圖陛下以臣之命而虧天地之德，開闢已來，未之有也。臣聞報德莫如盡言，謹以垂沒之命，竊獻遺款。伏惟陛下，威烈振乎八荒，聲教光乎六合，九州百郡，十居其七，平燕定蜀，有如拾芥。夫善作者不必善成，善始者不必善終，是以古先哲王，知功業之不易，戰戰兢兢，如臨深谷。伏惟陛下，追蹤前聖，天下幸甚。"（秦王）堅覽之悲慟。（第 3269 頁）

---

① 《晉書》卷一一三《苻堅載記上》，第 2897 頁。
② 《太平御覽》卷一二三《偏霸部六》"前秦苻堅"條引，第 1 冊，第 590 頁上欄。
③ 《晉書》卷一一四《苻堅載記下附王猛傳》，第 2933 頁。

《晉書·王猛傳》僅有"猛疾甚，因上疏謝恩，并言時政，多所弘益"① 數句，猛上疏之言爲《通鑑》獨家所載。

　　七月
　　（秦王）堅親至（王）猛第視疾，訪以後事。猛曰："晉雖僻處江南，然正朔相承，上下安和，臣沒之後，願勿以晉爲圖。鮮卑、西羌，我之仇敵，終爲人患，宜漸除之，以便社稷。"言終而卒。堅比斂，三臨哭，謂太子宏曰："天不欲使吾平壹六合邪，何奪吾景略之速也？"（第 3269 頁）

此條分見《十六國春秋·前秦錄》②、《晉書·王猛傳》③，唯"上下安和"一句，僅見於《通鑑》。

　　十月
　　秦王堅下詔曰："新喪賢輔，百司或未稱朕心，可置聽訟觀於未央南，朕五日一臨，以求民隱。今天下雖未大定，權可偃武脩文，以稱武侯雅旨。其增崇儒教；禁老、莊、圖讖之學，犯者棄市。"妙簡學生，太子及公侯百僚之子皆就學受業。（第 3270 頁）

《晉書·苻堅載記上》僅有"及王猛卒，堅置聽訟觀於未央之南。禁老、莊、圖讖之學"④ 數句，其餘内容爲《通鑑》獨家所載。

　　中外四禁、二衛、四軍長上將士，皆令受學。二十人給一經生，教讀音句，後宮置典學以教掖庭，選閹人及女隸敏慧者詣博士授經。（第 3270—3271 頁）

此條見《晉書·苻堅載記上》⑤，唯"二十人給一經生，教讀音句"兩

---

① 《晉書》卷一一四《苻堅載記下附王猛傳》，第 2933 頁。
② 《太平御覽》卷一二三《偏霸部六》"前秦苻堅"條引，第 1 冊，第 590 頁上欄。
③ 《晉書》卷一一四《苻堅載記下附王猛傳》，第 2933 頁。
④ 《晉書》卷一一三《苻堅載記上》，第 2897 頁。
⑤ 同上。

句，僅見於《通鑑》。胡注："秦有中軍、外軍將軍。前禁、後禁、左禁、右禁將軍，是爲四禁。左衛、右衛將軍，是爲二衛。衛軍、撫軍、鎮軍、冠軍將軍，是爲四軍。長上者，長上宿衛將士也。"三省所舉諸品將軍，除外軍將軍外，均見於《晉書》諸苻載記①，疑此處"中外"，實指中外諸軍而並非中軍、外軍將軍，習見"都督中外諸軍事"之"中外"，即類似用法。

　　　　尚書郎王佩讀讖，（秦王）堅殺之；學讖者遂絕。（第 3271 頁）

此條僅見於《通鑑》。

卷一〇四

太元元年（建元十二年，376）

　　二月

　　辛卯，秦王堅下詔曰："朕聞王者勞於求賢，逸於得士，斯言何其驗也。往得丞相，常謂帝王易爲。自丞相違世，鬢髮中白，每一念之，不覺酸慟。今天下既無丞相，或政教淪替，可分遣侍臣周巡郡縣，問民疾苦。"（第 3272—3273 頁）

此條僅見於《通鑑》。

　　三月

　　秦兵寇南鄉，拔之，山蠻三萬戶降秦。（第 3273 頁）

此條僅見於《通鑑》。

　　五月

　　秦王堅下詔曰："張天錫雖稱藩受位，然臣道未純，可遣使持節

---

①　分見《晉書》卷一一二《苻生載記》，第 2878 頁；卷一一三《苻堅載記上》，第 2889、2890、2891、2897 頁。

武衛將軍苟萇、左將軍毛盛、中書令梁熙、步兵校尉姚萇等將兵臨西河；尚書郎閻負、梁殊奉詔徵天錫入朝，若有違王命，即進師撲討。"是時，秦步騎十三萬，軍司段鏗謂周虓曰："以此衆戰，誰能敵之！"堅又命秦州刺史苟池、河州刺史李辯、涼州刺史王統帥三州之衆爲苟萇後繼。（第3273—3274頁）

　　此條分見《十六國春秋·前秦錄》①、《魏書·臨渭氏苻健傳》②、《晉書·張天錫傳》③、《苻堅載記上》④，唯苻堅詔文，《前秦錄》僅有"涼州刺史張天錫雖稱藩受位，而臣道未純，可遣步兵校尉姚萇等自石城津伐"數句；"毛盛"，《晉書·張天錫傳》作"毛當"；段鏗之言，僅見於《通鑑》。

　　七月
　　閻負、梁殊至姑臧。張天錫會官屬謀之，曰："今入朝，必不返；如其不從，秦兵必至，將若之何？"禁中錄事席仳曰："以愛子爲質，賂以重寶，以退其師，然後徐爲之計，此屈伸之術也。"衆皆怒，曰："吾世事晉朝，忠節著於海內。今一旦委身賊庭，辱及祖宗，醜莫大焉！且河西天險，百年無虞，若悉境內精兵，右招西域，北引匈奴以拒之，何遽知其不捷也！"天錫攘袂大言曰："孤計決矣，言降者斬！"使謂閻負、梁殊曰："君欲生歸乎，死歸乎？"殊等辭氣不屈，天錫怒，縛之軍門，命軍士交射之，曰："射而不中，不與我同心者也。"其母嚴氏泣曰："秦主以一州之地，橫制天下，東平鮮卑，南取巴、蜀，兵不留行；汝若降之，猶可延數年之命。今以蕞爾一隅，抗衡大國，又殺其使者，亡無日矣！"天錫使龍驤將軍馬建帥衆二萬拒秦。（第3274—3275頁）

　　《晉書·張天錫傳》："天錫集議，中錄事席仳曰：'先公既有故事，徐思後變，此孫仲謀屈伸之略也。'衆以仳爲老怯，咸曰：'龍驤將軍馬

---

①　《太平御覽》卷一二三《偏霸部六》"前秦苻堅"條引，第1冊，第590頁上欄。
②　《魏書》卷九五《臨渭氏苻健傳》，第2077頁。
③　《晉書》卷八六《張天錫傳》，第2251頁。
④　《晉書》卷一一三《苻堅載記上》，第2897—2898頁。

達，精兵萬人距之，必不敢進。'廣武太守辛章保城固守。章與晉興相彭
知正、西平相趙疑謀曰：'馬達出於行陣，必不爲用，則秦軍深入。吾相
與率三郡精卒，斷其糧運，決一朝命矣。'征東常據亦欲先擊姚萇，須天
錫命。"①《苻堅載記上》："閻負等到涼州，天錫自以晉之列藩，志在保
境，命斬之，遣將軍馬建出距萇等。"②《通鑑》所記與《晉書》多不同，
當另有所本。馬建、馬達，未詳孰是。

> 秦人聞（張）天錫殺閻負、梁殊，八月，梁熙、姚萇、王統、
> 李辯濟自清石津，攻涼驍烈將軍梁濟於河會城，降之。（第3275頁）

此條見《晉書·苻堅載記上》③，唯"梁濟"，《苻堅載記》作"梁
粲"；驍烈將軍，僅見於《通鑑》。

> 甲申，苟萇濟自石城津，與梁熙會攻纏縮城，拔之。馬建懼，自
> 楊非退屯清塞。（第3275頁）

此條見《晉書·苻堅載記上》④。

> （張）天錫又遣征東將軍掌據帥衆三萬軍于洪池。（第3275頁）

此條見《晉書·苻堅載記上》⑤。"掌據"，上引《晉書·張天錫傳》
作"常據"。

> （張）天錫自將餘衆五萬，軍于金昌城。（第3275頁）

此條分見《十六國春秋·前秦錄》⑥、《晉書·張天錫傳》⑦、《苻堅載

---

① 《晉書》卷八六《張天錫傳》，第2251—2252頁。
② 《晉書》卷一一三《苻堅載記上》，第2898頁。
③ 同上。
④ 同上。
⑤ 同上。
⑥ 《太平御覽》卷一二三《偏霸部六》"前秦苻堅"條引，第1冊，第590頁上欄。
⑦ 《晉書》卷八六《張天錫傳》，第2252頁。

記上》①，唯"餘衆五萬"，《張天錫傳》脫"五"字。

安西將軍敦煌宋皓言於（張）天錫曰："臣晝察人事，夜觀天文，秦兵不可敵也，不如降之。"天錫怒，貶皓爲宣威護軍。廣武太守辛章曰："馬建出於行陳，必不爲國家用。"（第3275頁）

此條僅見於《通鑑》。

苟萇使姚萇帥甲士三千爲前驅。（第3275頁）

此條見《晉書·苻堅載記上》②。

庚寅，馬建帥萬人迎降，餘兵皆散走。（第3275頁）

此條分見《晉書·張天錫傳》③、《苻堅載記上》④。

辛卯，苟萇及掌據戰于洪池，據兵敗，馬爲亂兵所殺，其屬董儒授之以馬，據曰："吾三督諸軍，再秉節鉞，八將禁旅，十總禁兵，寵任極矣。今卒困於此，此吾之死地也，尚安之乎！"乃就帳免冑，西向稽首，伏劍而死。秦兵殺軍司席仂。（第3275—3276頁）

《晉書·張天錫傳》僅有"常據、席仂皆戰死"⑤一句；《苻堅載記上》僅有苟萇、梁熙"攻據，害之，及其軍司席仂"⑥三句，其餘情節爲《通鑑》獨家所載。

癸巳，秦兵入清塞，（張）天錫遣司兵趙充哲帥衆拒之。秦兵與

---

① 《晉書》卷一一三《苻堅載記上》，第2898頁。
② 同上。
③ 《晉書》卷八六《張天錫傳》，第2252頁。
④ 《晉書》卷一一三《苻堅載記上》，第2898頁。
⑤ 《晉書》卷八六《張天錫傳》，第2252頁。
⑥ 《晉書》卷一一三《苻堅載記上》，第2898頁。

充哲戰於赤岸，大破之，俘斬三萬八千級，充哲死。（第 3276 頁）

《晉書·張天錫傳》僅有"司兵趙充哲與萇苦戰，又死"① 兩句，《苻堅載記上》作"天錫又遣司兵趙充哲爲前鋒，率勁勇五萬，與萇等戰於赤岸，哲大敗"②。其餘情節爲《通鑑》獨家所載。

（張）天錫出城自戰，城內又叛。天錫與數千騎奔還姑臧。甲午，秦兵至姑臧，天錫素車白馬，面縛輿櫬，降于軍門。苟萇釋縛焚櫬，送于長安，涼州郡縣悉降於秦。（第 3276 頁）

此條分見《十六國春秋·前秦錄》③、《晉書·張天錫傳》④、《苻堅載記上》⑤。

九月
秦王堅以梁熙爲涼州刺史，鎮姑臧。徙豪右七千餘戶于關中，餘皆按堵如故。封（張）天錫爲歸義侯，拜北部尚書。（第 3276 頁）

此條分見《十六國春秋·前秦錄》⑥、《晉書·張天錫傳》⑦、《苻堅載記上》⑧。

初，秦兵之出也，先爲天錫築第於長安，至則居之。（第 3276 頁）

此條分見《十六國春秋·前秦錄》⑨、《晉書·張天錫傳》⑩、《苻堅載

---

① 《晉書》卷八六《張天錫傳》，第 2252 頁。
② 《晉書》卷一一三《苻堅載記上》，第 2898 頁。
③ 《太平御覽》卷一二三《偏霸部六》"前秦苻堅"條引，第 1 冊，第 590 頁上欄。
④ 《晉書》卷八六《張天錫傳》，第 2252 頁。
⑤ 《晉書》卷一一三《苻堅載記上》，第 2898 頁。
⑥ 《太平御覽》卷一二三《偏霸部六》"前秦苻堅"條引，第 1 冊，第 590 頁上欄。
⑦ 《晉書》卷八六《張天錫傳》，第 2252 頁。
⑧ 《晉書》卷一一三《苻堅載記上》，第 2898 頁。
⑨ 《太平御覽》卷一二三《偏霸部六》"前秦苻堅"條引，第 1 冊，第 590 頁上欄。
⑩ 《晉書》卷八六《張天錫傳》，第 2252 頁。

記上》①。

　　以（張）天錫晉興太守隴西彭和正爲黃門侍郎，治中從事武興蘇膺、敦煌太守張烈爲尚書郎，西平太守金城趙凝爲金城太守，高昌楊幹爲高昌太守；餘皆隨才擢敍。（第 3276 頁）

《晉書·張天錫傳》② 有晉興相彭知正，此條則僅見於《通鑑》。

　　梁熙清儉愛民，河右安之；以（張）天錫武威太守敦煌索泮爲別駕，宋皓爲主簿。西平郭護起兵攻秦，熙以皓爲折衝將軍，討平之。（第 3276 頁）

《晉書·索泮傳》："敦煌人也……（張天錫）出爲中壘將軍、西郡武威太守、典戎校尉……（苻堅）而以泮河西德望，拜別駕。"③ 其餘內容僅見於《通鑑》。

　　十月
　　劉衛辰爲代所逼，求救於秦，秦王堅以幽州刺史行唐公洛爲北討大都督，帥幽、冀兵十萬擊代；使并州刺史俱難、鎮軍將軍鄧羌、尚書趙遷、李柔、前將軍朱肜、前禁將軍張蚝、右禁將軍郭慶帥步騎二十萬，東出和龍，西出上郡，皆與洛會，以衛辰爲鄉導。洛，菁之弟也。（第 3277 頁）

　　此條分見《魏書·序記》④、《晉書·苻堅載記上》⑤，唯"幽州刺史行唐公洛"，《魏書》作"大司馬苻洛"，《晉書》作"安北將軍、幽州刺史苻洛"，按苻洛封行唐公，見於《苻堅載記上》下文，可知苻洛此時爲大司馬、安北將軍、幽州刺史，封行唐公；"幽、冀兵十萬"，《晉書》作

---

① 《晉書》卷一一三《苻堅載記上》，第 2898 頁。
② 《晉書》卷八六《張天錫傳》，第 2251 頁。
③ 《晉書》卷一一五《苻登載記附索泮傳》，第 2954 頁。
④ 《魏書》卷一《序記》，第 16 頁。
⑤ 《晉書》卷一一三《苻堅載記上》，第 2898 頁。

"幽州兵十萬"，疑脫"冀"字；"并州刺史俱難"，《載記》作"後將軍
俱難"，俱難此時當以後將軍領并州刺史；鄧羌遷鎮軍將軍、朱肜遷前將
軍、張蚝遷前禁將軍、郭慶遷右禁將軍，及尚書趙遷、李柔，均僅見於
《通鑑》；苻堅討什翼健，以衛辰爲秦軍鄉導，僅見於《通鑑》；行唐公
洛，《苻堅載記上》謂爲"上之從弟"，又謂爲"健之兄子"，其爲苻菁
弟，則僅見於《通鑑》。

　　苟萇之伐涼州也，遣揚武將軍馬暉、建武將軍杜周帥八千騎西出
恩宿，邀張天錫走路，期會姑臧。暉等行澤中，值水失期，於法應
斬，有司奏徵下獄。秦王堅曰："水春冬耗竭，秋夏盛漲，此乃苟萇
量事失宜，非暉等罪。今天下方有事，宜宥過責功。"命暉等回赴北
軍，擊索虜以自贖。衆咸以爲萬里召將，非所以應速，堅曰："暉等
喜於免死，不可以常事疑也。"暉等果倍道疾驅，遂及東軍。（第
3277—3278 頁）

此條僅見於《通鑑》。

　　十一月
　　代王什翼犍使白部、獨孤部南禦秦兵，皆不勝，又使南部大人劉
庫仁將十萬騎禦之。庫仁者，衛辰之族，什翼犍之甥也，與秦兵戰於
石子嶺，庫仁大敗；什翼犍病，不能自將，乃帥諸部奔陰山之北。高
車雜種盡叛，四面寇鈔，不得芻牧，什翼犍復渡漠南。聞秦兵稍退，
十二月，什翼犍還雲中。（第 3278 頁）

此條分見《魏書·序記》[1]、《昭成子孫傳》[2]、《晉書·苻堅載記
上》[3]，唯"諸部"，《魏書》作"國人"。

　　初，什翼犍分國之半以授弟孤，孤卒，子斤失職怨望。世子寔及

---

[1]　《魏書》卷一《序記》，第 16 頁。
[2]　《魏書》卷一五《昭成子孫傳》，第 369 頁。
[3]　《晉書》卷一一三《苻堅載記上》，第 2898 頁。

弟翰早卒，寔子珪尚幼，慕容妃之子閼婆、壽鳩、紇根、地干、力
真、窟咄皆長，繼嗣未定。時秦兵尚在君子津，諸子每夜執兵警衛。
斤因說什翼犍之庶長子寔君曰："王將立慕容妃之子，欲先殺汝，故
頃來諸子每夜戎服，以兵遶廬帳，伺便將發耳。"寔君信之，遂殺諸
弟，并弑什翼犍。是夜，諸子婦及部人奔告秦軍，秦李柔、張蚝勒兵
趨雲中，部衆逃潰，國中大亂。（第 3278—3279 頁）

　　此條分見《魏書·神元平文諸帝子孫傳》①、《昭成子孫傳》②，唯
"慕容妃之子閼婆、壽鳩、紇根、地干、力真、窟咄"，《昭成子孫傳》作
"慕容后子閼婆等"。按《昭成子孫傳》下文："常山王遵，昭成子壽鳩之
子也。""陳留王虔，昭成子紇根之子也。""毗陵王順，昭成子地干之子
也。""遼西公意烈，昭成子力真之子也。"又云："昭成子窟咄。"③溫公
等人疑據此獲知慕容妃諸子之名。"遂殺諸弟"，《昭成子孫傳》作"盡害
諸皇子"，同《傳》"昭成子窟咄"條下文又云："昭成崩後，苻洛以其
年長，逼徙長安。"可知寔君異母弟窟咄此役免於一死，《昭成子孫傳》
"盡害諸皇子"之說不確。寔君"弑什翼犍"事，《昭成子孫傳》作"昭
成亦暴崩"，《晉書·苻堅載記上》另有一說："（涉）翼犍戰敗，遁於弱
水。苻洛逐之，勢窘迫，退還陰山。其子翼圭縛父請降，洛等振旅而還，
封賞有差。堅以翼犍荒俗，未參仁義，令入太學習禮。以翼圭執父不孝，
遷之於蜀。散其部落於漢鄣邊故地，立尉、監行事，官僚領押，課之治業
營生，三五取丁，優復三年無稅租。其渠帥歲終令朝獻，出入行來爲之制
限。堅嘗之太學，召涉翼犍問曰：'中國以學養性，而人壽考，漠北噉牛
羊而人不壽，何也？'翼犍不能答。又問：'卿種人有堪將者，可召爲國
家用。'對曰：'漠北人能捕六畜，善馳走，逐水草而已，何堪爲將！'又
問：'好學否？'對曰：'若不好學，陛下用教臣何爲？'堅善其答。"④
《魏書·序記》昭成帝什翼犍建國三十九年（376，太和元年）十二月則
謂"至雲中，旬有二日，帝崩"⑤，未說明死因。唐長孺說："《晉書》卷

---

①　《魏書》卷一四《神元平文諸帝子孫傳》，第 349 頁。
②　《魏書》卷一五《昭成子孫傳》，第 369 頁。
③　同上書，第 374—385 頁。
④　《晉書》卷一一三《苻堅載記上》，第 2898—2899 頁。
⑤　《魏書》卷一《序記》，第 16 頁。

一一四《苻堅載記》稱什翼犍爲其子翼圭縛獻秦軍。此據《北史》卷一五《魏宗室傳》。《魏書》卷一五《昭成子孫傳》原闕，但與《北史》略有不同，未必盡出《北史》。"①

> 秦王堅召代長史燕鳳，問其所以亂故，鳳具以狀對。堅曰："天下之惡一也。"乃執寔君及斤，至長安，車裂之。（第 3279 頁）

此條見《魏書·昭成子孫傳》②。

> （秦王）堅欲遷珪於長安，（燕）鳳固請曰："代王初亡，羣下叛散，遺孫沖幼，莫相統攝。其別部大人劉庫仁，勇而有智，鐵弗衛辰，狡猾多變，皆不可獨任。宜分諸部爲二，令此兩人統之；兩人素有深讎，其勢莫敢先發。俟其孫稍長，引而立之，是陛下有存亡繼絕之德於代，使其子子孫孫永爲不侵不叛之臣，此安邊之良策也。"堅從之。分代民爲二部，自河以東屬庫仁，自河以西屬衛辰，各拜官爵，使統其衆。賀氏以珪歸獨孤部，與南部大人長孫嵩、元佗等皆依庫仁。（第 3279—3280 頁）

此條分見《魏書·太祖紀》③、《劉庫仁傳》④、《燕鳳傳》⑤，唯"陛下有存亡繼絕之德於代，使其子子孫孫永爲不侵不叛之臣"，《燕鳳傳》作"陛下施大惠於亡國"，《通鑑》當另有所本。

> （秦）行唐公洛以什翼犍子窟咄年長，遷之長安。堅使窟咄入太學讀書。（第 3280 頁）

此條見《魏書·昭成子孫傳》⑥。

---

① 唐長孺：《拓跋國家的建立及其封建化》，《魏晉南北朝史論叢》，生活·讀書·新知三聯書店 1955 年版，第 203 頁。
② 《魏書》卷一五《昭成子孫傳》，第 369 頁。
③ 《魏書》卷二《太祖紀》，第 19 頁。
④ 《魏書》卷二三《劉庫仁傳》，第 604—605 頁。
⑤ 《魏書》卷二四《燕鳳傳》，第 610 頁。
⑥ 《魏書》卷一五《昭成子孫傳》，第 385 頁。

（秦王堅）下詔曰："張天錫承祖父之資，藉百年之業，擅命河右，叛换偏隅。索頭世跨朔北，中分區域，東賓穢貊，西引烏孫，控弦百萬，虎視雲中。爰命兩師，分討黠虜，役不淹歲，窮殄二兇，俘降百萬，闢土九千，五帝之所未賓，周、漢之所未至，莫不重譯來王，懷風率職。有司可速班功受爵，戎士悉復之五歲，賜爵三級。"於是加行唐公洛征西將軍，以鄧羌爲并州刺史。（第 3280 頁）

此條僅見於《通鑑》。

陽平國常侍慕容紹私謂其兄楷曰："秦恃其強大，務勝不休，北戍雲中，南守蜀、漢，轉運萬里，道殣相望，兵疲於外，民困於內，危亡近矣。冠軍叔仁智度英拔，必能恢復燕祚，吾屬但當愛身以待時耳！"（第 3280 頁）

此條僅見於《通鑑》。按苻堅同母弟融封陽平公，慕容紹即陽平國常侍。

初，秦人既克涼州，議討西障氐、羌，秦王堅曰："彼種落雜居，不相統壹，不能爲中國大患，宜先撫諭，徵其租稅，若不從命，然後討之。"乃使殿中將軍張旬前行宣慰，庭中將軍魏曷飛帥騎二萬七千隨之。曷飛忿其恃險不服，縱兵擊之，大掠而歸。堅怒其違命，鞭之二百，斬前鋒督護儲安以謝氐、羌。氐、羌大悅，降附貢獻者八萬三千餘落。（第 3280—3281 頁）

此條僅見於《通鑑》。胡注："庭中將軍，秦所置，蓋立仗殿庭中者也。"

雍州士族先因亂流寓河西者，皆聽還本。（第 3281 頁）

此條僅見於《通鑑》。

　　劉庫仁招撫離散，恩信甚著，奉事拓跋珪恩勤周備，不以廢興易意，常謂諸子曰：“此兒有高天下之志，必能恢隆祖業，汝曹當謹遇之。”秦王堅賞其功，加廣武將軍，給幢麾鼓蓋。（第 3281 頁）

　　《魏書·劉庫仁傳》僅有“苻堅進庫仁廣武將軍，給幢麾鼓蓋”[1] 兩句，其餘情節爲《通鑑》獨家所載。

　　劉衛辰恥在庫仁之下，怒殺秦五原太守而叛。庫仁擊衛辰，破之，追至陰山西北千餘里，獲其妻子。又西擊庫狄部，徙其部落，置之桑乾川。（第 3281 頁）

　　此條見《魏書·劉庫仁傳》[2]。

　　久之，（秦王）堅以衛辰爲西單于，督攝河西雜類，屯代來城。（第 3281 頁）

　　此條見《晉書·赫連勃勃載記》[3]，唯“河西雜類”，《載記》作“河西諸虜”。

太元二年（建元十三年，377）

　　春，高句麗、新羅、西南夷皆遣使入貢于秦。（第 3281 頁）

　　此條僅見於《通鑑》。

　　趙故將作功曹熊邈屢爲秦王堅言石氏宮室器玩之盛，堅以邈爲將作長史，領將作丞，大脩舟艦、兵器，飾以金銀，頗極精巧。慕容農私言於慕容垂曰：“自王猛之死，秦之法制，日以頹靡，今又重之以奢侈，殃將至矣，圖讖之言，行當有驗。大王宜結納英傑以承天意，

---

① 《魏書》卷二三《劉庫仁傳》，第 605 頁。
② 同上。
③ 《晉書》卷一三〇《赫連勃勃載記》，第 3201 頁。

時不可失！"，垂笑曰："天下事非爾所及！"（第 3282 頁）

此條僅見於《通鑑》。

太元三年（建元十四年，378）

二月

秦王堅遣征南大將軍·都督征討諸軍事·守尚書令·長樂公丕、武衛將軍苟萇、尚書慕容暐帥步騎七萬寇襄陽，以荊州刺史楊安帥樊、鄧之眾爲前鋒，征虜將軍始平石越帥精騎一萬出魯陽關，京兆尹慕容垂、揚武將軍姚萇帥眾五萬出南鄉，領軍將軍苟池、右將軍毛當、強弩將軍王顯帥眾四萬出武當，會攻襄陽。（第 3285 頁）

此條見《晉書·苻堅載記上》①，唯 "征南大將軍·都督征討諸軍事·守尚書令·長樂公丕"，《載記》作 "尚書令苻丕"，"尚書令" 前疑脫 "守" 字；"尚書慕容暐"，《載記》作 "司馬慕容暐"，慕容暐此役似以尚書兼某官司馬；"征虜將軍始平石越"，《載記》作 "屯騎校尉石越"，未詳孰是；"襄陽"，《載記》訛作 "漢陽"；楊安拜荊州刺史，僅見於《通鑑》。

四月

秦兵至沔北，梁州刺史朱序以秦無舟楫，不以爲虞。既而石越帥騎五千浮渡漢水，序惶駭，固守中城；越克其外郭，獲船百餘艘以濟餘軍。長樂公丕督諸將攻中城。（第 3285 頁）

此條見《晉書·苻堅載記上》②，唯 "梁州刺史朱序"，《載記》作 "晉南中郎將朱序"。按據《晉書·朱序傳》："寧康初，拜使持節、監沔中諸軍事、南中郎將、梁州刺史，鎮襄陽。"③ 可知朱序此時以中郎將兼梁州刺史。

---

① 《晉書》卷一一三《苻堅載記上》，第 2899 頁。
② 同上。
③ 《晉書》卷八一《朱序傳》，第 2132 頁。

　　（朱）序母韓氏聞秦兵將至，自登城履行，至西北隅，以爲不固，帥百餘婢及城中女丁築邪城於其內。及秦兵至，西北隅果潰，眾移守新城，襄陽人謂之夫人城。（第 3285 頁）

此條見《晉書・朱序傳》[1]。

　　桓沖在上明擁眾七萬，憚秦兵之強，不敢進。（第 3285 頁）

此條見《晉書・苻堅載記上》[2]。

　　（長樂公）丕欲急攻襄陽，苟萇曰：“吾眾十倍於敵，糇糧山積，但稍遷漢、沔之民於許、洛，塞其運道，絕其援兵，譬如網中之禽，何患不獲，而多殺將士，急求成功哉！”丕從之。（第 3285 頁）

此條見《晉書・苻堅載記上》[3]，唯“漢、沔之民”，《載記》作“荊楚之人”。

　　慕容垂拔南陽，執太守鄭裔，與（長樂公）丕會襄陽。（第 3285 頁）

此條僅見於《通鑑》。

　　七月

　　秦兗州刺史彭超請攻沛郡太守戴遯於彭城，且曰：“願更遣重將攻淮南諸城，爲征南棊劫之勢，東西並進，丹陽不足平也！”秦王堅從之，使都督東討諸軍事；後將軍俱難、右禁將軍毛盛、洛州刺史邵保帥步騎七萬寇淮陽、盱眙。超，越之弟，保，羌之從弟也。（第 3286 頁）

---

① 《晉書》卷八一《朱序傳》，第 2133 頁。
② 《晉書》卷一一三《苻堅載記上》，第 2899 頁。
③ 同上書，第 2900 頁。

　　此條分見《晉書・謝玄傳》①、《苻堅載記上》②，唯戴邃之言，僅見於《通鑑》。兗州刺史彭超"都督東討諸軍事"，亦僅見於《通鑑》；"右禁將軍毛盛"，《載記》作"右將軍毛當、後禁毛盛"，《通鑑》"右"字下疑有脱文，所脱或即"將軍毛當後"五字。彭超爲彭越之弟，鄧保爲鄧羌從弟，均僅見於《通鑑》。

　　　八月
　　彭超攻彭城。詔右將軍毛虎生帥衆五萬鎮姑孰以禦秦兵。（第3286頁）

　　此條見《晉書・苻堅載記上》③，唯"毛虎生"，《載記》作"毛武生"，避唐諱；虎生鎮姑孰，僅見於《通鑑》。

　　秦梁州刺史韋鍾圍魏興太守吉挹於西城。（第3286頁）

　　此條見《晉書・苻堅載記上》④。

　　　九月
　　秦王堅與羣臣飲酒，以祕書監朱彤爲正，以極醉爲限。祕書侍郎趙整作酒德之歌曰："地列酒泉，天垂酒池，杜康妙識，儀狄先知。紂喪殷邦，桀傾夏國，由此言之，前危後則。"堅大悅，命整書之以爲酒戒，自是宴羣臣，禮飲而已。（第3286—3287頁）

　　此條僅見於《通鑑》。

　　秦涼州刺史梁熙遣使入西域，揚秦威德。冬，十月，大宛獻汗血馬。秦王堅曰："吾嘗慕漢文帝之爲人，用千里馬何爲！"命羣臣作《止馬之詩》而反之。（第3287頁）

────────────

① 《晉書》卷七九《謝玄傳》，第2081頁。
② 《晉書》卷一一三《苻堅載記上》，第2901頁。
③ 同上。
④ 同上。

此條見《晉書·苻堅載記上》①，唯苻堅之語，《載記》作"吾思漢文之返千里馬，咨嗟美詠。今所獻馬，其悉返之，庶克念前王，髣髴古人矣"。似各有所本。

　　巴西人趙寶起兵涼州，自稱晉西蠻校尉、巴郡太守。（第 3287 頁）

此條僅見於《通鑑》。

　　秦豫州刺史北海公重鎮洛陽，謀反；秦王堅曰："長史呂光忠正，必不與之同。"即命光收重，檻車送長安，赦之，以公就第。重，洛之兄也。（第 3287 頁）

此條見《晉書·呂光載記》②，唯重爲苻洛兄，拜豫州刺史、封北海公，及檻車送長安後獲赦免，以公就第，僅見於《通鑑》。

　　十二月
　　秦御史中丞李柔劾奏："長樂公丕等擁衆十萬，攻圍小城，日費萬金，久而無效，請徵下廷尉。"秦王堅曰："丕等廣費無成，實宜貶戮；但師已淹時，不可虛返，其特原之，令以成功贖罪。"使黃門侍郎韋華持節切讓丕等，賜丕劍曰："來春不捷，汝可自裁，勿復持面見吾也！"（第 3287 頁）

此條見《晉書·苻堅載記上》③，唯李柔劾奏之語，僅見於《通鑑》。

　　周虓在秦，密與桓沖書，言秦陰計；又逃奔漢中，秦人獲而赦之。（第 3288 頁）

---

① 《晉書》卷一一三《苻堅載記上》，第 2900 頁。
② 《晉書》卷一二二《呂光載記》，第 3054 頁。
③ 《晉書》卷一一三《苻堅載記上》，第 2900 頁。

此條僅見於《通鑑》。

太元四年（建元十五年，379）

正月

秦長樂公丕等得詔惶恐，乃命諸軍并力攻襄陽。秦王堅欲自將攻襄陽，詔陽平公融以關東六州之兵會壽春，梁熙以河西之兵爲後繼。（第3288頁）

此條見《晉書‧苻堅載記上》[1]，唯"關東六州之兵"，《載記》作"關東甲卒"。

陽平公融諫曰："陛下欲取江南，固當博謀熟慮，不可倉猝。若止取襄陽，又豈足親勞大駕乎！未有動天下之衆而爲一城者，所謂'以隨侯之珠彈千仞之雀'也！"梁熙諫曰："晉主之暴，未如孫皓，江山險固，易守難攻。陛下必欲廓清江表，亦不過分命將帥，引關東之兵，南臨淮、泗，下梁、益之卒，東出巴、峽，又何必親屈鸞輅，遠幸沮澤乎！昔漢光武誅公孫述，晉武帝擒孫皓，未聞二帝自統六師，親執枹鼓，蒙矢石也。"堅乃止。（第3288頁）

《晉書‧苻堅載記上》僅有"融、熙並上言，以爲未可興師，乃止"[2]數句，其餘內容爲《通鑑》獨家所載。

詔冠軍將軍南郡相劉波帥衆八千救襄陽，波畏秦，不敢進。（第3288頁）

此條僅見於《通鑑》。

朱序屢出戰，破秦兵，引退稍遠，序不設備。（第3288頁）

---

① 《晉書》卷一一三《苻堅載記上》，第2900—2901頁。
② 同上書，第2901頁。

此條見《晉書・朱序傳》①。

　　二月

　　襄陽督護李伯護密遣其子送款於秦，請爲内應；長樂公丕命諸軍
進攻之。戊午，克襄陽，執朱序，送長安。秦王堅以序能守節，拜度
支尚書；以李伯護爲不忠，斬之。（第3288—3289頁）

此條分見《晉書・孝武帝紀》②、《朱序傳》③、《苻堅載記上》④，唯
李伯護密遣其子送款於秦、苻丕命諸軍攻序等情節，僅見於《通鑑》。

　　秦將軍慕容越拔順陽，執太守譙國丁穆。（秦王）堅欲官之，穆
固辭不受。（第3289頁）

此條見《晉書・丁穆傳》⑤，唯"固辭不受"，穆本傳作"稱疾不仕
僞朝"。

　　（秦王）堅以中壘將軍梁成爲荆州刺史，配兵一萬，鎮襄陽，選
其才望，禮而用之。（第3289頁）

此條見《晉書・苻堅載記上》⑥，唯"選其才望，禮而用之"兩句，
僅見於《通鑑》。

　　秦以前將軍張蚝爲并州刺史。（第3289頁）

此條僅見於《通鑑》。

---

① 《晉書》卷八一《朱序傳》，第2133頁。
② 《晉書》卷九《孝武帝紀》，第229頁。
③ 《晉書》卷八一《朱序傳》，第2133頁。
④ 《晉書》卷一一三《苻堅載記上》，第2901頁。
⑤ 《晉書》卷八九《忠義・丁穆傳》，第2321頁。
⑥ 《晉書》卷一一三《苻堅載記上》，第2901頁。

　　兗州刺史謝玄帥衆萬餘救彭城，軍于泗口，欲遣間使報戴遯而不可得；部曲將田泓請沒水潛行趣彭城，玄遣之。泓爲秦人所獲，厚賂之，使云南軍已敗；泓僞許之，既而告城中曰：“南軍垂至，我單行來報，爲賊所得，勉之！”秦人殺之。（第 3289 頁）

此條見《晉書·謝玄傳》①。

　　三月

　　癸未，使右將軍毛虎生帥衆三萬擊巴中，以救魏興。前鋒督護趙福等至巴西，爲秦將張紹等所敗，亡七千餘人。（第 3290 頁）

此條見《晉書·苻堅載記上》②，唯“毛虎生”，《載記》作“毛武生”，避唐諱；虎生帥衆三萬及趙福等亡七千餘人，僅見於《通鑑》。

　　（毛）虎生退屯巴東。蜀人李烏聚衆二萬，圍成都以應虎生，秦王堅使破虜將軍呂光擊滅之。（第 3290 頁）

此條僅見於《通鑑》。胡注：“破虜將軍，蓋苻秦所置。”

　　四月

　　戊申，韋鍾拔魏興，吉挹引刀欲自殺，左右奪其刀；會秦人至，執之，挹不言不食而死。秦王堅歎曰：“周孟威不屈於前，丁彥遠潔己於後，吉祖沖閉口而死，何晉氏之多忠臣也！”挹參軍史穎得歸，得挹臨終手疏，詔贈益州刺史。（第 3290 頁）

《晉書·孝武帝紀》：“四月，苻堅將韋鍾陷魏興，太守吉挹死之。”③《吉挹傳》：“其後賊衆繼至，挹力不能抗，城將陷，引刃欲自殺……挹不從，友人逼奪其刀。會賊執之，挹閉口不言，不食而死”④，其餘細節，

---

① 《晉書》卷七九《謝玄傳》，第 2081 頁。
② 《晉書》卷一一三《苻堅載記上》，第 2901 頁。
③ 《晉書》卷九《孝武帝紀》，第 230 頁。
④ 《晉書》卷八九《忠義·吉挹傳》，第 2318 頁。

爲《通鑑》獨家所載。

　　　秦毛當、王顯帥衆二萬自襄陽東會俱難、彭超攻淮南。五月，乙丑，難、超拔盱眙，執高密內史毛璪之。秦兵六萬圍幽州刺史田洛于三阿，去廣陵百里；朝廷大震，臨江列戍，遣征虜將軍謝石帥舟師屯涂中。（第3290—3291頁）

　　此條分見《晉書·孝武帝紀》①、《謝玄傳》②、《苻堅載記上》③，唯毛當、王顯"帥衆二萬"，又東與俱難、彭超會合等細節，僅見於《通鑑》。

　　　右衛將軍毛安之等帥衆四萬屯堂邑。秦毛當、毛盛帥騎二萬襲堂邑，安之等驚潰。兗州刺史謝玄自廣陵救三阿。丙子，（俱）難、（彭）超戰敗，退保盱眙。（第3291頁）

　　此條分見《晉書·謝玄傳》④、《苻堅載記上》⑤，唯毛安之等"帥衆四萬"及毛當、毛盛"帥騎二萬"，僅見於《通鑑》。

　　六月
　　　戊子，（謝）玄與田洛帥衆五萬進攻盱眙，（俱）難、（彭）超又敗，退屯淮陰。玄遣何謙等帥舟師乘潮而上，夜，焚淮橋。邵保戰死，難、超退屯淮北。玄與何謙、戴遯、田洛共追之，戰于君川，復大破之，難、超北走，僅以身免。（第3291頁）

　　此條分見《晉書·孝武帝紀》⑥、《謝玄傳》⑦、《苻堅載記上》⑧，唯謝玄、田洛"帥衆五萬"，僅見於《通鑑》。

---

①　《晉書》卷九《孝武帝紀》，第230頁。
②　《晉書》卷七九《謝玄傳》，第2081頁。
③　《晉書》卷一一三《苻堅載記上》，第2901頁。
④　《晉書》卷七九《謝玄傳》，第2081頁。
⑤　《晉書》卷一一三《苻堅載記上》，第2901頁。
⑥　《晉書》卷九《孝武帝紀》，第230頁。
⑦　《晉書》卷七九《謝玄傳》，第2081頁。
⑧　《晉書》卷一一三《苻堅載記上》，第2901—2902頁。

　　秦王堅聞之，大怒。秋，七月，檻車徵（彭）超下廷尉，超自殺。（俱）難削爵爲民。（第 3291 頁）

此條見《晉書·苻堅載記上》①，唯“削爵爲民”，《載記》作“免爲庶人”，避唐諱。

　　（秦王堅）以毛當爲徐州刺史，鎮彭城；毛盛爲兗州刺史，鎮湖陸；王顯爲揚州刺史，戌下邳。（第 3291 頁）

此條見《晉書·苻堅載記上》②。

　　是歲，秦大饑。（第 3292 頁）

此條僅見於《通鑑》。

太元五年（建元十六年，380）

正月
　　秦王堅復以北海公重爲鎮北大將軍，鎮薊。（第 3292 頁）

此條僅見於《通鑑》。

二月
　　（秦王堅）作教武堂於渭城，命太學生明陰陽兵法者教授諸將，祕書監朱肜諫曰：“陛下東征西伐，所向無敵，四海之地，什得其八，雖江南未服，蓋不足言。是宜稍偃武事，增脩文德。乃更始立學舍，教人戰鬭之術，殆非所以馴致升平也。且諸將皆百戰之餘，何患不習於兵，而更使受教於書生，非所以強其志氣也。此無益於實而有

---

① 《晉書》卷一一三《苻堅載記上》，第 2902 頁。
② 同上。

損於名，惟陛下圖之！"堅乃止。（第 3292 頁）

此條僅見於《通鑑》。

　　秦征北將軍、幽州刺史行唐公洛，勇而多力，能坐制奔牛，射洞犁耳；自以有滅代之功，求開府儀同三司不得，由是怨憤。三月，秦王堅以洛爲使持節、都督益寧西南夷諸軍事、征南大將軍、益州牧，使自伊闕趨襄陽，泝漢而上。（第 3292—3293 頁）

此條分見蕭方等《三十國春秋》①、《晉書·苻堅載記上》②，唯 "自以有滅代之功，求開府儀同三司不得，由是怨憤" 數句，僅見於《通鑑》。又 "使持節"，《載記》脫 "使" 字；"自伊闕趨襄陽，泝漢而上"，《載記》作 "從伊闕自襄陽溯漢而上"。

　　（行唐公）洛謂官屬曰："孤，帝室至親，不得入爲將相，而常擯棄邊鄙；今又投之西裔，復不聽過京師，此必有陰計，欲使梁成沈孤於漢水耳！"（第 3293 頁）

此條見《晉書·苻堅載記上》③，唯 "陰計"，《載記》作 "伏計"。

　　（行唐公洛）幽州治中平規曰："逆取順守，湯、武是也；因禍爲福，桓、文是也。主上雖不爲昏暴，然窮兵黷武，民思有所息肩者，十室而九。若明公神旗一建，必率土雲從。今跨據全燕，地盡東海，北總烏桓、鮮卑，東引句麗、百濟，控弦之士不減五十餘萬，奈何束手就徵，蹈不測之禍乎！"（第 3293 頁）

《晉書·苻堅載記上》僅有 "其治中平顏妄陳祥瑞，勸洛舉兵"④ 兩句，其餘內容爲《通鑑》獨家所載。平規、平顏爲一人。

① 《太平御覽》卷四三六《人事部七七》，第 2 冊，第 2099 頁上欄。
② 《晉書》卷一一三《苻堅載記上》，第 2902 頁。
③ 同上。
④ 同上。

　　（行唐公）洛攘袂大言曰："孤計決矣，沮謀者斬！"於是自稱大將軍、大都督、秦王。（第 3293 頁）

此條見《晉書·苻堅載記上》①。

　　以平規爲幽州刺史，玄菟太守吉貞爲左長史，遼東太守趙讚爲左司馬，昌黎太守王緼爲右司馬，遼西太守王琳、北平太守皇甫傑、牧官都尉魏敷等爲從事中郎。（第 3293 頁）

《晉書·苻堅載記上》僅有"署置官司，以平顏爲輔國將軍、幽州刺史，爲其謀主"② 數句，其餘內容爲《通鑑》獨家所載。

　　（行唐公洛）分遣使者徵兵於鮮卑、烏桓、高句麗、百濟、新羅、休忍諸國，遣兵三萬助北海公重戍薊。諸國皆曰："吾爲天子守藩，不能從行唐公爲逆。"洛懼，欲止，猶豫未決。（第 3294 頁）

此條見《晉書·苻堅載記上》③，唯"烏桓"，《載記》作"烏丸"；"新羅"，《載記》作"薛羅"；諸國皆曰："吾爲天子守藩，不能從行唐公爲逆"，《載記》僅有"（諸國）並不從"三字；苻洛"遣兵三萬助北海公重戍薊"，爲《通鑑》獨家所載。

　　王緼、王琳、皇甫傑、魏敷知其無成，欲告之；（行唐公）洛皆殺之。（第 3293 頁）

此條僅見於《通鑑》。

　　吉貞、趙讚曰："今諸國不從，事乖本圖，明公若憚益州之行

---

① 《晉書》卷一一三《苻堅載記上》，第 2902 頁。
② 同上。
③ 同上。

者，當遣使奉表乞留，主上亦不慮不從。"（第 3293 頁）

此條僅見於《通鑑》。

平規曰："今事形已露，何可中止！宜聲言受詔，盡幽州之兵，南出常山，陽平公必郊迎，因而執之，進據冀州；總關東之衆以圖西土，天下可指麾而定也！"（行唐公）洛從之。（第 3293—3294 頁）

此條見《晉書・苻堅載記上》①，唯"幽州之兵"，《載記》作"幽并之兵"，"并"字疑衍；"南出常山"，《載記》作"出自中山、常山"；"西土"，《載記》作"秦雍"；"天下可指麾而定"，《載記》作"可使百姓不覺易主而大業定"。

四月
（行唐公）洛帥衆七萬發和龍。（第 3294 頁）

此條見《晉書・苻堅載記上》②。

秦王堅召羣臣謀之，步兵校尉呂光曰："行唐公以至親爲逆，此天下所共疾。願假臣步騎五萬，取之如拾遺耳。"堅曰："重、洛兄弟，據東北一隅，兵賦全資，未可輕也。"光曰："彼衆迫於凶威，一時蟻聚耳。若以大軍臨之，勢必瓦解，不足憂也。"（第 3294 頁）

此條僅見於《通鑑》。

（秦王）堅乃遣使讓（行唐公）洛，使還和龍，當以幽州永爲世封。（第 3294 頁）

---

① 《晉書》卷一一三《苻堅載記上》，第 2902 頁。
② 同上。

此條見《晉書·苻堅載記上》①。

　　（行唐公）洛謂使者曰："汝還白東海王，幽州褊狹，不足以容萬乘，須王秦中以承高祖之業。若能迎駕潼關者，當位爲上公，爵歸本國。"（第3294頁）

此條見《晉書·苻堅載記上》②，唯"秦中"，《載記》作"咸陽"。

　　（秦王）堅怒，遣左將軍武都竇衝及呂光帥步騎四萬討之；右將軍都貴馳傳詣鄴，將冀州兵三萬爲前鋒；以陽平公融爲征討大都督。（第3294頁）

此條分見《晉書·苻堅載記上》③、《晉書·呂光載記》④，唯"征討大都督"，《載記》略作"大都督"。

　　北海公重悉薊城之衆與（行唐公）洛會，屯中山，有衆十萬。（第3294頁）

此條見《晉書·苻堅載記上》⑤。

五月
　　竇衝等與（行唐公）洛戰于中山，洛兵大敗，生擒洛，送長安。北海公重走還薊，呂光追斬之。屯騎校尉石越自東萊帥騎一萬，浮海襲和龍，斬平規，幽州悉平。（秦王）堅赦洛不誅，徙涼州之西海郡。（第3294頁）

此條分見《晉書·苻堅載記上》⑥、《呂光載記》⑦，唯"北海公重走

---

① 《晉書》卷一一三《苻堅載記上》，第2902頁。
② 同上書，第2902—2903頁。
③ 同上書，第2903頁。
④ 《晉書》卷一二二《呂光載記》，第3054頁。
⑤ 《晉書》卷一一三《苻堅載記上》，第2903頁。
⑥ 同上。
⑦ 《晉書》卷一二二《呂光載記》，第3054頁。

還薊，呂光追斬之"，《苻堅載記上》作"呂光追斬苻重於幽州"，《呂光
載記》卻作"（苻堅）馳使命光檻重送之"，疑苻堅命呂光檻車送苻重于
長安，重逃往幽州，爲光所斬。

六月
秦王堅召陽平公融爲侍中、中書監、都督中外諸軍事、車騎大將
軍、司隸校尉、錄尚書事。（第3295頁）

此條分見《晉書·苻堅載記上》①、《苻融傳》②。

（秦王堅）以征南大將軍、守尚書令、長樂公丕爲都督關東諸軍
事、征東大將軍、冀州牧。（第3295頁）

此條僅見於《通鑑》。

七月
（秦王）堅以諸氐種類繁滋，分三原、九嵏、武都、汧、雍氐十
五萬戶，使諸宗親各領之，散居方鎮。（第3295頁）

此條見《晉書·苻堅載記上》③，爲堅引羣臣朝議時所言。"使諸宗親
各領之"一句，僅見於《通鑑》。

（秦王堅以）長樂公丕領氐三千戶，以仇池氐酋射聲校尉楊膺爲征東
左司馬，九嵏氐酋長水校尉齊午爲右司馬，各領一千五百戶，爲長樂世
卿。長樂郎中令略陽垣敞爲錄事參軍，侍講扶風韋幹爲參軍事，申紹爲別
駕。膺，丕之妻兄也；午，膺之妻父也。（第3295—3296頁）

《晉書·苻堅載記上》僅有"於是分四帥子弟三千戶，以配苻丕鎮

---

① 《晉書》卷一一三《苻堅載記上》，第2902頁。
② 《晉書》卷一一四《苻堅載記下附苻融傳》，第2935頁。
③ 《晉書》卷一一三《苻堅載記上》，第2903頁。

鄴"① 兩句，其餘情節爲《通鑑》獨家所載。

八月

（秦王堅）分幽州置平州，以石越爲平州刺史，鎮龍城。中書令梁讜爲幽州刺史，鎮薊城。撫軍將軍毛興爲都督河秦二州諸軍事、河州刺史，鎮枹罕。長水校尉王騰爲并州刺史，鎮晉陽。河、并二州各配氐戶三千。興、騰並苻氏婚姻，氏之崇望也。平原公暉爲都督豫洛荊南兗東豫陽六州諸軍事、鎮東大將軍、豫州牧，鎮洛陽。移洛州刺史治豐陽。鉅鹿公叡爲雍州刺史。各配氐戶三千二百。（第3296頁）

此條見《晉書·苻堅載記上》②，唯毛興原爲撫軍將軍，又爲都督河秦二州諸軍事，王騰原爲長水校尉，平原公暉爲都督豫洛荊南兗東豫陽六州諸軍事，豫、雍二州各配氐戶三千二百，僅見於《通鑑》；毛興、王騰"並苻氏婚姻，氏之崇望"兩句，也爲《通鑑》獨家所載。

（秦王）堅送（長樂公）丕至灞上，諸氐別其父兄，皆慟哭，哀感路人。（第3296頁）

此條見《晉書·苻堅載記上》③，唯"諸氐"，《載記》作"諸戎"。

趙整因侍宴，援琴而歌曰："阿得脂，阿得脂，博勞舅父是仇綏，尾長翼短不能飛。遠徙種人留鮮卑，一旦緩急當語誰！"（秦王）堅笑而不納。（第3296—3297頁）

此條見《晉書·苻堅載記下》④，唯"舅父"，《載記》作"舊父"；"當語誰"，《載記》作"語阿誰"。另據《十六國春秋·前秦錄》："苻堅末年好色，寵倖鮮卑。有趙整者援琴歌曰：'昔聞盟津河，千里作一曲。

---

① 《晉書》卷一一三《苻堅載記上》，第2903頁。
② 同上。
③ 同上。
④ 《晉書》卷一一四《苻堅載記下》，第2928頁。

此水本清白，是誰亂使濁．'"① 可知趙整援琴而歌，多暗諷鮮卑。

十月

秦王堅以左禁將軍楊壁爲秦州刺史，尚書趙遷爲洛州刺史，南巴校尉姜宇爲寧州刺史。（第 3297 頁）

此條僅見於《通鑑》。

十二月

秦（王堅）以左將軍都貴爲荊州刺史，鎮彭城。（第 3297 頁）

此條僅見於《通鑑》。胡注："都貴鎮襄陽。彭城誤也。"

（秦王堅）置東豫州，以毛當爲刺史，鎮許昌。（第 3297 頁）

此條僅見於《通鑑》。

是歲，秦王堅遣高密太守毛璪之等二百餘人來歸。（第 3297 頁）

此條僅見於《通鑑》。

太元六年（建元十七年，381）

二月

東夷、西域六十二國入貢于秦。（第 3298 頁）

此條見《晉書·苻堅載記上》②，唯"東夷"，《載記》作"海東諸國"。

---

① 《太平御覽》卷五七七《樂部一五》"琴上"引，第 3 冊，第 2605 頁下欄。
② 《晉書》卷一一三《苻堅載記上》，第 2904 頁。

十一月

秦荊州刺史都貴遣其司馬閻振、中兵參軍吳仲帥衆二萬寇竟陵，桓沖遣南平太守桓石虔、衛軍參軍桓石民等帥水陸二萬拒之。（第3298頁）

此條見《晉書・苻堅載記上》[1]。

十二月

甲辰，（桓）石虔襲擊（閻）振、（吳）仲，大破之，振、仲退保管城。石虔進攻之，癸亥，拔管城，獲振、仲，斬首七千級，俘虜萬人。（第3298頁）

此條見《晉書・苻堅載記上》[2]，唯"斬首七千級，俘虜萬人"，《載記》作"俘斬萬七千"。

太元七年（建元十八年，382）

秦大司農東海公陽、員外散騎侍郎王皮、尚書郎周虓謀反，事覺，收下廷尉。陽，法之子；皮，猛之子也。秦王堅問其反狀，陽曰："臣父哀公死不以罪，臣爲父復讎耳。"堅泣曰："哀公之死，事不在朕，卿豈不知之？"王皮曰："臣父丞相，有佐命之勳，而臣不免貧賤，故欲圖富貴耳。"堅曰："丞相臨終託卿，以十具牛爲治田之資，未嘗爲卿求官；知子莫若父，何其明也！"周虓曰："虓世荷晉恩，生爲晉臣，死爲晉鬼，復何問乎！"先是，虓屢謀反叛，左右皆請殺之；堅曰："孟威烈士，秉志如此，豈憚死乎！殺之適足成其名耳！"皆赦，不誅，徙陽於涼州之高昌郡，皮、虓于朔方之北。虓卒于朔方。（第3299頁）

此條分見《晉書・周虓傳》[3]、《苻堅載記下》[4]，唯堅兄法子陽，《載

---

[1] 《晉書》卷一一三《苻堅載記上》，第2904頁。
[2] 同上書，第2904—2905頁。
[3] 《晉書》卷五八《周訪傳附玄孫虓傳》，第1584—1585頁。
[4] 《晉書》卷一一四《苻堅載記下》，第2909頁。

記》誤作"苞";又"(徙)虓于朔方之北,虓卒于朔方",虓本傳作"遂撻之,徙於太原","竟以病卒於太原",與《通鑑》似各有所本。

　　(東海公)陽勇力兼人,尋復徙鄯善。及建元之末,秦國大亂,陽劫鄯善之相欲求東歸,鄯善王殺之。(第3299—3300頁)

此條僅見於《通鑑》。

　　秦王堅徙鄴銅駝、銅馬、飛廉、翁仲於長安。(第3300頁)

此條見《十六國春秋·前秦錄》[①]。

　　四月
　　(秦王)堅扶風太守王永爲幽州刺史。永,皮之兄也。皮凶險無行,而永清修好學,故堅用之。(第3300頁)

此條僅見於《通鑑》。

　　(秦王堅)以陽平公融爲司徒;融固辭不受。堅方謀伐晉,乃以融爲征南大將軍、開府儀同三司。(第3300頁)

此條見《晉書·苻堅載記下》[②]。

　　五月
　　幽州蝗生,廣袤千里。秦王堅使散騎常侍彭城劉蘭發幽、冀、青、并民撲除之。(第3300頁)

此條見《晉書·苻堅載記下》[③],唯"民",《載記》作"百姓",避

----

① 《太平御覽》卷一二三《偏霸部六》"前秦苻堅"條引,第1冊,第590頁下欄。
② 《晉書》卷一一四《苻堅載記下》,第2910頁。
③ 同上。

唐諱。

八月

秦王堅以諫議大夫裴元略爲巴西、梓潼二郡太守，使密具舟師。
（第 3300 頁）

此條見《晉書·苻堅載記下》①。又蕭方等《三十國春秋》② 記有尚
書金部郎裴元略。

九月

車師前部王彌窴、鄯善王休密馱入朝于秦，請爲鄉導，以伐西域
之不服者，因如漢法置都護以統理之。秦王堅以驍騎將軍呂光爲使持
節、都督西域征討諸軍事，與淩江將軍姜飛、輕車將軍彭晃、將軍杜
進、康盛等總兵十萬，鐵騎五千，以伐西域。（第 3300 頁）

此條見《晉書·苻堅載記下》③，唯呂光任 "使持節"，《載記》作
"持節"，疑脫 "使" 字；"都督西域征討諸軍事"，《載記》作 "都督西
討諸軍事"，疑脫 "域征" 二字；"總兵十萬，鐵騎五千"，《載記》作
"配兵七萬"，未詳孰是。將軍杜進、康盛參與此役，則僅見於《通鑑》。

陽平公融諫曰："西域荒遠，得其民不可使，得其地不可食，漢
武征之，得不補失。今勞師萬里之外，以踵漢氏之過舉，臣竊惜
之。" 不聽。（第 3300—3301 頁）

《晉書·苻堅載記下》："苻融以虛耗中國，投兵萬里之外，得其人不
可役，得其地不可耕，固諫以爲不可。"④《通鑑》似另有所據。

桓沖使揚威將軍朱綽擊秦荊州刺史都貴于襄陽，焚踐沔北屯田，

---

① 《晉書》卷一一四《苻堅載記下》，第 2911 頁。
② 《太平御覽》卷四五六《人事部九七》"諫諍六" 條引，第 2 冊，第 2099 頁下欄。
③ 《晉書》卷一一四《苻堅載記下》，第 2911 頁。
④ 同上。

掠六百餘戶而還。（第 3301 頁）

《晉書·桓沖傳》："（苻）堅使其將郝貴守襄陽，沖使揚威將軍朱綽討之，遂焚燒沔北田稻，拔六百餘戶而還。"① 《苻堅載記下》："晉將軍朱綽焚踐沔北屯田，掠六百餘戶而還。"② 又同書《孝武帝紀》太元七年九月："苻堅將都貴焚燒沔北田谷，略襄陽百姓而去。"③ 與《桓沖傳》、《載記》均不同，《校勘記》疑《紀》文誤。④ 郝貴、都貴爲一人。

十月

秦王堅會羣臣于太極殿，議曰："自吾承業，垂三十載，四方略定，唯東南一隅，未霑王化。今略計吾士卒，可得九十七萬，吾欲自將以討之，何如？"祕書監朱肜曰："陛下恭行天罰，必有征無戰，晉主不銜璧軍門，則走死江海，陛下返中國士民，使復其桑梓，然後回輿東巡，告成岱宗，此千載一時也。"堅喜曰："是吾志也。"（第 3301 頁）

此條分見《十六國春秋·前秦錄》⑤、《晉書·苻堅載記下》⑥，唯"垂三十載"，《載記》訛作"垂二十載"；"吾欲自將以討之，何如"，《十六國春秋·前秦錄》作"吾將先啟行，薄伐南裔"，《晉書·苻堅載記》作"吾將躬先啟行，薄伐南裔"，《十六國春秋》脫"躬"字。

尚書左僕射權翼曰："昔紂爲無道，三仁在朝，武王猶爲之旋師。今晉雖微弱，未有大惡；謝安，桓沖皆江表偉人，君臣輯睦，內外同心，以臣觀之，未可圖也！"（秦王）堅嘿然良久，曰："諸君各言其志。"（第 3301—3302 頁）

此條見《晉書·苻堅載記下》⑦，唯"晉雖微弱，未有大惡"，《載

---

① 《晉書》卷七四《桓沖傳》，第 1952 頁。
② 《晉書》卷一一四《苻堅載記下》，第 2911 頁。
③ 《晉書》卷九《孝武帝紀》，第 231 頁。
④ 《晉書》卷九《孝武帝紀·校勘記》二一，第 245 頁。
⑤ 《太平御覽》卷一二三《偏霸部六》"前秦苻堅"條引，第 1 冊，第 590 頁上欄。
⑥ 《晉書》卷一一四《苻堅載記下》，第 2911—2912 頁。
⑦ 同上書，第 2912 頁。

記》作"晉道雖微，未聞喪德"。

　　太子左衛率石越曰："今歲鎮守斗，福德在吳，伐之，必有天殃。且彼據長江之險，民爲之用，殆未可伐也！"（秦王）堅曰："昔武王伐紂，逆歲違卜。天道幽遠，未易可知。夫差、孫皓皆保據江湖，不免於亡。今以吾之衆，投鞭於江，足斷其流，又何險之足恃乎！"對曰："三國之君皆淫虐無道，故敵國取之，易於拾遺。今晉雖無德，未有大罪，願陛下且按兵積穀，以待其釁。"於是羣臣各言利害，久之不決。堅曰："此所謂築舍道傍，無時可成。吾當內斷於心耳！"（第3302頁）

　　此條見《晉書·苻堅載記下》①，唯"伐之，必有天殃"，《載記》作"懸象無差，弗可犯也"。

　　羣臣皆出，（秦王堅）獨留陽平公融，謂之曰："自古定大事者，不過一二臣而已。今衆言紛紛，徒亂人意，吾當與汝決之。"對曰："今伐晉有三難：天道不順，一也；晉國無釁，二也；我數戰兵疲，民有畏敵之心，三也。羣臣言晉不可伐者，皆忠臣也，願陛下聽之。"堅作色曰："汝亦如此，吾復何望！吾強兵百萬，資仗如山；吾雖未爲令主，亦非闇劣。乘累捷之勢，擊垂亡之國，何患不克，豈可復留此殘寇，使長爲國家之憂哉！"（第3302頁）

　　此條見《晉書·苻堅載記下》②，唯"羣臣言晉不可伐者，皆忠臣也"，《載記》作"諸言不可者，策之上也"；"豈可復留此殘寇，使長爲國家之憂哉"，《載記》作"吾終不以賊遺子孫，爲宗廟社稷之憂也"。

　　（陽平公）融泣曰："晉未可滅，昭然甚明。今勞師大舉，恐無萬全之功。且臣之所憂，不止於此。陛下寵育鮮卑、羌、羯，布滿畿甸，此

----

① 《晉書》卷一一四《苻堅載記下》，第2911頁。
② 同上書，第2912—2913頁。

屬皆我之深仇。太子獨與弱卒數萬留守京師，臣懼有不虞之變生於腹心肘掖，不可悔也。臣之頑愚，誠不足采；王景略一時英傑，陛下常比之諸葛武侯，獨不記其臨沒之言乎！"（秦王）堅不聽。（第3303頁）

此條見《晉書·苻堅載記下》①，唯"晉未可滅"，《載記》作"吳之不可伐"；"此屬皆我之深仇"，《載記》作"此皆國之賊也"；"臣懼有不虞之變生於腹心肘掖，不可悔也"，《載記》又作"如有風塵之變者，其如宗廟何"。

於是朝臣進諫者衆，（秦王）堅曰："以吾擊晉，校其強弱之勢，猶疾風之掃秋葉，而朝廷內外皆言不可，誠吾所不解也！"（第3303頁）

此條僅見於《通鑑》。

（秦）太子宏曰："今歲在吳分，又晉君無罪，若大舉不捷，恐威名外挫，財力內竭，此羣下所以疑也！"（秦王）堅曰："昔吾滅燕，亦犯歲而捷，天道固難知也。秦滅六國，六國之君豈皆暴虐乎！"（第3303頁）

此條見《晉書·苻堅載記下》②，唯"此羣下所以疑也"一句，僅見於《通鑑》。"吾滅燕"，《載記》作"車騎滅燕"。前秦伐前燕戰後，王猛拜車騎大將軍，見前引諸史。

冠軍、京兆尹慕容垂言於（秦王）堅曰："弱併於強，小併於大，此理勢自然，非難知也。以陛下神武應期，威加海外，虎旅百萬，韓、白滿朝，而蕞爾江南，獨違王命，豈可復留之以遺子孫哉！詩云：'謀夫孔多，是用不集。'陛下斷自聖心足矣，何必廣詢朝衆！晉武平吳，所仗者張、杜二三臣而已，若從朝衆之言，豈有混壹之

---

① 《晉書》卷一一四《苻堅載記下》，第2913頁。
② 同上書，第2915頁。

功！" 堅大悅曰："與吾共定天下者，獨卿而已。" 賜帛五百匹。（第3303—3304 頁）

此條見《晉書·苻堅載記下》①，唯 "蕞爾江南，獨違王命"，《載記》作 "偷魂假號"；"謀夫孔多，是用不集"，《載記》作 "築室於道謀，是用不潰于成"，雖同樣出自《詩·小雅·小旻》，且意思相近，卻是兩段不同的文字，溫公等人似另有所本。另據《通鑑》此條下胡注："冠軍，即冠軍將軍也。《晉書·載記》所書，率書將軍號而不繫將軍；《通鑑》因之。"

（秦王）堅銳意欲取江東，寢不能旦。陽平公融諫曰："'知足不辱，知止不殆。' 自古窮兵極武，未有不亡者。且國家本戎狄也，正朔會不歸人。江東雖微弱僅存，然中華正統，天意必不絕之。" 堅曰："帝王曆數，豈有常邪，惟德之所在耳！劉禪豈非漢之苗裔邪，終爲魏所滅。汝所以不如吾者，正病此不達變通耳！"（第3304 頁）

此條見《晉書·苻融傳》②，唯 "戎狄"，《苻融傳》作 "戎族"；"中華正統，天意必不絕之"，《載記》作 "天之所相，終不可滅"，"終爲魏所滅"，《載記》作 "終爲中國之所并"；"汝所以不如吾者，正病此不達變通耳" 兩句，僅見於《通鑑》。

（秦王）堅素信重沙門道安，羣臣使道安乘間進言。（第3304 頁）

此條見《晉書·苻堅載記下》③。

十一月

（秦王）堅與道安同輦遊于東苑，堅曰："朕將與公南遊吳、越，

---

① 《晉書》卷一一四《苻堅載記下》，第2916 頁。
② 《晉書》卷一一四《苻堅載記下附苻融傳》，第2935—2936 頁。
③ 《晉書》卷一一四《苻堅載記下》，第2914 頁。

泛長江，臨滄海，不亦樂乎！”安曰：“陛下應天御世，居中土而制四維，自足比隆堯、舜；何必櫛風沐雨，經略遐方乎！且東南卑濕，沴氣易構，虞舜遊而不歸，大禹往而不復，何足以上勞大駕也！”堅曰：“天生烝民而樹之君，使司牧之，朕豈敢憚勞，使彼一方獨不被澤乎！必如公言，是古之帝王皆無征伐也！”道安曰：“必不得已，陛下宜駐蹕洛陽，遣使者奉尺書於前，諸將總六師於後，彼必稽首人臣，不必親涉江、淮也。”堅不聽。（第3304頁）

此條見《晉書·苻堅載記下》①，唯“堯、舜”，《載記》作“彭舜”；“遣使者奉尺書於前，諸將總六師於後，彼必稽首人臣”，《載記》作“馳紙檄於丹楊，開其改迷之路”。

（秦王）堅所幸張夫人諫曰：“妾聞天地之生萬物，聖王之治天下，皆因其自然而順之，故功無不成。是以黃帝服牛乘馬，因其性也；禹濬九川，障九澤，因其勢也；后稷播殖百穀，因其時也；湯、武帥天下而攻桀、紂，因其心也；皆有因則成，無因則敗。今朝野之人皆言晉不可伐，陛下獨決意行之，妾不知陛下何所因也。《書》曰：‘天聰明自我民聰明’，天猶因民，而況人乎！妾又聞王者出師，必上觀天道，下順人心。今人心既不然矣，請驗之天道。諺云：‘雞夜鳴者不利行師，犬羣嘷者宮室將空，兵動馬驚，軍敗不歸。’自秋、冬以來，衆雞夜鳴，羣犬哀嘷，廄馬多驚，武庫兵器自動有聲，此皆非出師之祥也。”堅曰：“軍旅之事，非婦人所當預也！”（第3305頁）

此條見《晉書·列女·苻堅妾張氏傳》②，唯“陛下獨決意行之”一句，僅見於《通鑑》；“天猶因民，而況人乎”，《張氏傳》作“天猶若此，況於人主乎”；“今人心既不然矣，請驗之天道”，《張氏傳》作“天道崇遠，非妾所知，以人事言之，未見其可”，語義相對，而《張氏傳》、《通鑑》張氏以下所言均爲天道吉凶之兆，溫公等人所錄似更爲合理。

---

① 《晉書》卷一一四《苻堅載記下》，第2913—2914頁。
② 《晉書》卷九六《列女·苻堅妾張氏傳》，第2522—2523頁。

　　（秦王）堅幼子中山公詵最有寵，亦諫曰：“臣聞國之興亡，繫賢人之用捨。今陽平公，國之謀主，而陛下違之，晉有謝安、桓沖，而陛下伐之，臣竊惑之！”堅曰：“天下大事，孺子安知！”（第3305頁）

此條見《晉書·苻堅載記下》①，唯“國之興亡，繫賢人之用捨”兩句，僅見於《通鑑》。

　　秦劉蘭討蝗，經秋冬不能滅。十二月，有司奏徵蘭下廷尉。秦王堅曰：“災降自天，非人力所能除，此由朕之失政，蘭何罪乎！”（第3305頁）

此條見《晉書·苻堅載記下》②。

　　是歲，秦大熟，上田畝收七十石，下者三十石，蝗不出幽州之境，不食麻豆，上田畝收百石，下者五十石。（第3305頁）

此條僅見於《通鑑》。

卷一〇五

太元八年（建元十九年，383）

　　正月
　　秦呂光發長安，以鄯善王休密馱、車師前部王彌寘爲鄉導。（第3307頁）

此條見《晉書·苻堅載記下》③。

　　五月
　　桓沖帥衆十萬伐秦，攻襄陽；遣前將軍劉波等攻沔北諸城；輔國

---

① 《晉書》卷一一四《苻堅載記下》，第2914頁。
② 同上。
③ 同上書，第2914—2915頁。

將軍楊亮攻蜀，拔五城，進攻涪城；鷹揚將軍郭銓攻武當。（第3307頁）

此條分見《十六國春秋·前秦錄》①、《晉書·苻堅載記下》②。

六月

（桓）沖別將攻萬歲、筑陽，拔之。（第3307頁）

《晉書·苻堅載記下》③ 記此事，僅有萬歲而無筑陽。

秦王堅遣征南將軍鉅鹿公叡、冠軍將軍慕容垂等帥步騎五萬救襄陽，兗州刺史張崇救武當，後將軍張蚝、步兵校尉姚萇救涪城；叡軍于新野，垂軍于鄧城。桓沖退屯沔南。（第3307—3308頁）

此條分見《十六國春秋·前秦錄》④、《晉書·苻堅載記下》⑤，唯“步騎”，《前秦錄》作“步卒”，“卒”疑爲“騎”字之訛。

七月

郭銓及冠軍將軍桓石虔敗張崇于武當，掠二千戶以歸。（第3308頁）

此條見《晉書·苻堅載記下》⑥。

鉅鹿公叡遣慕容垂爲前鋒，進臨沔水。垂夜命軍士人持十炬，繫于樹枝，光照數十里。沖懼，退還上明。張蚝出斜谷；楊亮引兵還。（第3308頁）

---

① 《太平御覽》卷一二三《偏霸部六》“前秦苻堅”條引，第1冊，第590頁下欄。
② 《晉書》卷一一四《苻堅載記下》，第2916頁。
③ 同上。
④ 《太平御覽》卷一二三《偏霸部六》“前秦苻堅”條引，第1冊，第590頁上欄。
⑤ 《晉書》卷一一四《苻堅載記下》，第2916頁。
⑥ 同上。

此條見《晉書·苻堅載記下》①。

　　秦王堅下詔大舉入寇，民每十丁遣一兵；其良家子年二十已下，有材勇者，皆拜羽林郎。又曰："其以司馬昌明爲尚書左僕射，謝安爲吏部尚書，桓沖爲侍中；勢還不遠，可先爲起第。"（第3308頁）

此條分見《十六國春秋·前秦錄》②、《晉書·苻堅載記下》③，唯"民"《載記》作"人"，避唐諱；"侍中"，《前秦錄》訛作"侍郎"。

　　良家子至者三萬餘騎，拜秦州主簿趙盛之爲少年都統。（第3308頁）

此條見《晉書·苻堅載記下》④。

　　是時，朝臣皆不欲（秦王）堅行，獨慕容垂、姚萇及良家子勸之。陽平公融言於堅曰："鮮卑、羌虜，我之仇讎，常思風塵之變以逞其志，所陳策畫，何可從也！良家少年皆富饒子弟，不閑軍旅，苟爲諂諛之言以會陛下之意。今陛下信而用之，輕舉大事，臣恐功既不成，仍有後患，悔無及也！"堅不聽。（第3308頁）

此條見《晉書·苻融傳》⑤，唯"鮮卑、羌虜，我之仇讎"，《載記》作"（慕容）垂、（姚）萇，皆我之仇敵"；"所陳策畫，何可從也"，及"今陛下信而用之，輕舉大事，臣恐功既不成，仍有後患，悔無及也"數句，僅見於《通鑑》。

　　八月
　　戊午，（秦王）堅遣陽平公融督張蚝、慕容垂等步騎二十五萬爲

---

① 《晉書》卷一一四《苻堅載記下》，第2916頁。
② 《太平御覽》卷一二三《偏霸部六》"前秦苻堅"條引，第1冊，第590頁下欄。
③ 《晉書》卷一一四《苻堅載記下》，第2917頁。
④ 同上。
⑤ 《晉書》卷一一四《苻堅載記下附苻融傳》，第2936頁。

前鋒。（第 3309 頁）

　　此條見《晉書·苻堅載記下》①，唯苻融督前鋒諸軍，僅見於《通鑑》。

　　（秦王堅）以兗州刺史姚萇爲龍驤將軍、督益梁州諸軍事。堅謂萇曰：“昔朕以龍驤建業，未嘗輕以授人，卿其勉之！”左將軍竇衝曰：“王者無戲言，此不祥之徵也！”堅默然。（第 3309 頁）

　　此條見《晉書·姚萇載記》②，又該《載記》謂萇歷“寧、幽、兗三州刺史，復爲揚武將軍，步兵校尉”，可知其任揚武將軍、步兵校尉後，仍爲兗州刺史。

　　慕容楷、慕容紹言於慕容垂曰：“主上驕矜已甚，叔父建中興之業，在此行也！”垂曰：“然。非汝，誰與成之！”（第 3309 頁）

　　此條僅見於《通鑑》。

　　甲子，（秦王）堅發長安，戎卒六十餘萬，騎二十七萬，旗鼓相望，前後千里。九月，堅至項城，涼州之兵始達咸陽，蜀、漢之兵方順流而下，幽、冀之兵至于彭城，東西萬里，水陸齊進，運漕萬艘。陽平公融等兵三十萬，先至潁口。（第 3309 頁）

　　此條分見車頻《秦書》③、《魏書·臨渭氏苻健傳》④、《晉書·謝玄傳》⑤、《朱序傳》⑥、《苻堅載記下》⑦。

---

　　①　《晉書》卷一一四《苻堅載記下》，第 2917 頁。
　　②　《晉書》卷一一六，《姚萇載記》，第 2965 頁。
　　③　《世說新語》卷中之上《識鑒第七》引，光緒十七年思賢講舍刻本，上海古籍出版社 1982 年影印本上，第 33 頁。
　　④　《魏書》卷九五《臨渭氏苻健傳》，第 2077 頁。
　　⑤　《晉書》卷七九《謝玄傳》，第 2082 頁。
　　⑥　《晉書》卷八一《朱序傳》，第 2133 頁。
　　⑦　《晉書》卷一一四《苻堅載記下》，第 2917 頁。

　　是時秦兵既盛，都下震恐。（第3309頁）

此條見《晉書·謝安傳》①。

　　十月
　　秦陽平公融等攻壽陽；癸酉，克之，執平虜將軍徐元喜等。（第3310頁）

此條分見《魏書·臨渭氐苻健傳》②、《晉書·劉牢之傳》③、《苻堅載記下》④。

　　（陽平公）融以其參軍河南郭褒爲淮南太守。（第3310頁）

此條僅見於《通鑑》。

　　慕容垂拔鄖城。（第3310頁）

此條見《晉書·苻堅載記下》⑤。

　　胡彬聞壽陽陷，退保硤石，（陽平公）融進攻之。（第3310頁）

此條見《晉書·苻堅載記下》⑥。

　　秦衛將軍梁成等帥衆五萬屯于洛澗，柵淮以遏東兵。謝石、謝玄等去洛澗二十五里而軍，憚成不敢進。胡彬糧盡，潛遣使告石等曰：“今賊盛糧盡，恐不復見大軍！”秦人獲之，送於陽平公融。（第3310頁）

---

①　《晉書》卷七九《謝安傳》，第2075頁。
②　《魏書》卷九五《臨渭氐苻健傳》，第2077頁。
③　《晉書》八四《劉牢之傳》，第2188頁。
④　《晉書》卷一一四《苻堅載記下》，第2917頁。
⑤　同上。
⑥　同上。

此條見《晉書·謝玄傳》①、《苻堅載記下》②。《敦煌秘笈》羽72aR—2:"玄爲秦軍所圍,食盡。"③ 其時謝玄駐軍距洛澗二十五里,胡彬先保硤石而爲苻融所逼,"(謝)玄"應爲胡彬之訛。

（陽平公）融馳使白秦王堅曰:"賊少易擒,但恐逃去,宜速赴之!"堅乃留大軍於項城,引輕騎八千,兼道就融於壽陽。（第 3310—3311 頁）

此條見《晉書·苻堅載記下》④。

（秦王堅）遣尚書朱序來說謝石等,以爲:"強弱異勢,不如速降。"序私謂石等曰:"若秦百萬之衆盡至,誠難與爲敵。今乘諸軍未集,宜速擊之;若敗其前鋒,則彼已奪氣,可遂破也。"（第 3311 頁）

此條分見《晉書·朱序傳》⑤、《晉書·苻堅載記下》⑥,唯"以爲強弱異勢,不如速降",《朱序傳》作"稱己兵威",《載記》作"以衆盛,欲脅而降之"。

（謝）石聞（秦王）堅在壽陽,甚懼,欲不戰以老秦師。謝琰勸石從序言。（第 3311 頁）

此條見《晉書·苻堅載記下》⑦。

十一月

謝玄遣廣陵相劉牢之帥精兵五千趣洛澗,未至十里,梁成阻澗爲陳以待之。牢之直前渡水,擊成,大破之,斬成及弋陽太守王詠;又分兵

---

① 《晉書》卷七九《謝玄傳》,第 2082 頁。
② 《晉書》卷一一四《苻堅載記下》,第 2917 頁。
③ 《敦煌秘笈》羽 72aR—2,京都:杏雨書屋影片冊一,第 420 頁。釋文見日本五胡會《五胡十六國霸史輯佚》,東京:燎原出版社 2012 年版,第 27 頁。
④ 《晉書》卷一一四《苻堅載記下》,第 2917 頁。
⑤ 《晉書》卷八一《朱序傳》,第 2133 頁。
⑥ 《晉書》卷一一四《苻堅載記下》,第 2918 頁。
⑦ 同上。

斷其歸津,秦步騎崩潰,爭赴淮水,士卒死者萬五千人,執秦揚州刺史王顯等,盡收其器械軍實。於是謝石等諸軍,水陸繼進。(第3311頁)

此條分見《晉書·謝玄傳》①、《劉牢之傳》②、《苻堅載記下》③,唯"執秦揚州刺史王顯等",《載記》作"斬王顯",似與《通鑑》各有所本。

秦王堅與陽平公融登壽陽城望之,見晉兵部陣嚴整,又望八公山上草木皆以爲晉兵,顧謂融曰:"此亦劲敵,何謂弱也!"憮然始有懼色。(第3311頁)

此條分見《魏書·臨渭苻健傳》④、《晉書·苻堅載記下》⑤,唯"何謂弱也",《魏書》、《晉書》均作"何謂少乎"。《敦煌秘笈》羽72aR—2:"堅登八公山,顧望山上草木皆作人形,堅謂融曰:此又動(劲)敵也,而有懼色。"⑥ 諸史皆謂苻堅登壽陽城而北望八公山,《秘笈》作"登八公山,顧望山上",不盡合理。又"動"字,《五胡十六國霸史輯佚》釋文作"劲"⑦,觀其原形似爲"勁"字,"勁敵"亦可通。

秦兵逼肥水而陳,晉兵不得渡。(第3311頁)

此條見《晉書·謝玄傳》⑧、《苻堅載記下》⑨。

謝玄遣使謂陽平公融曰:"君懸軍深入,而置陳逼水,此乃持久之計,非欲速戰者也。若移陳少卻,使晉兵得渡,以決勝負,不亦善乎!"(第3311—3312頁)

---

① 《晉書》卷七九《謝玄傳》,第2082頁。
② 《晉書》卷八一《朱序傳》,第2133頁。
③ 《晉書》卷一一四《苻堅載記下》,第2918頁。
④ 《魏書》卷九五《臨渭氏苻健傳》,第2077頁。
⑤ 《晉書》卷一一四《苻堅載記下》,第2918頁。
⑥ 《敦煌秘笈》羽72aR—2,影片冊一,第420頁。
⑦ 日本五胡會:《五胡十六國霸史輯佚》,第27頁。
⑧ 《晉書》卷七九《謝玄傳》,第2082頁。
⑨ 《晉書》卷一一四《苻堅載記下》,第2918頁。

　　此條見《魏書·臨渭氐苻健傳》①、《晉書·謝玄傳》②、《苻堅載記下》③，唯"使晉兵得渡，以決勝負"，《魏書》作"令將士周旋，僕與君公緩轡而觀之"，《謝玄傳》、《載記》文略同。

　　　　秦諸將皆曰："我衆彼寡，不如遏之，使不得上，可以萬全。"（第3312頁）

　　此條見《晉書·謝玄傳》④。

　　　　（秦王）堅曰："但引兵少卻，使之半渡，我以鐵騎蹙而殺之，蔑不勝矣！"（第3312頁）

　　《晉書·謝玄傳》引苻堅之言作"但卻軍，令得過，而我以鐵騎數十萬向水，逼而殺之"⑤。

　　　　（陽平公）融亦以爲然，遂麾兵使卻。秦兵遂退，不可復止。謝玄、謝琰、桓伊等引兵渡水擊之。融馳騎略陳，欲以帥退者，馬倒，爲晉兵所殺，秦兵遂潰。玄等乘勝追擊，至于青岡；秦兵大敗，自相蹈藉而死者，蔽野塞川。其走者聞風聲鶴唳，皆以爲晉兵且至，晝夜不敢息，草行露宿，重以飢凍，死者什七、八。（第3312頁）

　　此條分見《魏書·臨渭氐苻健傳》⑥、《晉書·謝玄傳》⑦、《苻堅載記下》⑧，唯"晝夜不敢息"一句，爲溫公等人所加。

---

①　《魏書》卷九五《臨渭氐苻健傳》，第2077頁。
②　《晉書》卷七九《謝玄傳》，第2082頁。
③　《晉書》卷一一四《苻堅載記下》，第2918頁。
④　《晉書》卷七九《謝玄傳》，第2082頁。
⑤　同上。
⑥　《魏書》卷九五《臨渭氐苻健傳》，第2077頁。
⑦　《晉書》卷七九《謝玄傳》，第2082頁。
⑧　《晉書》卷一一四《苻堅載記下》，第2918頁。

初，秦兵少卻，朱序在陳後呼曰："秦兵敗矣！"衆遂大奔。（第3312頁）

此條見《晉書·朱序傳》①。

獲秦王堅所乘雲母車。（第3312頁）

此條見《晉書·謝玄傳》②。

（晉軍）復取壽陽，執其淮南太守郭襃。（第3312頁）

此條僅見於《通鑑》。

（秦王）堅中流矢，單騎走至淮北，飢甚，民有進壺飧、豚髀者，堅食之，賜帛十匹，綿十斤。辭曰："陛下厭苦安樂，自取危困。臣爲陛下子，陛下爲臣父，安有子飼其父而求報乎！"弗顧而去。（第3312頁）

此條分見《十六國春秋·前秦錄》③、《晉書·苻堅載記下》④，唯"民"，《載記》作"人"，避唐諱；"陛下厭苦安樂，自取危困"，《載記》作"白龍厭天池之樂而見困豫且，陛下目所睹也，耳所聞也。今蒙塵之難，豈自天乎"。

（秦王）堅謂張夫人曰："吾今復何面目治天下乎！"潸然流涕。（第3312—3313頁）

此條見《十六國春秋·前秦錄》⑤、《晉書·苻堅載記下》⑥，唯

---

① 《晉書》卷八一《朱序傳》，第2133頁。
② 《晉書》卷七九《謝玄傳》，第2082頁。
③ 《太平御覽》卷一二二《偏霸部六》"前秦苻堅"條引，第1冊，第590頁下欄。
④ 《晉書》卷一一四《苻堅載記下》，第2918頁。
⑤ 《太平御覽》卷一二二《偏霸部六》"前秦苻堅"條引，第1冊，第590頁下欄。
⑥ 《晉書》卷一一四《苻堅載記下》，第2918頁。

"治"，《前秦錄》、《載記》作"臨"。

　　　　是時，（秦）諸軍皆潰，惟慕容垂所將三萬人獨全，（秦王）堅以千餘騎赴之。（第3313頁）

　　此條分見《十六國春秋·後燕錄》①、《魏書·臨渭氐苻健傳》②、《晉書·苻堅載記下》③、《慕容垂載記》④，唯垂軍有"三萬人"，僅見於《通鑑》。

　　　　（慕容垂）世子寶言於垂曰："家國傾覆，天命人心皆歸至尊，但時運未至，故晦迹自藏耳。今秦主兵敗，委身於我，是天借之便以復燕祚，此時不可失也，願不以意氣微恩忘社稷之重！"（第3313頁）

　　此條分見《十六國春秋·後燕錄》⑤、《魏書·徒何慕容廆傳》⑥、《晉書·慕容垂載記》⑦，唯"天命人心皆歸至尊"，《載記》作"至尊明命著之圖錄"；"今秦主兵敗，委身於我"，《載記》又作"今天厭亂德，凶眾土崩"。

　　　　（慕容）垂曰："汝言是也。然彼以赤心投命於我，若之何害之！天苟棄之，不患不亡。不若保護其危以報德，徐俟其釁而圖之，既不負宿心，且可以義取天下。"（第3313頁）

　　按此條見《十六國春秋·後燕錄》⑧、《晉書·慕容垂載記》⑨，唯"赤心投命"，《後燕錄》作"悉心投命"；"不患不亡"，《載記》作"圖之多便"；"不若保護其危以報德"，《載記》又作"且縱令北還"。

---

① 《太平御覽》卷一二五《偏霸部九》"後燕慕容垂"條引，第1冊，第605頁下欄。
② 《魏書》卷九五《臨渭氐苻健傳》，第2077頁。
③ 《晉書》卷一一四《苻堅載記下》，第2919頁。
④ 《晉書》卷一二三《慕容垂載記》，第3079頁。
⑤ 《太平御覽》卷一二五《偏霸部九》"後燕慕容垂"條引，第1冊，第605頁下欄。
⑥ 《魏書》卷九五《徒何慕容廆傳》，第2066頁。
⑦ 《晉書》卷一二三《慕容垂載記》，第3079頁。
⑧ 《太平御覽》卷一二五《偏霸部九》"後燕慕容垂"條引，第1冊，第605頁下欄。
⑨ 《晉書》卷一二三《慕容垂載記》，第3079頁。

　　奮威將軍慕容德曰："秦强而并燕，秦弱而圖之，此爲報仇雪恥，非負宿心也；兄奈何得而不取，釋數萬之衆以授人乎?"（第3313頁）

　　此條見《晉書·慕容垂載記》①，唯"兄奈何得而不取，釋數萬之衆以授人乎"，《載記》作"若釋數萬之衆，授干將之柄，是卻天時而待後害，非至計也"。又"數萬之衆"，可與上引《通鑑》"慕容垂所將三萬人獨全"之語互證。

　　（慕容）垂曰："吾昔爲太傅所不容，置身無所，逃死於秦，秦主以國士遇我，恩禮備至。後復爲王猛所賣，無以自明，秦主獨能明之，此恩何可忘也！若氏運必窮，吾當懷集關東，以復先業耳，關西會非吾有也。"（第3313頁）

　　此條見《晉書·慕容垂載記》②，唯"爲王猛所賣"，《載記》作"爲王猛所譖"；"氏運"，《載記》作"秦運"；"懷集關東，以復先業"，《載記》又作"端拱而定關東"。

　　冠軍行參軍趙秋曰："明公當紹復燕祚，著於圖識；今天時已至，尚復何待！若殺秦主，據鄴都，鼓行而西，三秦亦非符氏之有也！"（第3313頁）

　　此條僅見於《通鑑》。

　　（慕容）垂親黨多勸垂殺（秦王）堅，垂皆不從，悉以兵授堅。（第3313頁）

　　《晉書·符堅載記下》作"垂子寶勸垂殺堅，垂不從，乃以兵屬堅"③。

---

① 《晉書》卷一二三《慕容垂載記》，第3079頁。
② 同上。
③ 《晉書》卷一一四《符堅載記下》，第2919頁。

平南將軍慕容暐屯鄖城，聞（秦王）堅敗，棄其衆遁去；至榮陽，慕容德復說暐起兵以復燕祚，暐不從。（第3313頁）

《晉書·苻堅載記下》記此事，作"初，慕容暐屯鄖城，（秦軍淮南敗後）棄其眾奔還"①。慕容德說暐起兵復國事，僅見於《通鑑》。又慕容暐拜平南將軍，見《慕容暐載記》②。

秦王堅收集離散，比至洛陽，衆十餘萬，百官、儀物、軍容粗備。（第3314頁）

此條分見《十六國春秋·前秦錄》③、《魏書·臨渭氏苻健傳》④、《晉書·苻堅載記下》⑤，唯"收集離散"，《載記》誤倒，作"收離集散"；"儀物"，《前秦錄》、《載記》作"威儀"。

慕容農謂慕容垂曰："尊不迫人於險，其義聲足以感動天地。農聞祕記曰：'燕復興當在河陽。'夫取果於未熟與自落，不過晚旬日之間，然其難易美惡，相去遠矣！"垂心善其言。（第3314頁）

此條僅見於《通鑑》。

（慕容垂）行至澠池，言於（秦王）堅曰："北鄙之民，聞王師不利，輕相扇動，臣請奉詔書以鎮慰安集之，因過謁陵廟。"堅許之。（第3314頁）

此條見《十六國春秋·後燕錄》⑥，唯"北鄙之民"，《後燕錄》作

---

① 《晉書》卷一一四《苻堅載記下》，第2919頁。
② 《晉書》卷一一一《慕容暐載記》，第2858頁。
③ 《太平御覽》卷一二二《偏霸部六》"前秦苻堅"條引，第1冊，第591頁上欄。
④ 《魏書》卷九五《臨渭氏苻健傳》，第2077頁。
⑤ 《晉書》卷一一四《苻堅載記下》，第2919頁。
⑥ 《太平御覽》卷一二五《偏霸部九》"後燕慕容垂"條引，第1冊，第605頁下欄。

“北境之民”；“鎮慰安集之”，《後燕錄》作“輯寧朔裔”。《十六國春秋·前秦錄》：“未及關而垂有貳志，說堅請巡撫燕岱，並求拜墓，堅許之。”《晉書·苻堅載記下》同①；《魏書·慕容廆傳》、《苻健傳》文略同。②《晉書·慕容垂載記》：“堅至澠池，垂請至鄴展拜陵墓，因張國威刑，以安戎狄。堅許之。”③ 可知諸史“北鄙”或“北境”指“燕岱”，而“北鄙之民”或“北境之民”亦指“戎狄”。

> 權翼諫曰：“國兵新破，四方皆有離心，宜徵集名將，置之京師，以固根本，鎮枝葉。垂勇略過人，世豪東夏，頃以避禍而來，其心豈止欲作冠軍而已哉！譬如養鷹，飢則附人，每聞風飆之起，常有陵霄之志，正宜謹其條籠，豈可解縱，任其所欲哉！”（第3314—3315頁）

此條分見《十六國春秋·後燕錄》④、《晉書·慕容垂載記》⑤，唯“國兵新破，四方皆有離心，宜徵集名將，置之京師，以固根本，鎮枝葉”數句，僅見於《通鑑》。

> （秦王）堅曰：“卿言是也。然朕已許之，匹夫猶不食言，況萬乘乎！若天命有廢興，固非智力所能移也。”（權）翼曰：“陛下重小信而輕社稷，臣見其往而不返，關東之亂，自此始矣。”（第3315頁）

此條見《十六國春秋·後燕錄》⑥，唯“若天命有廢興，固非智力所能移”兩句，僅見於《通鑑》。

> （秦王）堅不聽，遣將軍李蠻、閔亮、尹固帥衆三千送（慕容）

---

① 《太平御覽》卷一二二《偏霸部六》“前秦苻堅”條引，第1冊，第591頁上欄；《晉書》卷一一四《苻堅載記下》，第2919頁。
② 《魏書》卷九五《徒何慕容廆傳》，第2066頁；《臨渭氏苻健傳》，第2077頁。
③ 《晉書》卷一二三《慕容垂載記》，第3080頁。
④ 《太平御覽》卷一二五《偏霸部九》“後燕慕容垂”條引，第1冊，第605頁下欄。
⑤ 《晉書》卷一二三《慕容垂載記》，第3080頁。
⑥ 《太平御覽》卷一二五《偏霸部九》“後燕慕容垂”條引，第1冊，第605頁下欄。

垂。（第 3315 頁）

此條見《晉書·慕容垂載記》①。

（秦王堅）又遣驍騎將軍石越帥精卒三千戍鄴，驃騎將軍張蚝帥
羽林五千戍并州，鎮軍將軍毛當帥衆四千戍洛陽。（第 3315 頁）

此條見《晉書·苻堅載記下》②。

權翼密遣壯士邀（慕容）垂於河橋南空倉中，垂疑之，自涼馬
臺結草筏以渡，使典軍程同衣己衣，乘己馬，與僮僕趣河橋。伏兵
發，同馳馬獲免。（第 3315 頁）

《續晉陽秋》："（權）翼乃夜私遣壯士，要路而擊之。垂是夜夢行路，
路窮，顧見孔子墓傍墳有八。覺而心惡之，召占夢者占之，曰：'行路
窮，道盡也，不可行。孔子名丘，八以配丘，此兵字，路必有伏兵。深宜
慎之。'於是，垂遂別路而進，翼伏兵遂不擒之。"③《敦煌秘笈》羽 38R：
"遣其將程同著垂衣垂馬。而超至橋，果伏發，同策馬僅免。"④ 權翼所遣
壯士埋伏河橋"南空倉"中，慕容垂"自涼馬臺結草筏以渡"，及程同任
垂典軍等情節，則僅見於《通鑑》，溫公等人當另有所據。《晉書·苻堅
載記下》苻堅遣石越戍鄴、張蚝戍并州、毛當戍洛陽一段前，又有"尋
懼垂爲變，悔之"兩句，可信權翼之謀，苻堅至少應知情。

十二月
秦王堅至長安，哭陽平公而後入，謚曰哀公。大赦，復死事者
家。（第 3315 頁）

---

① 《晉書》卷一二三《慕容垂載記》，第 3080 頁。
② 《晉書》卷一一四《苻堅載記下》，第 2919 頁。
③ 《太平御覽》卷四〇〇《人事部四一》"凶夢"條引，第二冊，第 1848 頁上欄。
④ 《敦煌秘笈》羽 38R，影片冊一，第 352 頁。

此條見《晉書·苻堅載記下》①。

　　秦呂光行越流沙三百餘里，焉耆等諸國皆降。惟龜茲王帛純拒之，嬰城固守，光進軍攻之。（第 3316—3317 頁）

此條見《晉書·呂光載記》②。

　　秦王堅之入寇也，以乞伏國仁爲前將軍，領先鋒騎；會國仁叔父步頹反於隴西，堅遣國仁還討之。步頹聞之，大喜，迎國仁於路。國仁置酒，大言曰：“苻氏疲民逞兵，殆將亡矣，吾當與諸君共建一方之業。”及堅敗，國仁遂迫脅諸部，有不從者，擊而併之，衆至十餘萬。（第 3317 頁）

此條見《晉書·乞伏國仁載記》③。

　　慕容垂至安陽，遣參軍田山修牋於長樂公丕。（第 3317 頁）

此條見《十六國春秋·後燕錄》④，唯遣參軍田山事僅見於《通鑑》。

　　（長樂公）丕聞（慕容）垂北來，疑其欲爲亂，然猶身自迎之。趙秋勸垂於座取丕，因據鄴起兵；垂不從。丕謀襲擊垂，侍郎天水姜讓諫曰：“垂反形未著，而明公擅殺之，非臣子之義；不如待以上賓之禮，嚴兵衛之，密表情狀，聽敕而後圖之。”丕從之，館垂於鄴西。（第 3317 頁）

《十六國春秋·後燕錄》⑤、《晉書·慕容垂載記》⑥ 僅記丕館垂於鄴

---

① 《晉書》卷一一四《苻堅載記下》，第 2919 頁。
② 《晉書》卷一二二《呂光載記》，第 3054 頁。
③ 《晉書》卷一二五《乞伏國仁載記》，第 3114 頁。
④ 《太平御覽》卷一二五《偏霸部九》“後燕慕容垂”條引，第 1 冊，第 605 頁下欄。
⑤ 同上。
⑥ 《晉書》卷一二三《慕容垂載記》，第 3080 頁。

西事，其餘情節見於《通鑑》。

　　（慕容）垂潛與燕之故臣謀復燕祚，會丁零翟斌起兵叛秦，謀攻豫州牧平原公暉於洛陽，秦王堅驛書使垂將兵討之。（第 3317 頁）

　　此條分見《十六國春秋·前秦錄》、《後燕錄》①、《晉書·苻堅載記下》②，唯苻堅驛書遣慕容垂發兵事，僅見於《通鑑》。

　　石越言於（長樂公）丕曰：“王師新敗，民心未安，負罪亡匿之徒，思亂者衆，故丁零一唱，旬日之中，衆已數千，此其驗也。慕容垂，燕之宿望，有興復舊業之心，今復資之以兵，此爲虎傅翼也。”丕曰：“垂在鄴如藉虎寢蛟，常恐爲肘腋之變，今遠之於外，不猶愈乎！且翟斌凶悖，必不肯爲垂下，使兩虎相斃，吾從而制之，此卞莊子之術也。”（第 3317—3318 頁）

　　此條僅見於《通鑑》。

　　（長樂公丕）乃以羸兵二千及鎧仗之弊者給（慕容）垂，又遣廣武將軍苻飛龍帥氐騎一千爲垂之副。密戒飛龍曰：“垂爲三軍之帥，卿爲謀垂之將，行矣，勉之！”（第 3318 頁）

　　此條分見《十六國春秋·後燕錄》③、《晉書·慕容垂載記》④，唯“以羸兵二千及鎧仗之弊者給垂”，《後燕錄》、《載記》作“配垂兵二千”；“謀垂之將”，《後燕錄》、《載記》又作“垂之謀主”。

　　（慕容）垂請入鄴城拜廟，（長樂公）丕弗許，乃潛服而入；亭

---

　　①　《太平御覽》卷一二二《偏霸部六》“前秦苻堅”條引，第 1 冊，第 591 頁上欄；卷一二五《偏霸部九》“後燕慕容垂”條引，第一冊，第 605 頁下欄。

　　②　《晉書》卷一一四《苻堅載記下》，第 2919 頁。

　　③　《太平御覽》卷一二五《偏霸部九》“後燕慕容垂”條引，第 1 冊，第 605 頁下欄—606 頁上欄。

　　④　《晉書》卷一二三《慕容垂載記》，第 3080 頁。

吏禁之，垂怒，斬吏燒亭而去。石越言於丕曰：“垂敢輕侮方鎮，殺吏燒亭，反形已露，可因此除之。”丕曰：“淮南之敗，垂侍衛乘輿，此功不可忘也。”越曰：“垂尚不忠於燕，安能盡忠於我！失今不取，必爲後患。”丕不從。越退，告人曰：“公父子好爲小仁，不顧大計，終當爲人禽耳。”（第 3318 頁）

此條見《晉書·慕容垂載記》①，唯“可因此除之”，《載記》作“可襲而取之”；“失今不取”，《載記》作“今不擊之”；“終當爲人禽耳”，《載記》又作“吾屬終當爲鮮卑虜矣”。

　　（慕容）垂留慕容農、慕容楷、慕容紹於鄴，行至安陽之湯池，閔亮、李毗自鄴來，以（長樂公）丕與苻飛龍所謀告垂。垂因激怒其衆曰：“吾盡忠於苻氏，而彼專欲圖吾父子，吾雖欲已，得乎！”乃託言兵少，停河內募兵，旬日間，有衆八千。（第 3318 頁）

《十六國春秋·後燕錄》僅有“垂方圖飛龍，停河內不進”② 兩句，其餘情節爲《通鑑》獨家所載。

　　平原公暉遣使讓（慕容）垂，趣使進兵。垂謂飛龍曰：“今寇賊不遠，當晝止夜行，襲其不意。”飛龍以爲然。（第 3318—3319 頁）

此條僅見於《通鑑》。

　　壬午，夜，（慕容）垂遣世子寶將兵居前，少子隆勒兵從己，令氐兵五人爲伍；陰與寶約，聞鼓聲，前後合擊氐兵及飛龍，盡殺之，參佐家在西者皆遣還，并以書遺秦王堅，言所以殺飛龍之故。（第 3319 頁）

《十六國春秋·前秦錄》作“（垂）殺飛龍，盡坑其眾”；《後燕錄》

---

① 《晉書》卷一二三《慕容垂載記》，第 3080—3081 頁。
② 《太平御覽》卷一二五《偏霸部九》“後燕慕容垂”條引，第 1 冊，第 606 頁上欄。

作"（垂）悉誅氐兵，命左右殺飛龍"①，其餘情節僅見於《通鑑》。

　　初（慕容）垂從（秦王）堅入鄴，以其子麟屢嘗告變於燕，立殺其母，然猶不忍殺麟，置之外舍，希得侍見。及殺苻飛龍，麟屢進策畫，啟發垂意，垂更奇之，寵待與諸子均矣。（第3319頁）

此條僅見於《通鑑》。

　　慕容鳳及燕故臣之子燕郡王騰、遼西段延等聞翟斌起兵，各帥部曲歸之。平原公暉使武平武侯毛當討斌。慕容鳳曰："鳳今將雪先王之恥，請爲將軍斬此氐奴。"乃擐甲直進，丁零之衆隨之，大敗秦兵，斬毛當；遂進攻陵雲臺戌，克之，收萬餘人甲仗。（第3319頁）

《晉書·苻堅載記下》："豫州牧、平原公苻暉遣毛當擊翟斌，爲斌所敗，當死之。"② 其餘情節僅見於《通鑑》。

　　癸未，慕容垂濟河焚橋，有衆三萬，留遼東鮮卑可足渾譚集兵於河內之沙城。（第3319頁）

《十六國春秋·後燕錄》僅有"濟河焚橋，衆三萬"③ 兩句，《晉書·慕容垂載記》④ 文略同，其餘情節爲《通鑑》獨家所載。

　　（慕容）垂遣田山如鄴，密告慕容農等使起兵相應。（第3319—3320頁）

此條見《晉書·慕容垂載記》⑤。

---

　　① 《太平御覽》卷一二二《偏霸部六》"前秦苻堅"條引，第1冊，第591頁上欄；卷一二五《偏霸部九》"後燕慕容垂"條引，第一冊，第606頁上欄。
　　② 《晉書》卷一一四《苻堅載記下》，第2919頁。
　　③ 《太平御覽》卷一二五《偏霸部九》"後燕慕容垂"條引，第1冊，第606頁上欄。
　　④ 《晉書》卷一二三《慕容垂載記》，第3081頁。
　　⑤ 同上書，第3082頁。

時日已暮，（慕容）農與慕容楷留宿鄴中；慕容紹先出，至蒲池，盜（長樂公）丕駿馬數百匹以待農、楷。甲申晦，農、楷將數十騎微服出鄴，遂同奔列人。（第3319—3320頁）

《晉書·慕容垂載記》作“農、宙奔列人，楷、紹奔辟陽”①，《晉書·苻堅載記下》僅有“垂子農亡奔列人”② 一句，其餘情節爲《通鑑》獨家所載。

太元九年（建元二十年，384）

正月

乙酉朔，秦長樂公丕大會賓客，請慕容農不得，始覺有變；遣人四出求之，三日，乃知其在列人，已起兵矣。（第3320頁）

此條僅見於《通鑑》。

慕容鳳、王騰、段延皆勸翟斌奉慕容垂爲盟主；斌從之。（第3320頁）

《晉書·慕容垂載記》：“翟斌聞垂之將濟河也，遣使推垂爲盟主。”③其餘情節僅見於《通鑑》。

（慕容）垂欲襲洛陽，且未知（翟）斌之誠僞，乃拒之曰：“吾來救豫州，不來赴君。君既建大事，成享其福，敗受其禍，吾無預焉。”（第3320頁）

《晉書·慕容垂載記》：“垂距之曰：‘吾父子寄命秦朝，危而獲濟，荷主上不世之恩，蒙更生之惠，雖曰君臣，義深父子，豈可因其小隙，便懷二三。

---

① 《晉書》卷一二三《慕容垂載記》，第3082頁。
② 《晉書》卷一一四《苻堅載記下》，第2919頁。
③ 《晉書》卷一二三《慕容垂載記》，第3081頁。

吾本救豫州，不赴君等，何爲斯議而及於我！'"① 《通鑑》與《載記》僅有
"吾來救豫州，不來赴君"兩句相同，其餘内容似各有所本。

　　丙戌，（慕容）垂至洛陽，平原公暉聞其殺苻飛龍，閉門拒之。
（第3320頁）

此條分見《十六國春秋·後燕錄》②、《晉書·慕容垂載記》③。

　　翟斌復遣長史郭通往説（慕容）垂，垂猶未許。通曰："將軍所
以拒通者，豈非以翟斌兄弟山野異類，無奇才遠略，必無所成故邪？
獨不念將軍今日憑之，可以濟大業乎！"垂乃許之。（第3320頁）

《晉書·慕容垂載記》僅有"斌又遣長史河南郭通説垂，乃許之"④
兩句，其餘内容僅見於《通鑑》。

　　於是（翟）斌帥其衆來與（慕容）垂會，勸垂稱尊號，垂曰：
"新興侯，吾主也，當迎歸返正耳。"（第3320頁）

此條見《十六國春秋·後燕錄》⑤、《晉書·慕容垂載記》⑥，唯"吾
主"，《後燕錄》、《載記》作"國之正統，孤之君"。

　　（慕容）垂以洛陽四面受敵，欲取鄴而據之，乃引兵而東。（第
3320頁）

此條見《晉書·慕容垂載記》⑦。

---

① 《晉書》卷一二三《慕容垂載記》，第3081頁。
② 《太平御覽》卷一二五《偏霸部九》"後燕慕容垂"條引，第1冊，第606頁上欄。
③ 《晉書》卷一二三《慕容垂載記》，第3081頁。
④ 同上。
⑤ 《太平御覽》卷一二五《偏霸部九》"後燕慕容垂"條引，第1冊，第606頁上欄。
⑥ 《晉書》卷一二三《慕容垂載記》，第3081頁。
⑦ 同上。

　　故扶餘王餘蔚爲滎陽太守，及昌黎鮮卑衛駒各帥其衆降（慕容）垂。（第 3320 頁）

此條僅見於《通鑑》。

　　（慕容）垂至滎陽，羣下固請上尊號，垂乃依晉中宗故事，稱大將軍、大都督、燕王，承制行事，謂之統府。羣下稱臣，文表奏疏，封拜官爵，皆如王者。以弟德爲車騎大將軍，封范陽王；兄子楷爲征西大將軍，封太原王；翟斌爲建義大將軍，封河南王；餘蔚爲征東將軍、統府左司馬，封扶餘王；衛駒爲鷹揚將軍，慕容鳳爲建策將軍。帥衆二十餘萬，自石門濟河，長驅向鄴。（第 3320—3321 頁）

此條分見《十六國春秋·後燕錄》①、《晉書·慕容垂載記》②，唯《載記》繫此事於太元八年，疑爲九年之訛；“依晉中宗故事”，《後燕錄》作“依晉愍帝在平陽，中宗稱王，改年建武故事”；餘蔚爲征東將軍、統府左司馬，封扶餘王；衛駒爲鷹揚將軍，慕容鳳爲建策將軍，僅見於《通鑑》。

　　慕容農之奔列人也，止於烏桓魯利家，利爲之置饌，農笑而不食。利謂其妻曰：“惡奴，郎貴人，家貧無以饌之，奈何？”妻曰：“郎有雄才大志，今無故而至，必將有異，非爲飲食來也。君亟出，遠望以備非常。”利從之。農謂利曰：“吾欲集兵列人以圖興復，卿能從我乎？”利曰：“死生唯郎是從。”農乃詣烏桓張驤，說之曰：“家王已舉大事，翟斌等咸相推奉，遠近響應，故來相告耳。”驤再拜曰：“得舊主而奉之，敢不盡死！”於是農驅列人居民爲士卒，斬桑榆爲兵，裂襦裳爲旗，使趙秋說屠各畢聰。聰與屠各卜勝、張延、李白、郭超及東夷餘和、敕勃、易陽烏桓劉大各帥部衆數千赴之。農假張驤輔國將軍，劉大安遠將軍，魯利建威將軍。農自將攻破館陶，收其軍資器械，遣蘭汗、段讚、趙秋、慕輿悕略取康臺牧馬數千匹。

① 《太平御覽》卷一二五《偏霸部九》“後燕慕容垂”條引，第 1 冊，第 606 頁上欄。
② 《晉書》卷一二三《慕容垂載記》，第 3082 頁。

汗，燕王垂之從舅；讚，聰之子也。於是步騎雲集，衆至數萬，驤等共推農爲使持節、都督河北諸軍事、驃騎大將軍，監統諸將，隨才部署，上下蕭然。農以燕王垂未至，不敢封賞將士。趙秋曰："軍無賞，士不往，今之來者，皆欲建一時之功，規萬世之利，宜承制封拜，以廣中興之基。"農從之，於是赴者相繼；垂聞而善之。農間招庫傉官偉於上黨，東引乞特歸於東阿，北召光烈將軍平叡及叡兄汝陽太守幼於燕國，偉等皆應之。又遣蘭汗攻頓丘，克之。農號令整肅，軍無私掠，士女喜悦。（第3321—3322頁）

《晉書·苻堅載記下》："垂子農亡奔列人，招集羣盜，衆至萬數千。"[1]《晉書·慕容垂載記》："（慕容）農西招庫傉官偉于上黨，東引乞特歸于東阿，各率衆數萬赴之，衆至十餘萬。丕遣石越討農，爲農所敗，斬越于陳。"[2] 其餘情節，均僅見於《通鑑》。

　　長樂公丕使石越將步騎萬餘討之。（慕容）農曰："越有智勇之名，今不南拒大軍而來此，是畏王而陵我也；必不設備，可以計取之。"衆請治列人城，農曰："善用兵者，結士以心，不以異物。今起義兵，唯敵是求，當以山河爲城池，何列人之足治也！"辛卯，越至列人西，農使趙秋及參軍綦毋滕擊越前鋒，破之。參軍太原趙謙言於農曰："越甲仗雖精，人心危駭，易破也，宜急擊之。"農曰："彼甲在外，我甲在心，晝戰，則士卒見其外貌而憚之，不如待暮擊之，可以必克。"令軍士嚴備以待，毋得妄動。越立柵自固，農笑謂諸將曰："越兵精士衆，不乘初至之銳以擊我，方更立柵，吾知其無能爲也。"向暮，農鼓譟出，陳于城西，牙門劉木請先攻越柵，農笑曰："凡人見美食，誰不欲之，何得獨請！然汝猛銳可嘉，當以先鋒惠汝。"木乃帥壯士四百騰柵而入，秦兵披靡；農督大衆隨之，大敗秦兵，斬越，送首於垂。越與毛當，皆秦之驍將也，故秦王堅使助二子鎮守；既而相繼敗沒，人情騷動，所在盜賊羣起。（第3322—3323頁）

① 《晉書》卷一一四《苻堅載記下》，第2919頁。
② 《晉書》卷一二三《慕容垂載記》，第3082頁。

《晉書·苻堅載記下》："（苻）丕遣石越擊之，爲農所敗，越死之。"① 《晉書·慕容垂載記》："丕遣石越討農，爲農所敗，斬越於陳。"② 其餘内容僅見於《通鑑》。

> 庚戌，燕王垂至鄴，改秦建元二十年爲燕元年，服色朝儀，皆如舊章。（第 3323 頁）

《十六國春秋·後燕錄》："改秦建元爲燕元元年。"③ 《晉書·慕容垂載記》："建元曰燕元。"④ 可知慕容垂所立年號爲"燕元"，《通鑑》"燕元年"脱一"元"字。"服色朝儀，皆如舊章"兩句，僅見於《通鑑》。

> （燕王垂）以前岷山公庫傉官偉爲左長史，前尚書段崇爲右長史，滎陽鄭豁等爲從事中郎。慕容農引兵會垂於鄴，垂因其所稱之官而授之。立世子寶爲太子，封從弟拔等十七人及甥宇文翰、舅子蘭審皆爲王；其餘宗族及功臣封公者三十七人，侯、伯、子、男者八十九人。（第 3323 頁）

此條僅見於《通鑑》。胡注："凡帶前字者，皆前燕所授官也。"

> 可足渾譚集兵得二萬餘人，攻野王，拔之，引兵會攻鄴。平幼及其弟叡、規亦帥衆數萬會垂於鄴。（第 3323—3324 頁）

此條僅見於《通鑑》。

> 長樂公丕使姜讓誚讓燕王垂，且說之曰："過而能改，今猶未晚也。"垂曰："孤受主上不世之恩，故欲安全長樂公，使盡衆赴京師，然後脩復國家之業，與秦永爲鄰好。何故闇於機運，不以鄴城見歸？

---

① 《晉書》卷一一四《苻堅載記下》，第 2919 頁。
② 《晉書》卷一二三《慕容垂載記》，第 3082 頁。
③ 《太平御覽》卷一二五《偏霸部九》"後燕慕容垂"條引，第 1 册，第 606 頁上欄。
④ 《晉書》卷一二三《慕容垂載記》，第 3082 頁。

若迷而不復，當窮極兵勢，恐單馬求生，亦不可得也。"讓厲色責之曰："將軍不容於家國，投命聖朝，燕之尺土，將軍豈有分乎？主上與將軍風殊類別，一見傾心，親如宗戚，寵踰勳舊，自古君臣際遇，有如是之厚者乎？一旦因王師小敗，遽有異圖！長樂公，主上元子，受分陝之任，寧可束手輸將軍以百城之地乎？將軍欲裂冠毀冕，自可極其兵勢，奚更云云！但惜將軍以七十之年，懸首白旗，高世之忠，更爲逆鬼耳！"垂默然。左右請殺之，垂曰："彼各爲其主耳，何罪！"禮而歸之。（第3324頁）

此條見《晉書·慕容垂載記》①，唯"親如宗戚，寵踰勳舊"，《載記》作"寵踰宗舊，任齊懿藩"。

（燕王垂）遺（長樂公）丕書及上秦王堅表，陳述利害，請送丕歸長安。堅及丕怒，復書切責之。（第3324頁）

慕容垂上表及苻堅報書之文，詳見《晉書·慕容垂載記》②。

鷹揚將軍劉牢之攻秦譙城，拔之。（第3324頁）

此條見《晉書·孝武帝紀》③、《劉牢之傳》④。

桓沖遣上庸太守郭寶攻秦魏興、上庸、新城三郡，拔之。（第3324頁）

此條見《晉書·孝武帝紀》⑤。

將軍楊佺期進據成固，擊秦梁州刺史潘猛，走之。（第3324頁）

---

① 《晉書》卷一二三《慕容垂載記》，第3082—3083頁。
② 同上書，第3083—3085頁。
③ 《晉書》卷九《孝武帝紀》，第233頁。
④ 《晉書》卷八四《劉牢之傳》，第2188頁。
⑤ 《晉書》卷九《孝武帝紀》，第233頁。

此條見《晉書·楊佺期傳》①，唯潘猛爲秦梁州刺史，僅見於《通鑑》。

　　壬子，燕王垂攻鄴，拔其外郭，長樂公丕退守中城。（第 3325頁）

此條見《十六國春秋·後燕錄》②、《晉書·慕容垂載記》③。

　　關東六州郡縣多送任請降於燕。（第 3325 頁）

此條僅見於《通鑑》。

　　癸丑，（燕王）垂以陳留王紹行冀州刺史，屯廣阿。（第 3325頁）

此條僅見於《通鑑》。

　　二月
　　燕王垂引丁零、烏桓之衆二十餘萬，爲飛梯地道以攻鄴，不拔；乃築長圍守之，分處老弱於肥鄉，築新興城以置輜重。（第 3325 頁）

此條分見《十六國春秋·前秦錄》、《後燕錄》④、《晉書·苻堅載記下》⑤、《慕容垂載記》⑥，慕容垂攻鄴不克轉而築長圍守之，僅見於《通鑑》。

---

① 《晉書》卷八四《楊佺期傳》，第 2200 頁。
② 《太平御覽》卷一二五《偏霸部九》"後燕慕容垂"條引，第 1 冊，第 606 頁上欄。
③ 《晉書》卷一二三《慕容垂載記》，第 3085 頁。
④ 《太平御覽》卷一二二《偏霸部六》"前秦苻堅"條引，第 1 冊，第 591 頁上欄；卷一二五《偏霸部九》"後燕慕容垂"條引，第 1 冊，第 606 頁上欄。
⑤ 《晉書》卷一一四《苻堅載記下》，第 2919 頁。
⑥ 《晉書》卷一二三《慕容垂載記》，第 3085 頁。

　　秦征東府官屬疑參軍高泰，燕之舊臣，有貳心，泰懼，與同郡虞曹從事吳詔逃歸勃海。詔曰：“燕軍近在肥鄉，宜從之。”泰曰：“吾以避禍耳；去一君，事一君，吾所不爲也！”申紹見而歎曰：“去就以道，可謂君子矣！”（第3325頁）

此條僅見於《通鑑》。

　　燕范陽王德擊秦枋頭，取之，置戍而還。（第3325頁）

此條僅見於《通鑑》。

　　東胡王晏據館陶，爲鄴中聲援，鮮卑、烏桓及郡縣民據塢壁不從燕者尚衆；燕王垂遣太原王楷與鎮南將軍陳留王紹討之。楷謂紹曰：“鮮卑、烏桓及冀州之民，本皆燕臣，今大業始爾，人心未洽，所以小異；唯宜綏之以德，不可震之以威。吾當止一處，爲軍聲之本，汝巡撫民夷，示以大義，彼必當聽從。”楷乃屯于辟陽。紹帥騎數百往說王晏，爲陳禍福，晏隨紹詣楷降，於是鮮卑、烏桓及塢民降者數十萬口。楷留其老弱，置守宰以撫之，發其丁壯十餘萬，與王晏詣鄴。垂大悅曰：“汝兄弟才兼文武，足以繼先王矣！”（第3326頁）

此條僅見於《通鑑》。

　　三月
　　秦北地長史慕容泓聞燕王垂攻鄴，亡奔關東，收集鮮卑，衆至數千，還屯華陰，敗秦將軍強永，其衆遂盛；自稱都督陝西諸軍事、大將軍、雍州牧、濟北王，推垂爲丞相、都督陝東諸軍事、領大司馬、冀州牧、吳王。（第3326頁）

此條分見《十六國春秋·前秦錄》①、《晉書·苻堅載記下》②，唯

---

① 《太平御覽》卷一二二《偏霸部六》“前秦苻堅”條引，第1冊，第591頁上欄。
② 《晉書》卷一一四《苻堅載記下》，第2919頁。

"北地"，《前秦錄》訛作"北城"；"鮮卑"，《前秦錄》、《載記》作"馬牧鮮卑"；"都督陝西諸軍事"前，《載記》衍一"大"字。

秦王堅謂權翼曰："不用卿言，使鮮卑至此。關東之地，吾不復與之爭，將若（慕容）泓何？"乃以廣平公熙爲雍州刺史，鎮蒲阪。徵雍州牧鉅鹿公叡爲都督中外諸軍事、衛大將軍、錄尚書事，配兵五萬；以左將軍竇衝爲長史，龍驤將軍姚萇爲司馬，以討泓。（第3326—3327頁）

此條分見《十六國春秋・前秦錄》①、《晉書・苻堅載記下》②。

平陽太守慕容沖亦起兵於平陽，有衆二萬，進攻蒲阪；（秦王）堅使竇衝討之。（第3327頁）

此條分見《十六國春秋・前秦錄》③、《晉書・苻堅載記下》④。

庫傉官偉帥營部數萬至鄴，燕王垂封偉爲安定王。（第3327頁）

此條僅見於《通鑑》。

秦冀州刺史阜城侯定守信都，高城男紹在國，高邑侯亮、重合侯謨守常山，固安侯鑒守中山。燕王垂遣前將軍、樂浪王溫督諸軍攻信都，不克；夏，四月，丙辰，遣撫軍大將軍麟益兵助之。定、鑒，秦王堅之從叔；紹、謨，從弟；亮，從子也。（第3327頁）

此條僅見於《通鑑》。

慕容泓聞秦兵且至，懼，帥衆將奔關東。秦鉅鹿愍公叡粗猛輕

① 《太平御覽》卷一二二《偏霸部六》"前秦苻堅"條引，第1冊，第591頁上欄。
② 《晉書》卷一一四《苻堅載記下》，第2920頁。
③ 《太平御覽》卷一二二《偏霸部六》"前秦苻堅"條引，第1冊，第591頁上欄。
④ 《晉書》卷一一四《苻堅載記下》，第2920頁。

敵，欲馳兵邀之。姚萇諫曰："鮮卑皆有思歸之志，故起而爲亂，宜驅令出關，不可遏也。夫執鼷鼠之尾，猶能反噬於人。彼自知困窮，致死於我，萬一失利，悔將何及。但可鳴鼓隨之，彼將奔敗不暇矣。"叡弗從，戰于華澤，叡兵敗，爲泓所殺。（第 3327 頁）

此條分見《十六國春秋·前秦錄》①、《晉書·苻堅載記下》②，唯姚萇諫苻叡之言，《載記》僅有"鮮卑有思歸之心，宜驅令出關，不可遏也"三句，其餘內容爲《通鑑》獨家所載。又華澤，《前秦錄》、《載記》訛作華陰。

　　（姚）萇遣龍驤長史趙都、參軍姜協詣秦王堅謝罪；堅怒，殺之。萇懼，奔渭北馬牧，於是天水尹緯、尹詳、南安龐演等糾扇羌豪，帥其戶口歸萇者五萬餘家，推萇爲盟主。萇自稱大將軍、大單于、萬年秦王，大赦，改元白雀，以尹詳、龐演爲左、右長史，南安姚晃及尹緯爲左、右司馬，天水狄伯支等爲從事中郎，羌訓等爲掾屬，王據等爲參軍，王欽盧、姚方成等爲將帥。（第 3327—3328 頁）

此條分見《十六國春秋·後秦錄》③、《晉書·姚萇載記》④，唯姜協詣秦王堅謝罪見《後秦錄》，趙都詣秦王堅謝罪見《載記》。

　　秦竇衝擊慕容沖于河東，大破之；沖帥鮮卑騎八千奔慕容泓。（第 3328 頁）

此條分見《十六國春秋·前秦錄》⑤、《晉書·苻堅載記下》⑥。

　　（慕容）泓衆至十餘萬，遣使謂秦王堅曰："吳王已定關東，可

① 《太平御覽》卷一二二《偏霸部六》"前秦苻堅"條引，第 1 冊，第 591 頁上欄。
② 《晉書》卷一一四《苻堅載記下》，第 2920 頁。
③ 《太平御覽》卷一二三《偏霸部七》"後秦姚萇"條引，第 1 冊，第 594 頁下欄。
④ 《晉書》卷一一六《姚萇載記》，第 2965—2966 頁。
⑤ 《太平御覽》卷一二二《偏霸部六》"前秦苻堅"條引，第 1 冊，第 591 頁上欄。
⑥ 《晉書》卷一一四《苻堅載記下》，第 2920 頁。

速資備大駕，奉送家兄皇帝，泓當帥關中燕人翼衛乘輿，還返鄴都，與秦以虎牢爲界，永爲鄰好。"（第 3328 頁）

此條分見《十六國春秋·前秦錄》①、《晉書·苻堅載記下》②。

（秦王）堅大怒，召慕容暐責之曰："今（慕容）泓書如此，卿欲去者，朕當相資。卿之宗族，可謂人面獸心，不可以國士期也！"暐叩頭流血，涕泣陳謝。（第 3328 頁）

此條見《晉書·苻堅載記下》③。

（秦王）堅久之曰："此自三豎所爲，非卿（引者按：指慕容暐）之過。"復其位，待之如初。（第 3328 頁）

此條分見《十六國春秋·前秦錄》④、《晉書·苻堅載記下》⑤。

（秦王）堅命暐以書招諭（慕容）泓、沖及垂。暐密遣使謂泓曰："吾籠中之人，必無還理；且燕室之罪人也，不足復顧。汝勉建大業，以吳王爲相國，中山王爲太宰、領大司馬，汝可爲大將軍、領司徒，承制封拜，聽吾死問，汝便即尊位。"泓於是進向長安，改元燕興。（第 3328 頁）

此條分見《十六國春秋·前秦錄》⑥、《晉書·苻堅載記下》⑦。

燕王垂以鄴城猶固，會僚佐議之。右司馬封衡請引漳水灌之；從之。（第 3328 頁）

---

① 《太平御覽》卷一二二《偏霸部六》"前秦苻堅"條引，第 1 冊，第 591 頁上欄。
② 《晉書》卷一一四《苻堅載記下》，第 2920 頁。
③ 同上書，第 2920—2921 頁。
④ 《太平御覽》卷一二二《偏霸部六》"前秦苻堅"條引，第 1 冊，第 591 頁上欄。
⑤ 《晉書》卷一一四《苻堅載記下》，第 2921 頁。
⑥ 《太平御覽》卷一二二《偏霸部六》"前秦苻堅"條引，第 1 冊，第 591 頁上欄。
⑦ 《晉書》卷一一四《苻堅載記下》，第 2921 頁。

　　《晉書·慕容垂載記》僅有"擁漳水以灌之"① 一句，其餘情節爲《通鑑》獨家所載。

　　　　（燕王）垂行圍，因飲於華林園，秦人密出兵掩之，矢下如雨，垂幾不得出，冠軍大將軍隆將騎衝之，垂僅而得免。（第3328—3329頁）

　　此條僅見於《通鑑》。

　　　　竟陵太守趙統攻襄陽，秦荆州刺史都貴奔魯陽。（第3329頁）

　　此條僅見於《通鑑》。

　　　　五月
　　　　秦洛州刺史張五虎據豐陽來降。（第3329頁）

　　此條僅見於《通鑑》。

　　　　梁州刺史楊亮帥衆五萬伐蜀，遣巴西太守費統將水陸兵三萬爲前鋒。亮屯巴郡，秦益州刺史王廣遣巴西太守康回等拒之。（第3329頁）

　　此條僅見於《通鑑》。

　　　　秦苻定、苻紹皆降於燕。（第3329頁）

　　此條見《晉書·慕容垂載記》②。

---

① 《晉書》卷一二三《慕容垂載記》，第3085頁。
② 同上書，第3087頁。

後秦王萇進屯北地，秦華陰、北地、新平、安定羌胡降之者十餘萬。（第 3329 頁）

此條見《晉書‧姚萇載記》，而《載記》脫華陰郡。① 又胡注：“姚萇書後秦，以別於苻秦也。”

六月

秦王堅自帥步騎二萬以擊後秦，軍于趙氏塢，使護軍將軍楊璧等分道攻之。（第 3329 頁）

此條分見《十六國春秋‧前秦錄》②、《晉書‧苻堅載記下》③，唯“使護軍將軍楊璧等分道攻之”，《載記》作“使護軍楊璧游騎三千，斷其奔路”。

後秦兵屢敗，斬後秦王萇之弟鎮軍將軍尹買。（第 3329 頁）

此條見《晉書‧苻堅載記下》④，唯“鎮軍”，《載記》作“鎮北”。

後秦軍中無井，秦人塞安公谷、堰同官水以困之。（第 3329 頁）

按此條僅見於《通鑑》。

後秦人恟懼，有渴死者。會天大雨，後秦營中水三尺，繞營百步之外，寸餘而已，後秦軍復振。秦王堅歎曰：“天亦佑賊乎！”（第 3330 頁）

此條見《晉書‧苻堅載記下》⑤，唯“天亦佑賊”，《載記》作“天其無心，何故降澤賊營”。

---

① 《晉書》卷一一六《姚萇載記》，第 2966 頁。
② 《太平御覽》卷一二二《偏霸部六》“前秦苻堅”條引，第 1 冊，第 591 頁上欄。
③ 《晉書》卷一一四《苻堅載記下》，第 2921 頁。
④ 同上。
⑤ 同上。

　　　　將軍劉春攻魯陽，都貴奔還長安。（第3330頁）

　　此條僅見於《通鑑》。

　　　　後秦王萇帥眾七萬擊秦，秦王堅遣楊璧等拒之，爲萇所敗；獲楊璧及右將軍徐成、鎮軍將軍毛盛等將吏數十人，萇皆禮而遣之。（第3330頁）

　　此條分見《十六國春秋·前秦錄》①、《晉書·苻堅載記下》②。

　　　　燕慕容麟拔常山，秦苻亮、苻謨皆降。麟進圍中山，秋，七月，克之，執苻鑒。麟威聲大振，留屯中山。（第3330頁）

　　《晉書·慕容垂載記》："其征西慕容楷、衛軍慕容麟、鎮南慕容紹、征虜慕容宙等攻苻堅冀州牧苻定、鎮東苻紹、幽州牧苻謨、鎮北苻亮。楷與定等書，喻以禍福，定等悉降。"③ 與《通鑑》似各有所本。

　　　　秦幽州刺史王永、平州刺史苻沖帥二州之眾以擊燕。燕王垂遣平朔將軍平規擊永，永遣昌黎太守宋敞逆戰於范陽，敞兵敗，規進據薊南。（第3330頁）

　　此條僅見於《通鑑》。

　　　　秦平原公暉帥洛陽、陝城之眾七萬歸于長安。（第3330頁）

　　此條見《晉書·苻堅載記下》④。

① 《太平御覽》卷一二二《偏霸部六》"前秦苻堅"條引，第1冊，第591頁上欄。
② 《晉書》卷一一四《苻堅載記下》，第2922頁。
③ 《晉書》卷一二三《慕容垂載記》，第3087頁。
④ 《晉書》卷一一四《苻堅載記下》，第2922頁。

秦王堅聞慕容沖去長安浸近，乃引兵歸，遣撫軍大將軍方戍驪山，拜平原公暉爲都督中外諸軍事、車騎大將軍、錄尚書事，配兵五萬以拒沖。沖與暉戰于鄭西，大破之。堅又遣前將軍姜宇與少子河間公琳帥衆三萬拒沖於灞上；琳、宇皆敗死，沖遂據阿房城。（第3331頁）

此條分見《十六國春秋·前秦錄》①、《晉書·苻堅載記下》②，唯“琳、宇皆敗死”，《前秦錄》、《載記》作“宇死之，琳中流矢”。

秦康回兵數敗，退還成都。梓潼太守壘襲以涪城來降。（第3331頁）

此條僅見於《通鑑》。

龜茲王帛純窘急，重賂獪胡以求救；獪胡王遣其弟呐龍、侯將馗帥騎二十餘萬，并引溫宿、尉頭等諸國兵合七十餘萬以救龜茲；秦呂光與戰于城西，大破之。帛純出走，王侯降者三十餘國。光入其城；城如長安市邑，宮室甚盛。光撫寧西域，威恩甚著，遠方諸國，前世所不能服者，皆來歸附，上漢所賜節傳；光皆表而易之，立帛純弟震爲龜茲王。（第3332頁）

此條見《晉書·呂光載記》③，唯“獪胡王”，《載記》脫“王”字；“遠方諸國，前世所不能服者，皆來歸附”，《載記》作“桀黠胡王昔所未賓者，不遠萬里皆來歸附”；呂光立帛純弟震爲龜茲王，僅見於《通鑑》。

八月
（徐、兖二州刺史謝玄）帥豫州刺史桓石虔伐秦。玄至下邳，秦徐州刺史趙遷棄彭城走，玄進據彭城。（第3333頁）

---

① 《太平御覽》卷一二二《偏霸部六》“前秦苻堅”條引，第1冊，第591頁上欄—下欄。
② 《晉書》卷一一四《苻堅載記下》，第2922頁。
③ 《晉書》卷一二二《呂光載記》，第3055頁。

此條見《晉書·苻堅載記下》①。

　　秦王堅聞呂光平西域，以光爲都督玉門以西諸軍事，西域校尉。道絕，不通。（第 3333 頁）

此條見《晉書·苻堅載記下》②、《呂光載記》③。

　　秦幽州刺史王永求救於振威將軍劉庫仁，庫仁遣其妻兄公孫希帥騎三千救之，大破平規於薊南，乘勝長驅，進據唐城。（第 3333 頁）

此條僅見於《通鑑》。

　　九月
　　謝玄使彭城内史劉牢之攻秦兗州刺史張崇。辛卯，崇棄鄄城奔燕。牢之據鄄城，河南城堡皆來歸附。（第 3334 頁）

　　《晉書·孝武帝紀》：“前鋒都督謝玄攻苻堅將兗州刺史張崇于鄄城，克之。”④《謝玄傳》：“遣參軍劉襲攻堅兗州刺史張崇於鄄城，走之，使劉牢之守鄄城。”⑤《苻堅載記下》：“劉牢之伐兗州，堅刺史張崇棄鄄城奔於慕容垂。牢之遣將軍劉襲追崇，戰於河南，斬其東平太守楊光而退。牢之遂據鄄城。”⑥ 情節各有不同。《載記》記事最詳，而《通鑑》此條似亦從《載記》。

　　慕容沖進逼長安，秦王堅登城觀之，歎曰：“此虜何從出哉！”大呼責沖曰：“奴何苦來送死！”沖曰：“奴厭奴苦，欲取汝爲代耳！”沖少有寵於堅，堅遣使以錦袍稱詔遺之。沖遣詹事稱皇太弟令答之

① 《晉書》卷一一四《苻堅載記下》，第 2922 頁。
② 同上書，第 2923 頁。
③ 《晉書》卷一二二《呂光載記》，第 3056 頁。
④ 《晉書》卷九《孝武帝紀》，第 233 頁。
⑤ 《晉書》卷七九《謝玄傳》，第 2083 頁。
⑥ 《晉書》卷一一四《苻堅載記下》，第 2923 頁。

曰："孤今心在天下，豈顧一袍小惠！苟能知命，君臣束手，早送皇帝，自當寬貸苻氏以酬曩好。"堅大怒曰："吾不用王景略、陽平公之言，使白虜敢至於此！"（第3334頁）

　　此條見《十六國春秋·前秦錄》①、《晉書·苻堅載記下》②。"沖少有寵於堅"，另據《魏書·徒何慕容廆傳》："堅之滅燕，沖姊清河公主年十四，有殊色，堅納之，寵冠後庭。沖年十二，亦有龍陽之姿，堅又幸之。"又云："（慕容沖）姊弟專寵，宮人莫進。長安歌之曰：'一雌復一雄，雙飛入紫宮。'咸懼爲亂。王猛切諫，堅乃出沖。"《晉書·苻堅載記下》同。③"王景略之言"，疑指此；"陽平公之言"，則見上引《通鑑》太元七年（建元十八年，382）十月條及《晉書·苻堅載記下》。④

　　謝玄遣陰陵太守高素攻秦青州刺史苻朗，軍至琅邪，朗來降。朗，堅之從子也。（第3334頁）

　　此條分見《晉書·孝武帝紀》⑤、《謝玄傳》⑥、《苻朗傳》⑦。唯"陰陵"，《謝玄傳》作"淮陵"，《苻朗傳》作"淮陰"。晉有陰陵縣，屬淮南郡，又有淮陰縣，屬廣陵郡，見《地理志》，均不得有太守⑧；周家祿《校勘記》："'淮陰'，《謝玄傳》作'淮陵'爲是。"又"軍至琅邪"一句，僅見於《通鑑》。"堅之從子"，《苻朗傳》作"堅之從兄子"。

　　翟眞在承營，與公孫希、宋敞遙相首尾。長樂公丕遣宦者宂從僕射清河光祚將兵數百赴中山，與眞相結。（第3335頁）

---

①　《太平御覽》卷一二二《偏霸部六》"前秦苻堅"條引，第1冊，第591頁下欄。
②　《晉書》卷一一四《苻堅載記下》，第2923頁。
③　《魏書》卷九五《徒何慕容廆傳》，第2062頁；《晉書》卷一一四《苻堅載記下》，第2922頁。
④　《資治通鑑》卷一〇四晉孝武帝太元七年（建元十八年，382）十月條，第3303頁；《晉書》卷一一四《苻堅載記下》，第2913頁。
⑤　《晉書》卷九《孝武帝紀》，第234頁。
⑥　《晉書》卷七九《謝玄傳》，第2083頁。
⑦　《晉書》卷一一四《苻堅載記下附苻朗傳》，第2936頁。
⑧　《晉書》卷一一四《苻堅載記下附苻朗傳·校勘記》一五引，第2939頁。

此條僅見於《通鑑》。

（長樂公丕）又遣陽平太守邵興將數千騎招集冀州故郡縣，與（光）祚期會襄國。（第 3335 頁）

此條見《晉書·苻堅載記下》①，唯"數千騎"，《載記》作"騎一千"；邵興"與（光）祚期會襄國"，僅見於《通鑑》。

是時，燕軍疲弊，秦勢復振，冀州郡縣皆觀望成敗，趙郡人趙粟等起兵柏鄉以應（邵）興。（第 3335 頁）

此條僅見於《通鑑》。

燕王垂遣冠軍大將軍隆、龍驤將軍張崇將兵邀擊（邵）興，命驃騎大將軍農自清河引兵會之。隆與興戰于襄國，大破之；興走至廣阿，遇慕容農，執之。光祚聞之，循西山走歸鄴。隆遂擊趙粟等，皆破之，冀州郡縣復從燕。（第 3335 頁）

《晉書·苻堅載記下》僅有"（慕容）垂遣將軍張崇要（邵）興，獲之於襄國南"② 兩句，其餘內容爲《通鑑》獨家所載。

劉庫仁聞公孫希已破平規，欲大舉兵以救長樂公丕，發鴈門、上谷、代郡兵，屯繁畤。燕太子太保慕輿句之子文、零陵公慕輿虔之子常時在庫仁所，知三郡兵不樂遠征，因作亂，夜攻庫仁，殺之，竊其駿馬，奔燕。公孫希之衆聞亂自潰，希奔翟眞。庫仁弟頭眷代領庫仁部衆。（第 3335 頁）

此條僅見於《通鑑》。

---

① 《晉書》卷一一四《苻堅載記下》，第 2923 頁。
② 同上。

　　秦長樂公丕遣光祚及參軍封孚召驃騎將軍張蚝、并州刺史王騰於晉陽以自救；蚝、騰以衆少不能赴。丕進退路窮，謀於僚佐。司馬楊膺請自歸於晉，丕未許。（第3335頁）

　　此條見《晉書·苻堅載記下》①，唯丕遣光祚、封孚西召張蚝、王騰，《載記》脫光祚。

　　會謝玄遣龍驤將軍劉牢之等據碻磝，濟陽太守郭滿據滑臺，將軍顏肱、劉襲軍于河北；（長樂公）丕遣將軍桑據屯黎陽以拒之。劉襲夜襲據，走之，遂克黎陽。（第3335—3336頁）

　　此條見《晉書·苻堅載記下》②，唯"龍驤將軍劉牢之等據碻磝"，《載記》作"濟北太守丁匡據碻磝"；"劉襲夜襲據，走之，遂克黎陽"，《載記》作"襲等進攻黎陽，克之"，《通鑑》"夜襲"等細節，當另有所本。

　　（長樂公）丕懼，乃遣從弟就與參軍焦逵請救於（謝）玄，致書稱"欲假塗求糧，西赴國難，須援軍既接，以鄴與之。若西路不通，長安陷沒，請帥所領保守鄴城。"逵與參軍姜讓密謂（楊）膺曰："今喪敗如此，長安阻絕，存亡不可知。屈節竭誠以求糧援，猶懼不獲；而公豪氣不除，方設兩端，事必無成。宜正書爲表，許以王師之至，當致身南歸；如其不從，可逼縛與之。"膺自以力能制丕，乃改書而遣之。（第3336頁）

　　此條分見《十六國春秋·前秦錄》③、《三十國春秋》④、《晉書·苻堅載記下》⑤，唯丕從弟"就"，《三十國春秋》作"龍"；"欲"字以下至

---

①　《晉書》卷一一四《苻堅載記下》，第2923頁。
②　同上書，第2923—2924頁。
③　《太平御覽》卷一二二《偏霸部六》"前秦苻堅"條引，第1冊，第591頁下欄。
④　《初學記》二五《鏡九》，中華書局1962年版，第608頁引；《太平御覽》卷七一七《服用部一九》"鏡"條引，第3冊，第3177頁上欄。
⑤　《晉書》卷一一四《苻堅載記下》，第2924頁。

“保守鄴城” 數句，《載記》爲轉述之語而非苻丕書原文，較合理。

　　　　隴西處士王嘉，隱居倒虎山，有異術，能知未然；秦人神之。秦
　　　王堅、後秦王萇及慕容沖皆遣使迎之。十一月，嘉入長安，衆聞之，
　　　以爲堅有福，故聖人助之，三輔堡壁及四山氐、羌歸堅者四萬餘人。
　　　堅置嘉及沙門道安於外殿，動靜咨之。（第 3337 頁）

　　《晉書・王嘉傳》僅有嘉自終南山 “遷於倒獸山”① 一句，其餘内
容均爲《通鑑》獨家所載。“倒虎山”，《晉書》作 “倒獸山”，避
唐諱。

　　　　鮮卑在長安城中者猶千餘人，慕容紹之兄肅，與慕容暐陰謀結
　　　鮮卑爲亂。十二月，暐白（秦王）堅，以其子新昏，請堅幸其家，
　　　置酒，欲伏兵殺之。堅許之，會天大雨，不果往。事覺，堅召暐及
　　　肅，肅曰：“事必洩矣，入則俱死。今城内已嚴，不如殺使者馳出，
　　　既得出門，大衆便集。” 暐不從，遂俱入。堅曰：“吾相待何如，
　　　而起此意？” 暐飾辭以對。肅曰：“家國事重，何論意氣！” 堅先殺
　　　肅，乃殺暐及其宗族，城内鮮卑無少長、男女，皆殺之。（第 3338
　　　頁）

　　諸史記此事，《魏書・徒何慕容廆傳》作 “暐之遣諸弟起兵于外也，
謀欲伏兵請堅殺之”、“時鮮卑在城者猶有千餘人”、“乃誅暐父子及其宗
族，城内鮮卑無少長男女皆殺之”②；《晉書・慕容暐載記》作 “慕容垂
攻苻丕於鄴，慕容沖起兵關中，暐謀殺堅以應之，事發，爲堅所誅”③；
《苻堅載記下》作 “鮮卑在城者猶有千餘人”，“堅乃誅暐父子及其宗族，
城内鮮卑無少長及婦女，皆殺之”④，《通鑑》與之多不同，溫公等人當另
有所本。

────────────

① 《晉書》卷七九《藝術・王嘉傳》，第 2496 頁。
② 《魏書》卷九五《徒何慕容廆傳》，第 2063 頁。
③ 《晉書》卷一一一《慕容暐載記》，第 2858 頁。
④ 《晉書》卷一一四《苻堅載記下》，第 2923 頁。

燕王垂幼子柔，養於宦者宋牙家爲牙子，故得不坐，與太子寶之子盛乘間得出，奔慕容沖。（第3338頁）

《晉書·慕容寶載記附慕容盛載記》僅有“苻堅誅慕容氏，盛潛奔于沖”① 兩句，其餘情節僅見於《通鑑》。

燕王垂以秦長樂公丕猶據鄴不去，乃更引兵圍鄴，開其西走之路。（第3338頁）

《晉書·慕容垂載記》：“垂謂諸將曰：‘苻丕窮寇，必守死不降。丁零叛擾，乃我腹心之患。吾欲遷師新城，開其逸路，進以謝秦主疇昔之恩，退以嚴擊眞之備。’於是引師去鄴，北屯新城。慕容農進攻翟嵩於黃泥，破之。垂謂其范陽王德曰：‘苻丕吾縱之不能去，方引晉師規固鄴都，不可置也。’進師又攻鄴，開其西奔之路。”② 《通鑑》此條所言，似嫌過於簡略。

焦逵見謝玄，玄欲徵（長樂公）丕任子，然後出兵；逵固陳丕款誠，并述楊膺之意，玄乃遣劉牢之、滕恬之等帥衆二萬救鄴。（第3338頁）

此條見《晉書·苻堅載記下》③，唯“玄欲徵丕任子”，《載記》“玄”作“朝廷”；又滕恬之率眾救鄴，僅見於《通鑑》。

（長樂公）丕告飢，（謝）玄水陸運米二千斛以饋之。（第3338頁）

此條分見《晉書·謝玄傳》④、《苻堅載記下》⑤。

---

① 《晉書》卷一一一《慕容寶載記附慕容盛載記》，第3098頁。
② 《晉書》卷一二三《慕容垂載記》，第3085頁。
③ 《晉書》卷一一四《苻堅載記下》，第2925頁。
④ 《晉書》卷七九《謝玄傳》，第2083頁。
⑤ 《晉書》卷一一四《苻堅載記下》，第2925頁。

秦梁州刺史潘猛棄漢中，奔長安。（第3338頁）

此條僅見於《通鑑》。

卷一〇六

太元十年（建元二十一年，哀平帝苻丕太安元年，385）

正月

秦王堅朝饗羣臣。時長安饑，人相食，諸將歸，吐肉以飼妻子。（第3339頁）

《晉書·苻堅載記下》[①] 記此事，脱苻堅朝饗羣臣之情節，遂使下文"諸將歸"三字無法交代。

後秦王萇留諸將攻新平，自引兵擊安定，擒秦安西將軍勃海公珍，嶺北諸城悉降之。（第3339頁）

此條僅見於《通鑑》。

甲寅，秦王堅與西燕主沖戰于仇班渠，大破之。乙卯，戰于雀桑，又破之。甲子，戰于白渠，秦兵大敗。（第3340頁）

《晉書·苻堅載記下》僅有"堅與沖戰，各有勝負"[②] 兩句，其餘情節爲《通鑑》獨家所載。

西燕兵圍秦王堅，殿中將軍鄧邁力戰卻之，堅乃得免。（第3340頁）

此條見《晉書·苻堅載記下》[③]。

---

① 《晉書》卷一一四《苻堅載記下》，第2925頁。
② 同上。
③ 同上。

　　壬申，（西燕主）沖遣尚書令高蓋夜襲長安，入其南城，左將軍竇衝、前禁將軍李辯等擊破之，斬首八百級，分其屍而食之。（第3340頁）

　　此條見《晉書·苻堅載記下》①，唯"八百級"，《載記》作"千八百級"，《通鑑》疑脫"千"字。

　　乙亥，高蓋引兵攻渭北諸壘，太子宏與戰於成貳壁，大破之，斬首三萬。（第3340頁）

　　此條僅見於《通鑑》。

　　燕帶方王佐與寧朔將軍平規共攻薊，王永兵屢敗。二月，永使宋敞燒和龍及薊城宮室，帥衆三萬奔壺關；佐等入薊。（第3340頁）

　　此條見《晉書·苻丕載記》②，唯帶方王佐與平規共攻薊事，僅見於《通鑑》。

　　癸未，秦王堅與西燕主沖戰于城西，大破之，追奔至阿城。諸將請乘勝入城，堅恐爲沖所掩，引兵還。（第3340頁）

　　此條見《晉書·苻堅載記下》③。"阿城"或爲"阿房"之訛，說見《校勘記》④。

　　乙酉，秦益州刺史王廣以蜀人江陽太守李丕爲益州刺史，守成都。己丑，廣帥所部奔還隴西，蜀人隨之者三萬餘人。（第3341頁）

---

① 《晉書》卷一一四《苻堅載記下》，第2925頁。
② 《晉書》卷一一五《苻丕載記》，第2941頁。
③ 《晉書》卷一一四《苻堅載記下》，第2925頁。
④ 《晉書》卷一一四《苻堅載記下·校勘記》九，第2938頁。

　　此條僅見於《通鑑》。

　　劉牢之至枋頭。楊膺、姜讓謀泄，長樂公丕收殺之。牢之聞之，盤桓不進。（第 3341 頁）

　　《晉書·苻堅載記下》："是時劉牢之至枋頭。征東參軍徐義、宦人孟豐告苻丕楊膺、姜讓等謀反，丕收膺、讓戮之。牢之以丕自相屠戮，盤桓不進。"① 該《載記》上文載丕參軍焦奎、姜讓勸楊膺逼縛丕降晉，故《通鑑》作"楊膺、姜讓謀泄"，亦不誤。

　　秦平原悼公暉數爲西燕主沖所敗，秦王堅讓之曰："汝，吾之才子也，擁大衆與白虜小兒戰，而屢敗，何用生爲！"三月，暉憤恚自殺。（第 3341 頁）

　　此條見《晉書·苻堅載記下》②，唯"吾之才子"，《載記》脫"才"字。苻暉謚"悼公"，僅見於《通鑑》。

　　（秦）前禁將軍李辯、都水使者隴西彭和正恐長安不守，召集西州人屯于韮園；（秦王）堅召之，不至。（第 3341 頁）

　　此條僅見於《通鑑》。

　　西燕主沖攻秦高陽愍公方於驪山，殺之，執秦尚書韋鍾，以其子謙爲馮翊太守，使招集三輔之民。馮翊壘主邵安民等責謙曰："君雍州望族，今乃從賊，與之爲不忠不義，何面目以行於世乎！"謙以告鍾，鍾自殺，謙來奔。（第 3341—3342 頁）

　　此條僅見於《通鑑》。

---

① 《晉書》卷一一四《苻堅載記下》，第 2925 頁。
② 同上書，第 2926 頁。

　　秦左將軍苟池、右將軍俱石子與西燕主沖戰於驪山，兵敗。西燕將軍慕容永斬苟池，俱石子奔鄴。永，廆弟運之孫；石子，難之弟也。秦王堅遣領軍將軍楊定擊沖，大破之，虜鮮卑萬餘人而還，悉阬之。定，佛奴之孫也。（第3342頁）

此條見《晉書·苻堅載記下》①，唯慕容永斬苟池，僅見於《通鑑》；慕容永爲廆弟運之孫，見《魏書·徒何慕容廆傳》②；俱石子爲難之弟，楊定爲佛奴之孫，僅見於《通鑑》。

　　劉牢之攻燕黎陽太守劉撫于孫就柵，燕王垂留慕容農守鄴圍，自引兵救之。秦長樂公丕聞之，出兵乘虛夜襲燕營，農擊敗之。（第3343頁）

此條僅見於《通鑑》。

　　呂光以龜茲饒樂，欲留居之。天竺沙門鳩摩羅什謂光曰："此凶亡之地，不足留也；將軍但東歸，中道自有福地可居。"光乃大饗將士，議進止，衆皆欲還。乃以駝二萬餘頭載外國珍寶奇玩，驅駿馬萬餘匹而還。（第3343頁）

此條分見《晉書·藝術·鳩摩羅什傳》③、《呂光載記》④，唯"龜茲"，《鳩摩羅什傳》作"西國"。

　　四月
　　劉牢之進兵至鄴，燕王垂逆戰而敗，遂撤圍，退屯新城，乙卯，自新城北遁。牢之不告秦長樂公丕，即引兵追之。丕聞之，發兵繼進。（第3343頁）

---

① 《晉書》卷一一四《苻堅載記下》，第2926頁。
② 《魏書》卷九五《徒何慕容廆傳》，第2063頁。
③ 《晉書》卷九五《藝術·鳩摩羅什傳》，第2500頁。
④ 《晉書》卷一二二《呂光載記》，第3056頁。

此條分見《晉書·劉牢之傳》①、《晉書·慕容垂載記》②，唯"牢之不告秦長樂公丕"至"宜急擊之"一段，僅見於《通鑑》。

庚申，（劉）牢之追及（慕容）垂於董唐淵。垂曰："秦、晉瓦合，相待爲強，一勝則俱豪，一失則俱潰，非同心也。今兩軍相繼，勢既未合，宜急擊之。"（第3343頁）

此條僅見於《通鑑》。

（劉）牢之軍疾趨二百里，至五橋澤，爭燕輜重，（慕容）垂邀擊，大破之，斬首數千級；牢之單馬走，會秦救至，得免。（第3343—3344頁）

此條分見《晉書·孝武帝紀》③、《晉書·劉牢之傳》④、《晉書·慕容垂載記》⑤，唯"斬首數千級"，《劉牢之傳》作"士卒殲焉"。

鄴中饑甚，長樂公丕帥衆就晉穀於枋頭。燕、秦相持經年，幽、冀大饑，人相食，邑落蕭條。（第3344頁）

此條見《晉書·苻堅載記下》⑥。

會秦王堅來求救，（太保）安乃請自將救之。（第3344頁）

《晉書·孝武帝紀》作"太保謝安帥眾救苻堅"⑦。《通鑑》當另有所本。

---

① 《晉書》卷八四《劉牢之傳》，第2189頁。
② 《晉書》卷一二三《慕容垂載記》，第3086頁。
③ 《晉書》卷九《孝武帝紀》，第234頁。
④ 《晉書》卷八四《劉牢之傳》，第2189頁。
⑤ 《晉書》卷一二三《慕容垂載記》，第3086頁。
⑥ 《晉書》卷一一四《苻堅載記下》，第2926頁。
⑦ 《晉書》卷九《孝武帝紀》，第234頁。

蜀郡太守任權攻拔成都，斬秦益州刺史李丕，復取益州。（第3344頁）

《晉書·孝武帝紀》① 此事繫於二月。

新平糧竭矢盡，外救不至。後秦王萇使人謂苟輔曰："吾方以義取天下，豈讎忠臣邪！卿但帥城中之人還長安，吾正欲得此城耳。"輔以爲然，帥民五千口出城，萇圍而阬之，男女無遺。（第3345頁）

此條見《晉書·苻堅載記下》②。唯"城中之人"，《載記》作"見眾男女"；"正欲得此城"，《載記》作"須此城置鎮"。"帥民五千口出城"，《載記》又作"率男女萬五千口出城"，《通鑑》"五"字前疑脫一"萬"字，或"民"爲"萬"字之訛。

獨馮傑子終得脫，奔長安。秦王堅追贈（苟）輔等官爵，皆諡曰節愍侯，以終爲新平太守。（第3345頁）

此條僅見於《通鑑》。

五月
西燕主沖攻長安，秦王堅身自督戰，飛矢滿體，流血淋漓。（第3345頁）

此條分見《十六國春秋·前秦錄》③、《晉書·苻堅載記下》④。

（西燕主）沖縱兵暴掠，關中士民流散，道路斷絕，千里無煙。有堡壁三十餘，推平遠將軍趙敖爲主，相與結盟，冒難遺兵糧助（秦王）堅，多爲西燕所殺。（第3345頁）

---

① 《晉書》卷九《孝武帝紀》，第234頁。
② 《晉書》卷一一四《苻堅載記下》，第2926頁。
③ 《太平御覽》卷一二二《偏霸部六》"前秦苻堅"條引，第1冊，第591頁下欄。
④ 《晉書》卷一一四《苻堅載記下》，第2927頁。

此條分見《十六國春秋·前秦錄》①、《晉書·苻堅載記下》②,唯
"士民流散",《載記》作"人皆流散",避唐諱;關中堡壁"三十餘",
《載記》作"三千餘所","千"疑爲"十"字之訛。

> (秦王)堅謂之(引者按:指趙敖等)曰:"聞來者率不善達,此誠
> 忠臣之義,然今寇難殷繁,非一人之力所能濟也,徒相隨入虎口,何益!
> 汝曹宜爲國自愛,畜糧厲兵,以俟天時,庶幾善不終否,有時而泰也!"
> (第3345頁)

此條見《晉書·苻堅載記下》③,唯"虎口",《載記》作"獸口",
避唐諱;"以俟天時",《載記》作"端聽師期";"善不終否,有時而
泰",《載記》又作"禍極災返,善保誠順"。

> 三輔之民爲(慕容)沖所略者,遣人密告(秦王)堅,請遣兵
> 攻沖,欲縱火爲内應。堅曰:"甚哀諸卿忠誠!然吾猛士如虎豹,利
> 兵如霜雪,困於烏合之虜,豈非天乎!恐徒使諸卿坐致夷滅,吾不忍
> 也!"其人固請不已,乃遣七百騎赴之。沖營縱火者,反爲風火所燒,
> 其得免者什一、二,堅祭而哭之。(第3345—3346頁)

此條與《晉書·苻堅載記下》④文略同,唯"三輔之民",《載記》
作"三輔人",避唐諱。"請遣兵攻沖,欲縱火爲内應",《載記》作
"請放火以爲内應","請遣兵攻沖"一句,似爲《通鑑》所加;"猛士
如虎豹",《載記》作"精兵若獸",避唐諱,"虎豹"疑爲原文。苻堅
之言前後順序,《通鑑》與《載記》不同,疑爲溫公等人所改。

> (秦)衛將軍楊定與(慕容)沖戰于城西,爲沖所擒。定,秦之
> 驍將也。(第3346頁)

---

① 《太平御覽》卷一二二《偏霸部六》"前秦苻堅"條引,第1冊,第591頁下欄。
② 《晉書》卷一一四《苻堅載記下》,第2927頁。
③ 同上。
④ 同上。

此條見《晉書·苻堅載記下》①，唯"定，秦之驍將也"一句，爲溫公等人所加。

　　（秦王）堅大懼，以讖書云："帝出五將久長得。"乃留太子宏守長安，謂之曰："天其或者欲導予出外。汝善守城，勿與賊爭利，吾當出隴收兵運糧以給汝。"遂帥騎數百與張夫人及中山公詵、二女寶、錦出奔五將山，宣告州郡，期以孟冬救長安。（第3346頁）

《十六國春秋·前秦錄》："先是，言：'天或導余，留汝兼總戎政，勿與爭利，吾當出隴收兵運糧以給汝。'自將張夫人及中山公詵率騎數百出如五將山。六月，太子宏將母、妻、數千騎出奔。沖入據長安。"②《魏書·苻堅傳》："先是，又謠曰：'堅入五將山長得。'堅大信之，告其太子永道曰：'天或導予，脫如謠言。留汝兼總戎政，勿與賊爭利。吾當出隴收兵，運糧以給汝。天其或者正訓予也。'遣其衛將軍楊定擊沖於城西，爲沖所擒。堅彌懼，付永道以後事，率騎數百出如五將，宣告州郡，期救長安。月餘，永道尋將母妻、宗室、男女數千騎出奔武都，遂假道入司馬昌明。慕容沖入據長安。堅至五將山，姚萇遣其將吳忠圍之。堅眾奔散，獨左右十數人，神色自若，坐而待之，召宰人進食。俄而兵至，執堅及其夫人張氏與少女寶錦，送詣姚萇。萇囚之，將害焉。堅自以平生遇萇厚，忿之，厲聲大罵，謂張氏曰：'豈令羌奴辱吾兒！'於是殺寶錦。姚萇乃縊堅于新平佛寺。"③《晉書·苻堅載記下》："城中有書曰《古符傳賈錄》，載'帝出五將久長得'。先是，又謠曰：'堅入五將山長得。'堅大信之，告其太子宏曰：'脫如此言，天或導予。今留汝兼總戎政，勿與賊爭利，朕當出隴收兵運糧以給汝。天其或者正訓予也。'……堅彌懼，付宏以後事，將中山公詵、張夫人率騎數百出如五將，宣告州郡，期以孟冬救長安。"④《通鑑》所言"讖書"，應即《古符傳賈錄》。諸史"留汝

---

① 《晉書》卷一一四《苻堅載記下》，第2928頁。
② 《太平御覽》卷一二二《偏霸部六》"前秦苻堅"條引，第1冊，第591頁下欄。
③ 《魏書》卷九五《臨渭氐苻健傳》，第2078—2079頁。
④ 《晉書》卷一一四《苻堅載記下》，第2928頁。

兼總戎政”，《通鑑》改作“汝善守城”。苻堅二女寶、錦隨父出奔五將山，僅見於《通鑑》，溫公等人當有所本。《魏書》“少女寶錦”，“少”字費解，疑爲“二”字之訛。

　　（秦王）堅過襲韮園，李辯奔燕，彭和正懃，自殺。（第 3346 頁）

此條僅見於《通鑑》。

　　閏月
　　秦太子宏不能守長安，將數千騎與母、妻、宗室西奔下辨；百官逃散，司隸校尉權翼等數百人奔後秦。西燕主沖入據長安，縱兵大掠，死者不可勝計。（第 3346 頁）

此條分見《晉書·苻堅載記下》[①]、《姚萇載記》[②]。

　　七月
　　秦王堅至五將山，後秦王萇遣驍騎將軍吳忠帥騎圍之。秦兵皆散走，獨侍御十數人在側，堅神色自若，坐而待之，召宰人進食。俄而忠至，執之，送詣新平，幽於別室。（第 3347 頁）

此條分見《十六國春秋·前秦錄》[③]、《晉書·苻堅載記下》[④]、《姚萇載記》[⑤]。

　　（秦）太子宏至下辨，南秦州刺史楊璧拒之。璧妻，（秦王）堅之女順陽公主也，棄其夫從宏。宏奔武都，投氐豪強熙，假道來奔，詔處之江州。（第 3347 頁）

---

① 《晉書》卷一一四《苻堅載記下》，第 2928 頁。
② 《晉書》卷一一六《姚萇載記》，第 2966 頁。
③ 《太平御覽》卷一二二《偏霸部六》“前秦苻堅”條引，第 1 冊，第 591 頁下欄。
④ 《晉書》卷一一四《苻堅載記下》，第 2929 頁。
⑤ 《晉書》卷一一六《姚萇載記》，第 2966 頁。

　　此條見《晉書·苻堅載記下》①，唯苻堅女順陽公主棄其夫楊璧從苻宏事，僅見於《通鑑》。胡注：“苻堅破仇池，置南秦州。楊璧，氐之種類，仕秦尚主，任居方面，以宏奔敗，拒而不納。”楊璧原爲氐豪、特進樊世婿，世因與王猛衝突而爲苻堅所殺，璧被迫尚主，與苻氏結怨。② 由《通鑑》此條可知，璧所尚即順陽公主。

　　　　長樂公丕帥衆三萬自枋頭將歸鄴城，龍驤將軍檀玄擊之，戰于谷口，玄兵敗，丕復入鄴城。（第3347頁）

　　此條見《晉書·孝武帝紀》③，唯苻丕帥衆三萬及與檀玄戰於谷口，僅見於《通鑑》。

　　　　後秦王萇使求傳國璽於秦王堅曰：“萇次應曆數，可以爲惠。”堅瞋目叱之曰：“小羌敢逼天子，五胡次序，無汝羌名。璽已送晉，不可得也！”萇復遣右司馬尹緯說堅，求爲禪代；堅曰：“禪代，聖賢之事，姚萇叛賊，何得爲之！”（第3348頁）

　　此條分見《十六國春秋·前秦錄》④、《後秦錄》⑤、《晉書·苻堅載記下》⑥。唯“曆數”，《前秦錄》作“符曆”；“小羌敢逼天子”，《前秦錄》、《苻堅載記下》均作“小羌敢干逼天子”，《通鑑》“逼”前似脫一“干”字；右司馬尹緯，《前秦錄》作右僕射，另據《姚萇載記》，萇稱王，以“姚晃、尹緯爲左右司馬”⑦，可知溫公等人不誤。

───────────

　　① 《晉書》卷一一四《苻堅載記下》，第2929頁。
　　② 另據《晉書》卷一一三《苻堅載記上》：“王猛親寵愈密，朝政莫不由之。特進樊世，氐豪也，有大勳於苻氏，負氣倨傲……猛言之於堅，堅怒曰：‘必須殺此老氐，然後百僚可整。’俄而世入言事，堅謂猛曰：‘吾欲以楊璧尚主，璧何如人也？’世勃然曰：‘楊璧，臣之婿也，婚已久定，陛下安得令之尚主乎！’猛讓世曰：‘陛下帝有海內，而君敢競婚，是爲二天子，安有上下！’世怒起，將擊猛，左右止之。世遂醜言大罵，堅由此發怒，命斬之于西廄。”第2885—2886頁。
　　③ 《晉書》卷九《孝武帝紀》，第234頁。
　　④ 《太平御覽》卷一二二《偏霸部六》“前秦苻堅”條引，第1冊，第591頁上欄。
　　⑤ 《太平御覽》卷一二三《偏霸部七》“後秦姚萇”條引，第1冊，第594頁下欄。
　　⑥ 《晉書》卷一一四《苻堅載記下》，第2928—2929頁。
　　⑦ 《晉書》卷一一六《姚萇載記》，第2965頁。

　　（秦王）堅與尹緯語，問緯："在朕朝何官?"緯曰："尚書令史。"堅歎曰："卿，王景略之儔，宰相才也，而朕不知卿，宜其亡也。"（第3348頁）

　　此條分見《十六國春秋‧前秦錄》①、《晉書‧尹緯傳》②。

　　（秦王）堅自以平生遇（後秦王）萇有恩，尤忿之，數罵萇求死，謂張夫人曰："豈可令羌奴辱吾兒。"乃先殺（二女）寶、錦。辛丑，萇遣人縊堅於新平佛寺。張夫人、中山公詵皆自殺。後秦將士皆爲之哀慟。萇欲隱其名，謚堅曰壯烈天王。（第3348頁）

　　此條分見《十六國春秋‧前秦錄》③、《晉書‧苻堅載記下》④，唯苻堅謂張夫人語，及先殺寶、錦二女事，僅見於《通鑑》；"萇欲隱其名"，《前秦錄》作"萇欲匿煞堅之名"；"壯烈天王"，《前秦錄》作"莊烈天王"。

　　長樂公丕在鄴，將西赴長安，幽州刺史王永在壺關，遣使招丕，丕乃帥鄴中男女六萬餘口西如潞川，驃騎將軍張蚝、并州刺史王騰迎之入晉陽。丕始知長安不守，堅已死，乃發喪，即皇帝位，追謚堅曰宣昭皇帝，廟號世祖，大赦，改元大安。（第3349頁）

　　此條分見《十六國春秋‧前秦錄》⑤、《晉書‧苻丕載記》⑥，唯"幽州刺史王永"，《前秦錄》作"平州刺史符沖"，《載記》作"幽州刺史王永、平州刺史符沖"，此時"遣使招丕"者，應爲王永、符沖二人；又苻丕改元"大安"，《前秦錄》作"太平"。

---

① 《太平御覽》卷一二二《偏霸部六》"前秦苻堅"條引，第1冊，第591頁下欄。
② 《晉書》卷一一八《姚興載記下附尹緯傳》，第3004頁。
③ 《太平御覽》卷一二二《偏霸部六》"前秦苻堅"條引，第1冊，第591頁下欄。
④ 《晉書》卷一一四《苻堅載記下》，第2929頁。
⑤ 《太平御覽》卷一二二《偏霸部六》"前秦苻堅"條引，第1冊，第591頁下欄。
⑥ 《晉書》卷一一五《苻丕載記》，第2941頁。

九月

秦主丕以張蚝爲侍中、司空，王永爲侍中、都督中外諸軍事、車騎大將軍、尚書令，王騰爲中軍大將軍、司隸校尉，苻沖爲尚書左僕射，封西平王；又以左長史楊輔爲右僕射，右長史王亮爲護軍將軍。（第 3352 頁）

此條見《晉書・苻丕載記》[1]，但《載記》記張蚝封上黨公、王永封清河公、王騰封陽平公、俱石子封濮陽公、楊輔封濟陽公、王亮封彭城公，《通鑑》均不載。前秦苻生、苻堅兩代，同姓封公爲定制，異姓封公者，則僅有廣寧公魚遵、建寧公李威兩人見於記載[2]，似非常例。《通鑑》記人事重爵位，十六國王公之號多賴其記載而得以保存，溫公等人此處略去異姓張蚝、王永、王騰、俱石子、楊輔、王亮封公事，未詳何故。苻堅降號稱王，《通鑑》稱苻堅爲"秦王"；苻丕稱帝，《通鑑》又稱苻丕爲"秦主"，其書法如此。

（秦主丕）立妃楊氏爲皇后，子寧爲皇太子，壽爲長樂王，鏘爲平原王，懿爲勃海王，昶爲濟北王。（第 3352 頁）

此條僅見於《通鑑》。

呂光自龜茲還至宜禾，秦涼州刺史梁熙謀閉境拒之。（第 3352 頁）

此條見《晉書・苻丕載記》[3]。

高昌太守楊翰言於（梁）熙曰："呂光新破西域，兵強氣銳，聞

---

① 《晉書》卷一一五《苻丕載記》，第 2941—2942 頁。
② 苻生時魚遵封廣寧公，見《太平御覽》卷一二一《偏霸部五》"前秦苻生"條引《十六國春秋・前秦錄》，第 1 冊，第 587 頁上欄；《晉書》卷一一二《苻生載記》，第 2878 頁；《資治通鑑》卷一〇〇晉穆帝昇平元年（357，前秦厲王壽光三年，宣昭帝永興元年），第 3162—3163 頁。苻堅時李威封建寧公，見《資治通鑑》卷一〇三晉簡文帝寧康二年（374，前秦宣昭帝建元十年）三月，第 3267 頁。
③ 《晉書》卷一一五《苻丕載記》，第 2942 頁。

中原喪亂，必有異圖。河西地方萬里，帶甲十萬，足以自保。若光出流沙，其勢難敵。高梧谷口險阻之要，宜先守之而奪其水；彼既窮渴，可以坐制。如以爲遠，伊吾關亦可拒也。度此二阨，雖有子房之策，無所施矣！"熙弗聽。（第 3352 頁）

此條見《晉書·苻丕載記》①、《呂光載記》②，唯 "西域"，《載記》作 "西國"；"足以自保"，《載記》作 "鼎峙之勢實在今日"；"其勢難敵"，《載記》作 "其勢難測"；"可以坐制"，《載記》作 "自然投戈"。

美水令犍爲張統謂（梁）熙曰："今關中大亂，京師存亡不可知。呂光之來，其志難測，將軍何以抗之？"（第 3352 頁）

《晉書·苻丕載記》載張統之語作："主上傾國南討，覆敗而還。慕容垂擅兵河北，泓、沖寇逼京師，丁零雜虜，跋扈關洛，州郡姦豪，所在風扇，王綱弛絕，人懷利己。今呂光回師，將軍何以抗也？"③《通鑑》多有改動。

（梁）熙曰："憂之，未知所出。"（第 3352 頁）

此條見《晉書·苻丕載記》④。

（張）統曰："光智略過人，今擁思歸之士，乘戰勝之氣，其鋒未易當也。將軍世受大恩，忠誠夙著，立勳王室，宜在今日。行唐公洛，上之從弟，勇冠一時，爲將軍計，莫若奉爲盟主以收衆望，推忠義以帥羣豪，則光雖至，不敢有異心也。資其精銳，東兼毛興，連王統、楊璧，合四州之衆，掃兇逆，寧帝室，此桓、文之舉也。"熙又弗聽，殺洛于西海。（第 3352—3353 頁）

---

① 《晉書》卷一一五《苻丕載記》，第 2942 頁。
② 《晉書》卷一二二《呂光載記》，第 3056 頁。
③ 《晉書》卷一一五《苻丕載記》，第 2942 頁。
④ 同上。

此條見《晉書·苻丕載記》①，唯"則光雖至，不敢有異心也"，《載記》作"則光無異心也"。

（呂）光聞楊翰之謀，懼，不敢進。杜進曰："梁熙文雅有餘，機鑒不足，終不能用翰之謀，不足憂也。宜及其上下離心，速進以取之。"光從之。（第3353頁）

此條見《晉書·呂光載記》②，唯"宜及其上下離心，速進以取之"，《載記》作"聞其上下未同，宜在速進"。

（呂光）進至高昌，楊翰以郡迎降。（第3353頁）

此條見《晉書·呂光載記》③。

（呂光）至玉門，（梁）熙移檄責光擅命還師，以子胤爲鷹揚將軍，與振威將軍南安姚皓、別駕衛翰帥衆五萬拒光于酒泉。（第3353頁）

此條分見《晉書·苻丕載記》④、《呂光載記》⑤。

敦煌太守姚靜、晉昌太守李純以郡降（呂）光。（第3353頁）

此條見《晉書·苻丕載記》⑥。

（呂）光報檄涼州，責（梁）熙無赴難之志而遏歸國之衆；遣彭晃、杜進、姜飛爲前鋒，與（梁）胤戰于安彌，大破，擒之。於是四

① 《晉書》卷一一五《苻丕載記》，第2942—2943頁。
② 《晉書》卷一二二《呂光載記》，第3056頁。
③ 同上。
④ 《晉書》卷一一五《苻丕載記》，第2943頁。
⑤ 《晉書》卷一二二《呂光載記》，第3056頁。
⑥ 《晉書》卷一一五《苻丕載記》，第2943頁。

山胡、夷皆附於光。武威太守彭濟執熙以降，光殺之。（第 3353 頁）

此條分見《晉書·苻丕載記》①、《呂光載記》②。

（呂）光入姑臧，自領涼州刺史，表杜進爲武威太守，自餘將佐，各受職位。（第 3353 頁）

此條見《晉書·呂光載記》③。

涼州郡縣皆降於（呂）光，獨酒泉太守宋皓、西郡太守宋泮城守不下。光攻而執之，讓泮曰：“吾受詔平西域，而梁熙絕我歸路，此朝廷之罪人，卿何爲附之？”泮曰：“將軍受詔平西域，不受詔亂涼州，梁公何罪而將軍殺之？泮但苦力不足，不能報君父之讎耳，豈肯如逆氏彭濟之所爲乎！主滅臣死，固其常也。”光殺泮及皓。（第 3353—3354 頁）

《晉書·苻丕載記》僅有“建威、西郡太守索泮，奮威、督洪池已南諸軍事、酒泉太守宋皓等，並爲光所殺”④ 數句，其餘情節爲《通鑑》獨家所載。

（呂光）主簿尉祐，姦佞傾險，與彭濟俱執梁熙，光寵信之；祐譖殺名士姚皓等十餘人，涼州人由是不悅。光以祐爲金城太守，祐至允吾，襲據其城以叛；姜飛擊破之，祐奔，據興城。（第 3354 頁）

此條見《晉書·呂光載記》⑤，唯“涼州人由是不悅”，《載記》作“遠近頗以此離貳”；“襲據其城以叛”，《載記》“城”作“外城”。

---

① 《晉書》卷一一五《苻丕載記》，第 2943 頁。
② 《晉書》卷一二二《呂光載記》，第 3056 頁。
③ 同上。
④ 《晉書》卷一一五《苻丕載記》，第 2943 頁。
⑤ 《晉書》卷一二二《呂光載記》，第 3056 頁。

秦尚書令、魏昌公纂自關中奔晉陽；秦主丕拜纂太尉，封東海王。(第 3355 頁)

此條見《晉書·苻丕載記》①，唯 "封東海王" 前《載記》多一 "進" 字，苻纂以公改王，故曰 "進封"。

十月

西燕主沖遣尚書令高蓋帥衆五萬伐後秦，戰于新平南，蓋大敗，降於後秦。(第 3355 頁)

此條見《晉書·姚萇載記》②，唯 "尚書令高蓋"，《載記》作 "車騎大將軍高蓋"。另據《晉書·苻堅載記下》：太元十年 (385) 正月，西燕主慕容沖攻長安，"遣其尚書令高蓋率衆夜襲長安，攻陷南門，入於南城"。《通鑑》③ 文略同。可知高蓋此時以車騎大將軍兼尚書令。

初，高蓋以楊定爲子，及蓋敗，定亡奔隴右，復收集其舊衆。(第 3355 頁)

此條僅見於《通鑑》。

苻定、苻紹、苻謨、苻亮聞秦主丕即位，皆自河北遣使謝罪。(第 3355 頁)

此條見《晉書·苻丕載記》④。

中山太守王兗，本新平氐也，固守博陵，爲秦拒燕。(第 3355 頁)

---

① 《晉書》卷一一五《苻丕載記》，第 2943 頁。
② 《晉書》卷一一六《姚萇載記》，第 2966 頁。
③ 《晉書》卷一一四《苻堅載記下》，第 2925 頁；《資治通鑑》卷一〇六太元十年 (前秦宣昭帝建元二一年，哀平帝太安元年，385) 正月壬申條，第 3340 頁。
④ 《晉書》卷一一五《苻丕載記》，第 2943 頁。

此條見《晉書·苻丕載記》①，唯王兗本新平氏，僅見於《通鑑》。

十一月

（秦主）丕以（王）兗爲平州刺史，（苻）定爲冀州牧，（苻）紹爲冀州都督，（苻）謨爲幽州牧，（苻）亮爲幽、平二州都督，並進爵郡公。（第3355頁）

《晉書·苻丕載記》："以中山太守王兗爲平東將軍、平州刺史、阜城侯，苻定爲征東將軍、冀州牧、高城侯，苻紹爲鎮東將軍、督冀州諸軍事、重合侯，苻謨爲征西將軍、幽州牧、高邑侯，苻亮爲鎮北大將軍、督幽并二州諸軍事，並進爵郡公。"② 可知王兗、苻定、苻紹、苻謨、苻亮五人，最初皆封縣侯，後又進爵郡公。苻紹所任"冀州都督"，《載記》作"督冀州諸軍事"；苻亮所任"幽、平二州都督"，《載記》作"督幽并二州諸軍事"，"并"爲"平"字之誤。

左將軍竇衝據茲川，有衆數萬，與秦州刺史王統、河州刺史毛興、益州刺史王廣、南秦州刺史楊璧、衛將軍楊定皆自隴右遣使邀（秦主）丕，共擊後秦。丕以定爲雍州牧，衝爲梁州牧，加統鎮西大將軍，興車騎大將軍，璧征南大將軍，並開府儀同三司，加廣安西將軍，皆進位州牧。（第3355頁）

此條見《晉書·苻丕載記》③，唯竇衝以數萬衆據茲川，僅見於《通鑑》。又王統爲秦州刺史，毛興爲河州刺史，楊璧爲南秦州刺史，王廣爲益州刺史，至此皆進位州牧。

楊定尋徙治歷城，置儲蓄於百頃，自稱龍驤將軍、仇池公，遣使來稱藩；詔因其所號假之。其後又取天水、略陽之地，自稱秦州刺

---

① 《晉書》卷一一五《苻丕載記》，第2943頁。

② 同上。

③ 同上。

史、隴西王。（第 3355 頁）

此條僅見於《通鑑》。

　　慕容麟攻王兗于博陵，城中糧竭矢盡，功曹張猗踰城出，聚衆以應麟。兗臨城數之曰："卿是秦民，吾是卿君，卿起兵應賊，自號'義兵'，何名實之相違也？古人求忠臣必於孝子之門，卿母在城，棄而不顧，吾何有焉！今人取卿一切之功則可矣，寧能忘卿不忠不孝之事乎？不意中州禮義之邦，乃有如卿者也！"（第 3357 頁）

此條見《晉書·苻丕載記》①，唯"秦民"，《載記》作"秦之人"，避唐諱；"吾何有焉"，《載記》作"何忠義之可望"。

　　十二月
　　（慕容）麟拔博陵，執（王）兗及苻鑑，殺之。（第 3357 頁）

此條見《晉書·苻丕載記》②。

　　昌黎太守宋敞帥烏桓、索頭之衆救兗，不及而還。秦主丕以敞爲平州刺史。（第 3357 頁）

此條僅見於《通鑑》。

　　秦苻定據信都以拒燕，燕王垂以從弟北地王精爲冀州刺史，將兵攻之。（第 3357 頁）

此條僅見於《通鑑》。

---

① 《晉書》卷一一五《苻丕載記》，第 2944 頁。
② 同上。

太元十一年（太安二年，高帝符登太初元年，386）

正月

秦益州牧王廣自隴右引兵攻河州牧毛興於枹罕，興遣建節將軍衛平帥其宗人一千七百夜襲廣，大破之。（第3359頁）

此條見《晉書·符丕載記》①。

二月

秦州牧王統遣兵助（王）廣攻（毛）興，興嬰城自守。（第3359頁）

此條見《晉書·符丕載記》②。

初，張天錫之南奔也，秦長水校尉王穆匿其世子大豫，與俱奔河西，依禿髮思復鞬，思復鞬送魏安。魏安人焦松、齊肅、張濟等聚兵數千人迎大豫爲主，攻呂光昌松郡，拔之，執太守王世強。光使輔國將軍杜進擊之，進兵敗，大豫進逼姑臧。王穆諫曰：“光糧豐城固，甲兵精銳，逼之非利；不如席卷嶺西，礪兵積粟，然後東向與之爭，不及期年，光可取也。”大豫不從。（第3359—3360頁）

此條見《晉書·呂光載記》③，唯焦松等執呂光昌松太守王世強，僅見於《通鑑》。杜進爲呂光輔國將軍，亦僅見於《通鑑》。

（張大豫）自號撫軍將軍、涼州牧，改元鳳凰。（第3360頁）

此條僅見於《通鑑》。

---

① 《晉書》卷一一五《符丕載記》，第2945頁。
② 同上。
③ 《晉書》卷一二二《呂光載記》，第3057頁。

（張大豫）以王穆爲長史，傳檄郡縣，使穆説諭嶺西諸郡，建康太守李隰、祁連都尉嚴純皆起兵應之，有衆三萬，保據楊塢。（第3360頁）

此條見《晉書·呂光載記》①。

鮮卑既東，長安空虛。前滎陽高陵趙穀等招杏城盧水胡郝奴帥戶四千入于長安，渭北皆應之，以穀爲丞相。扶風王駟有衆數千，保據馬嵬，奴遣弟多攻之。（第3363頁）

此條見《晉書·姚萇載記》②，唯趙穀事蹟，僅見於《通鑑》。

四月

後秦王萇自安定伐之，（扶風王）駟奔漢中。萇執（郝）多而進，（郝）奴懼，請降，拜鎮北將軍、六谷大都督。（第3363頁）

此條見《晉書·姚萇載記》③，唯姚萇拜郝奴鎮北將軍、六谷大都督，僅見於《通鑑》。

毛興襲擊王廣，敗之，廣奔秦州；隴西鮮卑匹蘭執廣送於後秦。興復欲攻王統於上邽，枹罕諸氐皆厭苦兵事，乃共殺興，推衛平爲河州刺史，遣使請命于秦。（第3364頁）

此條見《晉書·苻丕載記》④，唯"遣使請命于秦"，《載記》作"遣使請命"，不及《通鑑》語義明晰。

張大豫自楊塢進屯姑臧城西，王穆及禿髮思復鞬子奚于帥衆三萬屯于城南；呂光出擊，大破之，斬奚于等二萬餘級。（第3364頁）

① 《晉書》卷一二二《呂光載記》，第3057頁。
② 《晉書》卷一一六《姚萇載記》，第2966—2967頁。
③ 同上書，第2967頁。
④ 《晉書》卷一一五《苻丕載記》，第2945頁。

此條見《晉書·呂光載記》①。

　　秦大赦，以衛平爲撫軍將軍、河州刺史，呂光爲車騎大將軍、凉州牧。使者皆没於後秦，不能達。（第3364頁）

此條僅見於《通鑑》。

　　秦主丕以都督中外諸軍事、司徒、録尚書事王永爲左丞相，太尉、東海王纂爲大司馬，司空張蚝爲太尉，尚書令咸陽徐義爲司空，司隸校尉王騰爲驃騎大將軍、儀同三司。（第3365頁）

此條見《晉書·苻丕載記》②。王永爲都督中外諸軍事、司徒、録尚書事，東海王纂爲太尉，張蚝爲司空，徐義爲尚書令，王騰爲司隸校尉，則分見同《載記》上文。③唯徐義郡望咸陽，僅見於《通鑑》。

　　（王）永傳檄四方公侯、牧守、壘主、民豪，共討姚萇、慕容垂，令各帥所統，以孟冬上旬會大駕于臨晉。（第3365—3366頁）

王永檄文見《晉書·苻丕載記》④，唯"民豪"，《載記》作"鄉豪"，避唐諱。

　　於是天水姜延、馮翊寇明、河東王昭、新平張晏、京兆杜敏、扶風馬朗、建忠將軍·高平牧官都尉扶風王敏等咸承檄起兵，各有衆數萬，遣使詣秦，（秦主）丕皆就拜將軍、郡守，封列侯。（第3366頁）

此條見《晉書·苻丕載記》⑤，唯王敏郡望扶風，僅見於《通鑑》。

---

① 《晉書》卷一二二《呂光載記》，第3057頁。
② 《晉書》卷一一五《苻丕載記》，第2945頁。
③ 同上書，第2941—2944頁。
④ 同上書，第2945—2946頁。
⑤ 同上書，第2946頁。

冠軍將軍鄧景擁衆五千據彭池，與寶衝爲首尾，以擊後秦。（第3366頁）

此條見《晉書·苻丕載記》①。

（秦主）丕以（鄧）景爲京兆尹。景，羌之子也。（第3366頁）

此條僅見於《通鑑》。

七月
秦平涼太守金熙、安定都尉沒弈干與後秦左將軍姚方成戰于孫丘谷，方成兵敗。後秦主萇以其弟征虜將軍緒爲司隸校尉，鎮長安；自將至安定擊熙等，大破之。（第3366頁）

《晉書·苻丕載記》：“冠軍鄧景擁眾五千據彭池，與寶衝爲首尾，擊萇平涼太守金熙。安定北部都尉鮮卑沒奕于率鄯善王胡員吒、護羌中郎將梁苟奴等，與萇左將軍姚方成、鎮遠強京戰于孫丘谷，大敗之。”② 另據《姚萇載記》：“萇如安定，擊平涼胡金熙、鮮卑沒奕于，大破之。”③ 金熙，《苻丕載記》作“萇平涼太守”，《通鑑》作“秦平涼太守”，互有抵牾。《姚萇載記》、《通鑑》皆謂姚萇擊金熙，可知金熙非“萇平涼太守”，中華標點本《苻丕載記》句讀有誤，“平涼太守金熙”應屬下句。

金熙，本東胡之種；沒弈干，鮮卑多蘭部帥也。（第3366頁）

此條僅見於《通鑑》。

枹罕諸氐以衛平衰老，難與成功，議廢之，而憚其宗強，累日不決。氐啖青謂諸將曰：“大事宜時定，不然，變生。諸君但請衛公爲

---

① 《晉書》卷一一五《苻丕載記》，第2946頁。
② 同上。
③ 《晉書》卷一一六《姚萇載記》，第2967頁。

會，觀我所爲。"會七夕大宴，青抽劍而前曰："今天下大亂，吾曹休
戚同之，非賢主不可以濟大事。衛公老，宜返初服以避賢路。狄道長
苻登，雖王室疏屬，志略雄明，請共立之，以赴大駕。諸君有不同
者，即下異議。"乃奮劍攘袂，將斬異己者。衆皆從之，莫敢仰視。
（第3366—3367頁）

此條見《晉書·苻丕載記》①，唯"大事宜時定"，《載記》脫"時"
字；"諸君"，《載記》訛作"諸軍"；逢"七夕大宴"，僅見於《通鑑》。

　　（啖青等）於是推（苻）登爲使持節、都督隴右諸軍事、撫軍大
將軍、雍河二州牧、略陽公，帥衆五萬，東下隴，攻南安，拔之，馳
使請命于秦。（第3367頁）

《晉書·苻丕載記》僅有"於是推登爲帥，遣使於丕請命"② 兩句，
其餘情節爲《通鑑》獨家所載。

　　（苻）登，秦主丕之族子也。（第3367頁）

《晉書·苻登載記》作"堅之族孫也"③。

　　八月
　　秦主丕以苻登爲征西大將軍、開府儀同三司、南安王，持節、州
牧、都督，皆因其所稱而授之。又以徐義爲右丞相。（第3368頁）

此條見《晉書·苻丕載記》④，唯"州牧、都督"，《載記》訛作"州
郡督"。苻登爲啖青等人所推，拜使持節、都督隴右諸軍事、撫軍大將
軍、雍河二州牧、略陽公，苻丕授登征西大將軍、開府儀同三司、南安
王、持節，與登此前官爵多不同。

---

① 《晉書》卷一一五《苻丕載記》，第2946頁。
② 同上。
③ 《晉書》卷一一五《苻丕載記附苻登載記》，第2947頁。
④ 《晉書》卷一一五《苻丕載記》，第2946頁。

　　（秦主丕）留王騰守晉陽，右僕射楊輔戍壺關，帥衆四萬，進屯平陽。（第 3368 頁）

此條見《晉書·苻丕載記》①。

　　初，後秦主萇之弟碩德統所部羌居隴上，聞萇起兵，自稱征西將軍，聚衆於冀城以應之；以兄孫詳爲安遠將軍，據隴城，從孫訓爲安西將軍，據南安之赤亭。（第 3368 頁）

此條僅見於《通鑑》，唯姚詳爲安遠將軍，見《晉書·姚興載記上》②。

　　（後秦主萇）與秦秦州刺史王統相持。（第 3368 頁）

此條見《晉書·姚萇載記》③。

　　（後秦主）萇自安定引兵會（姚）碩德攻（王）統。（第 3368 頁）

此條僅見於《通鑑》。

　　天水屠各、略陽羌胡應之（引者按：指姚萇）者二萬餘戶。（第 3368 頁）

此條見《晉書·姚萇載記》④。

　　秦略陽太守王皮降之。（第 3368 頁）

此條僅見於《通鑑》。

---

① 《晉書》卷一一五《苻丕載記》，第 2946 頁。
② 《晉書》卷一一七《姚興載記上》，第 2978 頁。
③ 《晉書》卷一一六《姚萇載記》，第 2967 頁。
④ 同上。

　　　　九月

　　　　王統以秦州降于後秦。（第 3369 頁）

　　此條見《晉書·苻丕載記》①、《姚萇載記》②。

　　　　後秦主萇以姚碩德爲使持節、都督隴右諸軍事、秦州刺史，鎮上邽。（第 3369 頁）

　　《晉書·姚萇載記》："拜弟碩德都督隴右諸軍事、征西將軍、秦州刺史，領護東羌校尉，鎮上邽。"③《通鑑》此條似另有所本。

　　　　呂光得秦王堅凶問，舉軍縞素，謚曰文昭皇帝。

　　此條見《晉書·呂光載記》④。

　　　　十月

　　　　（呂光）大赦，改元大安。（第 3369 頁）

　　此條見《十六國春秋·後涼錄》⑤、《晉書·呂光載記》⑥。唯"大安"，《載記》作"太安"，據《晉書》標點本《校勘記》，太安乃苻丕年號，爲光所用，非自建元，故《魏書·呂光傳》稱光紀年始於麟嘉⑦，可從。

　　　　西燕慕容永遣使詣秦主丕求假道東歸，丕弗許，與永戰于襄陵，秦兵大敗，左丞相王永、衛大將軍俱石子皆死。（第 3369 頁）

　　① 《晉書》卷一一五《苻丕載記》，第 2946 頁。
　　② 《晉書》卷一一六《姚萇載記》，第 2967 頁。
　　③ 同上。
　　④ 《晉書》卷一二二《呂光載記》，第 3057 頁。
　　⑤ 《太平御覽》卷一二五《偏霸部九》"後涼呂光"條引《十六國春秋·後涼錄》，第 1 冊，第 604 頁下欄。
　　⑥ 《晉書》卷一二二《呂光載記》，第 3057 頁。
　　⑦ 《晉書》卷一二二《呂光載記·校勘記》五，第 3073 頁。

　　此條見《十六國春秋・前秦錄》①、《晉書・苻丕載記》②。

　　　初，東海王纂自長安來，麾下壯士三千餘人，（秦主）丕忌之，
既敗，懼爲纂所殺，帥騎數千南奔東垣，謀襲洛陽。揚威將軍馮該自
陝邀擊之，殺丕，執其太子寧、長樂王壽，送建康，詔赦不誅，以付
苻宏。纂與其弟尚書永平侯師奴帥秦衆數萬走據杏城，其餘王公百官
皆沒於永。（第 3369 頁）

　　此條分見《十六國春秋・前秦錄》③、《晉書・苻丕載記》④。唯苻纂
弟師爲尚書、封永平侯，僅見於《通鑑》。

　　　秦南安王登既克南安，夷、夏歸之者三萬餘戶，遂進攻姚碩德于
秦州，後秦主萇自往救之。登與萇戰于胡奴阜，大破之，斬首二萬餘
級，將軍啖青射萇，中之。萇創重，走保上邽，姚碩德代之統衆。
（第 3370 頁）

　　《十六國春秋・前秦錄》："太平二年，與姚萇戰于胡奴□追，大破
之。"⑤ 其餘情節，均僅見於《通鑑》。《晉書・姚萇載記》："萇復如秦
州，爲苻登所敗，語在登傳。"⑥ 檢《苻登載記》無此事，當已散佚。

　　　十一月
　　　秦尚書寇遺奉勃海王懿、濟北王昶自杏城奔南安，南安王登發喪
行服，諡秦主丕曰哀平皇帝。登議立懿爲主，衆曰："勃海王雖先帝
之子，然年在幼沖，未堪多難。今三虜窺覦，宜立長君，非大王不
可。"登乃爲壇於隴東，即皇帝位，大赦，改元太初，置百官。（第

---

① 《太平御覽》卷一二二《偏霸部六》"前秦苻丕"條引，第 1 冊，第 592 頁上欄。
② 《晉書》卷一一五《苻丕載記》，第 2946—2947 頁。
③ 《太平御覽》卷一二二《偏霸部六》"前秦苻丕"條引，第 1 冊，第 592 頁上欄。
④ 《晉書》卷一一五《苻丕載記》，第 2947 頁。
⑤ 《太平御覽》卷一二二《偏霸部六》"前秦苻登"條引，第 1 冊，第 592 頁上欄。
⑥ 《晉書》卷一一六《姚萇載記》，第 2967 頁。

3370—3371 頁）

此條分見《十六國春秋·前秦錄》①、《晉書·苻登載記》②。苻丕諡爲哀平，則見《晉書·苻丕載記》③。

十二月
呂光自稱使持節、侍中、中外大都督、督隴右河西諸軍事、大將軍、涼州牧、酒泉公。（第 3371 頁）

此條見《晉書·呂光載記》④，唯《載記》所錄呂光名號，又有"領護匈奴中郎將"一項，爲《通鑑》所未載。

秦主登立世祖神主於軍中，載以輜軿，建黃旗青蓋，以虎賁三百人衛之，凡所欲爲，必啟主而後行。（第 3371 頁）

此條分見《十六國春秋·前秦錄》⑤、《晉書·苻登載記》⑥。

（秦主登）引兵五萬，東擊後秦，將士皆刻鍪、鎧爲"死""休"字；每戰以劍稍爲方圓大陣，知有厚薄，從中分配，故人自爲戰，所向無前。（第 3371 頁）

此條分見車頻《秦書》⑦、《十六國春秋·前秦錄》⑧、《晉書·苻登載記》⑨。唯"劍稍"，《載記》作"長稍鉤刃"。

---

① 《太平御覽》卷一二二《偏霸部六》"前秦苻登"條引，第 1 冊，第 592 頁上欄—下欄。
② 《晉書》卷一一五《苻登載記》，第 2948 頁。
③ 同上書，第 2947 頁。
④ 《晉書》卷一二二《呂光載記》，第 3057 頁。
⑤ 《太平御覽》卷一二二《偏霸部六》"前秦苻登"條引，第 1 冊，第 592 頁下欄。
⑥ 《晉書》卷一一五《苻登載記》，第 2948—2949 頁。
⑦ 《太平御覽》卷三五六《兵部八七》"兜鍪"條引，第 2 冊，第 1637 頁下欄。
⑧ 《太平御覽》卷一二二《偏霸部六》"前秦苻登"條引，第 1 冊，第 592 頁下欄。
⑨ 《晉書》卷一一五《苻登載記》，第 2949 頁。

初，長安之將敗也，中壘將軍徐嵩、屯騎校尉胡空各聚衆五千，結壘自固；既而受後秦官爵。後秦主萇以王禮葬秦主堅於二壘之間。及登至，嵩、空以衆降之。登拜嵩雍州刺史，空京兆尹，改葬堅以天子之禮。（第 3371—3372 頁）

此條見《晉書·苻登載記》①，唯"結壘"，《載記》作"築堡"；"後秦主萇以王禮葬秦主堅於二壘之間"，《載記》作"及萇之害堅，嵩等以王禮葬堅於二堡之間"，《通鑑》轉錄有誤。苻堅去皇帝號，稱大秦天王，《通鑑》遂改稱"秦王"；苻丕即皇帝位，追謚苻堅爲宣昭皇帝，溫公等人又改稱堅爲"秦主"，其書法如此。

卷一〇七

太元十二年（太初二年，387）

初，（燕主）垂在長安，秦王堅嘗與之交手語，宂從僕射光祚言於堅曰："陛下頗疑慕容垂乎？垂非久爲人下者也。"堅以告垂。及秦主丕自鄴奔晉陽，祚與黃門侍郎封孚、鉅鹿太守封勸皆來奔。勸，奕之子也。垂之再圍鄴也，秦故臣西河朱肅等各以其衆來奔。詔以祚等爲河北諸郡太守，皆營於濟北、濮陽，隸屬溫詳；詳敗，俱詣燕軍降。垂赦之，撫待如舊。垂見光祚，流涕沾衿，曰："秦王待我深，吾事之亦盡；但爲二公猜忌，吾懼死而負之，每一念之，中宵不寐。"祚亦悲慟。垂賜祚金帛，祚固辭，垂曰："卿猶復疑邪？"祚曰："臣昔者惟知忠於所事，不意陛下至今懷之，臣敢逃其死！"垂曰："此乃卿之忠，固吾所求也，前言戲之耳。"待之彌厚，以爲中常侍。（第 3374 頁）

《十六國春秋·後燕錄》："秦宦人光祚先入晉，晉以祚爲河北郡。至是來歸，慕容垂見祚，流涕曰：'秦主知我理深，吾事之亦盡。淮南之敗，吾效忠

---

① 《晉書》卷一一五《苻登載記》，第 2949 頁。

節，每思疇昔之顧，未嘗不中宵忘寢。’祚亦歔欷。”① 其餘情節均僅見於
《通鑑》。

　　秦主登立妃毛氏爲皇后，勃海王懿爲太弟。后，興之女也。遣使
拜東海王纂爲使持節、都督中外諸軍事、太師、領大司馬，封魯王；
纂弟師奴爲撫軍大將軍、并州牧，封朔方公。纂怒謂使者曰：“勃海
王先帝之子，南安王何以不立而自立乎？”長史王旅諫曰：“南安已
立，理無中改；今寇虜未滅，不可宗室之中自爲仇敵也。”纂乃受命。
於是盧水胡彭沛穀、屠各董成、張龍世、新平羌雷惡地等皆附於纂，
有衆十餘萬。（第 3374—3375 頁）

此條見《晉書·苻登載記》②，唯“盧水胡彭沛穀”，《載記》作“貳
縣虜帥彭沛穀”。

　　三月
　　秦主登以竇衝爲南秦州牧，楊定爲益州牧，楊壁爲司空、梁州牧，
乞伏國仁爲大將軍、大單于、苑川王。（第 3376 頁）

此條分見《晉書·苻登載記》③、《晉書·乞伏國仁載記》④。

　　四月
　　秦主登以其兄同成爲司徒、守尚書令，封潁川王；弟廣爲中書
監，封安成王；子崇爲尚書左僕射，封東平王。（第 3378 頁）

此條僅見於《通鑑》。

　　秦主登軍于瓦亭，後秦主萇攻彭沛穀堡，拔之，穀奔杏城。萇還
陰密，以太子興鎮長安。（第 3379 頁）

────────────

① 《太平御覽》卷三八六《人事部二七》“涕淚”條引，第 2 冊，第 1790 頁下欄。
② 《晉書》卷一一五《苻登載記》，第 2949 頁。
③ 同上書，第 2950 頁。
④ 《晉書》卷一二五《乞伏國仁載記》，第 3115 頁。

　　此條見《晉書·苻登載記》①，按據《載記》，《通鑑》"穀奔杏城"前脫一"沛"字。

　　秦馮翊太守蘭櫝帥衆二萬自頻陽入和寧，與魯王纂謀攻長安。纂弟師奴勸纂稱尊號，纂不從；師奴殺纂而代之，櫝遂與師奴絕。（第3379頁）

　　此條見《晉書·苻登載記》②。

　　西燕主永攻（蘭）櫝，櫝請救於後秦，後秦主萇欲自救之。尚書令姚旻、左僕射尹緯曰："苻登近在瓦亭，將乘虛襲吾後。"萇曰："苻登衆盛，非旦夕可制；登遲重少決，必不能輕軍深入。比兩月間，吾必破賊而返，登雖至，無能爲也。"（第3379—3380頁）

　　此條見《姚萇載記》③，唯"將乘虛襲吾後"，《載記》作"陛下未宜輕舉"；"比兩月間，吾必破賊而返"，《載記》作"兩月之間，足可克此三豎"；"登雖至，無能爲也"，《載記》又作"吾事必矣"。

　　九月
　　（後秦主）萇軍于泥源。（苻）師奴逆戰，大敗，亡奔鮮卑。後秦盡收其衆，屠各董成等皆降。（第3380頁）

　　此條見《姚萇載記》④，唯苻師奴亡奔鮮卑及屠各董成等降後秦事，僅見於《通鑑》。

　　秦主登進據胡空堡，戎、夏歸之十餘萬。（第3380頁）

---

① 《晉書》卷一一五《苻登載記》，第2950頁。
② 同上。
③ 《晉書》卷一一六《姚萇載記》，第2967頁。
④ 同上書，第2967—2968頁。

此條分見《十六國春秋·前秦錄》①、《晉書·苻登載記》②。

　　十月

　　後秦主萇進擊西燕王永於河西，永走。蘭櫝復列兵拒守，萇攻
之；十二月，禽櫝，遂如杏城。（第 3380 頁）

《姚萇載記》僅有“又擒蘭櫝，收其士馬”③ 兩句，其餘內容爲《通
鑑》獨家所載。胡注：“‘西燕王’當作‘西燕主’。”《通鑑》書法如此。

　　後秦姚方成攻秦雍州刺史徐嵩壘，拔之，執嵩而數之。嵩罵曰：“汝
姚萇罪當萬死，苻黃眉欲斬之，先帝止之。授任內外，榮寵極矣。曾不
如犬馬識所養之恩，親爲大逆。汝羌輩豈可以人理期也，何不速殺我！”
方成怒，三斬嵩，悉阬其士卒，以妻子賞軍。（第 3380 頁）

此條見《晉書·苻登載記》及所附《徐嵩傳》④，唯“榮寵極矣”，
《載記》作“位爲列將”；又“悉阬其士卒，以妻子賞軍”兩句，僅見於
《通鑑》。

　　後秦主萇掘秦主堅尸，鞭撻無數，剝衣倮形，薦之以棘，坎土而
埋之。（第 3380 頁）

此條見《姚萇載記》⑤。

太元十三年（太初三年，388）

　　二月

　　秦主登軍朝那，後秦主萇軍武都。（第 3382 頁）

————————

①　《太平御覽》卷一二二《偏霸部六》“前秦苻登”條引，第 1 冊，第 592 頁下欄。
②　《晉書》卷一一五《苻登載記》，第 2950 頁。
③　《晉書》卷一一六《姚萇載記》，第 2968 頁。
④　《晉書》卷一一五《苻登載記》，第 2950 頁；同卷《徐嵩傳》，第 2955 頁。
⑤　《晉書》卷一一六《姚萇載記》，第 2968 頁。

此條分見《十六國春秋·前秦錄》①、《晉書·苻登載記》②。

五月
秦太弟懿卒，謚曰獻哀。（第3384頁）

此條僅見於《通鑑》。另據《晉書·苻登載記》："僭立其妻毛氏爲皇后，弟懿爲皇太弟。"③ 懿爲丕子、堅孫，登爲堅族孫，故懿爲登族弟，非登弟。

六月
秦、後秦自春相持，屢戰，互有勝負，至是各解歸。（第3384頁）

此條見《晉書·苻登載記》④，唯"至是各解歸"一句，僅見於《通鑑》。

關西豪桀以後秦久無成功，多去而附秦。（第3384頁）

此條僅見於《通鑑》。

八月
秦主登立子崇爲皇太子，弁爲南安王，尚爲北海王。（第3385頁）

此條見《晉書·苻登載記》⑤。

十月
後秦主萇還安定；秦主登就食新平，帥衆萬餘圍萇營，四面大哭，萇命營中哭以應之，登乃退。（第3385—3386頁）

---

① 《太平御覽》卷一二二《偏霸部六》"前秦苻登"條引，第1冊，第592頁下欄。
② 《晉書》卷一一五《苻登載記》，第2950頁。
③ 同上書，第2949頁。
④ 同上書，第2950頁。
⑤ 同上。

此條分見車頻《秦書》①、《晉書·苻登載記》②。

　　十二月
　　秦以潁川王同成爲太尉。（第 3386 頁）

此條僅見於《通鑑》。

太元十四年（太初四年，389）

　　正月
　　後秦主萇以秦戰屢勝，謂得秦王堅之神助，亦於軍中立堅像而禱之曰：“臣兄襄救臣復讎，新平之禍，臣行襄之命，非臣罪也。苻登，陛下疏屬，猶欲復讎，況臣敢忘其兄乎！且陛下命臣以龍驤建業，臣敢違之！今爲陛下立像，陛下勿追計臣過也。”秦主登升樓，遙謂萇曰：“爲臣弒君，而立像求福，庸有益乎！”因大呼曰：“弒君賊姚萇何不自出！吾與汝決之！”萇不應。久之，以戰未有利，軍中每夜數驚，乃斬像首以送秦。（第 3387 頁）

此條分見車頻《秦書》③、《十六國春秋·前秦錄》④、《晉書·苻登載記》⑤，唯“救臣復讎”，《載記》作“救臣行殺”；“陛下疏屬”，《載記》作“陛下末族”。

　　秦主登以河南王乾歸爲大將軍、大單于、金城王。（第 3387 頁）

此條見《晉書·乞伏乾歸載記》⑥。

---

① 《太平御覽》卷四八七《人事部一二八》“哭”條引，第 3 冊，第 2232 頁下欄。
② 《晉書》卷一一五《苻登載記》，第 2950 頁。
③ 《太平御覽》卷三九六《人事部三七》“偶像”條引，第 2 冊，第 1832 頁上欄。
④ 《太平御覽》卷一二二《偏霸部六》“前秦苻登”條引，第 1 冊，第 592 頁下欄。
⑤ 《晉書》卷一一五《苻登載記》，第 2950—2951 頁。
⑥ 《晉書》卷一二五《乞伏乾歸載記》，第 3116 頁。

二月

　　呂光自稱三河王，大赦，改元麟嘉，置百官。光妻石氏、子紹、弟德世自仇池來至姑臧，光立石氏爲妃，紹爲世子。（第 3387 頁）

此條見《晉書·呂光載記》①。

　　秦主登留輜重於大界，自將輕騎萬餘攻安定羌密造保，克之。（第 3388 頁）

此條僅見於《通鑑》。

五月

　　金城王乾歸擊侯年部，大破之。於是秦、涼鮮卑、羌、胡多附乾歸，乾歸悉授以官爵。（第 3388 頁）

此條見《晉書·乞伏乾歸載記》②，唯"侯年部"，《載記》作"休官阿敦、侯年二部"，《通鑑》似有遺漏。

　　後秦主萇與秦主登戰數敗，乃遣中軍將軍姚崇襲大界；登邀擊之於安丘，又敗之。（第 3388 頁）

此條見《晉書·苻登載記》③。

七月

　　秦主登攻後秦右將軍吳忠等於平涼，克之。（第 3388 頁）

此條見《晉書·苻登載記》④。

---

① 《晉書》卷一二二《呂光載記》，第 3059 頁。
② 《晉書》卷一二五《乞伏乾歸載記》，第 3116 頁。
③ 《晉書》卷一一五《苻登載記》，第 2951 頁。
④ 同上。

八月

（秦主）登據苟頭原以逼安定。諸將勸後秦主萇決戰，萇曰："與窮寇競勝，兵家之忌也；吾將以計取之。"乃留尚書令姚旻守安定，夜，帥騎三萬襲秦輜重于大界，克之。（第3388—3389頁）

此條分見《魏書·臨渭氐苻健傳》①、《晉書·姚萇載記》②，唯苻登"據苟頭原"，僅見於《通鑑》。

（後秦主萇）殺毛后及南安王尚，擒名將數十人，驅掠男女五萬餘口而還。（第3389頁）

此條見《晉書·苻登載記》③。

毛氏美而勇，善騎射。後秦兵入其營，毛氏猶彎弓跨馬，帥壯士數百人戰，衆寡不敵，爲後秦所執。（後秦主）萇將納之，毛氏罵且哭曰："姚萇，汝先已殺天子，今又欲辱皇后，皇天后土，寧汝容乎！"萇殺之。（第3389頁）

此條分見《魏書·臨渭氐苻健傳》④、《晉書·列女傳》"苻登妻毛氏"⑤條，唯"美而勇，善騎射"，《列女傳》作"壯勇善騎射"；"寧汝容乎"，《毛氏傳》作"寧不鑑照"。

諸將欲因秦軍駭亂擊之，（後秦主）萇曰："登衆雖亂，怒氣猶盛，未可輕也。"遂止。（秦主）登收餘衆屯胡空堡。萇使姚碩德鎮安定，徙安定千餘家于陰密，遣其弟征南將軍靖鎮之。（第3389頁）

---

① 《魏書》卷九五《臨渭氐苻健傳》，第2081頁。
② 《晉書》卷一一六《姚萇載記》，第2968頁。
③ 《晉書》卷一一五《苻登載記》，第2951頁。
④ 《魏書》卷九五《臨渭氐苻健傳》，第2081頁。
⑤ 《晉書》卷九六《列女傳》"苻登妻毛氏"條，第2523—2524頁。

此條分見《晉書·苻登載記》①、《姚萇載記》②。

　　九月

　　秦主登之東也，後秦主萇使姚碩德置秦州守宰，以從弟常戍隴城，邢奴戍冀城，姚詳戍略陽。楊定攻隴、冀，克之，斬常，執邢奴；詳棄略陽，奔陰密。定自稱秦州牧、隴西王；秦因其所稱而授之。（第3389頁）

此條僅見於《通鑑》。

　　十月

　　秦主登以竇衝爲大司馬、都督隴東諸軍事、雍州牧，楊定爲左丞相、都督中外諸軍事、秦梁二州牧，約共攻後秦。（第3389—3390頁）

此條見《晉書·苻登載記》③，唯苻登以竇衝爲雍州牧，僅見於《通鑑》。

　　（秦主登）又約監河西諸軍事并州刺史楊政、都督河東諸軍事冀州刺史楊楷各帥其衆會長安。政、楷皆河東人。秦主丕既敗，政、楷收集流民數萬戶，政據河西，楷據湖、陝之間，遣使請命於秦，登因而授之。（第3390頁）

《晉書·苻登載記》：“又命其并州刺史楊政、冀州刺史楊楷率所統大會長安。”④ 其餘內容僅見於《通鑑》。

　　十二月

　　後秦主萇使其東門將軍任瓫詐遣使招秦主登，許開門納之。登將從之，征東將軍雷惡地將兵在外，聞之，馳騎見登，曰：“姚萇多詐，不可信也！”登乃止。萇聞惡地詣登，謂諸將曰：“此羌見登，

---

① 《晉書》卷一一五《苻登載記》，第2951頁。
② 《晉書》卷一一六《姚萇載記》，第2968頁。
③ 《晉書》卷一一五《苻登載記》，第2951頁。
④ 同上。

事不成矣！"（第 3393—3394 頁）

此條見《晉書·苻登載記》①，唯任瓮爲後秦東門將軍，雷惡地爲前秦征東將軍，僅見於《通鑑》；"多詐"，《載記》作"多計略"。

（秦主）登以（雷）惡地勇略過人，陰憚之。惡地懼，降於後秦，萇以惡地爲鎮軍將軍。（第 3394 頁）

《晉書·姚萇載記》："雷惡地率眾降萇，拜爲鎮東將軍。"② 其餘情節僅見於《通鑑》。

秦以安成王廣爲司徒。（第 3394 頁）

《晉書·苻登載記》："登之東也，留其弟司徒廣守雍。"③ 廣封安成王，且於此時拜司徒，僅見於《通鑑》。

太元十五年（太初五年，390）

三月
後秦主萇攻秦扶風太守齊益男於新羅堡，克之，益男走。（第 3395 頁）

此條見《晉書·苻登載記》④，唯"秦扶風太守齊益男"，《載記》作"萇扶風太守齊益男"，"萇"爲"秦"字之誤，參見《校勘記》⑤。

秦主登攻後秦天水太守張業生于隴東，（後秦主）萇救之，登引去。（第 3395 頁）

---

① 《晉書》卷一一五《苻登載記》，第 2951—2952 頁。
② 《晉書》卷一一六《姚萇載記》，第 2969 頁。
③ 《晉書》卷一一五《苻登載記》，第 2953 頁。
④ 同上書，第 2952 頁。
⑤ 《晉書》卷一一五《苻登載記·校勘記》六，第 2957 頁。

此條見《晉書·苻登載記》①，唯張業生爲後秦天水太守，僅見於《通鑑》。

四月

秦鎮東將軍魏揭飛自稱衝天王，帥氐、胡攻後秦安北將軍姚當成於杏城；鎮軍將軍雷惡地叛應之，攻鎮東將軍姚漢得於李潤。後秦主萇欲自擊之，羣臣皆曰：“陛下不憂六十里苻登，乃憂六百里魏揭飛，何也？”萇曰：“登非可猝滅，吾城亦非登所能猝拔。惡地智略非常，若南引揭飛，東結董成，得杏城、李潤而據之，長安東北非吾有也。”乃潛引精兵一千六百赴之。（第3395頁）

此條見《晉書·姚萇載記》②，唯“姚當成”，《載記》訛作“姚當城”；“潛引精兵一千六百赴之”，《載記》下文又有姚萇“以千六百人破三萬眾”之語。

（魏）揭飛、（雷）惡地有衆數萬，氐、胡赴之者前後不絕。（後秦主）萇每見一軍至，輒喜。羣臣怪而問之。（第3395頁）

此條見《晉書·姚萇載記》③。

羣臣怪而問之，（後秦主）萇曰：“揭飛等扇誘同惡，種類甚繁，吾雖克其魁帥，餘黨未易猝平；今烏集而至，吾乘勝取之，可一舉無餘也。”（第3395頁）

《晉書·姚萇載記》載姚萇之語作：“今同惡相濟，皆來會集，吾得乘勝席卷，一舉而覆其巢穴，東北無復餘也。”④《通鑑》似另有出處。

（魏）揭飛等見後秦兵少，悉衆攻之；（後秦主）萇固壘不戰，

---

① 《晉書》卷一一五《苻登載記》，第2952頁。
② 《晉書》卷一一六《姚萇載記》，第2969頁。
③ 同上。
④ 同上。

示之以弱，潛遣其子中軍將軍崇帥騎數百出其後。揭飛兵擾亂，萇遣
鎮遠將軍王超等縱兵擊之，斬揭飛及其將士萬餘級。（雷）惡地請
降，萇待之如初。惡地謂人曰："吾自謂智勇傑出一時，而每遇姚翁
輒困，固其分也！"（第 3395—3396 頁）

此條見《晉書·姚萇載記》①，唯苻崇爲中軍將軍，僅見於《通鑑》。

　　（後秦主）萇命姚當成於所營之地，每柵孔中輒樹一木以旌戰
功。歲餘，問之，當成曰："營地太小，已廣之矣。"萇曰："吾自結
髮以來，與人戰，未嘗如此之快，以千餘兵破三萬之衆，營地惟小爲
奇，豈以大爲貴哉！"（第 3396 頁）

此條見《晉書·姚萇載記》②，唯"千餘兵"，《載記》作"千六百人"。

　　七月
　　馮翊人郭質起兵於廣鄉以應秦，移檄三輔曰："姚萇凶虐，毒被
神人。吾屬世蒙先帝堯、舜之仁，非常伯、納言之子，即卿校、牧守
之孫也。與其含恥而存，孰若蹈道而死。"於是三輔壁壘皆應之；獨
鄭縣人苟曜聚衆數千附於後秦。秦以質爲馮翊太守。後秦以曜爲豫州
刺史。（第 3396—3397 頁）

此條見《晉書·苻登載記》③，唯後秦以苟曜爲豫州刺史，僅見於《通
鑑》。

　　十二月
　　郭質及苟曜戰于鄭東，質敗，奔洛陽。（第 3398 頁）

《晉書·苻登載記》："（郭質）與曜戰於鄭東，爲曜所敗，遂歸於萇，

————————————

① 《晉書》卷一一六《姚萇載記》，第 2969—2970 頁。
② 同上書，第 2970 頁。
③ 《晉書》卷一一五《苻登載記》，第 2952 頁。

萇以爲將軍，質衆皆潰散。"①《通鑑》似另有所據。

太元十六年（太初六年，391）

三月

秦主登自雍攻後秦安東將軍金榮于范氏堡，克之；遂渡渭水，攻京兆太守韋範于段氏堡，不克；進據曲牢。（第3398頁）

此條見《晉書·苻登載記》②，唯金榮，《載記》作金溫。

四月

苟曜有衆一萬，密召秦主登，許爲內應；登自曲牢向繁川，軍于馬頭原。（第3398頁）

此條見《晉書·苻登載記》③、《姚萇載記》④，唯"登自曲牢向繁川"，《載記》脫"向"字。

五月

後秦主萇引兵逆戰，（秦主）登擊破之，斬其右將軍吳忠。（第3398頁）

此條見《晉書·苻登載記》⑤、《姚萇載記》⑥，唯"右將軍吳忠"，《載記》作"尚書吳忠"。

（後秦主）萇收衆復戰，姚碩德曰："陛下慎於輕戰，每欲以計取之，今戰失利而更前逼賊，何也？"萇曰："登用兵遲緩，不識虛實。今輕兵直進，遙據吾東，此必苟曜豎子與之有謀也。緩之則其謀

① 《晉書》卷一一五《苻登載記》，第2952頁。
② 同上。
③ 同上。
④ 《晉書》卷一一六《姚萇載記》，第2970頁。
⑤ 《晉書》卷一一五《苻登載記》，第2952—2953頁。
⑥ 《晉書》卷一一六《姚萇載記》，第2970頁。

得成，故及其交之未合，急擊之以敗散其事耳。"遂進戰，大破之。
（秦主）登退屯於郿。（第 3398—3399 頁）

此條見《晉書·姚萇載記》①，唯"遙據吾東"，據《載記》，"遙"
爲"逼"字之誤；"交之未合"，《載記》作"謀之未就"。

　　　秦兗州刺史強金槌據新平，降後秦，以其子達爲質。後秦主萇將
數百騎入金槌營。萇下諫之，萇曰："金槌既去符登，又欲圖我，將
安所歸乎！且彼初來款附，宜推心以結之，奈何復以不信疑之乎！"
既而萇氏欲取萇，金槌不從。（第 3399 頁）

此條見《晉書·姚萇載記》②，唯"強金槌"，《載記》脫"強"字；
金槌"以其子達爲質"，僅見於《通鑑》。

　　　七月
　　　秦主登攻新平，後秦主萇救之，登引去。（第 3400 頁）

此條分見《十六國春秋·前秦錄》③、《晉書·符登載記》④。

　　　秦驃騎將軍沒弈干以其二子爲質於金城王乾歸，請共擊鮮卑大
兜。乾歸與沒弈干攻大兜於鳴蟬堡，克之。（第 3400 頁）

此條見《晉書·乞伏乾歸載記》⑤，唯"請共擊鮮卑大兜"下，《載
記》衍一"國"字。

　　　（大）兜微服走，（金城王）乾歸收其部衆而還，歸沒弈干二子。
沒弈干尋叛，東合劉衛辰。（第 3400 頁）

---

①　《晉書》卷一一六《姚萇載記》，第 2970—2971 頁。
②　同上書，第 2971 頁。
③　《太平御覽》卷一二二《偏霸部六》"前秦符登"條引，第 1 冊，第 592 頁下欄。
④　《晉書》卷一一五《符登載記》，第 2953 頁。
⑤　《晉書》卷一二五《乞伏乾歸載記》，第 3116 頁。

此條僅見於《通鑑》。

　　八月

　　（金城王）乾歸帥騎一萬討沒弈干，沒弈干奔他樓城，乾歸射之，中目。（第 3400 頁）

此條僅見於《通鑑》。

　　十二月

　　秦主登攻安定，後秦主萇如陰密以拒之，謂太子興曰：“苟曜聞吾北行，必來見汝，汝執誅之。”曜果見興於長安，興使尹緯讓而誅之。（第 3403 頁）

此條見《晉書·姚萇載記》①，唯“汝執誅之”，《姚萇載記》作“汝便執之”。《苻登載記》僅有“（登）復攻安定”② 一句。

　　（後秦主）萇敗（秦主）登於安定城東，登退據路承堡。萇置酒高會，諸將皆曰：“若值魏武王，不令此賊至今，陛下將牢太過耳。”萇笑曰：“吾不如亡兄有四：身長八尺五寸，臂垂過膝，人望而畏之，一也；將十萬之衆，與天下爭衡，望麾而進，前無橫陳，二也；溫古知今，講論道藝，收羅英儁，三也；董帥大衆，上下咸悅，人盡死力，四也。所以得建立功業，驅策羣賢者，正望算略中有片長耳。”羣臣咸稱萬歲。（第 3403 頁）

此條見《晉書·姚萇載記》③，唯“將十萬之衆”，《載記》“將”字訛作“當”。《苻登載記》僅有“（登）爲萇所敗，據路承堡”④ 兩句。

---

① 《晉書》卷一一六《姚萇載記》，第 2971 頁。
② 《晉書》卷一一五《苻登載記》，第 2953 頁。
③ 《晉書》卷一一六《姚萇載記》，第 2971 頁。
④ 《晉書》卷一一五《苻登載記》，第 2953 頁。

卷一〇八

太元十七年（太初七年，392）

正月
秦主登立昭儀隴西李氏爲皇后。（第 3404 頁）

此條僅見於《通鑑》。

三月
秦驃騎將軍沒弈干帥衆降于後秦，後秦以爲車騎將軍，封高平公。（第 3404 頁）

此條見《晉書·姚萇載記》①。

後秦主萇寢疾，命姚碩德鎮李潤，尹緯守長安，召太子興詣行營。征南將軍姚方成言於興曰：“今寇敵未滅，上復寢疾。王統等皆有部曲，終爲人患，宜盡除之。”興從之，殺王統、王廣、苻胤、徐成、毛盛。萇怒曰：“王統兄弟，吾之州里，實無他志；徐成等皆前朝名將，吾方用之，奈何輒殺之！”（第 3404—3405 頁）

此條見《晉書·姚萇載記》②，唯“實無他志”，《載記》作“無他遠志”；“前朝”，《載記》作“秦朝”。

七月
秦主登聞後秦主萇疾病，大喜，告祠世祖神主，大赦，百官進位二等，秣馬厲兵，進逼安定，去城九十餘里。（第 3407 頁）

---

① 《晉書》卷一一六《姚萇載記》，第 2971 頁。
② 同上書，第 2971—2972 頁。

此條見《晉書·苻登載記》①，唯"告祠世祖神主"，《載記》作"告（苻）堅神主"。

八月

（後秦主）萇疾小瘳，出拒之。（秦主）登引兵出營，將逆戰，萇遣安南將軍姚熙隆別攻秦營，登懼而還。萇夜引兵旁出以躡其後，旦而候騎告曰："賊諸營已空，不知所向。"登驚曰："彼爲何人，去令我不知，來令我不覺，謂其將死，忽然復來，朕與此羌同世，何其厄哉！"登遂還雍，萇亦還安定。（第3407頁）

此條見《晉書·苻登載記》②，唯姚熙隆爲後秦安南將軍，僅見於《通鑑》。

太元十八年（太初八年，393）

四月

秦右丞相竇衝矜才尚人，自請封天水王；秦主登不許。（第3410頁）

此條僅見於《通鑑》。

六月

（竇）衝自稱秦王，改元元光。（第3410頁）

此條僅見於《通鑑》。

七月

秦主登攻竇衝於野人堡，衝求救於後秦。尹緯言於後秦主萇曰："太子仁厚之稱，著於遠近，而英略未著，請使擊苻登以著之。"萇從之。太子興將兵攻胡空堡，登解衝圍以赴之。興因襲平涼，大獲而歸。萇使興還鎮長安。（第3410頁）

---

① 《晉書》卷一一五《苻登載記》，第2953頁。
② 同上。

此條見《晉書·姚萇載記》①。

太元十九年（394）

正月

秦主登聞後秦主萇卒，喜曰："姚興小兒，吾折杖笞之耳。"乃
大赦，盡衆而東。（第3412頁）

此條分見《十六國春秋·前秦錄》②、《魏書·臨渭氐苻健傳》③、《晉
書·苻登載記》④。

（秦主登）留司徒、安成王廣守雍，太子崇守胡空堡。（第3412頁）

此條分見《十六國春秋·前秦錄》⑤、《晉書·苻登載記》⑥。

（秦主登）遣使拜金城王乾歸爲左丞相、河南王、領秦梁益涼沙
五州牧，加九錫。（第3412頁）

此條分見《十六國春秋·西秦錄》⑦、《晉書·乞伏乾歸載記》⑧。

二月

秦主登攻屠各姚奴、帛蒲二堡，克之。（第3413頁）

此條見《晉書·苻登載記》⑨。

---

① 《晉書》卷一一六《姚萇載記》，第2972頁。
② 《太平御覽》卷一二二《偏霸部六》"前秦苻登"條引，第1冊，第592頁下欄。
③ 《魏書》卷九五《臨渭氐苻健傳》，第2080頁。
④ 《晉書》卷一一五《苻登載記》，第2953頁。
⑤ 《太平御覽》卷一二二《偏霸部六》"前秦苻登"條引，第1冊，第592頁下欄。
⑥ 《晉書》卷一一五《苻登載記》，第2953頁。
⑦ 《太平御覽》卷一二七《偏霸部一一》"西秦乞伏乾歸"條引，第1冊，第613頁上一下欄。
⑧ 《晉書》卷一二五《乞伏乾歸載記》，第3117頁。
⑨ 《晉書》卷一一五《苻登載記》，第2953頁。

四月

秦主登自六陌趣廢橋，後秦始平太守姚詳據馬嵬堡以拒之。太子興遣尹緯將兵救詳，緯據廢橋以待秦。秦兵爭水，不能得，渴死者什二、三，因急攻緯。興馳遣狄伯支謂緯曰：“苻登窮寇，宜持重以挫之。”緯曰：“先帝登遐，人情擾懼，今不因思奮之力以禽敵，大事去矣！”遂與秦戰，秦兵大敗。其夜，秦衆潰，登單騎奔雍，太子崇及安成王廣聞敗，皆棄城走；登至，無所歸，乃奔平涼，收集遺衆，入馬毛山。（第 3413 頁）

此條分見《十六國春秋・前秦錄》①、《晉書・苻登載記》②、《姚興載記》③，唯後秦始平太守姚詳據馬嵬堡以拒苻登及狄伯支、尹緯對話，僅見於《通鑑》。

六月

秦主登遣其子汝陰王宗爲質於河南王乾歸以請救，進封乾歸梁王，納其妹爲梁王后；乾歸遣前軍將軍乞伏益州等帥騎一萬救之。（第 3415 頁）

此條分見《十六國春秋・前秦錄》④、《晉書・苻登載記》⑤、《乞伏乾歸載記》⑥，唯“宗”，《前秦錄》作“崇”；乾歸援兵“一萬”，《前秦錄》及苻登、乞伏乾歸《載記》均作“二萬”，“一”當爲“二”字之訛。“納其妹爲梁王后”，《乞伏乾歸載記》作“納其妹東平長公主爲梁王后”。

七月

（秦主）登引兵出迎（河南王）乾歸兵，後秦主興自安定如涇陽，與登戰于山南，執登，殺之。（第 3415 頁）

---

① 《太平御覽》卷一二二《偏霸部六》“前秦苻登”條引，第 1 冊，第 592 頁下欄。
② 《晉書》卷一一五《苻登載記》，第 2953—2954 頁。
③ 《晉書》卷一一七《姚興載記上》，第 2976 頁。
④ 《太平御覽》卷一二二《偏霸部六》“前秦苻登”條引，第 1 冊，第 592 頁下欄。
⑤ 《晉書》卷一一五《苻登載記》，第 2954 頁。
⑥ 《晉書》卷一二五《乞伏乾歸載記》，第 3117 頁。

此條分見《十六國春秋·前秦錄》①、《晉書·苻登載記》②、《乞伏乾歸載記》③，唯"後秦主興自安定如涇陽"及苻登此役爲興所俘，僅見於《通鑑》。

　　（後秦主興）悉散其（引者按：指苻登）部衆，使歸農業；徙陰密三萬戶於長安，以李后賜姚晃。（第 3415 頁）

此條僅見於《通鑑》。

　　（乞伏）益州等聞之，引兵還。（第 3415 頁）

此條見《晉書·乞伏乾歸載記》④。

　　秦太子崇奔湟中，即帝位，改元延初；謚（秦主）登曰高皇帝，廟號太宗。（第 3416 頁）

此條分見《十六國春秋·前秦錄》⑤、《晉書·苻登載記》⑥。

　　十月
　　秦主崇爲梁王乾歸所逐，奔隴西王楊定。定留司馬邵彊守秦州，帥衆二萬與崇共攻乾歸，乾歸遣涼州牧軻彈、秦州牧益州、立義將軍詰歸帥騎三萬拒之。益州與定戰，敗於平州，軻彈、詰歸皆引退，軻彈司馬翟瑥奮劍怒曰："主上以雄武開基，所向無敵，威振秦、蜀。將軍以宗室居元帥之任，當竭力致命以佐國家。今秦州雖敗，二軍尚全，柰何望風退衄，將何面以見主上乎！瑥雖無任，獨不能以便宜斬將軍乎！"軻彈謝曰："向者未知衆心何如耳。果能若是，吾敢愛

---

①　《太平御覽》卷一二二《偏霸部六》"前秦苻登"條引，第 1 冊，第 592 頁下欄。
②　《晉書》卷一一五《苻登載記》，第 2954 頁。
③　《晉書》卷一二五《乞伏乾歸載記》，第 3117 頁。
④　同上。
⑤　《太平御覽》卷一二二《偏霸部六》"前秦苻登"條引，第 1 冊，第 592 頁下欄。
⑥　《晉書》卷一一五《苻登載記》，第 2954 頁。

死！”乃帥騎進戰，益州、詰歸亦勒兵繼之，大敗定兵，殺定及崇，斬首萬七千級。乾歸於是盡有隴西之地。（第3417頁）

此條分見《十六國春秋·前秦錄》①、《晉書·苻登載記》②、《乞伏乾歸載記》③，唯楊定“留司馬邵彊守秦州”，僅見於《通鑑》；定帥衆“二萬”，《乾歸載記》作“四萬”，未詳孰是；“宗室居元帥之任”，《乾歸載記》作“維城之重，受閫外之寄”；“雖無任，獨不能以便宜斬將軍乎”，《乞伏乾歸載記》作“瑤誠才非古人，敢忘項氏之義乎”；“果能若是，吾敢愛死”，《乾歸載記》作“敗不相救，軍罰所先，敢自寧乎”；《通鑑》所錄翟瑤、軻彈之言，與《載記》似各有所據；“盡有隴西之地”，《乾歸載記》又作“盡有隴西、巴西之地”。

《資治通鑑》獨家所存前秦國資料輯錄

1. 晉成帝咸和八年（333）十月，（石）虎分命諸將屯汧、隴，遣將軍麻秋討蒲洪。（第2989頁）

2. （蒲洪說石虎徙關中豪傑及氐、羌以實東方，）曰：“諸氐皆洪家部曲，洪帥以從，誰敢違者！”（第2989頁）

3. 咸康四年（338）五月，蒲洪以功拜使持節、都督六夷諸軍事。（第3020頁）

4. 石閔言於（石）虎曰：“蒲洪雄儁，得將士死力，諸子皆有非常之才，且握強兵五萬，屯據近畿；宜密除之，以安社稷。”虎曰：“吾方倚其父子以取吳、蜀，奈何殺之！”待之愈厚。（第3020頁）

5. 晉穆帝永和五年（349），車騎將軍蒲洪。（第3086頁）

6. 四月，（彭城王石遵至李城，蒲洪等共說遵）曰：“今女主臨朝，姦臣用事。”（第3089頁）

7. 五月，武興公（石）閔言於（石）遵曰：“蒲洪，人傑也；今以

---

① 《太平御覽》卷一二二《偏霸部六》“前秦苻登”條引，第1冊，第592頁下欄。
② 《晉書》卷一一五《苻登載記》，第2954頁。
③ 《晉書》卷一二五《乞伏乾歸載記》，第3117頁。

洪鎮關中，臣恐秦、雍之地非國家之有。此雖先帝臨終之命，然陛下踐
祚，自宜改圖。"遵從之……洪怒，歸枋頭。（第 3091—3092 頁）

8. 十一月，（秦、雍流民相帥西歸，路由枋頭，共推蒲洪爲主，眾至
十餘萬。）洪子健在鄴，斬關出奔枋頭。（石）鑒懼洪之逼，欲以計遣之，
乃以洪爲都督關中諸軍事、征西大將軍、雍州牧、領秦州刺史。洪會官
屬，議應受與不；主簿程朴請且與趙連和，如列國分境而治。洪怒曰：
"吾不堪爲天子邪，而云列國乎！"引朴斬之。（第 3098 頁）

9. （石虎子新興王祇，時鎮襄國，）與姚弋仲、蒲洪等連兵，移檄中
外，欲共誅（石）閔、（李）農。（第 3098 頁）

10. 永和六年（350）正月，蒲洪據枋頭（拒石閔）。（第 3100 頁）

11. 閏月；（晉）以蒲洪爲氐王、使持節。（第 3102 頁）

12. （晉以）蒲健爲假節、右將軍、監河北征討前鋒諸軍事、襄國
公。（第 3102 頁）

13. （姚弋仲遣其子襄帥眾五萬擊蒲洪，洪迎擊，破之，）斬獲三萬
餘級。（第 3102 頁）

14. （符洪）以南安雷弱兒爲輔國將軍；安定梁楞爲前將軍，領左長
史；馮翊魚遵爲右將軍，領右長史；京兆段陵爲左將軍，領左司馬；天水
趙俱、隴西牛夷、北地辛牢皆爲從事中郎；氐酋毛貴爲單于輔相。（第
3102 頁）

15. 三月，麻秋說符洪曰："冉閔、石祇方相持，中原之亂未可平也。
不如先取關中，基業已固，然後東爭天下，誰敢敵之！"（第 3105 頁）

16. （符）去大都督、大將軍、三秦王之號，稱晉官爵，遣其叔父安
來告喪。（第 3105 頁）

17. （趙新興王祇即皇帝位於襄國，）又以符健爲都督河南諸軍事、
鎮南大將軍、開府儀同三司，兗州牧、略陽郡公。（第 3106 頁）

18. 八月，（王朗朗司馬杜洪據長安，自稱晉征北將軍、雍州刺史，）
以馮翊張琚爲司馬。（第 3107 頁）

19. （符健欲取杜洪，）以趙俱爲河內太守，戍溫；牛夷爲安集將軍，
戍懷。（第 3107 頁）

20. （符健）以武威賈玄碩爲左長史，洛陽梁安爲長史，段純爲左司
馬，辛牢爲右司馬，京兆王魚、安定程肱、胡文等爲軍諮祭酒。（第 3107
頁）

21.（苻健悉眾而西進，）以魚遵爲前鋒。（第 3107 頁）

22.（杜洪聞苻健入關，）與健書，侮嫚之。（第 3107 頁）

23.（杜洪）以張琚弟先爲征虜將軍，帥眾萬三千逆戰于潼關之北。先兵大敗，走還長安。（第 3107 頁）

24.（杜）洪悉召關中之眾以拒（苻）健。洪弟郁勸洪迎健，洪不從；郁帥所部降於健。（第 3107 頁）

25.（苻）健遣苻雄徇渭北。氐酋毛受屯高陵，徐磋屯好畤，羌酋白犢屯黃白，眾各數萬，皆斬洪使，遣子降於健。苻菁、魚遵所過城邑，無不降附。洪懼，固守長安。（第 3108 頁）

26.十一月甲午，（苻健入長安，以民心思晉，）乃遣參軍杜山伯（詣建康獻捷，并修好於桓溫）。（第 3109 頁）

27.趙涼州刺史石寧獨據上邽不下，十二月，苻雄擊斬之。（第 3110 頁）

28.永和七年（大秦天王健皇始元年，351）正月，苻健左長史賈玄碩等請依劉備稱漢中王故事，表健爲都督關中諸軍事。健怒曰："吾豈堪爲秦王邪！且晉使未返……"（第 3111 頁）

29.（苻健立子）覿爲長樂公，方爲高陽公，碩爲北平公，騰爲淮陽公，柳爲晉公，桐爲汝南公，廋爲魏公，武爲燕公，幼爲趙公。以苻雄爲都督中外諸軍事、（丞相、）領車騎大將軍、雍州牧、東海公；苻菁爲衛大將軍、平昌公，宿衛二宮；雷弱兒爲太尉，毛貴爲司空，略陽姜伯周爲尚書令，梁楞爲左僕射，王墮爲右僕射，魚遵爲太子太師，強平爲太傅，段純爲太保，呂婆樓爲散騎常侍。伯周，健之舅；平，王后之弟；婆樓，本略陽氐酋也。（第 3111—3112 頁）

30.二月，趙并州刺史張平遣使降秦，秦王以平爲大將軍、冀州牧。（第 3114 頁）

31.三月，秦王健分遣使者問民疾苦，搜羅儁異，寬重斂之稅，弛離宮之禁，罷無用之器，去侈靡之服，凡趙之苛政不便於民者，皆除之。（第 3116 頁）

32.四月，（司馬勳屢爲秦王健所敗，）退歸南鄭。（第 3116 頁）

33.（苻）健以中書令賈玄碩始者不上尊號，銜之，使人告玄碩與司馬勳通，并其諸子皆殺之。（第 3116 頁）

34.永和八年（皇始二年，352）正月，（苻健）言單于所以統壹百

蠻，非天子所宜領（，以授太子萇）。（第 3122 頁）

35. 三月，（姚）襄與秦兵戰，敗，亡三萬餘戶。（第 3124 頁）

36. （姚襄司馬）尹赤奔秦，秦以赤爲并州刺史，鎮蒲阪。（第 3124 頁）

37. 四月，秦以張遇爲征東大將軍、豫州牧。（第 3126 頁）

38. 六月，（秦）衛大將軍平昌王菁。（第 3127 頁）

39. 七月，（秦丞相雄徙張遇及陳、潁、許、洛之民五萬餘戶於關中，）以右衛將軍楊羣爲豫州刺史，鎮許昌。（第 3128 頁）

40. 八月，秦以雷弱兒爲大司馬，毛貴爲太尉，張遇爲司空。（第 3129 頁）

41. 十月，謝尚遣冠軍將軍王俠攻許昌，克之。秦豫州刺史楊羣退屯弘農。（第 3130 頁）

42. 永和九年（皇始三年，353）二月，秦主健以領軍將軍苻願爲秦州刺史，鎮上邽。（第 3132 頁）

43. 三月，西域胡劉康詐稱劉曜子，聚眾於平陽，自稱晉王；夏，四月，秦左衛將軍苻飛討擒之。（第 3132 頁）

44. 五月，張重華復使王擢帥眾二萬伐上邽，秦州郡縣多應之；苻願戰敗，奔長安。（第 3132 頁）

45. 六月，秦苻飛攻氐王楊初于仇池，爲初所敗。丞相雄、平昌王菁帥步騎四萬屯於隴東。（第 3132—3133 頁）

46. （張遇）因（苻）雄等精兵在外，陰結關中豪傑，欲滅苻氏，以其地來降。秋，七月，（遇與黃門劉晃謀夜襲健，）晃約開門以待之。會健使晃出外，晃固辭，不得已而行。遇不知，引兵至門，門不開。事覺，伏誅。於是孔持起池陽，劉珍、夏侯顯起鄠，喬秉起雍，胡陽赤起司竹，呼延毒起灞城，眾數萬人，各遣使來請兵。（第 3133 頁）

47. 秦以左僕射魚遵爲司空。（第 3133 頁）

48. 九月，秦丞相雄帥眾二萬還長安，遣平昌王菁略定上洛，置荊州于豐陽川，以步兵校尉金城郭敬爲刺史。（第 3133 頁）

49. （苻）雄與清河王法、苻飛分討孔持等。（第 3133 頁）

50. （苻）健兄子輔國將軍黃眉。（第 3134 頁）

51. 十月，（殷）浩自壽春帥眾七萬北伐。（第 3134 頁）

52. 十一月，秦丞相雄克池陽，斬孔持。（第 3136 頁）

53. 清河王法、苻飛克鄠，斬劉珍、夏侯顯。（第 3136 頁）

54. 永和十年（皇始四年，354）正月，秦丞相雄克司竹；胡陽赤奔霸城，依呼延毒。（第 3138 頁）

55. 三月，（秦主健遣太子萇等）帥衆五萬軍于嶢柳以拒溫。（第 3139 頁）

56. 四月己亥，（桓溫與秦兵戰于藍田。秦淮南王生單騎突陳，）出入以十數。（第 3139 頁）

57. （桓溫進至灞上。）秦太子萇等退屯城南，（秦主健）遣大司馬雷弱兒等與萇合兵以拒溫。（第 3139—3140 頁）

58. 秦丞相雄帥騎七千襲司馬勳於子午谷，破之，勳退屯女媧堡。（第 3140 頁）

59. 五月，（桓溫謂北海王猛）曰：“江東無卿比也！”乃署猛軍謀祭酒。（第 3141 頁）

60. （桓溫與秦丞相雄等戰于白鹿原，溫兵不利，）死者萬餘人。（第 3141 頁）

61. 呼延毒帥衆一萬從（桓）溫還。（第 3142 頁）

62. （秦太子萇等隨桓溫擊之，比至潼關，溫軍屢敗，）失亡以萬數。（第 3142 頁）

63. （桓）溫之屯灞上也，順陽太守薛珍勸溫徑進逼長安；溫弗從。珍以偏師獨濟，頗有所獲。及溫退，乃還，顯言於衆，自矜其勇而咎溫之持重；溫殺之。（第 3142 頁）

64. 秦丞相雄擊司馬勳、王擢於陳倉，擢奔略陽。（第 3142 頁）

65. 秦以光祿大夫趙俱爲洛陽刺史，鎮宜陽。（第 3142 頁）

66. 秦東海敬武王雄攻喬秉于雍。（第 3142 頁）

67. 丙申，（苻雄卒。）葬禮依晉安平獻王故事。（第 3142 頁）

68. （苻雄）子堅襲爵。（第 3142 頁）

69. 秦太子萇攻喬秉于雍，八月，斬之，關中悉平。（第 3143 頁）

70. 秦主健賞拒桓溫之功，以雷弱兒爲丞相，毛貴爲太傅，魚遵爲太尉，淮南王生爲中軍大將軍，平昌王菁爲司空。（第 3143 頁）

71. （苻）健勤於政事，數延公卿咨講治道；承趙人苛虐奢侈之後，易以寬簡、節儉，崇禮儒士，由是秦人悅之。（第 3143 頁）

72. 十月，（秦太子萇卒，）謚曰獻哀。（第 3143 頁）

73. 十一月，（王）擢帥衆降秦，秦以擢爲尚書，以上將軍唊鐵爲秦州刺史。（第 3144 頁）

74. 秦王健叔父武都王安自晉還，爲姚襄所虜，以爲洛州刺史。十二月，安亡歸秦，健以安爲大司馬、驃騎大將軍、并州刺史，鎮蒲阪。（第 3144 頁）

75. （是歲，秦大饑，）米一升直布一匹。（第 3144 頁）

76. 永和十一年（皇始五年，屬王壽光元年，355），以司空、平昌王菁爲太尉，尚書令王墮爲司空，司隸校尉梁楞爲尚書令。（第 3146 頁）

77. 六月丙子，（秦主健寢疾。庚辰，平昌公菁勒兵入東宮，將殺太子生而自立。健執菁，數而殺之，）餘無所問。（第 3146 頁）

78. 壬午，以大司馬、武都王安都督中外諸軍事。（第 3147 頁）

79. 甲申，（苻健引太師魚遵、丞相雷弱兒、太傅毛貴、司空王墮、尚書令梁楞、左僕射梁安及）右僕射段純、吏部尚書辛牢等受遺詔輔政。（第 3147 頁）

80. （苻）健謂太子生曰：“六夷酋帥及大臣執權者，若不從汝命，宜漸除之。”（第 3147 頁）

81. 丙戌，（太子生即位，大赦，改元壽光。）羣臣奏曰：“未踰年而改元，非禮也。”（第 3147 頁）

82. （秦主生）以其嬖臣太子門大夫南安趙韶爲右僕射，太子舍人趙誨爲中護軍，著作郎董榮爲尚書。（第 3147—3148 頁）

83. 秦主生封衛大將軍黃眉爲廣平王，前將軍飛爲新興王，皆素所善也。（第 3148 頁）

84. （秦主）生曰：“毛太傅、梁車騎、梁僕射受遺輔政。”（第 3149 頁）

85. 右僕射趙韶、中護軍趙誨，皆洛州刺史俱之從弟也，有寵於（秦主）生，乃以俱爲尚書令。俱固辭以疾，謂韶、誨曰：“汝等不復顧祖宗，欲爲滅門之事！毛、梁何罪，而誅之？吾何功，而代之？汝等可自爲，吾其死矣！”遂以憂卒。（第 3149 頁）

86. 十一月，秦以辛牢守尚書令，趙韶爲左僕射，尚書董榮爲右僕射，中護軍趙誨爲司隸校尉。（第 3150 頁）

87. 永和十二年（壽光二年，356），秦司空王墮性剛峻，右僕射董榮、侍中强國皆以佞幸進，墮疾之如讎，每朝見，榮未嘗與之言。或謂墮

曰：“董君貴幸無比，公宜小降意接之。”墮曰：“董龍是何雞狗，而令國士與之言乎！”（第3152頁）

88.（王墮）將刑，（董）榮謂之曰：“今日復敢比董龍於雞狗乎？”墮瞋目叱之。洛州刺史杜郁，墮之甥也，左僕射趙韶惡之，譖於生，以爲貳於晉而殺之。（第3152頁）

89.（閻負、梁殊答張瓘曰：）“江南文身之俗，道汙先叛，化隆後服。”（第3154頁）

90.四月，（秦主生）出黃眉爲左馮翊、飛爲右扶風、羌行咸陽太守，猶惜其驍勇，故皆弗殺。（第3155頁）

91.五月，（太后強氏，）諡曰明德。（第3155頁）

92.六月，姚襄奔平陽，秦并州刺史尹赤復以衆降襄，襄遂據襄陵。秦大將軍張平擊之，襄爲平所敗，乃與平約爲兄弟，各罷兵。（第3157—3158頁）

93.升平元年（屬王壽光三年，宣昭帝苻堅永興元年，357）四月，（前秦）曜武將軍姚益生、左將軍王欽盧、平北將軍苻道。（第3161頁）

94.五月，（姚襄與前秦將鄧羌戰，襄兵大敗。）襄所乘駿馬曰黧眉騧，馬倒，秦兵擒而斬之，弟萇帥其衆降。（第3162頁）

95.（金紫光祿大夫牛夷求爲荊州，秦主生不許，以爲中軍將軍，）調之曰：“牛性遲重，善持轅軶；雖無驥足，動負百石。”夷曰：“雖服大車，未經峻壁；願試重載，乃知勳績。”生笑曰：“何其快也！公嫌所載輕乎？朕將以魚公爵位處公。”（第3162—3163頁）

96.（薛）讚、（權）翼密說（東海王）堅曰：“主上猜忍暴虐，中外離心，方今宜主秦祀者，非殿下而誰！願早爲計，勿使他姓得之！”（第3163頁）

97.（東海王）堅以問尚書呂婆樓，婆樓曰：“僕，刀鐶上人耳，不足以辦大事。僕里舍有王猛，其人謀略不世出，殿下宜請而咨之。”（第3163頁）

98.六月，特進、領御史中丞梁平老等謂（東海王）堅曰：“主上失德，上下嗷嗷，人懷異志，燕、晉二方，伺隙而動，恐禍發之日，家國俱亡。此殿下之事也，宜早圖之！”堅心然之，畏生趫勇，未敢發。（第3164頁）

99.（東海王堅兵至，秦主）生驚問左右曰：“此輩何人？”左右曰：

“賊也！”生曰：“何不拜之！”堅兵皆笑。生又大言：“何不速拜，不拜者斬之！”堅兵引生置別室，廢爲越王，尋殺之，謚曰厲王。（第3164頁）

100.（東海王）堅以位讓法，法曰：“汝嫡嗣，且賢，宜立。”堅曰：“兄年長，宜立。”堅母苟氏泣謂羣臣曰：“社稷事重，小兒自知不能，他日有悔，失在諸君。”羣臣皆頓首請立堅。（第3164—3165頁）

101.（東海王堅）從祖右光祿大夫、永安公侯。（第3165頁）

102.（李）威知王猛之賢，常勸堅以國事任之；堅謂猛曰：“李公知君，猶鮑叔牙之知管仲也。”猛以兄事之。（第3165—3166頁）

103.十月，（張）平寇略秦境，秦王堅以晉公柳都督并、冀州諸軍事，加并州牧，鎮蒲阪以禦之。（第3166頁）

104.十一月，秦王堅行至尚書，以文案不治，免左丞程卓官，以王猛代之。（第3167頁）

105.升平二年（永興二年，358）二月，（張平養子）蚝多力矯捷，能曳牛卻走；城無高下，皆可超越。與（鄧）羌相持旬餘，莫能相勝。（第3167頁）

106.三月，（秦王堅至銅壁，張平盡衆出戰，張）蚝單馬大呼，出入秦陳者四、五。堅募人生致之，鷹揚將軍呂光刺蚝，中之。（第3167—3168頁）

107.（張）蚝，本姓弓，上黨人也；堅寵待甚厚，常置左右。秦人稱鄧羌、張蚝皆萬人敵。（第3168頁）

108.九月庚辰，秦王堅還長安。（第3169頁）

109.（秦）姑臧侯樊世。（第3170頁）

110.升平三年（甘露元年，359），（燕主儁求趙王虎尸，鄴女子李菟告而得於東明觀下。）及秦滅燕，王猛爲之誅李菟，收而葬之。（第3174頁）

111.秦平羌護軍高離據略陽叛，永安威公侯討之，未克而卒。四月，驍騎將軍鄧羌、秦州刺史啖鐵討平之。（第3174頁）

112.五月，秦王堅如河東。（第3175頁）

113.六月，秦王堅自河東還，以驍騎將軍鄧羌爲御史中丞。（第3176頁）

114.八月，光祿大夫強德，（太后之弟也，爲百姓患。猛下車收德，）奏未及報，已陳尸於市；堅馳使赦之，不及。（第3176頁）

115. 十一月，（秦王堅）以左僕射李威領護軍；右僕射梁平老爲使持節、都督北垂諸軍事、鎮北大將軍，戍朔方之西；丞相司馬賈雍爲雲中護軍，戍雲中之南。（第 3178 頁）

116. 升平四年（甘露二年，360）正月，秦王堅分司、隸置雍州，以河南公雙爲都督雍河涼三州諸軍事、征西大將軍、雍州刺史，改封趙公，鎮安定。封弟忠爲河南公。（第 3179 頁）

117. 四月，（雲中護軍賈雍遣司馬徐贇帥騎襲匈奴劉衛辰，大獲而還。秦王堅黜雍以白衣領職，遣使）還其所獲，慰撫之。（第 3182 頁）

118. 升平五年（甘露三年，361）正月，劉衛辰掠秦邊民五十餘口爲奴婢以獻於秦；秦王堅責之，使歸所掠。衛辰由是叛秦，專附於代。（第 3183—3184 頁）

119. 九月，張平襲燕平陽，殺段剛、韓苞；又攻鴈門，殺太守單男。既而爲秦所攻，平復謝罪於燕以求救。燕人以平反覆，弗救也，平遂爲秦所滅。（第 3186 頁）

120. 十二月，秦王堅命牧伯守宰各舉孝悌、廉直、文學、政事，察其所舉得人者賞之，非其人者罪之。由是人莫敢妄舉，而請託不行，士皆自勵；雖宗室外戚，無才能者皆棄不用。當是之時，內外之官，率皆稱職；田疇修闢，倉庫充實，盜賊屏息。（第 3188 頁）

121. 哀帝興寧二年（甘露六年，364）八月，秦王堅命公國各置三卿，并餘官皆聽自采辟，獨爲置郎中令。（第 3196—3197 頁）

122. 興寧三年（甘露七年，建元元年，365）七月，（匈奴右賢王曹轂、左賢王劉衛辰皆叛秦，秦王堅）使衛大將軍李威、左僕射王猛輔太子宏留守長安。（第 3200 頁）

123. 九月，（秦王）堅如朔方，巡撫諸胡。（第 3201 頁）

124. 十月，征北將軍、淮南公幼帥杏城之衆乘虛襲長安，李威擊斬之。（第 3201 頁）

125. 十一月，秦王堅還長安，以李威守太尉，加侍中。以曹轂爲鴈門公，劉衛辰爲夏陽公，各使統其部落。（第 3201 頁）

126. 海西公太和元年（建元二年，366）十月，張天錫遣使至秦境上，告絕於秦。（第 3202 頁）

127. 十二月，（羌斂岐以略陽四千家叛秦，稱臣於李儼，）儼於是拜置牧守，與秦、涼絕。（第 3203 頁）

128. 太和二年（建元三年，367）二月，（秦）揚武將軍姚萇等（討斂岐）。（第 3203—3204 頁）

129. 三月，斂岐部落先屬姚弋仲，聞姚萇至，皆降。（第 3204 頁）

130. 四月，（張）天錫進屯左南。（李）儼懼，退守枹罕，（遣其兄子純謝罪於秦，且請救。秦王堅使前將軍楊安、建威將軍王）撫帥騎二萬，會王猛以救儼。（第 3204 頁）

131. （王）猛遺天錫書曰："吾受詔救儼，不令與涼州戰，今當深壁高壘，以聽後詔。曠日持久，恐二家俱弊，非良算也。若將軍退舍，吾執儼而東，將軍徙民西旋，不亦可乎！"天錫謂諸將曰："猛書如此；吾本來伐叛，不來與秦戰。"遂引兵歸。（第 3204—3205 頁）

132. 立忠將軍彭越。（第 3205 頁）

133. 張天錫之西歸也，李儼將賀肫說儼曰："以明公神武，將士驍悍，奈何束手於人！王猛孤軍遠來，士卒疲弊，且以我請救，必不設備，若乘其怠而擊之，可以得志。"儼曰："求救於人以免難，難既免而擊之，天下其謂我何！不若固守以老之，彼將自退。"猛責儼以不即出迎，儼以賀肫之謀告；猛斬肫，以儼歸。（第 3205 頁）

134. 五月，秦淮南公幼之反也，征東大將軍、并州牧、晉公柳，征西大將軍、秦州刺史趙公雙，皆與之通謀；秦王堅以雙，母弟至親，柳，健之愛子，隱而不問。柳、雙復與鎮東將軍、洛州刺史魏公廋，安西將軍、雍州刺史燕公武謀作亂，鎮東主簿南安姚眺諫曰："明公以周、邵之親，受方面之任，國家有難，當竭力除之，況自爲難乎！"廋不聽。堅聞之，徵柳等詣長安。（第 3207—3208 頁）

135. 十月，（晉公柳、趙公雙、魏公廋、燕公武皆舉兵反。秦王）堅遣使諭之曰："吾待卿等，恩亦至矣，何苦而反！今止不徵，卿宜罷兵，各定其位，一切如故。"（第 3208 頁）

136. （代王什翼犍擊劉衛辰，）衛辰奔秦，秦王堅送衛辰還朔方，遣兵戍之。（第 3208 頁）

137. 太和三年（建元四年，368）正月，（秦王）堅命蒲、陝之軍皆距城三十里，堅壁勿戰，俟秦、雍已平，然後并力取之。（第 3208 頁）

138. 三月，（秦楊成世爲趙公雙將苟興所敗，毛嵩亦爲燕公武所敗，奔還。秦王堅復遣武衛將軍王鑑、寧朔將軍呂光、）將軍馮翊郭將、翟僑等帥衆三萬討之。（第 3210 頁）

139. 四月，（趙公雙、燕公武乘勝至於榆眉，）以苟興爲前鋒。王鑒欲速戰，呂光曰："興新得志，氣勢方銳，宜持重以待之。彼糧盡必退，退而擊之，蔑不濟矣！"二旬而興退。光曰："興可擊矣。"遂追之。（第3210頁）

140. 七月，（秦王堅）以左衛將軍苻雅爲秦州刺史。（第3211頁）

141. 八月，（秦王堅）以長樂公丕爲雍州刺史。（第3211頁）

142. 十二月，（秦王猛等拔陝城，獲魏公廋，送長安。）秦王堅問其所以反，對曰："臣本無反心，但以弟兄屢謀逆亂，臣懼并死，故謀反耳。"堅泣曰："汝素長者，固知非汝心也；且高祖不可以無後。"乃賜廋死，原其七子，以長子襲魏公，餘子皆封縣公，以嗣越厲王及諸弟之無後者。苟太后曰："廋與雙俱反，雙獨不得置後，何也？"堅曰："天下者，高祖之天下，高祖之子不可以無後。至於仲羣，不顧太后，謀危宗廟，天下之法，不可私也！"（第3211—3212頁）

143. （秦王堅）以范陽公抑爲征東大將軍、并州刺史，鎮蒲阪；鄧羌爲建武將軍、洛州刺史，鎮陝城。擢姚眺爲汲郡太守。（第3212頁）

144. 太和四年（建元五年，369）七月，秦王堅引羣臣議於東堂，皆曰："昔桓溫伐我，至灞上，燕不救我；今溫伐燕，我何救焉！且燕不稱藩於我，我何爲救之！"王猛密言於堅曰："燕雖強大，慕容評非溫敵也。若溫舉山東，進屯洛邑，收幽、冀之兵，引并、豫之粟，觀兵崤、澠，則陛下大事去矣。今不如與燕合兵以退溫；溫退，燕亦病矣，然後我承其弊而取之，不亦善乎！"堅從之。（第3216頁）

145. 八月，（秦王堅）又遣散騎侍郎姜撫報使于燕。（第3216頁）

146. 燕、秦既結好，使者數往來。燕散騎侍郎郝晷、給事黃門侍郎梁琛相繼如秦。晷與王猛有舊，猛接以平生，問以東方之事。晷見燕政不脩而秦大治，陰欲自託於猛，頗泄其實。（第3218—3219頁）

147. （燕使梁）琛至長安，秦王堅方畋於萬年，欲引見琛，琛曰："秦使至燕，燕之君臣朝服備禮，灑掃宮庭，然後敢見。今秦王欲野見之，使臣不敢聞命！"尚書郎辛勁謂琛曰："賓客入境，惟主人所以處之，君焉得專制其禮！且天子稱乘輿，所至曰行在所，何常居之有！又，春秋亦有遇禮，何爲不可乎！"琛曰："晉室不綱，靈祚歸德，二方承運，俱受明命。而桓溫倡狂，闚我王略，燕危秦孤，勢不獨立，是以秦主同恤時患，要結好援。東朝君臣，引領西望，愧其不競，以爲鄰憂，西使之辱，敬待有加。今強寇既退，交聘方始，謂宜崇禮篤義以固二國之歡；若忽慢使臣，是卑燕也，豈脩好之義乎！夫天子以四海爲家，故行曰乘輿，止曰行在。今海縣分裂，天光分曜，安得以乘輿、行在爲言哉！禮，不期而見曰遇；蓋因事權行，其禮簡略，豈平居容與之所爲哉！客使單行，誠勢屈於主人；然苟不以禮，亦不敢從也。”堅乃爲之設行宮，百僚陪位，然後延客，如燕朝之儀。（第3219—3220頁）

148. 事畢，（秦王）堅與之私宴，問：“東朝名臣爲誰？”琛曰：“太傅上庸王評，明德茂親，光輔王室；車騎大將軍吳王垂，雄略冠世，折衝禦侮；其餘或以文進，或以武用，官皆稱職，野無遺賢。”（第3220頁）

149. （梁琛從兄奕爲秦尚書郎，數來就邸舍，與琛臥起，間問琛東國事。琛曰：）“欲言其惡，又非使臣之所得論也。兄何用問爲！”（第3220頁）

150. （秦王）堅使太子延（梁）琛相見。秦人欲使琛拜太子，先諷之曰：“鄰國之君，猶其君也；鄰國之儲君，亦何以異乎！”琛曰：“天子之子視元士，欲其由賤以登貴也。尚不敢臣其父之臣，況他國之臣乎！苟無純敬，則禮有往來，情豈忘恭，但恐降屈爲煩耳。”乃不果拜。（第3220頁）

151. 王猛勸（秦王）堅留（梁）琛，堅不許。（第3220頁）

152. 十一月，（秦王堅）執（慕容垂）手曰：“天生賢傑，必相與共成大功，此自然之數也。要當與卿共定天下，告成岱宗，然後還卿本邦，世封幽州，使卿去國不失爲子之孝，歸朕不失事君之忠，不亦美乎！”垂謝曰：“羈旅之臣，免罪爲幸；本邦之榮，非所敢望！”（第3223頁）

153. （秦王）堅復愛世子令及慕容楷之才，皆厚禮之，賞賜鉅萬，每進見，屬目觀之。關中士民素聞垂父子名，皆嚮慕之。（第3223頁）

154. 王猛言於堅曰：“慕容垂父子，譬如龍虎，非可馴之物，若借以風雲，將不可復制，不如早除之。”堅曰：“吾方收攬英雄以清四海，奈何殺之！且其始來，吾已推誠納之矣；匹夫猶不棄言，況萬乘乎！”（第3223頁）

155. 秦留梁琛月餘，乃遣歸。琛兼程而進，比至鄴，吳王垂已奔秦。（第3224頁）

156. （梁）琛曰：“今二國分據中原，常有相吞之志；桓溫之入寇，彼以計相救，非愛燕也；若燕有釁，彼豈忘其本志哉！”評曰：“秦主何

如人?"琛曰:"明而善斷。"問王猛,曰:"名不虛得。"評皆不以爲然。琛又以告燕主暐,暐亦不然之。(第 3224 頁)

157.(梁)琛以告皇甫眞,眞深憂之。(第 3224 頁)

158. 秦遣黃門郎石越聘於燕,太傅評示之以奢,欲以誇燕之富盛。高泰及太傅參軍河間劉靖言於評曰:"越言誕而視遠,非求好也,乃觀釁也。宜耀兵以示之,用折其謀。今乃示之以奢,益爲其所輕矣。"評不從。泰遂謝病歸。(第 3225 頁)

159. 太和五年(建元六年,370)正月,秦王猛遺燕荊州刺史武威王築書曰:"國家今已塞成皋之險,杜盟津之路,大駕虎旅百萬,自軹關取鄴都,金墉窮戍,外無救援,城下之師,將軍所監,豈三百弊卒所能支也!"(第 3227 頁)

160. 燕衛大將軍樂安王臧城新樂,破秦兵于石門,執秦將楊猛。(第 3228 頁)

161.(王猛之發長安也,請慕容令參其軍事,以爲鄉導。)將行,造慕容垂飲酒,從容謂垂曰:"今當遠別,何以贈我?使我覩物思人。"垂脫佩刀贈之。(第 3228 頁)

162.(王)猛至洛陽,賂(慕容)垂所親金熙,使詐爲垂使者,謂令曰:"吾父子來此,以逃死也。今王猛疾人如讎,讒毀日深;秦王雖外相厚善,其心難知。丈夫逃死而卒不免,將爲天下笑。吾聞東朝比來始更悔悟,主、後相尤。吾今還東,故遣告汝;吾已行矣,便可速發。"令疑之,躊躇終日,又不可審覆。乃將舊騎,詐爲出獵,遂奔樂安王臧於石門。(第 3228 頁)

163.(王猛表令叛狀,慕容垂懼而出走,爲追騎所獲。秦王堅引見東堂,曰:)"然燕之將亡,非令所能存,惜其徒入虎口耳。"(第 3228 頁)

164.(王)猛以輔國司馬桓寅爲弘農太守,代(鄧)羌戍陝城而還。(第 3229 頁)

165.(秦王堅以王猛爲司徒,錄尚書事,)封平陽郡侯。猛固辭曰:"今燕、吳未平,戎車方駕,而始得一城,即受三事之賞,若克殄二寇,將何以加之!"堅曰:"苟不暫抑朕心,何以顯卿謙光之美!已詔有司權聽所守;封爵酬庸,其勉從朕命!"(第 3230 頁)

166. 三月,秦王堅以吏部尚書權翼爲尚書右僕射。(第 3230 頁)

167. 四月，鎮南將軍楊安。（第 3230 頁）

168. 八月，（梁琛、樂嵩答燕主暐）曰：“勝敗在謀，不在眾寡。秦遠來爲寇，安肯不戰！且吾當用謀以求勝，豈可冀其不戰而已乎！”暐不悅。（第 3231 頁）

169. 王猛克壺關，執上黨太守南安王越，所過郡縣，皆望風降附。燕人大震。（第 3231 頁）

170. 秦楊安攻晉陽，晉陽兵多糧足，久之未下。王猛留屯騎校尉苟萇戍壺關，引兵助安攻晉陽，爲地道，使虎牙將軍張蚝帥壯士數百潛入城中，大呼斬關，納秦兵。辛巳，猛、安入晉陽，執燕并州刺史東海王莊。（第 3232 頁）

171. 十月，（燕太傅評鄣固山泉，鬻樵及水，積錢帛如丘陵；士卒怨憤，莫有鬥志。燕主暐懼）乃命悉以其錢帛散之軍士，且趣使戰。評大懼，遣使請戰於猛。（第 3234 頁）

172. （王）猛上疏稱：“臣以甲子之日，大殲醜類。順陛下仁愛之志，使六州士庶，不覺易主，自非守迷違命，一無所害。”秦王堅報之曰：“將軍役不踰時，而元惡克舉，勳高前古。朕今親帥六軍，星言電赴。將軍其休養將士，以待朕至，然後取之。”（第 3235 頁）

173. （燕民）更相謂曰：“不圖今日復見太原王！”王猛聞之，歎曰：“慕容玄恭信奇士也，可謂古之遺愛矣！”設太牢以祭之。（第 3235—3236 頁）

174. 十一月，（秦王堅留李威輔太子守長安，陽平公融鎮洛陽，自帥精銳十萬赴鄴，七日而至安陽，宴祖父時故老。王猛潛如安陽謁堅，堅曰：“昔周亞夫不迎漢文帝，今將軍臨敵而棄軍，何也？”猛曰）：“陛下忘臣灞上之言邪！”（第 3236 頁）

175. （戊寅，燕散騎侍郎餘蔚帥扶餘、高句麗及上黨質子五百餘人，夜，開鄴北門納秦兵，）燕主暐與上庸王評、樂安王臧、定襄王淵、左衛將軍孟高、殿中將軍艾朗等奔龍城。（第 3236 頁）

176. （燕主）暐稱孟高、艾朗之忠於堅，（秦王）堅命厚加斂葬，拜其子爲郎中。（第 3237 頁）

177. （秦王堅）下詔大赦曰：“朕以寡薄，猥承休命，不能懷遠以德，柔服四維，至使戎車屢駕，有害斯民，雖百姓之過，然亦朕之罪也。其大赦天下，與之更始。”（第 3238 頁）

178. 慕容評敗，（燕主暐）遂收（梁）琛繫獄。秦王堅入鄴而釋之，除中書著作郎，引見，謂之曰：“卿昔言上庸王、吳王皆將相奇材，何爲不能謀畫，自使亡國？”對曰：“天命廢興，豈二人所能移也！”堅曰：“卿不能見幾而作，虛稱燕美，忠不自防，反爲身禍，可謂智乎？”對曰：“臣聞‘幾者動之微，吉之先見者也。’如臣愚暗，實所不及。然爲臣莫如忠，爲子莫如孝，自非有一至之心者，莫能保忠孝之始終。是以古之烈士，臨危不改，見死不避，以徇君親。彼知幾者，心達安危，身擇去就，不顧家國，臣就使知之，尚不忍爲，況非所及邪！”（第3238—3239頁）

179.（秦王）堅聞悅縮之忠，恨不及見，拜其子爲郎中。（第3239頁）

180.（秦王堅）以鄧羌爲使持節、征虜將軍；郭慶賜爵襄城侯。（第3239頁）

181.（秦王）堅以京兆韋鐘爲魏郡太守，彭豹爲陽平太守；其餘州縣牧、守、令、長，皆因舊以授之。以燕常山太守申紹爲散騎侍郎，使與散騎侍郎京兆韋儒俱爲繡衣使者，循行關東州郡，觀省風俗，勸課農桑，振恤窮困，收葬死亡，旌顯節行，燕政有不便於民者，皆變除之。（第3239頁）

182. 十二月，王猛表留梁琛爲主簿，領記室督。他日，猛與僚屬宴語及燕朝使者，猛曰：“人心不同：昔梁君至長安，專美本朝；樂君但言桓溫軍盛；郝君微說國弊。”參軍馮誕曰：“今三子皆爲國臣，敢問取臣之道何先？”猛曰：“郝君知幾爲先。”誕曰：“然則明公賞丁公而誅季布也。”猛大笑。（第3240頁）

183. 甲寅，（秦王堅以燕故臣）李洪爲駙馬都尉，皆奉朝請；李邽爲尚書，封衡爲尚書郎，燕國平叡爲宣威將軍，悉羅騰爲三署郎；其餘封署各有差。衡，裕之子也。（第3240頁）

184. 秦省雍州。（第3241頁）

185. 簡文帝咸安元年（建元七年，371）正月，（袁瑾、朱輔求救於秦，）秦王堅以瑾爲揚州刺史，輔爲交州刺史。（第3242頁）

186. 二月，秦以魏郡太守韋鍾爲青州刺史，中壘將軍梁成爲兗州刺史，射聲校尉徐成爲并州刺史，武衛將軍王鑒爲豫州刺史，左將軍彭越爲徐州刺史，太尉司馬皇甫覆爲荊州刺史，屯騎校尉天水姜宇爲涼州刺史，扶風內史王統爲益州刺史，秦州刺史、西縣侯雅爲使持節、都督秦晉涼雍州諸軍事、秦州牧，吏部尚書楊安爲使持節、都督益梁州諸軍事、梁州刺史。復置雍州，治蒲阪；以長樂公丕爲使持節、征東大將軍、雍州刺史。成，平老之子；統，擢之子也。堅以關東初平，守令宜得人，令王猛以便宜簡召英俊，補六州守令，授訖，言臺除正。（第3243頁）

187. 三月，秦後將軍金城俱難攻蘭陵太守張閔子于桃山，大司馬溫遣兵擊卻之。（第3244頁）

188. 七月，秦以光祿勳李儼爲河州刺史，鎮武始。（第3247頁）

189. 王猛以潞川之功，請以鄧羌爲司隸。秦王堅下詔曰：“司隸校尉，董牧皇畿，吏責甚重，非所以優禮名將。光武不以吏事處功臣，實貴之也。羌有廉、李之才，朕方委以征伐之事，北平匈奴，南蕩揚、越，羌之任也，司隸何足以嬰之！其進號鎮軍將軍，位特進。”（第3247頁）

190. 九月，秦王堅還長安。歸安元侯李儼卒於上邽，堅復以儼子辯爲河州刺史。（第3247頁）

191. 十月，（秦王堅如鄴，獵於西山，旬餘忘返。伶人王洛叩馬諫，）堅賜洛帛百匹，拜官箴左右。（第3247頁）

192. 十一月，（秦王堅報王猛）曰：“朕之於卿，義則君臣，親踰骨肉，雖復桓、昭之有管、樂，玄德之有孔明，自謂踰之。夫人主勞於求才，逸於得士。既以六州相委，則朕無東顧之憂，非所以爲優崇，乃朕自求安逸也。夫取之不易，守之亦難，苟任非其人，患生慮表，豈獨朕之憂，亦卿之責也，故虛位台鼎而以分陝爲先。卿未照朕心，殊乖素望。新政俟才，宜速銓補；俟東方化洽，當裦衣西歸。”（第3252—3253頁）

193. 秦以河州刺史李辯領興晉太守，還鎮枹罕。徙涼州治金城。（第3254頁）

194. （張天錫聞秦有兼幷之志，）立壇於姑臧西（，遙與晉三公盟）。（第3254頁）

195. （秦益州刺史王統攻隴西鮮卑乞伏司繁於度堅山，）司繁帥騎三萬拒統于苑川。（統潛襲度堅山，）司繁部落五萬餘皆降於統；其衆聞妻子已降秦，不戰而潰。（第3254—3255頁）

196. 咸安二年（建元八年，372）二月，秦以清河房曠爲尚書左丞，徵曠兄默及清河崔逞、燕國韓胤爲尚書郎，北平陽陟、田勰、陽瑤爲著作佐郎，郝略爲清河相：皆關東士望，王猛所薦也。瑤，鷔之子也。（第3255頁）

197. 冠軍將軍慕容垂言於秦王堅曰："臣叔父評，燕之惡來輩也，不宜復污聖朝，願陛下爲燕戮之。" 堅乃出評爲范陽太守，燕之諸王悉補邊郡。（第 3255 頁）

198. 三月，秦王堅詔："關東之民學通一經、才成一藝者，在所以禮送之。在官百石以上，學不通一經、才不成一藝者，罷遣還民。"（第 3256 頁）

199. 六月，（秦以陽平公融）爲使持節、都督六州諸軍事。（第 3256 頁）

200. 八月，（王）猛辭曰："元相之重，儲傅之尊，端右事繁，京牧任大，總督戎機，出納帝命，文武兩寄，巨細並關，以伊、呂、蕭、鄧之賢，尚不能兼，況臣猛之無似!" 章三四上，秦王堅不許，曰："朕方混壹四海，非卿無可委者；卿之不得辭宰相，猶朕不得辭天下也。"（第 3258 頁）

201. （王猛爲相，秦王）堅端拱於上，百官總己於下，軍國內外之事，無不由之。（第 3258 頁）

202. 陽平公融在冀州，高選綱紀，以尚書郎房默、河間相申紹爲治中別駕，清河崔宏爲州從事，管記室。融年少，爲政好新奇，貴苛察；申紹數規正，導以寬和，融雖敬之，未能盡從。後紹出爲濟北太守，融屢以過失聞，數致譴讓，乃自恨不用紹言。（第 3259 頁）

203. （苻）融嘗坐擅起學舍爲有司所糾，遣主簿李纂詣長安自理；纂憂懼，道卒。融問申紹："誰可使者?" 紹曰："燕尚書郎高泰，清辯有膽智，可使也。" 先是丞相猛及融屢辟泰，泰不起，至是，融謂泰曰："君子救人之急，卿不得復辭!" 泰乃從命。至長安，（王）猛見之，笑曰："高子伯於今乃來，何其遲也!" 泰曰："罪人來就刑，何問遲速!" 猛曰："何謂也?" 泰曰："昔魯僖公以泮宮發頌，齊宣王以稷下垂聲，今陽平公開建學宮，追蹤齊、魯，未聞明詔褒美，乃更煩有司舉劾。明公阿衡聖朝，懲勸如此，下吏何所逃其罪乎!" 猛曰："是吾過也。" 事遂得釋。猛因歎曰："高子伯豈陽平所宜吏乎!" 言於秦王堅。堅召見，悅之，問以爲治之本。對曰："治本在得人，得人在審舉，審舉在核眞，未有官得其人而國家不治者也。" 堅曰："可謂辭簡而理博矣。" 以爲尚書郎；泰固請還州，堅許之。（第 3259—3260 頁）

204. 十月，秦都督北蕃諸軍事、鎮北大將軍、開府儀同三司、朔方

桓侯梁平老卒。平老在鎮十餘年，鮮卑、匈奴憚而愛之。（第3261頁）

205. 孝武帝寧康元年（建元九年，373）十一月，陽平公融上疏曰：
"東胡跨據六州，南面稱帝，陛下勞師累年，然後得之，本非慕義而來。
今陛下親而幸之，使其父兄子弟森然滿朝，執權履職，勢傾勳舊。臣愚以
爲狼虎之心，終不可養，星變如此，願少留意！"堅報曰："朕方混六合
爲一家，視夷狄爲赤子，汝宜息慮，勿懷耿介。夫惟修德可以禳災，苟能
內求諸己，何懼外患乎！"（第3266—3267頁）

206. 寧康二年（建元十年，374）三月，秦太尉建寧烈公李威。（第
3267頁）

207. 五月，（蜀人張育、楊光起兵擊秦，）有衆二萬。（秦王堅遣鎮軍
將軍鄧羌）帥甲士五萬討之……姚萇兵敗，退屯五城。（第3267頁）

208. 十二月，祕書侍郎略陽趙整固請誅鮮卑。（第3268頁）

209. （趙）整，宦官也，博聞強記，能屬文；好直言，上書及面諫，
前後五十餘事。慕容垂夫人得幸於（秦王）堅，堅與之同輦游于後庭，
整歌曰："不見雀來入燕室，但見浮雲蔽白日。"堅改容謝之，命夫人下
輦。（第3268頁）

210. 寧康三年（建元十一年，375）六月，（王）猛上疏曰："不圖
陛下以臣之命而虧天地之德，開闢已來，未之有也。臣聞報德莫如盡言，
謹以垂沒之命，竊獻遺款。伏惟陛下，威烈振乎八荒，聲教光乎六合，九
州百郡，十居其七，平燕定蜀，有如拾芥。夫善作者不必善成，善始者不
必善終，是以古先哲王，知功業之不易，戰戰兢兢，如臨深谷。伏惟陛
下，追蹤前聖，天下幸甚。"（第3269頁）

211. 七月，（秦王堅訪以後事，王猛曰："晉雖僻處江南，然正朔相
承，）上下安和。"（第3269頁）

212. 十月，秦王堅下詔曰："新喪賢輔，百司或未稱朕心，可置聽訟
觀於未央南，朕五日一臨，以求民隱。今天下雖未大定，權可偃武脩文，
以稱武侯雅旨。其增崇儒教；禁老、莊、圖讖之學，犯者棄市。"妙簡學
生，太子及公侯百僚之子皆就學受業。（第3270頁）

213. 尚書郎王佩讀讖，（秦王）堅殺之；學讖者遂絕。（第3271頁）

214. 孝武帝太元元年（建元十二年，376）二月辛卯，秦王堅下詔
曰："朕聞王者勞於求賢，逸於得士，斯言何其驗也。往得丞相，常謂帝
王易爲。自丞相違世，鬚髮中白，每一念之，不覺酸慟。今天下既無丞

相，或政教淪替，可分遣侍臣周巡郡縣，問民疾苦。”（第 3272—3273 頁）

215. 三月，秦兵寇南鄉，拔之，山蠻三萬戶降秦。（第 3273 頁）

216. 五月，（秦步騎十三萬伐涼，）軍司段鏗謂周虓曰：“以此衆戰，誰能敵之！”（第 3274 頁）

217. 七月，閻負、梁殊至姑臧。張天錫會官屬謀之，曰：“今入朝，必不返；如其不從，秦兵必至，將若之何？”禁中錄事席仿曰：“以愛子爲質，賂以重寶，以退其師，然後徐爲之計，此屈伸之術也。”衆皆怒，曰：“吾世事晉朝，忠節著於海内。今一旦委身賊庭，辱及祖宗，醜莫大焉！且河西天險，百年無虞，若悉境内精兵，右招西域，北引匈奴以拒之，何遽知其不捷也！”天錫攘袂大言曰：“孤計決矣，言降者斬！”使謂閻負、梁殊曰：“君欲生歸乎，死歸乎？”殊等辭氣不屈，天錫怒，縛之軍門，命軍士交射之，曰：“射而不中，不與我同心者也。”其母嚴氏泣曰：“秦主以一州之地，橫制天下，東平鮮卑，南取巴、蜀，兵不留行；若降之，猶可延數年之命。今以蕞爾一隅，抗衡大國，又殺其使者，亡無日矣！”天錫使龍驤將軍馬建帥衆二萬拒秦。（第 3274—3275 頁）

218. 涼驍烈將軍梁濟。（第 3275 頁）

219. 安西將軍敦煌宋皓言於（張）天錫曰：“臣晝察人事，夜觀天文，秦兵不可敵也，不如降之。”天錫怒，貶皓爲宣威護軍。廣武太守辛章曰：“馬建出於行陳，必不爲國家用。”（第 3275 頁）

220. 辛卯，苟萇及掌據戰于洪池，據兵敗，馬爲亂兵所殺，其屬董儒授之以馬，據曰：“吾三督諸軍，再秉節鉞，八將禁旅，十總禁兵，寵任極矣。今卒困於此，此吾之死地也，尚安之乎！”乃就帳免冑，西向稽首，伏劍而死。秦兵殺軍司席仿。（第 3275—3276 頁）

221. 癸巳，秦兵入清塞，（張）天錫遣司兵趙充哲帥衆拒之。秦兵與充哲戰於赤岸，大破之，俘斬三萬八千級，充哲死。（第 3276 頁）

222. 九月，以（張）天錫晉興太守隴西彭和正爲黄門侍郎，治中從事武興蘇膺、敦煌太守張烈爲尚書郎，西平太守金城趙凝爲金城太守，高昌楊幹爲高昌太守；餘皆隨才擢敍。（第 3276 頁）

223. 梁熙清儉愛民，河右安之；以（張）天錫武威太守敦煌索泮爲別駕，宋皓爲主簿。西平郭護起兵攻秦，熙以皓爲折衛將軍，討平之。（第 3276 頁）

224. 十月，（行唐公）洛，菁之弟也。（第 3277 頁）

225. 苟萇之伐涼州也，遣揚武將軍馬暉、建武將軍杜周帥八千騎西出恩宿，邀張天錫走路，期會姑臧。暉等行澤中，值水失期，於法應斬，有司奏徵下獄。秦王堅曰：“水春冬耗竭，秋夏盛漲，此乃苟萇量事失宜，非暉等罪。今天下方有事，宜宥過責功。”命暉等回赴北軍，擊索虜以自贖。衆咸以爲萬里召將，非所以應速，堅曰：“暉等喜於免死，不可以常事疑也。”暉等果倍道疾驅，遂及東軍。（第 3277—3278 頁）

226. 十一月，（秦王堅欲遷拓跋珪於長安，燕鳳）固請曰：“陛下有存亡繼絕之德於代，使其子子孫孫永爲不侵不叛之臣，此安邊之良策也。”（第 3279 頁）

227. （秦王堅）下詔曰：“張天錫承祖父之資，藉百年之業，擅命河右，叛換偏隅。索頭世跨朔北，中分區域，東賓穢貊，西引烏孫，控弦百萬，虎視雲中。爰命兩師，分討黠虜，役不淹歲，窮殄二兇，俘降百萬，闢土九千，五帝之所未賓，周、漢之所未至，莫不重譯來王，懷風率職。有司可速班功受爵，戎士悉復之五歲，賜爵三級。”於是加行唐公洛征西將軍，以鄧羌爲并州刺史。（第 3280 頁）

228. 陽平國常侍慕容紹私謂其兄楷曰：“秦恃其強大，務勝不休，北戍雲中，南守蜀、漢，轉運萬里，道殣相望，兵疲於外，民困於內，危亡近矣。冠軍叔仁智度英拔，必能恢復燕祚，吾屬但當愛身以待時耳！”（第 3280 頁）

229. 初，秦人既克涼州，議討西障氐、羌，秦王堅曰：“彼種落雜居，不相統壹，不能爲中國大患，宜先撫諭，徵其租稅，若不從命，然後討之。”乃使殿中將軍張旬前行宣慰，庭中將軍魏曷飛帥騎二萬七千隨之。曷飛忿其恃險不服，縱兵擊之，大掠而歸。堅怒其違命，鞭之二百，斬前鋒督護儲安以謝氐、羌。氐、羌大悅，降附貢獻者八萬三千餘落。（第 3280—3281 頁）

230. 雍州士族先因亂流寓河西者，皆聽還本。（第 3281 頁）

231. 劉庫仁招撫離散，恩信甚著，奉事拓跋珪恩勤周備，不以廢興易意，常謂諸子曰：“此兒有高天下之志，必能恢隆祖業，汝曹當謹遇之。”秦王堅賞其功。（第 3281 頁）

232. 太和二年（建元十三年，377）春，高句麗、新羅、西南夷皆遣使入貢于秦。（第 3281 頁）

233. 趙故將作功曹熊邈屢爲秦王堅言石氏宮室器玩之盛，堅以邈爲將作長史，領將作丞，大脩舟艦、兵器，飾以金銀，頗極精巧。慕容農私言於慕容垂曰："自王猛之死，秦之法制，日以頹靡，今又重之以奢侈，殃將至矣，圖讖之言，行當有驗。大王宜結納英傑以承天意，時不可失！"垂笑曰："天下事非爾所及！"（第 3282 頁）

234. 太和三年（建元十四年，378）二月，荆州刺史楊安。（第 3285 頁）

235. 四月，慕容垂拔南陽，執太守鄭裔，與丕會襄陽。（第 3285 頁）

236. 七月，（彭）超，越之弟，（邵）保，羌之從弟也。（第 3286 頁）

237. 八月，（詔右將軍毛虎生帥衆五萬）鎮姑孰（以禦秦兵）。（第 3286 頁）

238. 九月，秦王堅與羣臣飲酒，以祕書監朱肜爲正，以極醉爲限。祕書侍郎趙整作酒德之歌曰："地列酒泉，天垂酒池，杜康妙識，儀狄先知。紂喪殷邦，桀傾夏國，由此言之，前危後則。"堅大悅，命整書之以爲酒戒，自是宴羣臣，禮飲而已。（第 3286—3287 頁）

239. 巴西人趙寶起兵涼州，自稱晉西蠻校尉、巴郡太守。（第 3287 頁）

240. 秦豫州刺史北海公重（謀反，長史呂光收重，）檻車送長安，赦之，以公就第。重，洛之兄也。

241. 十二月，秦御史中丞李柔劾奏："長樂公丕等擁衆十萬，攻圍小城，日費萬金，久而無效，請徵下廷尉。"（第 3287 頁）

242. 周虓在秦，密與桓沖書，言秦陰計；又逃奔漢中，秦人獲而赦之。（第 3288 頁）

243. 太和四年（建元十五年，379）正月，陽平公融諫曰："陛下欲取江南，固當博謀熟慮，不可倉猝。若止取襄陽，又豈足親勞大駕乎！未有動天下之衆而爲一城者，所謂'以隨侯之珠彈千仞之雀'也！"梁熙諫曰："晉主之暴，未如孫皓，江山險固，易守難攻。陛下必欲廓清江表，亦不過分命將帥，引關東之兵，南臨淮、泗，下梁、益之卒，東出巴、峽，又何必親屈鸞輅，遠幸沮澤乎！昔漢光武誅公孫述，晉武帝擒孫皓，未聞二帝自統六師，親執枹鼓，蒙矢石也。"堅乃止。（第 3288 頁）

244. 詔冠軍將軍南郡相劉波帥衆八千救襄陽，波畏秦，不敢進。（第

3288 頁）

245. 二月，襄陽督護李伯護密遣其子送款於秦，請爲內應；長樂公丕命諸軍進攻之。（第 3288—3289 頁）

246. （秦王堅以梁成爲荊州刺史，鎮襄陽，）選其才望，禮而用之。（第 3289 頁）

247. 秦以前將軍張蚝爲并州刺史。（第 3289 頁）

248. 三月癸未，使右將軍毛虎生帥衆三萬擊巴中，（以救魏興。前鋒督護趙福等至巴西，爲秦將張紹等所敗，）亡七千餘人。（第 3290 頁）

249. （毛）虎生退屯巴東。蜀人李烏聚衆二萬，圍成都以應虎生，秦王堅使破虜將軍呂光擊滅之。（第 3290 頁）

250. 四月戊申，韋鍾拔魏興，吉挹引刀欲自殺，左右奪其刀；會秦人至，執之，挹不言不食而死。秦王堅歎曰：“周孟威不屈於前，丁彥遠潔己於後，吉祖沖閉口而死，何晉氏之多忠臣也！”挹參軍史穎得歸，得挹臨終手疏，詔贈益州刺史。（第 3290 頁）

251. 秦毛當、王顯帥衆二萬自襄陽東會俱難、彭超攻淮南。（第 3290 頁）

252. 五月，右衛將軍毛安之等帥衆四萬屯堂邑。秦毛當、毛盛帥騎二萬襲堂邑。（第 3291 頁）

253. 六月戊子，（謝）玄與田洛帥衆五萬進攻盱眙。（第 3291 頁）

254. 是歲，秦大饑。（第 3292 頁）

255. 太元五年（建元十六年，380）正月，秦王堅復以北海公重爲鎮北大將軍，鎮薊。（第 3292 頁）

256. 二月，（秦王堅）作教武堂於渭城，命太學生明陰陽兵法者教授諸將，祕書監朱肜諫曰：“陛下東征西伐，所向無敵，四海之地，什得其八，雖江南未服，蓋不足言。是宜稍偃武事，增脩文德。乃更始立學舍，教人戰鬥之術，殆非所以馴致升平也。且諸將皆百戰之餘，何患不習於兵，而更使受教於書生，非所以強其志氣也。此無益於實而有損於名，惟陛下圖之！”堅乃止。（第 3292 頁）

257. （行唐公洛）自以有滅代之功，求開府儀同三司不得，由是怨憤。（第 3292 頁）

258. 三月，（秦）幽州治中平規曰：“逆取順守，湯、武是也；因禍爲福，桓、文是也。主上雖不爲昏暴，然窮兵黷武，民思有所息肩者，十室而九。若明公神旗一建，必率土雲從。今跨據全燕，地盡東海，北總烏桓、鮮卑，東引句麗、百濟，控弦之士不減五十餘萬，柰何束手就徵，蹈不測之禍乎！"（第3293頁）

259.（秦王堅）以平規爲幽州刺史，玄菟太守吉貞爲左長史，遼東太守趙讚爲左司馬，昌黎太守王緼爲右司馬，遼西太守王琳、北平太守皇甫傑、牧官都尉魏敷等爲從事中郎。（第3293頁）

260.（行唐公洛）遣兵三萬助北海公重戍薊。（第3294頁）

261. 王緼、王琳、皇甫傑、魏敷知其無成，欲告之；（行唐公）洛皆殺之。（第3293頁）

262. 吉貞、趙讚曰："今諸國不從，事乖本圖，明公若憚益州之行者，當遣使奉表乞留，主上亦不慮不從。"（第3294頁）

263. 四月，秦王堅召羣臣謀之，步兵校尉呂光曰："行唐公以至親爲逆，此天下所共疾。願假臣步騎五萬，取之如拾遺耳。"堅曰："重、洛兄弟，據東北一隅，兵賦全資，未可輕也。"光曰："彼衆迫於凶威，一時蟻聚耳。若以大軍臨之，勢必瓦解，不足憂也。"（第3294頁）

264. 六月，（秦王堅）以征南大將軍、守尚書令、長樂公丕爲都督關東諸軍事、征東大將軍、冀州牧。（第3295頁）

265. 七月，（秦王堅以諸氐種類繁滋，分三原、九嵕、武都、汧、雍氐十五萬戶，）使諸宗親各領之。（第3295頁）

266.（秦王堅以）長樂公丕領氐三千戶，以仇池氐酋射聲校尉楊膺爲征東左司馬，九嵕氐酋長水校尉齊午爲右司馬，各領一千五百戶，爲長樂世卿。長樂郎中令略陽垣敞爲錄事參軍，侍講扶風韋幹爲參軍事，申紹爲別駕。膺，丕之妻兄也；午，膺之妻父也。（第3295—3296頁）

267. 八月，（秦王堅以）撫軍將軍毛興爲都督河秦二州諸軍事、河州刺史，鎮枹罕。長水校尉王騰爲并州刺史，鎮晉陽。（河、并二州各配氐戶三千。）興、騰並符氏婚姻，氐之崇望也。（平原公暉爲都督豫洛荊南兗東豫陽六州諸軍事、鎮東大將軍、豫州牧，鎮洛陽。移洛州刺史治豐陽。鉅鹿公叡爲雍州刺史。）各配氐戶三千二百。（第3296頁）

268. 十月，秦王堅以左禁將軍楊壁爲秦州刺史，尚書趙遷爲洛州刺史，南巴校尉姜宇爲寧州刺史。（第3297頁）

269. 十二月，（秦王堅）以左將軍都貴爲荊州刺史，鎮彭城。（第3296頁）

270. 秦置東豫州，以毛當爲刺史，鎮許昌。（第 3297 頁）

271. 是歲，秦王堅遣高密太守毛璪之等二百餘人來歸。（第 3297 頁）

272. 太元七年（建元十八年，382），（秦王堅徙尚書郎周）虓于朔方之北。虓卒于朔方。（第 3299 頁）

273. （東海公）陽勇力兼人，尋復徙鄯善。及建元之末，秦國大亂，陽劫鄯善之相欲求東歸，鄯善王殺之。（第 3299—3300 頁）

274. 秦王堅徙鄴銅駝、銅馬、飛廉、翁仲於長安。（第 3300 頁）

275. 四月，（秦王）堅扶風太守王永爲幽州刺史。永，皮之兄也。皮凶險無行，而永清修好學，故堅用之。（第 3300 頁）

276. 九月，（秦王堅以驍騎將軍呂光與）將軍杜進、康盛等（伐西域）。（第 3300 頁）

277. 陽平公融諫曰：“西域荒遠，得其民不可使，得其地不可食，漢武征之，得不補失。今勞師萬里之外，以踵漢氏之過舉，臣竊惜之。”不聽。（第 3300—3301 頁）

278. 十月，於是朝臣進諫者衆，（秦王）堅曰：“以吾擊晉，校其強弱之勢，猶疾風之掃秋葉，而朝廷內外皆言不可，誠吾所不解也！”（第 3303 頁）

279. （秦太子宏曰：“今歲在吳分，又晉君無罪、若大舉不捷，恐威名外挫，財力內竭，）此羣下所以疑也！”（第 3303 頁）

280. （秦王堅欲取江東，陽平公融諫，堅曰：“帝王曆數，豈有常邪，惟德之所在耳！）汝所以不如吾者，正病此不達變通耳！”（第 3304 頁）

281. 十一月，（秦王堅所幸張夫人諫曰：“今朝野之人皆言晉不可伐，）陛下獨決意行之。”（第 3305 頁）

282. （秦王堅幼子中山公詵最有寵，亦諫曰）：“臣聞國之興亡，繫賢人之用捨。”（第 3305 頁）

283. 是歲，秦大熟，上田畝收七十石，下者三十石，蝗不出幽州之境，不食麻豆，上田畝收百石，下者五十石。（第 3305 頁）

284. 太元八年（建元十九年，383）六月，（桓沖別將攻萬歲、）筑陽，拔之。（第 3307 頁）

285. （陽平公融言於秦王堅曰：“良家少年皆富饒子弟，不閑軍旅，苟爲諂諛之言以會陛下之意。）今陛下信而用之，輕舉大事，臣恐功既不

成，仍有後患，悔無及也！"（第3308頁）

286. 八月，慕容楷、慕容紹言於慕容垂曰："主上驕矜已甚，叔父建中興之業，在此行也！"垂曰："然。非汝，誰與成之！"（第3309頁）

287. 十月，（陽平公）融以其參軍河南郭褒爲淮南太守。（第3310頁）

288. 十一月，（晉軍）執秦揚州刺史王顯等。（第3311頁）

289. （晉軍）復取壽陽，執其淮南太守郭褒。（第3312頁）

290. （秦諸軍皆潰，惟慕容垂）所將三萬人獨全。（第3313頁）

291. 冠軍行參軍趙秋曰："明公當紹復燕祚，著於圖識；今天時已至，尚復何待！若殺秦主，據鄴都鼓行而西，三秦亦非苻氏之有也！"（第3313頁）

292. 慕容農謂慕容垂曰："尊不迫人於險，其義聲足以感動天地。農聞祕記曰：'燕復興當在河陽。'夫取果於未熟與自落，不過晚旬日之間，然其難易美惡，相去遠矣！"垂心善其言。（第3314頁）

293. 權翼諫曰："國兵新破，四方皆有離心，宜徵集名將，置之京師，以固根本，鎮枝葉。"（第3314—3315頁）

294. （秦王堅答權翼曰：）"若天命有廢興，固非智力所能移也。"（第3315頁）

295. 權翼密遣壯士邀垂於河橋南空倉中，垂疑之，自涼馬臺結草筏以渡，使典軍程同衣己衣，乘己馬，與僮僕趣河橋。伏兵發，同馳馬獲免。（第3315頁）

296. 十二月，（慕容垂至安陽，）遣參軍田山修牋於長樂公丕。（第3317頁）

297. （長樂公）丕聞（慕容）垂北來，疑其欲爲亂，然猶身自迎之。趙秋勸垂於座取丕，因據鄴起兵；垂不從。丕謀襲擊垂，侍郎天水姜讓諫曰："垂反形未著，而明公擅殺之，非臣子之義；不如待以上賓之禮，嚴兵衛之，密表情狀，聽敕而後圖之。"丕從之，館垂於鄴西。（第3317頁）

298. （丁零翟斌起兵叛秦，謀攻豫州牧平原公暉於洛陽，）秦王堅驛書使垂將兵討之。（第3317頁）

299. 石越言於（長樂公）丕曰："王師新敗，民心未安，負罪亡匿之徒，思亂者衆，故丁零一唱，旬日之中，衆已數千，此其驗也。慕容垂，燕之宿望，有興復舊業之心，今復資之以兵，此爲虎傅翼也。"丕曰：
"垂在鄴如藉虎寢蛟，常恐爲肘腋之變，今遠之於外，不猶愈乎！且翟斌
凶悖，必不肯爲垂下，使兩虎相斃，吾從而制之，此卜莊子之術也。"
（第3317—3318頁）

300. （慕容）垂留慕容農、慕容楷、慕容紹於鄴，行至安陽之湯池，
閔亮、李毗自鄴來，以丕與苻飛龍所謀告垂。垂因激怒其衆曰："吾盡忠
於苻氏，而彼專欲圖吾父子，吾雖欲已，得乎！"乃託言兵少，停河內募
兵，旬日間，有衆八千。（第3318頁）

301. 平原公暉遣使讓（慕容）垂，趣使進兵。垂謂飛龍曰："今寇賊
不遠，當晝止夜行，襲其不意。"飛龍以爲然。（第3318—3319頁）

302. 壬午，夜，（慕容）垂遣世子寶將兵居前，少子隆勒兵從己，令
氐兵五人爲伍；陰與寶約，聞鼓聲，前後合擊氐兵及飛龍，盡殺之，參佐
家在西者皆遣還，并以書遺秦王堅，言所以殺飛龍之故。（第3319頁）

303. 初（慕容）垂從（秦王）堅入鄴，以其子麟屢嘗告變於燕，立
殺其母，然猶不忍殺麟，置之外舍，希得侍見。及殺苻飛龍，麟屢進策
畫，啟發垂意，垂更奇之，寵待與諸子均矣。（第3319頁）

304. 慕容鳳及燕故臣之子燕郡王騰、遼西段延等聞翟斌起兵，各帥
部曲歸之。平原公暉使武平武侯毛當討斌。慕容鳳曰："鳳今將雪先王之
恥，請爲將軍斬此氐奴。"乃擐甲直進，丁零之衆，隨之，大敗秦兵，斬
毛當；遂進攻陵雲臺戍，克之，收萬餘人甲仗。（第3319頁）

305. 癸未，慕容垂濟河焚橋，有衆三萬，留遼東鮮卑可足渾譚集兵
於河內之沙城。（第3319頁）

306. 時日已暮，（慕容）農與慕容楷留宿鄴中；慕容紹先出，至蒲
池，盜丕駿馬數百匹以待農、楷。甲申晦，農、楷將數十騎微服出鄴，遂
同奔列人。（第3319—3320頁）

307. 太元九年（建元二十年，384）正月乙酉朔，秦長樂公丕大會賓
客，請慕容農不得，始覺有變；遣人四出求之，三日，乃知其在列人，已
起兵矣。（第3320頁）

308. 慕容鳳、王騰、段延皆勸翟斌奉慕容垂爲盟主；斌從之。（第
3320頁）

309. （慕容）垂欲襲洛陽，且未知（翟）斌之誠僞，乃拒之曰："吾
來救豫州，不來赴君。君既建大事，成享其福，敗受其禍，吾無預焉。"

（第 3320 頁）

310. 翟斌復遣長史郭通往說（慕容）垂，垂猶未許。通曰："將軍所以拒通者，豈非以翟斌兄弟山野異類，無奇才遠略，必無所成故邪？獨不念將軍今日憑之，可以濟大業乎！"垂乃許之。（第 3320 頁）

311. 故扶餘王餘蔚爲滎陽太守，及昌黎鮮卑衞駒各帥其衆降（慕容）垂。（第 3320 頁）

312. （慕容垂以）餘蔚爲征東將軍、統府左司馬，封扶餘王；衞駒爲鷹揚將軍，慕容鳳爲建策將軍。帥衆二十餘萬，自石門濟河，長驅向鄴。（第 3321 頁）

313. （長樂公丕使石越將步騎萬餘討慕容農，）農曰："越有智勇之名，今不南拒大軍而來此，是畏王而陵我也；必不設備，可以計取之。"衆請治列人城，農曰："善用兵者，結士以心，不以異物。今起義兵，唯敵是求，當以山河爲城池，何列人之足治也！"辛卯，越至列人西，農使趙秋及參軍綦毌滕擊越前鋒，破之。參軍太原趙謙言於農曰："越甲仗雖精，人心危駭，易破也，宜急擊之。"農曰："彼甲在外，我甲在心，晝戰，則士卒見其外貌而憚之，不如待暮擊之，可以必克。"令軍士嚴備以待，毋得妄動。越立柵自固，農笑謂諸將曰："越兵精士衆，不乘初至之銳以擊我，方更立柵，吾知其無能爲也。"向暮，農鼓譟出，陳于城西，牙門劉木請先攻越柵，農笑曰："凡人見美食，誰不欲之，何得獨請！然汝猛銳可嘉，當以先鋒惠汝。"木乃帥壯士四百騰柵而入，秦兵披靡；農督大衆隨之，大敗秦兵，斬越，送首於垂。越與毛當，皆秦之驍將也，故秦王堅使助二子鎮守；既而相繼敗沒，人情騷動，所在盜賊羣起。（第 3322—3323 頁）

314. （燕王垂）以前岷山公庫傉官偉爲左長史，前尚書段崇爲右長史，滎陽鄭豁等爲從事中郎。慕容農引兵會垂於鄴，垂因其所稱之官而授之。立世子寶爲太子，封從弟拔等十七人及甥宇文翰、舅子蘭審皆爲王；其餘宗族及功臣封公者三十七人，侯、伯、子、男者八十九人。（第 3323 頁）

315. 可足渾譚集兵得二萬餘人，攻野王，拔之，引兵會攻鄴。平幼及其弟叡、規亦帥衆數萬會垂於鄴。（第 3323—3324 頁）

316. 秦梁州刺史潘猛。（第 3324 頁）

317. 關東六州郡縣多送任請降於燕。（第 3325 頁）

318. 二月，（燕王垂引丁零、烏桓之衆二十餘萬，爲飛梯地道以攻鄴，）不拔；乃築長圍守之。（第 3325 頁）

319. 秦征東府官屬疑參軍高泰，燕之舊臣，有貳心，泰懼，與同郡虞曹從事吳韶逃歸勃海。韶曰：“燕軍近在肥鄉，宜從之。”泰曰：“吾以避禍耳；去一君，事一君，吾所不爲也！”申紹見而歎曰：“去就以道，可謂君子矣！”（第 3325 頁）

320. 燕范陽王德擊秦枋頭，取之，置戍而還。（第 3325 頁）

321. 東胡王晏據館陶，爲鄴中聲援，鮮卑、烏桓及郡縣民據塢壁不從燕者尚衆；燕王垂遣太原王楷與鎮南將軍陳留王紹討之。楷謂紹曰：“鮮卑、烏桓及冀州之民，本皆燕臣，今大業始爾，人心未洽，所以小異；唯宜綏之以德，不可震之以威。吾當止一處，爲軍聲之本，汝巡撫民夷，示以大義，彼必當聽從。”楷乃屯于辟陽。紹帥騎數百往說王晏，爲陳禍福，晏隨紹詣楷降，於是鮮卑、烏桓及塢民降者數十萬口。楷留其老弱，置守宰以撫之，發其丁壯十餘萬，與王晏詣鄴。垂大悅曰：“汝兄弟才兼文武，足以繼先王矣！”（第 3326 頁）

322. 三月，庫傉官偉帥營部數萬至鄴，燕王垂封偉爲安定王。（第 3327 頁）

323. 秦冀州刺史阜城侯定守信都，高城男紹在國、高邑侯亮、重合侯譏守常山，固安侯鑒守中山。燕王垂遣前將軍、樂浪王溫督諸軍攻信都，不克；夏，四月，丙辰，遣撫軍大將軍麟益兵助之。定、鑒，秦王堅之從叔；紹、譏，從弟；亮，從子也。（第 3327 頁）

324. 慕容泓聞秦兵且至，懼，帥衆將奔關東。秦鉅鹿愍公叡粗猛輕敵，欲馳兵邀之。姚萇諫曰：“（鮮卑皆有思歸之志，故起而爲亂，宜驅令出關，不可遏也。）夫執纋鼠之尾，猶能反噬於人。彼自知困窮，致死於我，萬一失利，悔將何及。但可鳴鼓隨之，彼將奔敗不暇矣。”叡弗從，戰于華澤，叡兵敗，爲泓所殺。（第 3327 頁）

325. 燕王垂以鄴城猶固，會僚佐議之。右司馬封衡請引漳水灌之；從之。（第 3328 頁）

326. （燕王）垂行圍，因飲於華林園，秦人密出兵掩之，矢下如雨，垂幾不得出，冠軍大將軍隆將騎衝之，垂僅而得免。（第 3328—3329 頁）

327. 竟陵太守趙統攻襄陽，秦荊州刺史都貴奔魯陽。（第 3329 頁）

328. 五月，秦洛州刺史張五虎據豐陽來降。（第 3329 頁）

329. 梁州刺史楊亮帥衆五萬伐蜀，遣巴西太守費統將水陸兵三萬爲前鋒。亮屯巴郡，秦益州刺史王廣遣巴西太守康回等拒之。（第3329頁）

330. 六月，後秦軍中無井，秦人塞安公谷、堰同官水以困之。（第3329頁）

331. 將軍劉春攻魯陽，都貴奔還長安。（第3330頁）

332. 燕慕容麟拔常山，秦苻亮、苻謨皆降。麟進圍中山，秋，七月，克之，執苻鑒。麟威聲大振，留屯中山。（第3330頁）

333. 秦幽州刺史王永、平州刺史苻沖帥二州之衆以擊燕。燕王垂遣平朔將軍平規擊永，永遣昌黎太守宋敞逆戰於范陽，敞兵敗，規進據薊南。（第3330頁）

334. 秦康回兵數敗，退還成都。梓潼太守壘襲以涪城來降。（第3331頁）

335. 八月，秦幽州刺史王永求救於振威將軍劉庫仁，庫仁遣其妻兄公孫希帥騎三千救之，大破平規於薊南，乘勝長驅，進據唐城。（第3333頁）

336. 九月，翟眞在承營，與公孫希、宋敞遙相首尾。長樂公丕遣宦者宂從僕射清河光祚將兵數百赴中山，與眞相結。（第3335頁）

337. （長樂公丕又遣陽平太守邵興將數千騎招集冀州故郡縣，）與（光）祚期會襄國。（第3335頁）

338. 是時，燕軍疲弊，秦勢復振，冀州郡縣皆觀望成敗，趙郡人趙粟等起兵柏鄉以應（邵）興。（第3335頁）

339. 燕王垂遣冠軍大將軍隆、龍驤將軍張崇將兵邀擊（邵）興，命驃騎大將軍農自清河引兵會之。隆與興戰于襄國，大破之；興走至廣阿，遇慕容農，執之。光祚聞之，循西山走歸鄴。隆遂擊趙粟等，皆破之，冀州郡縣復從燕。（第3335頁）

340. 劉庫仁聞公孫希已破平規，欲大舉兵以救長樂公丕，發鴈門、上谷、代郡兵，屯繁畤。燕太子太保慕輿句之子文、零陵公慕輿虔之子常時在庫仁所，知三郡兵不樂遠征，因作亂，夜攻庫仁，殺之，竊其駿馬，奔燕。公孫希之衆聞亂自潰，希奔翟眞。庫仁弟頭眷代領庫仁部衆。（第3335頁）

341. 鮮卑在長安城中者猶千餘人，慕容紹之兄肅，與慕容暐陰謀結鮮卑爲亂。十二月，暐白（秦王）堅，以其子新昏，請堅幸其家，置酒，欲伏兵殺之。堅許之，會天大雨，不果往。事覺，堅召暉及肅，肅曰："事必洩矣，入則俱死。今城內已嚴，不如殺使者馳出，既得出門，大衆便集。"暉不從，遂俱入。堅曰："吾相待何如，而起此意？"暉飾辭以對。肅曰："家國事重，何論意氣！"堅先殺肅，乃殺暉及其宗族，城內鮮卑無少長、男女，皆殺之。（第3338頁）

342. 燕王垂幼子柔，養於宦者宋牙家爲牙子，故得不坐，與太子寶之子盛乘間得出，奔慕容沖。（第3338頁）

343. 秦梁州刺史潘猛棄漢中，奔長安。（第3338頁）

344. 太元十年（建元二十一年，哀平帝苻丕太平元年，385）正月，後秦王萇留諸將攻新平，自引兵擊安定，擒秦安西將軍勃海公珍，嶺北諸城悉降之。（第3339頁）

345. 甲寅，秦王堅與西燕主沖戰于仇班渠，大破之。乙卯，戰于雀桑，又破之。甲子，戰于白渠，秦兵大敗。（第3340頁）

346. 乙亥，高蓋引兵攻渭北諸壘，太子宏與戰於成貳壁，大破之，斬首三萬。（第3340頁）

347. 燕帶方王佐與寧朔將軍平規共攻薊，王永兵屢敗。（第3340頁）

348. 乙酉，秦益州刺史王廣以蜀人江陽太守李丕爲益州刺史，守成都。己丑，廣帥所部奔還隴西，蜀人隨之者三萬餘人。（第3341頁）

349. 秦平原悼公暉。（第3341頁）

350. （秦）前禁將軍李辯、都水使者隴西彭和正恐長安不守，召集西州人屯於韭園；（秦王）堅召之，不至。（第3341頁）

351. 西燕主沖攻秦高陽愍公方於驪山，殺之，執秦尚書韋鍾，以其子謙爲馮翊太守，使招集三輔之民。馮翊壘主邵安民等責謙曰："君雍州望族，今乃從賊，與之爲不忠不義，何面目以行於世乎！"謙以告鍾，鍾自殺，謙來奔。（第3341—3342頁）

352. （俱）石子，難之弟也。（第3342頁）

353. （楊）定，佛奴之孫也。（第3342頁）

354. 劉牢之攻燕黎陽太守劉撫于孫就柵，燕王垂留慕容農守鄴圍，自引兵救之。秦長樂公丕聞之，出兵乘虛夜襲燕營，農擊敗之。（第3343頁）

355. 四月，（劉牢之進兵至鄴，燕王垂逆戰而敗，遂撤圍，退屯新城，乙卯，自新城北遁。）牢之不告秦長樂公丕，即引兵追之。丕聞之，

發兵繼進。（第 3343 頁）

356. 庚申，（劉）牢之追及（慕容）垂於董唐淵。垂曰：“秦、晉瓦合，相待爲強，一勝則俱豪，一失則俱潰，非同心也。今兩軍相繼，勢既未合，宜急擊之。”（第 3343 頁）

357. 會秦王堅來求救，（太保）安乃請自將救之。（第 3344 頁）

358. （新平城爲後秦所攻陷，）獨馮傑子終得脫，奔長安。秦王堅追贈（苟）輔等官爵，皆諡曰節愍侯，以終爲新平太守。（第 3345 頁）

359. 五月，（秦王堅與張夫人及中山公詵、）二女寶、錦出奔五將山。（第 3346 頁）

360. （秦王）堅過襲韮園，李辯奔燕，彭和正愍，自殺。（第 3346 頁）

361. 七月，長樂公丕帥衆三萬自枋頭將歸鄴城，龍驤將軍檀玄擊之，戰于谷口。（第 3347 頁）

362. 九月，（秦主丕）立妃楊氏爲皇后，子寧爲皇太子，壽爲長樂王，鏘爲平原王，懿爲勃海王，昶爲濟北王。（第 3352 頁）

363. 涼州郡縣皆降於（呂）光，獨酒泉太守宋皓、西郡太守宋泮城守不下。光攻而執之，讓泮曰：“吾受詔平西域，而梁熙絕我歸路，此朝廷之罪人，卿何爲附之？”泮曰：“將軍受詔平西域，不受詔亂涼州，梁公何罪而將軍殺之？泮但苦力不足，不能報君父之讎耳，豈肯如逆氏彭濟之所爲乎！主滅臣死，固其常也。”光殺泮及皓。（第 3353—3354 頁）

364. 初，（高）蓋以楊定爲子，及蓋敗，定亡奔隴右，復收集其舊衆。（第 3355 頁）

365. 中山太守王兗，本新平氏也。（第 3355 頁）

366. 十一月，楊定尋徙治歷城，置儲蓄於百頃，自稱龍驤將軍、仇池公，遣使來稱藩；詔因其所號假之。其後又取天水、略陽之地，自稱秦州刺史、隴西王。（第 3355 頁）

367. 十二月，昌黎太守宋敞帥烏桓、索頭之衆救兗，不及而還。秦主丕以敞爲平州刺史。（第 3357 頁）

368. 秦苻定據信都以拒燕，燕王垂以從弟北地王精爲冀州刺史，將兵攻之。（第 3357 頁）

369. 太元十一年（太安二年，高帝苻登太初元年，386）二月，（呂光）輔國將軍杜進。（第 3359—3360 頁）

370.（張大豫）自號撫軍將軍、涼州牧，改元鳳凰。（第 3360 頁）

371. 四月，秦大赦，以衛平爲撫軍將軍、河州刺史，呂光爲車騎大將軍、涼州牧。使者皆沒於後秦，不能達。（第 3364 頁）

372.（秦主）丕以（鄧）景爲京兆尹。景，羌之子也。（第 3366 頁）

373. 七月，金熙本東胡之種；沒弈干，鮮卑多蘭部帥也。（第 3366頁）

374.（唊青等推苻）登爲使持節、都督隴右諸軍事、撫軍大將軍、雍河二州牧、略陽公，帥衆五萬，東下隴，攻南安，拔之，馳使請命于秦。（第 3367 頁）

375. 初，後秦主萇之弟碩德統所部羌居隴上，聞萇起兵，自稱征西將軍，聚衆於冀城以應之；以兄孫詳爲安遠將軍，據隴城，從孫訓爲安西將軍，據南安之赤亭。（第 3368 頁）

376.（後秦主）萇自安定引兵會碩德攻統。（第 3368 頁）

377. 秦略陽太守王皮降之。（第 3368 頁）

378. 九月，後秦主萇以姚碩德爲使持節、都督隴右諸軍事、秦州刺史，鎮上邽。（第 3369 頁）

379. 十月，（苻纂弟）尚書永平侯師奴。（第 3369 頁）

380. 太元十二年（太初二年，387）初，（燕主）垂在長安，秦王堅嘗與之交手語，宂從僕射光祚言於堅曰：「陛下頗疑慕容垂乎？垂非久爲人下者也。」堅以告垂。及秦主丕自鄴奔晉陽，祚與黃門侍郎封孚、鉅鹿太守封勸皆來奔。勸，奕之子也。垂之再圍鄴也，秦故臣西河朱肅等各以其衆來奔。詔以祚等爲河北諸郡太守，皆營於濟北、濮陽，羈屬溫詳；詳敗，俱詣燕軍降。垂赦之，撫待如舊。垂見光祚，流涕沾衿，曰：「秦王待我深，吾事之亦盡；但爲二公猜忌，吾懼死而負之，每一念之，中宵不寐。」祚亦悲慟。垂賜祚金帛，祚固辭，垂曰：「卿猶復疑邪？」祚曰：「臣昔者惟知忠於所事，不意陛下至今懷之，臣敢逃其死！」垂曰：「此乃卿之忠，固吾所求也，前言戲之耳。」待之彌厚，以爲中常侍。（第 3374頁）

381. 四月，秦主登以其兄同成爲司徒、守尚書令，封潁川王；弟廣爲中書監，封安成王；子崇爲尚書左僕射，封東平王。（第 3378 頁）

382. 九月，（後秦主萇軍於泥源。苻師奴逆戰，大敗，）亡奔鮮卑。後秦盡收其衆，屠各董成等皆降。（第 3380 頁）

383. 十月，（後秦姚方成攻秦雍州刺史徐嵩壘，拔之，）悉阬其士卒，以妻子賞軍。（第 3380 頁）

384. 太元十三年（太初三年，388）五月，秦太弟懿卒，謚曰獻哀。（第 3384 頁）

385. 七月，關西豪桀以後秦久無成功，多去而附秦。（第 3384 頁）

386. 十二月，秦以潁川王同成爲太尉。（第 3386 頁）

387. 太元十四年（太初四年，389）二月，秦主登留輜重於大界，自將輕騎萬餘攻安定羌密造保，克之。（第 3388 頁）

388. 九月，秦主登之東也，後秦主萇使姚碩德置秦州守宰，以從弟常戍隴城，邢奴戍冀城，姚詳戍略陽。楊定攻隴、冀，克之，斬常，執邢奴；詳棄略陽，奔陰密。定自稱秦州牧、隴西王；秦因其所稱而授之。（第 3389 頁）

389. 十月，（秦主登以竇衝爲）雍州牧。（第 3389 頁）

390. （秦主登）又約監河西諸軍事并州刺史楊政、都督河東諸軍事冀州刺史楊楷各帥其衆會長安。政、楷皆河東人。秦主丕既敗，政、楷收集流民數萬戶，政據河西，楷據湖、陝之間，遣使請命於秦，登因而授之。（第 3390 頁）

391. 十二月，（後秦）東門將軍任瓌；（前秦）征東將軍雷惡地。（第 3393—3394 頁）

392. （秦主）登以（雷）惡地勇略過人，陰憚之。惡地懼，降於後秦。（第 3394 頁）

393. 秦以安成王廣爲司徒。（第 3394 頁）

394. 太元十五年（太初五年，390）三月，後秦天水太守張業生。（第 3395 頁）

395. 四月，羣臣怪而問之，（後秦主）萇曰：“揭飛等扇誘同惡，種類甚繁，吾雖克其魁帥，餘黨未易猝平；今烏集而至，吾乘勝取之，可一舉無餘也。”（第 3395 頁）

396. 七月，後秦以（苟）曜爲豫州刺史。（第 3397 頁）

397. 十二月，郭質及苟曜戰於鄭東，質敗，奔洛陽。（第 3398 頁）

398. 太元十六年（太初六年，391）五月，（秦兗州刺史強金槌降後秦，）以其子遼爲質。（第 3399 頁）

399. 七月，（大）兜微服走，（金城王）乾歸收其部衆而還，歸沒弈

干二子。沒弈干尋叛，東合劉衛辰。（第 3400 頁）

400. 八月，（金城王）乾歸帥騎一萬討沒弈干，沒弈干奔他樓城，乾歸射之，中目。（第 3400 頁）

401. 太元十七年（太初七年，392）正月，秦主登立昭儀隴西李氏爲皇后。（第 3404 頁）

402. 八月，（前秦）安南將軍姚熙隆。（第 3407 頁）

403. 十八年（太初八年，393）四月，秦右丞相竇衝矜才尚人，自請封天水王；秦主登不許。（第 3410 頁）

404. 六月，（竇）衝自稱秦王，改元元光。（第 3410 頁）

405. 十九年（394）正月，（秦主登）留司徒、安成王廣守雍。（第 3412 頁）

406. 四月，（後秦太子）興馳遣狄伯支謂（尹）緯曰：“苻登窮寇，宜持重以挫之。”緯曰：“先帝登遐，人情擾懼，今不因思奮之力以禽敵，大事去矣！”（第 3413 頁）

407. 七月，（後秦主興）以李后賜姚晃。（第 3415 頁）

《資治通鑑》後秦國資料釋證

卷八八

晉懷帝永嘉六年（312）

南安赤亭羌姚弋仲東徙榆眉，戎、夏襁負隨之者數萬，自稱護羌校尉、雍州刺史、扶風公。（第 2790 頁）

此條見《晉書·姚弋仲載記》①，唯“護羌校尉”，《載記》作“護西羌校尉”。另據《姚萇載記》：萇克秦州，“拜弟碩德都督隴右諸軍事、征西將軍、秦州刺史，領護東羌校尉，鎮上邽”②。《姚興載記上》：“以碩德爲秦州牧，領護東羌校尉，鎮上邽。”③ 可知姚氏建國後，羌人內部仍有東西之分，後秦官制中，亦可找到相關證據。

卷九二

晉明帝太寧元年（323）

七月

（趙主）曜徙秦州大姓楊、姜諸族二千餘戶于長安。氐、羌皆送任請降；以赤亭羌酋姚弋仲爲平西將軍，封平襄公。（第 2913 頁）

此條分見《十六國春秋·後秦錄》④、《晉書·劉曜載記》⑤、《姚弋仲載記》⑥。

---

① 《晉書》卷一一六《姚弋仲載記》，第 2959 頁。
② 《晉書》卷一一六《姚萇載記》，第 2967 頁。
③ 《晉書》卷一一七《姚興載記上》，第 2977 頁。
④ 《太平御覽》卷一二三《偏霸部七》“後秦姚弋仲”條引，第 1 冊，第 594 頁上欄。
⑤ 《晉書》卷一〇三《劉曜載記》，第 2691 頁。
⑥ 《晉書》卷一一六《姚弋仲載記》，第 2959 頁。

卷九四

晉成帝咸和四年（329）

九月

秦、隴悉（爲後趙所）平。氐王蒲洪、羌酋姚弋仲俱降于（石）
虎，虎表洪監六夷軍事，弋仲爲六夷左都督。徙氐、羌十五萬落于
司、冀州。（第 2971 頁）

此條分見《十六國春秋‧前秦錄》①、《魏書‧臨渭氐苻健傳》②、《晉
書‧劉曜載記》③、《石勒載記下》④、《苻洪載記》⑤、《姚弋仲載記》⑥，唯
"監六夷軍事"，《前秦錄》作"監六夷諸軍"，二者均爲"監六夷諸軍事"之
省稱；石虎表"弋仲爲六夷左都督"，《姚弋仲載記》作"（石虎）啓勒以弋
仲行安西將軍、六夷左都督"。按弋仲後由六夷左都督遷西羌大都督，六夷左
都督或即西羌都督之別稱。氐王蒲洪拜冠軍將軍⑦、監六夷軍事，係總領關西
氐、羌諸部，故崔鴻稱"委以西方之事"；羌酋姚弋仲行安西將軍、六夷左都
督，爲蒲洪之副。依後趙官制，六夷左、右都督，應爲監六夷軍事之裨將。

咸和五年（330）

二月

（後趙程遐勸石勒除祖約，）安西將軍姚弋仲亦以爲言。（第 2975
頁）

弋仲上疏之語，詳見《晉書‧姚弋仲載記》⑧。

---

① 《太平御覽》卷一二一《偏霸部五》"前秦苻洪"條引，第 1 冊，第 585 頁下欄。
② 《魏書》卷九五《臨渭氐苻健傳》，第 2073 頁。
③ 《晉書》卷一〇三《劉曜載記》，第 2701 頁。
④ 《晉書》卷一〇五《石勒載記下》，第 2745 頁。
⑤ 《晉書》卷一一二《苻洪載記》，第 2867 頁。
⑥ 《晉書》卷一一六《姚弋仲載記》，第 2959—2960 頁。
⑦ 亦見《晉書》卷一一二《苻洪載記》，第 2867 頁。
⑧ 《晉書》卷一一六《姚弋仲載記》，第 2960 頁。

卷九五

咸和八年（333）

十月

（後趙丞相虎徙秦、雍民及氐、羌十餘萬戶於關東。以蒲洪爲龍驤將軍、流民都督，使居枋頭；）以羌帥姚弋仲爲奮武將軍、西羌大都督，使帥其衆數萬徙居清河之灄頭。（第2989頁）

此條分見《魏書·臨渭氐苻健傳》①、《晉書·劉曜載記》②、《石勒載記下》③、《苻洪載記》④、《姚弋仲載記》⑤。按弋仲由六夷左都督遷西羌大都督，所帥數萬之衆，當以西羌爲主。又弋仲所任西羌大都督，與蒲洪所任流民都督並置，可知弋仲此時已不受蒲洪轄制。

咸和九年（334）

十一月

西羌大都督姚弋仲稱疾不賀，（後趙丞相）虎累召之，乃至。（第2998頁）

此條分見《十六國春秋·後秦錄》⑥、《晉書·姚弋仲載記》⑦。

（姚弋仲）正色謂（後趙丞相）虎曰：“弋仲常謂大王命世英雄，奈何把臂受託而返奪之邪？”虎曰：“吾豈樂此哉！顧海陽年少，恐不能了家事，故代之耳。”心雖不平，然察其誠實，亦不之罪。（第2998頁）

---

① 《魏書》卷九五《臨渭氐苻健傳》，第2073頁。
② 《晉書》卷一〇三《劉曜載記》，第2702頁。
③ 《晉書》卷一〇五《石勒載記下》，第2745頁。
④ 《晉書》卷一一二《苻洪載記》，第2867頁。
⑤ 《晉書》卷一一六《姚弋仲載記》，第2960頁。
⑥ 《太平御覽》卷一二三《偏霸部七》“後秦姚弋仲”條引，第1冊，第594頁上欄。
⑦ 《晉書》卷一一六《姚弋仲載記》，第2960頁。

《晉書·姚弋仲載記》："正色謂季龍曰：'奈何把臂受託而反奪之乎！'季龍憚其強正而不之責。"① 《通鑑》所增數句，不見於他史，當另有所本。

卷九六

咸康四年（338）

正月

（趙王虎將擊段遼，以）姚弋仲爲冠軍將軍。（第 3014 頁）

此條見《晉書·石季龍載記上》②。

卷九七

晉穆帝永和元年（345）

十二月

趙王虎以冠軍將軍姚弋仲爲持節、十郡六夷大都督、冠軍大將軍。弋仲清儉鯁直，不治威儀，言無畏避，虎甚重之：朝之大議，每與參決，公卿皆憚而下之。（第 3068 頁）

此條見《晉書·姚弋仲載記》③。

武城左尉，（趙王）虎寵姬之弟也，嘗入（姚）弋仲營，侵擾其部衆。弋仲執而數之曰："爾爲禁尉，迫脅小民；我爲大臣，目所親見，不可縱也。"命左右斬之；尉叩頭流血，左右固諫，乃止。（第

① 《晉書》卷一一六《姚弋仲載記》，第 2960 頁。
② 《晉書》卷一〇六《石季龍載記上》，第 2767 頁。
③ 《晉書》卷一一六《姚弋仲載記》，第 2960 頁。

3068 頁）

此條見《晉書·姚弋仲載記》①，唯弋仲斥石虎寵姬弟、武城左尉之言，僅見於《通鑑》。

卷九八

永和五年（349）

正月

（梁）犢遂東掠滎陽、陳留諸郡，（趙王）虎大懼，以燕王斌爲大都督，督中外諸軍事，統冠軍大將軍姚弋仲、車騎將軍蒲洪等討之。（第 3086 頁）

此條見《晉書·石季龍載記下》②，唯"大都督"下，《載記》脱一"督"字。

（姚）弋仲將其衆八千餘人至鄴，求見（趙王）虎。虎病，未之見，引入領軍省，賜以己所御食。弋仲怒，不食，曰："主上召我來擊賊，當面見授方略，我豈爲食來邪！且主上不見我，我何以知其存亡邪？"（第 3086 頁）

此條見《晉書·姚弋仲載記》③，唯弋仲語，《載記》作"召我擊賊，豈來覓食邪！我不知上存亡，若一見，雖死無恨"，與《通鑑》差異頗大，似各有所本。

（趙王）虎力疾見之，（姚）弋仲讓虎曰："兒死，愁邪，何爲而病？兒幼時不擇善人教之，使至於爲逆；既爲逆而誅之，又何愁焉！且汝久病，所立兒幼，汝若不愈，天下必亂，當先憂此，勿憂賊也！

---

① 《晉書》卷一一六《姚弋仲載記》，第 2960 頁。
② 《晉書》卷一〇七《石季龍載記下》，第 2786 頁。
③ 《晉書》卷一一六《姚弋仲載記》，第 2960 頁。

犢等窮困思歸，相聚爲盜，所過殘暴，何所能至！老羌爲汝一舉了之！”（第 3086—3087 頁）

此條見《晉書·姚弋仲載記》①，唯“愁”前，《載記》衍一“來”字；“使至於爲逆”，《載記》作“至令相殺”；“既爲逆而誅之，又何愁焉”兩句，僅見於《通鑑》。

（姚）弋仲性狷直，人無貴賤皆汝之，（趙王）虎亦不之責。於坐授使持節、征西大將軍，賜以鎧馬。弋仲曰：“汝看老羌堪破賊否？”乃被鎧跨馬于庭中，因策馬南馳，不辭而出。遂與斌等擊（梁）犢於滎陽，大破之，斬犢首而還，討其餘黨，盡滅之。虎命弋仲劍履上殿，入朝不趨，進封西平郡公。（第 3087 頁）

此條見《晉書·姚弋仲載記》②。唯弋仲所拜諸官，《通鑑》少侍中一職。

四月

彭城王遵至河內，聞喪；姚弋仲、蒲洪、劉寧及征虜將軍石閔、武衛將軍王鸞等討梁犢還，遇遵於李城，共說遵曰：“殿下長且賢，先帝亦有意以殿下爲嗣；正以末年惽惑，爲張豺所誤。今女主臨朝，姦臣用事，上白相持未下，京師宿衛空虛，殿下若聲張豺之罪，鼓行而討之，其誰不開門倒戈而迎殿下者！”遵從之。（第 3089 頁）

此條見《晉書·石季龍載記下》③，唯“今女主臨朝，姦臣用事”兩句，僅見於《通鑑》。

十二月

新興王祇，（趙王）虎之子也，時鎮襄國，與姚弋仲、蒲洪等連

---

① 《晉書》卷一一六《姚弋仲載記》，第 2960 頁。
② 同上書，第 2960—2961 頁。
③ 《晉書》卷一〇七《石季龍載記下》，第 2787—2788 頁。

兵，移檄中外，欲共誅（石）閔、（李）農。（第3098頁）

此條見《晉書·石季龍載記下》①，唯"檄"字前，《載記》脫"移"字。

永和六年（350）

正月

撫軍將軍張沈據滏口，張賀度據石瀆，建義將軍段勤據黎陽，寧南將軍楊羣據桑壁，劉國據陽城，段龕據陳留，姚弋仲據灄頭，蒲洪據枋頭，衆各數萬，皆不附於（冉）閔。（第3100頁）

此條分見《晉書·石季龍載記下》②、《姚弋仲載記》③，唯姚弋仲"據灄頭"，《石季龍載記下》作"據混橋"。另據《通鑑》下文，姚弋仲自灄頭移師混橋以討冉閔，可證《通鑑》作"據灄頭"不誤。

閏月

（冉閔、李農盡滅石氏。）姚弋仲子曜武將軍益、武衛將軍若帥禁兵數千斬關奔灄頭。弋仲帥衆討閔，軍于混橋。（第3101頁）

此條分見《晉書·石季龍載記下》④、《姚弋仲載記》⑤。

姚弋仲、蒲洪各有據關右之志。弋仲遣其子襄帥衆五萬擊洪，洪迎擊，破之，斬獲三萬餘級。（第3102頁）

此條僅見於《通鑑》。

---

① 《晉書》卷一〇七《石季龍載記下》，第2791頁。
② 同上書，第2792頁。
③ 《晉書》卷一一六《姚弋仲載記》，第2960頁。
④ 《晉書》卷一〇七《石季龍載記下》，第2792頁。
⑤ 《晉書》卷一一六《姚弋仲載記》，第2961頁。

（趙主）祗以姚弋仲爲右丞相、親趙王，待以殊禮。（第 3106 頁）

此條分見《十六國春秋・後秦錄》①、《晉書・姚弋仲載記》②。"親趙王"稱號，僅見於《通鑑》。

（姚）弋仲子襄，雄勇多才略，士民多愛之，請弋仲以爲嗣，弋仲以襄非長子，不許；請者日以千數，弋仲乃使之將兵。（第 3106 頁）

此條分見《十六國春秋・後秦錄》③、《晉書・姚弋仲載記》④。

（趙主）祗以（姚）襄爲驃騎將軍、豫州刺史、新昌公。（第 3106 頁）

此條分見《十六國春秋・後秦錄》⑤、《晉書・姚弋仲載記》⑥。唯石祗授姚襄官爵，《通鑑》脫使持節、護烏丸校尉兩項。

（魏主閔攻圍襄國百餘日，趙主祗遣）中軍將軍張春乞師於姚弋仲。（第 3112 頁）

此條分見《十六國春秋・後秦錄》⑦、《晉書・姚弋仲載記》⑧。

（姚）弋仲遣其子襄帥騎二萬八千救趙，誡之曰："冉閔棄仁背義，屠滅石氏。我受人厚遇，當爲復讎，老病不能自行；汝才十倍於

---

① 《太平御覽》卷一二三《偏霸部七》"後秦姚弋仲"條引，第 1 冊，第 594 頁上欄。
② 《晉書》卷一一六《姚弋仲載記》，第 2961 頁。
③ 《太平御覽》卷一二三《偏霸部七》"後秦襄"條引，第 1 冊，第 594 頁上欄。
④ 《晉書》卷一一六《姚襄載記》，第 2962 頁。
⑤ 《太平御覽》卷一二三《偏霸部七》"後秦姚襄"條引，第 1 冊，第 594 頁上欄。
⑥ 《晉書》卷一一六《姚襄載記》，第 2962 頁。
⑦ 《太平御覽》卷一二〇《偏霸部四》"石閔"條引，第 1 冊，第 582 頁上欄。
⑧ 《晉書》卷一一六《姚弋仲載記》，第 2962 頁。

閔，若不梟擒以來，不必復見我也！”（第 3112 頁）

此條分見《晉書・石季龍載記下》①、《姚弋仲載記》②，唯 “二萬八千”，《石季龍載記下》作 “三萬八千”，未詳孰是；姚弋仲誡其子襄之語，“冉閔棄仁背義，屠滅石氏。我受人厚遇，當爲復讎，老病不能自行” 數句，不見於他史，《通鑑》當另有所本。

（姚）弋仲亦遣使告於燕；燕主儁遣禦難將軍悅綰將兵三萬往會之。（第 3112 頁）

此條見《晉書・石季龍載記下》③，姚弋仲遣使告於前燕事，僅見於《通鑑》。

三月
姚襄及趙汝陰王琨各引兵救襄國。（第 3114 頁）

此條分見《十六國春秋・後趙錄》④、《晉書・石季龍載記下》⑤。

冉閔遣車騎將軍胡睦拒（姚）襄於長蘆，將軍孫威拒（汝陰王）琨於黃丘，皆敗還，士卒略盡。（第 3114 頁）

此條見《晉書・石季龍載記下》⑥。《通鑑》上文作石閔而此條稱冉閔，當以閔建魏後改姓冉氏之故。溫公等人書法嚴謹，此爲一則顯例。

（冉閔悉衆出，）與（姚）襄、（趙汝陰王）琨戰。悅綰適以燕兵至，去魏兵數里，疏布騎卒，曳柴揚塵，魏人望之恟懼，襄、琨、綰三面擊

① 《晉書》卷一〇七《石季龍載記下》，第 2794 頁。
② 《晉書》卷一一六《姚弋仲載記》，第 2961 頁。
③ 《晉書》卷一〇七《石季龍載記下》，第 2794 頁。
④ 《太平御覽》卷一二〇《偏霸部四》“後趙石閔”條引，第 1 冊，第 582 頁上欄。
⑤ 《晉書》卷一〇七《石季龍載記下》，第 2794 頁。
⑥ 同上。

之，趙王祗自後衝之，魏兵大敗，閔與十餘騎走還鄴。（第 3115 頁）

　　此條分見《十六國春秋·後趙錄》①、《晉書·石季龍載記下》②，唯燕軍“疏布騎卒，曳柴揚塵，魏人望之恟懼”一段，僅見於《通鑑》。

　　　　姚襄還灄頭，姚弋仲怒其不擒（冉）閔，杖之一百。（第 3115 頁）

　　此條見《晉書·姚弋仲載記》③。

　　　　初，（冉）閔之爲趙相也，悉散倉庫以樹私恩，與羌、胡相攻，無月不戰。趙所徙青、雍、幽、荊四州之民及氐、羌、胡、蠻數百萬口，以趙法禁不行，各還本土；道路交錯，互相殺掠，其能達者什有二、三。中原大亂，因以饑疫，人相食，無復耕者。（第 3115—3116 頁）

　　此條見《晉書·石季龍載記下》④，唯“人相食”一事，僅見於《通鑑》。

　　　　十一月
　　　　姚弋仲遣使來請降。以弋仲爲使持節、六夷大都督、督江北諸軍事、車騎大將軍、開府儀同三司、大單于、高陵郡公；又以其子襄爲持節、平北將軍、都督并州諸軍事、并州刺史、平鄉縣公。（第 3119 頁）

　　此條分見《十六國春秋·後秦錄》⑤、《晉書·穆帝紀》⑥、《晉書·姚弋仲載記》⑦，唯“督江北諸軍事”，《後秦錄》脫“督”字，《載記》又作“都督江淮諸軍事”，“淮”疑爲“北”字之訛；車騎大將軍，《穆帝紀》脫“大”字。

---

① 《太平御覽》卷一二〇《偏霸部四》“後趙石閔”條引，第 1 冊，第 582 頁上欄。
② 《晉書》卷一〇七《石季龍載記下》，第 2795 頁。
③ 《晉書》卷一一六《姚弋仲載記》，第 2961 頁。
④ 《晉書》卷一〇七《石季龍載記下》，第 2795 頁。
⑤ 《太平御覽》卷一二三《偏霸部七》“後秦姚弋仲”、“後秦姚襄”條引，第 1 冊，第 594 頁上欄。
⑥ 《晉書》卷八《穆帝紀》，第 197 頁。
⑦ 《晉書》卷一一六《姚弋仲載記》，第 2961 頁。

姚弋仲有子四十二人，及病，謂諸子曰：“石氏待吾厚，吾本欲爲之盡力。今石氏已滅，中原無主；我死，汝亟自歸於晉，當固執臣節，無爲不義也！”（第 3123 頁）

此條分見《十六國春秋・後秦錄》①、《晉書・姚弋仲載記》②。

（姚）弋仲卒，子襄祕不發喪，帥戶六萬南攻陽平、元城、發干，破之，屯于碻磝津；以太原王亮爲長史，天水尹赤爲司馬，太原薛瓚、略陽權翼爲參軍。（第 3123—3124 頁）

此條分見《十六國春秋・後秦錄》③、《晉書・襄載記》④。

（姚）襄與秦兵戰，敗，亡三萬餘戶。（第 3124 頁）

此條僅見於《通鑑》。按姚氏部眾原有六萬戶，見於上引，此役損失近半數。

（姚襄）南至滎陽，始發喪。（第 3124 頁）

此條分見《十六國春秋・後秦錄》⑤、《晉書・姚襄載記》⑥。

（姚襄）又與秦將高昌、李歷戰于麻田，馬中流矢而斃。弟萇以馬授襄，襄曰：“汝何以自免？”萇曰：“但令兄濟，豎子必不敢害萇！”會救至，俱免。（第 3124 頁）

---

① 《太平御覽》卷一二三《偏霸部七》“後秦姚弋仲”條引，第 1 冊，第 594 頁上欄。
② 《晉書》卷一一六《姚弋仲載記》，第 2961 頁。
③ 《太平御覽》卷一二三《偏霸部七》“後秦姚襄”條引，第 1 冊，第 594 頁下欄。
④ 《晉書》卷一一六《姚襄載記》，第 2962 頁。
⑤ 《太平御覽》卷一二三《偏霸部七》“後秦姚襄”條引，第 1 冊，第 594 頁下欄。
⑥ 《晉書》卷一一六《姚襄載記》，第 2962 頁。

此條分見蕭方等《三十國春秋》①、《晉書·姚萇載記》②。

　　尹赤奔秦，秦以赤爲并州刺史，鎮蒲阪。（第 3124 頁）

此條僅見於《通鑑》。

　　（姚）襄遂帥衆歸晉，送其五弟爲質。詔襄屯譙城。襄單騎渡淮，見謝尚于壽春。尚聞其名，命去仗衛，幅巾待之，歡若平生。襄博學，善談論，江東人士皆重之。（第 3124 頁）

此條分見《十六國春秋·後秦錄》③、蕭方等《三十國春秋》④。

　　謝尚、姚襄共攻張遇于許昌。秦主健遣丞相東海王雄、衛大將軍平昌王菁略地關東，帥步騎二萬救之。丁亥，戰于潁水之誡橋，尚等大敗，死者萬五千人。（第 3127 頁）

此條分見《晉書·穆帝紀》⑤、《晉書·苻健載記》⑥。唯苻雄、苻菁“帥步騎二萬”及晉軍此役“死者萬五千人”等情節，僅見於《通鑑》。

　　（謝）尚奔還淮南，（姚）襄棄輜重，送尚於芍陂；尚悉以後事付襄。（第 3127—3128 頁）

此條僅見於《通鑑》。

————————

① 《太平御覽》卷三二五《兵部五六》“救援”條引，第 2 冊，第 1495 頁上欄。引文作《三十六國春秋》，“六”字疑衍。
② 《晉書》卷一一六《姚萇載記》，第 2964 頁。
③ 《太平御覽》卷一二三《偏霸部七》“後秦姚襄”條引，第 1 冊，第 594 頁下欄。
④ 《太平御覽》卷四〇八《人事部四九》“交友三”條引，第 2 冊，第 1885 頁上欄。
⑤ 《晉書》卷八《穆帝紀》，第 198 頁。
⑥ 《晉書》卷一一二《苻健載記》，第 2870 頁。

永和九年（353）

九月

姚襄屯歷陽，以燕、秦方強，未有北伐之志，乃夾淮廣興屯田，訓厲將士。（第3133頁）

此條僅見於《通鑑》。

殷浩在壽春，惡其（引者按：指姚襄）強盛，囚襄諸弟，屢遣刺客刺之，刺客皆以情告襄。（第3133—3134頁）

此條見《晉書·姚襄載記》①。

安北將軍魏統卒，弟憬代領部曲。（殷）浩潛遣憬帥衆五千襲之（引者按：指姚襄），（姚）襄斬憬，并其衆。浩愈惡之，使龍驤將軍劉啟守譙，遷襄于梁國蠡臺，表授梁國內史。（第3134頁）

此條分見《晉書·殷浩傳》②、《晉書·姚襄載記》③。唯魏統，《殷浩傳》作"殷脫"。

魏憬子弟數往來壽春，（姚）襄益疑懼，遣參軍權翼使於（殷）浩，浩曰："身與姚平北共爲王臣，休戚同之；平北每舉動自專，甚失輔車之理，豈所望也！"（第3134頁）

此條分見《晉書·殷浩傳》④、《姚襄載記》⑤，唯權翼所謂"身與姚

① 《晉書》卷一一六《姚襄載記》，第2962頁。
② 《晉書》卷七七《殷浩傳》，第2045頁。
③ 《晉書》卷一一六《姚襄載記》，第2962頁。
④ 《晉書》卷七七《殷浩傳》，第2045頁。
⑤ 《晉書》卷一一六《姚襄載記》，第2962—2963頁。

平北共爲王臣，休戚同之"、"甚失輔車之理"數句，僅見於《通鑑》；
"舉動自專"，《姚弋仲載記》作"舉動自由"。

（權）翼曰："平北英姿絕世，擁兵數萬遠歸晉室者，以朝廷有
道，宰輔明哲故也。今將軍輕信讒慝之言，與平北有隙，愚謂猜嫌之
端，在此不在彼也。"（第 3134 頁）

《晉書·姚襄載記》載權翼之言，僅有"將軍輕納姦言，自生疑
貳，愚謂猜嫌之由，不在於彼"① 數句，其餘內容爲《通鑑》獨家
所載。

（殷）浩曰："平北姿性豪邁，生殺自由，又縱小人掠奪吾馬；
王臣之體，固若是乎？"翼曰："平北歸命聖朝，豈肯妄殺無辜！姦
究之人，亦王法所不容也，殺之何害！"浩曰："然則掠馬何也？"翼
曰："將軍謂平北雄武難制，終將討之，故取馬欲以自衛耳。"浩笑
曰："何至是也！"（第 3134 頁）

《晉書·姚襄載記》："浩曰：'姚君縱放小人，盜竊吾馬，王臣之禮
固若是乎？'（權）翼曰：'將軍謂姚平北以威武自強，終爲難保，校兵練
眾，將懲不恪，取馬者欲以自衛耳。'浩曰：'何至是也。'"② 與《通鑑》
多有出入，當各有所本。《載記》"難保"一說，於理不通，疑爲"難
制"之訛，此處應從《通鑑》。

十月
（殷）浩以姚襄爲前驅。襄引兵北行，度浩將至，詐令部衆夜遁，
陰伏甲以邀之。浩聞而追襄至山桑；襄縱兵擊之，浩大敗，棄輜重，
走保譙城。襄俘斬萬餘，悉收其資仗，使兄益守山桑，襄復如淮南。
（第 3135 頁）

---

① 《晉書》卷一一六《姚襄載記》，第 2962—2963 頁。
② 同上書，第 2963 頁。

　　此條分見《十六國春秋·後秦錄》①、《晉書·穆帝紀》②、《殷浩傳》③、《姚襄載記》④。此役"襄引兵北行，度浩將至，詐令部衆夜遁，陰伏甲以邀之"，及"襄俘斬（殷浩軍）萬餘，悉收其資仗，使兄益守山桑"等細節，皆僅見於《通鑑》。又《穆帝紀》謂殷浩以姚襄爲前驅，在浩進軍山桑前，《殷浩傳》則謂在後，以情理度之，《殷浩傳》似不確，溫公等人此處亦從《穆帝紀》。

　　十一月

　　殷浩使部將劉啟、王彬之攻姚益于山桑，姚襄自淮南擊之，啟、彬之皆敗死。襄進據芍陂。（第 3136 頁）

　　此條分見《十六國春秋·後秦錄》⑤、《晉書·穆帝紀》⑥、《殷浩傳》⑦、《姚襄載記》⑧。唯殷浩使劉啟、王彬之攻山桑事，《後秦錄》作"（殷浩）遣謝萬討襄"。

　　十二月

　　姚襄濟淮，屯盱眙，招掠流民，衆至七萬，分置守宰，勸課農桑；遣使詣建康罪狀殷浩，并自陳謝。（第 3136 頁）

　　此條分見《十六國春秋·後秦錄》⑨、《晉書·姚襄載記》⑩，唯"建康"，《載記》作"建鄴"，晉人避愍帝諱，建興元年（313）八月改建鄴爲建康⑪。《晉書》紀、傳此後皆稱建康。五胡各國則不受此限制，其國史依舊稱建鄴，并爲《十六國春秋》所承襲。《載記》或以《十六國春秋》爲

---

① 《太平御覽》卷一二三《偏霸部七》"後秦姚襄"條引，第 1 冊，第 594 頁下欄。
② 《晉書》卷八《穆帝紀》，第 199 頁。
③ 《晉書》卷七七《殷浩傳》，第 2045—2046 頁。
④ 《晉書》卷一一六《姚襄載記》，第 2963 頁。
⑤ 《太平御覽》卷一二三《偏霸部七》"後秦姚襄"條引，第 1 冊，第 594 頁下欄。
⑥ 《晉書》卷八《穆帝紀》，第 199 頁。
⑦ 《晉書》卷七七《殷浩傳》，第 2046 頁。
⑧ 《晉書》卷一一六《姚襄載記》，第 2963 頁。
⑨ 《太平御覽》卷一二三《偏霸部七》"後秦姚襄"條引，第 1 冊，第 594 頁下欄。
⑩ 《晉書》卷一一六《姚襄載記》，第 2963 頁。
⑪ 見《晉書》卷五《愍帝紀》，第 127 頁。

本，隨五胡各國稱建鄴。《通鑑》以東晉爲正統，則從晉人改稱建康。

永和十年（354）

三月
姚襄遣使降燕。（第 3139 頁）

此條分見《十六國春秋·後秦錄》①、《晉書·慕容儁載記》②。

卷一〇〇

永和十二年（356）

四月
姚襄自許昌攻周成于洛陽。（第 3155 頁）

此條見《晉書·姚襄載記》③，唯周成守洛陽而爲姚襄所攻，僅見於《通鑑》。

七月
姚襄攻洛陽，踰月不克。長史王亮諫曰："明公英名蓋世，兵強民附。今頓兵堅城之下，力屈威挫，或爲他寇所乘，此危亡之道也！"襄不從。（第 3156 頁）

《晉書·姚襄載記》："自許遂攻洛陽，踰月不克。其長史王亮諫襄曰：'公英略蓋天下，士眾思效力命，不可損威勞眾，守此孤城。宜還河北，以弘遠略。'襄曰：'洛陽雖小，山河四塞之固，亦是用武之地。吾欲先據洛陽，然後開建大業。'"④ 所記王亮之言與《通鑑》多異，似各有所本。

---

① 《太平御覽》卷一二三《偏霸部七》"後秦姚襄"條引，第 1 冊，第 594 頁下欄。
② 《晉書》卷一一〇《慕容儁載記》，第 2835 頁。
③ 《晉書》卷一一六《姚襄載記》，第 2963 頁。
④ 同上。

八月

己亥，（桓）溫至伊水，姚襄撤圍拒之，匿精銳於水北林中，遣使謂溫曰："承親帥王師以來，襄今奉身歸命，願敕三軍小卻，當拜伏道左。"溫曰："我自開復中原，展敬山陵，無豫君事。欲來者便前，相見在近，無煩使人。"（第3157頁）

《十六國春秋·後秦錄》僅有"（桓）溫至伊水，襄徹圍拒之"[①]九字，《晉書·桓溫傳》僅有"（溫）師次伊水"四字，其餘內容，皆爲《通鑑》獨家所載。

（姚）襄拒水而戰，（桓）溫結陳而前，親被甲督戰，襄衆大敗，死者數千人。襄帥麾下數千騎奔于洛陽北山，其夜，民棄妻子隨襄者五千餘人。襄勇而愛人，雖戰屢敗，民知襄所在，輒扶老攜幼，奔馳而赴之。溫軍中傳言襄病創已死，許、洛士女爲溫所得者，無不北望而泣。襄西走，溫追之不及。弘農楊亮自襄所來奔，溫問襄之爲人，亮曰："襄神明器宇，孫策之儔，而雄武過之。"（第3157頁）

此條分見《十六國春秋·後秦錄》[②]、姚和都《後秦記》[③]、《晉書·桓溫傳》[④]、《姚襄載記》[⑤]，唯"民"，《載記》或作"百姓"，或作"衆"，皆避唐諱；"民棄妻子隨襄者五千餘人"，《載記》作"百姓隨襄者四千餘戶"，按"棄妻子"而稱"戶"，不合情理，疑《通鑑》作"五千餘人"近是。

姚襄奔平陽，秦并州刺史尹赤復以衆降襄，襄遂據襄陵。（第3157頁）

《晉書·穆帝紀》永和十二年（356）八月己亥條僅有"襄走平陽"

---

① 《太平御覽》卷一二三《偏霸部七》"後秦姚襄"條引，第1冊，第594頁下欄。
② 同上。
③ 《太平御覽》卷四四六《人事部八七》"品藻中"條引，第2冊，第2053頁下欄。
④ 《晉書》卷九八《桓溫傳》，第2572頁。
⑤ 《晉書》卷一一六《姚襄載記》，第2963—2964頁。

四字①，其餘內容，爲《通鑑》獨家所載。

秦大將軍張平擊之（引者按：指姚襄），襄爲平所敗，乃與平約爲兄弟，各罷兵。（第 3157—3158 頁）

此條見《晉書·苻生載記》②。

晉穆帝升平元年（357）

四月

姚襄將圖關中，自北屈進屯杏城，遣輔國將軍姚蘭略地敷城，曜武將軍姚益生、左將軍王欽盧各將兵招納諸羌、胡。蘭，襄之從兄；益生，襄之兄也。羌、胡及秦民歸之者五萬餘戶。秦將苻飛龍擊蘭，擒之。（第 3161 頁）

此條分見《十六國春秋·後秦錄》③、《晉書·苻生載記》④、《姚襄載記》⑤，唯姚益生，《姚襄載記》脫“生”字；苻飛龍，《後秦錄》、《姚襄載記》脫“龍”字；左將軍，《姚襄載記》作“將軍”。“敷城”，《後秦錄》、《載記》作“鄜城”，按鄜城系隋代所改，《通鑑》作“敷城”爲宜。

（姚）襄引兵進據黃落；秦主生遣衛大將軍廣平王黃眉、平北將軍苻道、龍驤將軍東海王堅、建節將軍鄧羌將步騎萬五千以禦之。襄堅壁不戰。羌謂黃眉曰：“襄爲桓溫、張平所敗，銳氣喪矣。然其爲人強狠，若鼓譟揚旗，直壓其壘，彼必忿恚而出，可一戰擒也。”五月，羌帥騎三千壓其壘門而陳，襄怒，悉衆出戰。羌陽不勝而走，襄追之至于三原，羌迴騎擊之，黃眉等以大衆繼至，襄兵大敗。（第 3161—3162 頁）

---

① 《晉書》卷八《穆帝紀》，第 201 頁。
② 《晉書》卷一一二《苻生載記》，第 2876 頁。
③ 《太平御覽》卷一二三《偏霸部七》“後秦姚襄”條引，第 1 冊，第 594 頁下欄。
④ 《晉書》卷一一二《苻生載記》，第 2878 頁。
⑤ 《晉書》卷一一六《姚襄載記》，第 2964 頁。

此條分見《十六國春秋·後秦錄》①、《晉書·苻生載記》②、《姚襄載記》③，唯平北將軍苻道，僅見於《通鑑》；"廣平王黄眉"，《後秦錄》脫"廣"字；"鼓譟揚旗"，《苻生載記》作"長驅鼓行"。

（姚）襄所乘駿馬曰黧眉騧，馬倒，秦兵擒而斬之，弟萇帥其衆降。（第 3162 頁）

此條分見《十六國春秋·後秦錄》④、《晉書·姚萇載記》⑤，唯姚襄所乘駿馬名爲"黧眉騧"，僅見於《通鑑》。

（姚）襄載其父弋仲之柩在軍中，秦主生以王禮葬弋仲於孤磐，亦以公禮葬襄。（第 3162 頁）

此條分見《十六國春秋·後秦錄》⑥、《晉書·姚襄載記》⑦，唯"以王禮葬弋仲於孤磐"一句，《後秦錄》作"以王禮葬之於天水"，此事《載記》未載。《通鑑》此條下胡三省曰："孤磐，在天水冀縣界。"按溫公等人所記姚弋仲葬地較崔鴻書爲詳，似另有所本。

卷一〇一

晉哀帝興寧元年（363）

十一月

姚襄故將張駿殺江州督護趙毗，帥其徒北叛，（桓）沖討斬之。（第 3194 頁）

---

① 《太平御覽》卷一二三《偏霸部七》"後秦姚襄"條引，第 1 冊，第 594 頁下欄。
② 《晉書》卷一一二《苻生載記》，第 2876 頁。
③ 《晉書》卷一一六《姚襄載記》，第 2964 頁。
④ 《太平御覽》卷一二三《偏霸部七》"後秦姚襄"條引，第 1 冊，第 594 頁下欄。
⑤ 《晉書》卷一一六《姚襄載記》，第 2965 頁。
⑥ 《太平御覽》卷一二三《偏霸部七》"後秦弋仲"條引，第 1 冊，第 594 頁上欄。
⑦ 《晉書》卷一一六《姚弋仲載記》，第 2961 頁。

此條分見《晉書‧哀帝紀》①、《桓沖傳》②，唯"沖討斬之"，《桓沖傳》作"沖遣將討獲之"。

晉海西公太和元年（366）

七月

秦輔國將軍王猛、前將軍楊安、揚武將軍姚萇等帥衆二萬寇荆州，攻南鄉郡；荆州刺史桓豁救之，八月，軍于新野。秦兵掠安陽民萬餘戶而還。（第 3202 頁）

《晉書‧海西公紀》："（太和元年）十月辛丑，苻堅將王猛、楊安攻南鄉，荆州刺史桓豁救之，師次新野而猛、安退。"③ 《苻堅載記上》："使王猛、楊安等率眾二萬寇荆州北鄙諸郡，掠漢陽萬餘戶而還。"④ "漢陽"爲"安陽"之訛，當據《通鑑》改。《姚萇載記》載其降前秦後，"苻堅以萇爲揚武將軍"⑤。此役姚萇隨王猛等伐晉，僅見於《通鑑》。

太和二年（367）

二月

秦輔國將軍王猛、隴西太守姜衡、南安太守南安邵羌、揚武將軍姚萇等帥衆萬七千討斂岐。（第 3203—3204 頁）

此條見《晉書‧苻堅載記上》⑥，唯此役姚萇隨王猛等討斂岐，僅見於《通鑑》。另據下文斂岐以姚弋仲舊部降於姚萇，可知溫公等人所記不誤。

三月

斂岐部落先屬姚弋仲，聞姚萇至，皆降；王猛遂克略陽，斂岐奔

① 《晉書》卷八《哀帝紀》，第 208 頁。
② 《晉書》卷七四《桓沖傳》，第 1948 頁。
③ 《晉書》卷八《海西公紀》，第 211 頁。
④ 《晉書》卷一一三《苻堅載記上》，第 2889 頁。
⑤ 《晉書》卷一一六《姚萇載記》，第 2965 頁。
⑥ 《晉書》卷一一三《苻堅載記上》，第 2889 頁。

白馬。秦王堅以萇爲隴東太守。（第 3204 頁）

此條見《晉書・苻堅載記上》①，唯斂岐部落先屬姚弋仲，聞姚萇至而降，僅見於《通鑑》。又《姚萇載記》：“（歷苻堅）隴東、汲郡、河東、武都、武威、巴西、扶風太守。”② 據《通鑑》此條，可知其任隴東太守在略陽戰後。

卷一〇三

晉簡文帝咸安元年（371）

三月
秦西縣侯雅、楊安、王統、徐成及羽林左監朱肜、揚武將軍姚萇帥步騎七萬伐仇池公楊纂。（第 3244 頁）

此條僅見於《通鑑》。

十一月
（秦王堅以）姚萇爲寧州刺史，屯墊江。（第 3265 頁）

此條僅見於《通鑑》。

咸安二年（372）

五月
益州刺史竺瑤、威遠將軍桓石虔帥衆三萬攻墊江，姚萇兵敗，退屯五城。（第 3267 頁）

此條見《晉書・苻堅載記上》③。

---

① 《晉書》卷一一三《苻堅載記上》，第 2890 頁。
② 《晉書》卷一一六《姚襄載記》，第 2965 頁。
③ 《晉書》卷一一三《苻堅載記上》，第 2897 頁。

卷一○四

晉孝武帝太元元年（376）

五月

秦王堅下詔曰："張天錫雖稱藩受位，然臣道未純，可遣使持節·武衛將軍苟萇、左將軍毛盛、中書令梁熙、步兵校尉姚萇等將兵臨西河；尚書郎閻負、梁殊奉詔徵天錫入朝，若有違王命，即進師撲討。"（第 3273—3274 頁）

《晉書·苻堅載記上》："遣其武衛苟萇、左將軍毛盛、中書令梁熙、步兵校尉姚萇等率騎十三萬伐張天錫於姑臧。遣尚書郎閻負、梁殊銜命軍前，下書徵天錫。"① 按苻堅此詔，僅見於《通鑑》，《載記》上文所述，可與之相印證。

太元三年（378）

二月

秦王堅遣征南大將軍·都督征討諸軍事·守尚書令·長樂公丕、武衛將軍苟萇、尚書慕容暐帥步騎七萬寇襄陽，以荊州刺史楊安帥樊、鄧之衆爲前鋒，征虜將軍始平石越帥精騎一萬出魯陽關，京兆尹慕容垂、揚武將軍姚萇帥衆五萬出南鄉，領軍將軍苟池、右將軍毛當、強弩將軍王顯帥衆四萬出武當，會攻襄陽。（第 3285 頁）

此條分見《晉書·桓沖傳》②、《苻堅載記上》③。唯苻丕爲征南大將軍、都督征討諸軍事，苟萇爲武衛將軍，楊安爲荊州刺史，苟池爲領軍將軍，僅見於《通鑑》；右將軍毛當參與此戰，亦僅見於《通鑑》。苻丕守尚書令，《苻堅載記》脫"守"字；征虜將軍始平石越，《苻堅載記》作

---

① 《晉書》卷一一三《苻堅載記上》，第 2897—2898 頁。
② 《晉書》卷七四《桓沖傳》，第 1249 頁。
③ 《晉書》卷一一三《苻堅載記上》，第 2899 頁。

屯騎校尉石越。《桓沖傳》："堅遣其將苻融寇樊、鄧。"楊安率"樊、鄧之衆"爲秦軍前鋒，或與苻融此前用兵樊、鄧有關。又《慕容垂載記》："垂在堅朝，歷位京兆尹。"[①] 據《通鑑》，可知慕容垂此時已任京兆尹。"會攻襄陽"，《苻堅載記》作"大會漢陽"，漢陽屬東晉朱提郡，相距甚遠，顯系襄陽之訛。

卷一〇五

太元八年（383）

六月

（晉桓沖帥衆十萬伐秦，遣輔國將軍楊亮攻蜀，拔五城，進攻涪城。秦王堅遣）後將軍張蚝、步兵校尉姚萇救涪城。（第3308頁）

此條僅見於《通鑑》。

是時，朝臣皆不欲（秦王）堅行，獨慕容垂、姚萇及良家子勸之。（第3308頁）

此條僅見於《通鑑》。

陽平公融言於（秦王）堅曰："鮮卑、羌虜，我之仇讎，常思風塵之變以逞其志，所陳策畫，何可從也！良家少年皆富饒子弟，不閑軍旅，苟爲諂諛之言以會陛下之意。今陛下信而用之，輕舉大事，臣恐功既不成，仍有後患，悔無及也！"堅不聽。（第3308頁）

《晉書·苻堅載記下》："羣臣出後，獨留苻融議之……融泣曰：'吳之不可伐昭然，虛勞大舉，必無功而反。臣之所憂，非此而已。陛下寵育鮮卑、羌、羯，布諸畿甸，舊人族類，斥徙遐方。今傾國而去，如有風塵之變者，其如宗廟何！監國以弱卒數萬留守京師，鮮卑、羌、羯攢聚如

---

① 《晉書》卷一二三《慕容垂載記》，第3079頁。

林，此皆國之賊也，我之仇也。臣恐非但徒返而已，亦未必萬全。臣智識愚淺，誠不足採；王景略一時奇士，陛下每擬之孔明，其臨終之言不可忘也。'堅不納。"①《通鑑》此條下胡注："慕容垂，鮮卑也；姚萇，羌也；其國皆爲秦所滅，雖曰臣服，其實仇讎。"按溫公等人所記苻融之言，與《載記》出入頗大，當各有所本。

八月

戊午，（秦王）堅遣陽平公融督張蚝、慕容垂等步騎二十五萬爲前鋒；以兗州刺史姚萇爲龍驤將軍、督益梁州諸軍事。堅謂萇曰："昔朕以龍驤建業，未嘗輕以授人，卿其勉之！"左將軍竇衝曰："王者無戲言，此不祥之徵也！"堅默然。（第3309頁）

此條分見《十六國春秋·後秦錄》②、《魏書·羌姚萇傳》③、《晉書·姚萇載記》④，唯"卿其勉之"，諸史作"山南之事，一以委卿"。

太元九年（後秦武昭帝姚萇白雀元年，384）

四月

慕容泓聞秦兵且至，懼，帥衆將奔關東。秦鉅鹿愍公叡粗猛輕敵，欲馳兵邀之。姚萇諫曰："鮮卑皆有思歸之志，故起而爲亂，宜驅令出關，不可遏也。夫執鼷鼠之尾，猶能反噬於人。彼自知困窮，致死於我，萬一失利，悔將何及。但可鳴鼓隨之，彼將奔敗不暇矣。"叡弗從，戰于華澤，叡兵敗，爲泓所殺。（第3327頁）

此條分見《晉書·苻堅載記下》⑤、《姚萇載記》⑥，唯姚萇之言，《苻堅載記》作"鮮卑有思歸之心，宜驅令出關，不可遏也"，《通鑑》所記更詳，溫公等人當另有所本。

---

① 《晉書》卷一一四《苻堅載記下》，第2912—2913頁。
② 《太平御覽》卷一二三《偏霸部七》"後秦姚襄"條引，第1冊，第594頁下欄。
③ 《魏書》卷九五《羌姚萇傳》，第2081頁。
④ 《晉書》卷一一六《姚萇載記》，第2965頁。
⑤ 《晉書》卷一一四《苻堅載記下》，第2920頁。
⑥ 《晉書》卷一一六《姚萇載記》，第2965頁。

（姚）萇遣龍驤長史趙都、參軍姜協詣秦王堅謝罪；堅怒，殺之。萇懼，奔渭北馬牧。（第3327頁）

此條分見《晉書·苻堅載記下》①、《晉書·姚萇載記》②，唯姚萇參軍姜協，僅見於《通鑑》。

於是天水尹緯、尹詳、南安龐演等糾扇羌豪，帥其戶口歸（姚）萇者五萬餘家，推萇爲盟主。（第3327—3328頁）

此條見《晉書·姚萇載記》③，唯“羌豪”，《載記》作“西州豪族”，疑爲溫公等人所改。

（姚）萇自稱大將軍、大單于、萬年秦王，大赦，改元白雀，以尹詳、龐演爲左、右長史，南安姚晃及尹緯爲左、右司馬，天水狄伯支等爲從事中郎，羌訓等爲掾屬，王據等爲參軍，王欽盧、姚方成等爲將帥。（第3327—3328頁）

此條見《晉書·姚萇載記》④。

後秦王萇進屯北地，秦華陰、北地、新平、安定羌胡降之者十餘萬。（第3329頁）

《晉書·姚萇載記》⑤載此事，唯四郡脫華陰。

六月
秦王堅自帥步騎二萬以擊後秦，軍于趙氏塢，使護軍將軍楊璧等

---

① 《晉書》卷一一四《苻堅載記下》，第2920頁。
② 《晉書》卷一一六《姚萇載記》，第2965頁。
③ 同上。
④ 同上書，第2965—2966頁。
⑤ 同上書，第2966頁。

分道攻之；後秦兵屢敗，斬後秦王萇之弟鎮軍將軍尹買。後秦軍中無井，秦人塞安公谷、堰同官水以困之。後秦人恟懼，有渴死者。會天大雨，後秦營中水三尺，繞營百步之外，寸餘而已，後秦軍復振。秦王堅歎曰："天亦佑賊乎！"（第 3329—3330 頁）

此條分見《十六國春秋·前秦錄》①、《晉書·苻堅載記下》②、《晉書·姚萇載記》③，"後秦軍中無井，秦人塞安公谷、堰同官水以困之"數句，僅見於《通鑑》。又苻堅所言"天亦佑賊乎"，《苻堅載記》作"天其無心，何故降澤賊營"。

後秦王萇帥衆七萬擊秦，秦王堅遣楊璧等拒之，爲萇所敗；獲楊璧及右將軍徐成、鎮軍將軍毛盛等將吏數十人，萇皆禮而遣之。（第 3330 頁）

此條分見《十六國春秋·前秦錄》④、《晉書·苻堅載記下》⑤，唯右將軍，《載記》作"右軍"，疑脫"將"字。

後秦王萇聞慕容沖攻長安，會羣僚議進止，皆曰："大王宜先取長安，建立根本，然後經營四方。"萇曰："不然。燕人因其衆有思歸之心以起兵，若得其志，必不久留關中，吾當移屯嶺北，廣收資實，以待秦亡燕去，然後拱手取之耳。"（第 3336—3337 頁）

《晉書·姚萇載記》："萇聞慕容沖攻長安，議進趨之計，羣下咸曰：'宜先據咸陽以制天下。'萇曰：'燕因懷舊之士而起兵，若功成事捷，咸有東歸之思，安能久固秦川！吾欲移兵嶺北，廣收資實，須秦弊燕迴，然後垂拱取之。'"⑥《通鑑》文字多有改動。

---

① 《太平御覽》卷一二二《偏霸部六》"前秦苻堅"條引，第 1 冊，第 591 頁上欄。
② 《晉書》卷一一四《苻堅載記下》，第 2921 頁。
③ 《晉書》卷一一六《姚萇載記》，第 2966 頁。
④ 《太平御覽》卷一二二《偏霸部六》"前秦苻堅"條引，第 1 冊，第 591 頁上欄。
⑤ 《晉書》卷一一四《苻堅載記下》，第 2922 頁。
⑥ 《晉書》卷一一六《姚萇載記》，第 2966 頁。

（後秦王萇）乃留其長子興守北地，使寧北將軍姚穆守同官川，自將其衆攻新平。（第3337頁）

此條僅見於《通鑑》。

初，新平人殺其郡將，秦王堅缺其城角以恥之，新平民望深以爲病，欲立忠義以雪之。（第3337頁）

此條見《晉書·苻堅載記下》[①]。

及後秦王萇至新平，新平太守南安苟輔欲降之，郡人遼西太守馮傑、蓮勺令馮羽、尚書郎趙義、汶山太守馮苗諫曰：“昔田單以一城存齊。今秦之州鎮，猶連城過百，奈何遽爲叛臣乎！”輔喜曰：“此吾志也；但恐久而無救，郡人橫被無辜。諸君能爾，吾豈顧生哉！”於是憑城固守。後秦爲土山地道，輔亦於內爲之，或戰地下，或戰山上，後秦之衆死者萬餘人。輔詐降以誘萇，萇將入城，覺之而返；輔伏兵邀擊，幾獲之，又殺萬餘人。（第3337頁）

此條見《晉書·苻堅載記下》[②]，唯苟輔郡望南安，勸諫者中又有尚書郎趙義、汶山太守馮苗，僅見於《通鑑》；苟輔回應之言，亦僅見於《通鑑》。

卷一〇六

太元十年（白雀二年，385）

正月

後秦王萇留諸將攻新平，自引兵擊安定，擒秦安西將軍、勃海公珍，嶺北諸城悉降之。（第3339頁）

---

① 《晉書》卷一一四《苻堅載記下》，第2926—2927頁。
② 同上書，第2926頁。

此條僅見於《通鑑》。

四月

新平糧竭矢盡，外救不至。後秦王萇使人謂苟輔曰："吾方以義取天下，豈讎忠臣邪！卿但帥城中之人還長安，吾正欲得此城耳。"輔以爲然，帥民五千口出城，萇圍而阬之，男女無遺。（第 3345 頁）

此條見《晉書・苻堅載記下》①。可參閱本書前秦國部分此條釋證。

七月

後秦王萇自故縣如新平。（第 3347 頁）

此條見《晉書・姚萇載記》②。

秦王堅至五將山，後秦王萇遣驍騎將軍吳忠帥騎圍之。秦兵皆散走，獨侍御十數人在側，堅神色自若，坐而待之，召宰人進食。俄而忠至，執之，送詣新平，幽於別室。（第 3347 頁）

此條分見《十六國春秋・前秦錄》③、《晉書・苻堅載記下》④、《姚萇載記》⑤。

後秦王萇使求傳國璽於秦王堅曰："萇次應曆數，可以爲惠。"堅瞋目叱之曰："小羌敢逼天子，五胡次序，無汝羌名。璽已送晉，不可得也！"萇復遣右司馬尹緯說堅，求爲禪代；堅曰："禪代，聖賢之事，姚萇叛賊，何得爲之！"堅與緯語，問緯："在朕朝何官？"緯曰："尚書令史。"堅歎曰："卿，王景略之儔，宰相才也，而朕不知卿，宜其亡也。"堅自以平生遇萇有恩，尤忿之，數罵萇求死，謂張

---

① 《晉書》卷一一四《苻堅載記下》，第 2926 頁。
② 《晉書》卷一一六《姚萇載記》，第 2966 頁。
③ 《太平御覽》卷一二二《偏霸部六》"前秦苻堅" 條引，第 1 冊，第 591 頁下欄。
④ 《晉書》卷一一四《苻堅載記下》，第 2928 頁。
⑤ 《晉書》卷一一六《姚萇載記》，第 2966 頁。

夫人曰："豈可令羌奴辱吾兒。"乃先殺（二女）寶、錦。辛丑，萇
遣人縊堅於新平佛寺。張夫人、中山公詵皆自殺。後秦將士皆爲之哀
慟。萇欲隱其名，謚堅曰壯烈天王。（第3348頁）

此條分見《十六國春秋·前秦錄》①、《後秦錄》②、《晉書·苻堅載記
下》③、《姚萇載記》④。可參閱本書前秦國部分此條釋證。

　　十月
　　西燕主沖遣尚書令高蓋帥衆五萬伐後秦，戰于新平南，蓋大敗，
降於後秦。（第3355頁）

此條見《晉書·姚萇載記》⑤。

　　初，（高）蓋以楊定爲子，及蓋敗，定亡奔隴右，復收集其舊衆。
（第3355頁）

此條僅見於《通鑑》。

太元十一年（建初元年，386）

　　正月
　　後秦王萇如安定。（第3358頁）

此條僅見於《通鑑》。

　　鮮卑既東，長安空虛。前滎陽高陵趙穀等招杏城盧水胡郝奴帥戶
四千入于長安，渭北皆應之，以穀爲丞相。（第3363頁）

---

① 《太平御覽》卷一二二《偏霸部六》"前秦苻堅"條引，第1冊，第591頁下欄。
② 《太平御覽》卷一二三《偏霸部七》"後秦姚萇"條引，第1冊，第594頁下欄。
③ 《晉書》卷一一四《苻堅載記下》，第2928—2929頁。
④ 《晉書》卷一一六《姚萇載記》，第2966頁。
⑤ 同上。

《晉書·姚萇載記》："沖既率衆東下，長安空虛。盧水郝奴稱帝於長安，渭北盡應之。"① 《通鑑》所記較《載記》爲詳，溫公等人當另有所本。

　　扶風王驎有衆數千，保據馬嵬，（郝）奴遣弟多攻之。（第 3363頁）

此條見《晉書·姚萇載記》②。

　　四月
　　後秦王萇自安定伐之，（扶風王）驎奔漢中。萇執（郝）多而進，（郝）奴懼，請降，拜鎮北將軍、六谷大都督。（第 3363 頁）

《晉書·姚萇載記》："萇伐驎，破之，驎走漢中。執多而進攻奴，降之。"③ 溫公等人謂姚萇"自安定"出兵，或以上文"後秦王萇如安定"條爲據。郝奴降萇，姚氏授之以鎮北將軍、六谷大都督事，僅見於《通鑑》。

　　毛興襲擊王廣，敗之，廣奔秦州；隴西鮮卑匹蘭執廣送於後秦。興復欲攻王統於上邽，枹罕諸氐皆厭苦兵事，乃共殺興，推衛平爲河州刺史，遣使請命于秦。（第 3364 頁）

此條見《晉書·苻丕載記》④。

　　後秦王萇即皇帝位于長安，大赦，改元建初，國號大秦。追尊其父弋仲爲景元皇帝，立妻虵氏爲皇后，子興爲皇太子，置百官。（第 3364 頁）

---

① 《晉書》卷一一六《姚萇載記》，第 2966 頁。
② 同上書，第 2966—2967 頁。
③ 同上書，第 2967 頁。
④ 《晉書》卷一一五《苻丕載記》，第 2945 頁。

此條分見《十六國春秋‧後秦錄》①、《晉書‧姚萇載記》②。

（後秦王）萇與羣臣宴，酒酣，言曰：“諸卿皆與朕北面秦朝，今忽爲君臣，得無恥乎！”趙遷曰：“天不恥以陛下爲子，臣等何恥爲臣！”萇大笑。（第3364—3365頁）

此條僅見於《通鑑》。

後秦王萇徙安定五千餘戶于長安。（第3366頁）

此條見《晉書‧姚萇載記》③。

八月

初，後秦主萇之弟碩德統所部羌居隴上，聞萇起兵，自稱征西將軍，聚衆於冀城以應之；以兄孫詳爲安遠將軍，據隴城，從孫訓爲安西將軍，據南安之赤亭，與秦秦州刺史王統相持。萇自安定引兵會碩德攻統，天水屠各、略陽羌胡應之者二萬餘戶。（第3368頁）

此條“據南安之赤亭”以上一段，爲《通鑑》獨家所載。另據《晉書‧姚萇載記》：“萇如安定，擊平涼胡金熙、鮮卑沒奕于，大破之。遂如秦州，與苻堅秦州刺史王統相持，天水屠各、略陽羌胡應萇者二萬餘戶。”④可知與王統相持者乃姚萇，《通鑑》表述略顯含混。

秦略陽太守王皮降之。（第3368頁）

此條僅見於《通鑑》。

---

① 《太平御覽》卷一二三《偏霸部七》“後秦姚萇”條引，第1冊，第594頁下欄—595頁上欄。
② 《晉書》卷一一六《姚萇載記》，第2967頁。
③ 同上。
④ 同上。

九月

王統以秦州降于後秦。（第 3369 頁）

此條見《晉書·姚萇載記》①。

後秦主萇以姚碩德爲使持節、都督隴右諸軍事、秦州刺史，鎮上
邽。（第 3369 頁）

《晉書·姚萇載記》："拜弟碩德都督隴右諸軍事、征西將軍、秦州刺
史，領護東羌校尉，鎮上邽。"② 碩德所任官職，《載記》多領護東羌校尉
而《通鑑》多使持節，疑各有所本。

後秦主萇還安定。（第 3370 頁）

此條見《晉書·姚萇載記》③。

秦南安王登既克南安，夷、夏歸之者三萬餘戶，遂進攻姚碩德于
秦州，後秦主萇自往救之。登與萇戰于胡奴阜，大破之，斬首二萬餘
級，將軍啖青射萇，中之。萇創重，走保上邽，姚碩德代之統衆。
（第 3370 頁）

此條僅見於《通鑑》。

劉衛辰居朔方，士馬甚盛。後秦主萇以衛辰爲大將軍、大單于、
河西王、幽州牧，西燕主永以衛辰爲大將軍、朔州牧。（第 3370 頁）

此條見《魏書·鐵弗劉虎傳》④，唯本傳記姚萇拜衛辰使持節、都督
北朔雜夷諸軍事，慕容永拜衛辰使持節、都督河西諸軍事，《通鑑》

---

① 《晉書》卷一一六《姚萇載記》，第 2967 頁。
② 同上。
③ 同上。
④ 《魏書》卷九五《鐵弗劉虎傳》，第 2055 頁。

未載。

十一月

初，長安之將敗也，中壘將軍徐嵩、屯騎校尉胡空各聚衆五千，結壘自固；既而受後秦官爵。後秦主萇以王禮葬秦主堅於二壘之間。及登至，嵩、空以衆降之。登拜嵩雍州刺史，空京兆尹，改葬堅以天子之禮。（第 3371—3372 頁）

此條見《晉書·苻登載記》[①]，唯“後秦主萇以王禮葬秦主堅於二壘之間”，《載記》作“及萇之害堅，嵩等以王禮葬堅於二堡之間”。疑許嵩等葬苻堅前已受姚萇官爵，溫公等人或因此而謂“後秦主萇以王禮葬秦主堅於二壘之間”？

卷一〇七

太元十二年（建初二年，387）

後秦主萇徙秦州豪傑三萬戶于安定。（第 3375 頁）

此條見《十六國春秋·後秦錄》[②]，唯“豪傑”二字，爲溫公等人所加。

四月

後秦征西將軍姚碩德爲楊定所逼，退守涇陽。定與秦魯王纂共攻之，戰于涇陽，碩德大敗。（第 3376—3377 頁）

《晉書·苻登載記》記此事，僅有“苻纂敗姚碩德於涇陽”[③] 一句，《通鑑》所述更詳，溫公等人當另有所本。

---

① 《晉書》卷一一五《苻登載記》，第 2949 頁。
② 《太平御覽》卷一二三《偏霸部七》“後秦姚萇”條引，第 1 冊，第 595 頁上欄。
③ 《晉書》卷一一五《苻登載記》，第 2950 頁。

後秦主萇自陰密救之，（符）纂退屯敷陸。（第 3377 頁）

此條見《晉書·符登載記》①。

　七月

　秦主登軍于瓦亭，後秦主萇攻彭沛穀堡，拔之，穀奔杏城。萇還
陰密，以太子興鎮長安。（第 3379 頁）

此條分見《十六國春秋·後秦錄》②、《晉書·姚萇載記》③、《符登載
記》④，唯“還”字，《符登載記》誤作“遷”，說詳《校勘記》⑤。

　秦馮翊太守蘭櫝帥衆二萬自頻陽入和寧，與魯王纂謀攻長安。纂
弟師奴勸纂稱尊號，纂不從；師奴殺纂而代之，櫝遂與師奴絕。（第
3379 頁）

此條見《晉書·符登載記》⑥。

　西燕主永攻（蘭）櫝，櫝請救於後秦，後秦主萇欲自救之。尚
書令姚旻、左僕射尹緯曰：“符登近在瓦亭，將乘虛襲吾後。”萇曰：
“符登衆盛，非旦夕可制；登遲重少決，必不能輕軍深入。比兩月
間，吾必破賊而返，登雖至，無能爲也。”（第 3379—3380 頁）

《晉書·姚萇載記》：“（符）登馮翊太守蘭櫝與符師奴離貳，慕容永
攻之，櫝遣使請救。萇將赴救，尚書令姚旻、左僕射尹緯等言於萇曰：
‘符登近在瓦亭，陛下未宜輕舉。’萇曰：‘登遲重少決，每失時機，聞吾
自行，正當廣集兵資，必不能輕軍深入。兩月之間，足可克此三豎，吾事

---

①　《晉書》卷一一五《符登載記》，第 2950 頁。
②　《太平御覽》卷一二三《偏霸部七》“後秦姚萇”條引，第 1 冊，第 595 頁上欄。
③　《晉書》卷一一六《姚萇載記》，第 2967 頁。
④　《晉書》卷一一五《符登載記》，第 2950 頁。
⑤　《晉書》卷一一五《符登載記·校勘記》五，第 2957 頁。
⑥　同上書，第 2950 頁。

必矣。'"① 與《通鑑》出入頗大，當各有所本。

　　九月
　　（後秦主）莨軍于泥源。師奴逆戰，大敗，亡奔鮮卑。後秦盡收其衆，屠各董成等皆降。（第3380頁）

　　此條見《晉書·姚莨載記》②，唯師奴此戰敗後"亡奔鮮卑"，及"屠各董成等皆降（姚莨）"等情節，僅見於《通鑑》。

　　十月
　　後秦主莨進擊西燕王永於河西，永走。蘭檀復列兵拒守，莨攻之；十二月，禽檀，遂如杏城。（第3380頁）

　　《姚莨載記》僅有"又擒蘭檀，收其士馬"③ 兩句，其餘内容爲《通鑑》獨家所載。胡注："'西燕王'當作'西燕主'。"按《通鑑》書法，五胡首領稱帝後，其君主皆記作"主"而不再稱王，故三省有此說。

　　後秦姚方成攻秦雍州刺史徐嵩壘，拔之，執嵩而數之。嵩罵曰："汝姚莨罪當萬死，苻黄眉欲斬之，先帝止之。授任内外，榮寵極矣。曾不如犬馬識所養之恩，親爲大逆。汝羌輩豈可以人理期也，何不速殺我！"方成怒，三斬嵩，悉阬其士卒，以妻子賞軍。（第3380頁）

　　此條見《晉書·苻登載記》及所附《徐嵩傳》④，唯"榮寵極矣"，《載記》作"位爲列將"；又"悉阬其士卒，以妻子賞軍"兩句，僅見於《通鑑》。

　　後秦主莨掘秦主堅尸，鞭撻無數，剝衣裸形，薦之以棘，坎土而埋之。（第3380頁）

---

① 《晉書》卷一一六《姚莨載記》，第2967—2968頁。
② 《晉書》卷一一六《姚莨載記》，第2967頁。
③ 同上書，第2968頁。
④ 《晉書》卷一一五《苻登載記》，第2950頁；同卷《徐嵩傳》，第2955頁。

此條見《姚萇載記》①。

太元十三年（建初三年，388）

二月

秦主登軍朝那，後秦主萇軍武都。（第 3382 頁）

此條見《晉書·苻登載記》②。

六月

秦、後秦自春相持，屢戰，互有勝負，至是各解歸。關西豪桀以後秦久無成功，多去而附秦。（第 3384 頁）

按此條見《姚萇載記》③，唯“多去而附秦”，《載記》作“遠近咸懷去就之計”。

十月

後秦主萇還安定；秦主登就食新平，帥衆萬餘圍萇營，四面大哭，萇命營中哭以應之，登乃退。（第 3385—3386 頁）

此條分見《魏書·臨渭氐苻健傳》④、《晉書·苻登載記》⑤。

太元十四年（建初四年，389）

正月

後秦主萇以秦戰屢勝，謂得秦王堅之神助，亦於軍中立堅像而禱之曰：“臣兄襄敕臣復讎，新平之禍，臣行襄之命，非臣罪也。苻登，陛下疏屬，猶欲復讎，況臣敢忘其兄乎！且陛下命臣以龍驤建

---

① 《晉書》卷一一六《姚萇載記》，第 2968 頁。
② 《晉書》卷一一五《苻登載記》，第 2950 頁。
③ 《晉書》卷一一六《姚萇載記》，第 2968 頁。
④ 《魏書》卷九五《臨渭氐苻健傳》，第 2080 頁。
⑤ 《晉書》卷一一五《苻登載記》，第 2950 頁。

業，臣敢違之！今爲陛下立像，陛下勿追計臣過也。"秦主登升樓，遙謂萇曰："爲臣弒君，而立像求福，庸有益乎！"因大呼曰："弒君賊姚萇何不自出！吾與汝決之！"萇不應。久之，以戰未有利，軍中每夜數驚，乃斬像首以送秦。（第 3387 頁）

此條見《晉書·苻登載記》①，唯"復讎"，《載記》作"行殺"；"疏屬"，《載記》作"末族"；"勿追計臣過"，《載記》少"追"字。

後秦主萇與秦主登戰數敗，乃遣中軍將軍姚崇襲大界；登邀擊之於安丘，又敗之。（第 3388 頁）

此條見《晉書·苻登載記》②。

七月
秦主登攻後秦右將軍吳忠等於平涼，克之。（第 3388 頁）

此條見《晉書·苻登載記》③。

八月
（秦主）登據苟頭原以逼安定。諸將勸後秦主萇決戰，萇曰："與窮寇競勝，兵家之忌也；吾將以計取之。"乃留尚書令姚旻守安定，夜，帥騎三萬襲秦輜重于大界，克之。（第 3388—3389 頁）

此條見《晉書·姚萇載記》④，唯苻登"據苟頭原"，僅見於《通鑑》。

（後秦主萇）殺毛后及南安王尚，擒名將數十人，驅掠男女五萬餘口而還。（第 3389 頁）

---

① 《晉書》卷一一五《苻登載記》，第 2950—2951 頁。
② 同上書，第 2951 頁。
③ 同上。
④ 《晉書》卷一一六《姚萇載記》，第 2968 頁。

此條見《晉書·苻登載記》①。

　　毛氏美而勇，善騎射。後秦兵入其營，毛氏猶彎弓跨馬，帥壯士數百人戰，衆寡不敵，爲後秦所執。（後秦主）萇將納之，毛氏罵且哭曰：“姚萇，汝先已殺天子，今又欲辱皇后，皇天后土，寧汝容乎！”萇殺之。（第3389頁）

此條分見《魏書·臨渭氐苻健傳》②、《晉書·列女傳》“苻登妻毛氏”③條，可參閱本書前秦國部分此條釋證。

　　諸將欲因秦軍駭亂擊之，（後秦主）萇曰：“登衆雖亂，怒氣猶盛，未可輕也。”遂止。（秦主）登收餘衆屯胡空堡。萇使姚碩德鎮安定，徙安定千餘家于陰密，遣其弟征南將軍靖鎮之。（第3389頁）

此條分見《晉書·姚萇載記》④、《苻登載記》⑤。

　　九月
　　秦主登之東也，後秦主萇使姚碩德置秦州守宰，以從弟常戍隴城，邢奴戍冀城，姚詳戍略陽。楊定攻隴、冀，克之，斬常，執邢奴；詳棄略陽，奔陰密。定自稱秦州牧、隴西王；秦因其所稱而授之。（第3389頁）

此條僅見於《通鑑》。

　　十二月
　　後秦主萇使其東門將軍任瓫詐遣使招秦主登，許開門納之。登將

---

① 《晉書》卷一一五《苻登載記》，第2951頁。
② 《魏書》卷九五《臨渭氐苻健傳》，第2081頁。
③ 《晉書》卷九六《列女傳》“苻登妻毛氏”條，第2523—2524頁。
④ 《晉書》卷一一六《姚萇載記》，第2968頁。
⑤ 《晉書》卷一一五《苻登載記》，第2951頁。

從之，征東將軍雷惡地將兵在外，聞之，馳騎見登，曰："姚萇多詐，不可信也！"登乃止。萇聞惡地詣登，謂諸將曰："此羌見登，事不成矣！"（第3393—3394頁）

此條見《晉書·苻登載記》①，唯任瓮爲後秦東門將軍，雷惡地爲前秦征東將軍，僅見於《通鑑》；"多詐"，《載記》作"多計略"。

（秦主）登以（雷）惡地勇略過人，陰憚之。惡地懼，降於後秦，萇以惡地爲鎮軍將軍。（第3394頁）

《晉書·姚萇載記》："雷惡地率眾降萇，拜爲鎮東將軍。"② 其餘情節僅見於《通鑑》。又惡地在前秦爲征東將軍，入後秦降爲鎮東，不合情理，且後秦其時另有鎮東姚漢得，《通鑑》作鎮軍，疑是。

太元十五年（建初五年，390）

三月
後秦主萇攻秦扶風太守齊益男於新羅堡，克之，益男走。（第3395頁）

此條見《晉書·苻登載記》③，唯"秦扶風太守齊益男"，《載記》作"萇扶風太守齊益男"，"萇"爲"秦"字之誤，參見《校勘記》④。

秦主登攻後秦天水太守張業生于隴東，（後秦主）萇救之，登引去。（第3395頁）

此條見《晉書·苻登載記》⑤，唯張業生爲後秦天水太守，僅見於

① 《晉書》卷一一五《苻登載記》，第2951—2952頁。
② 《晉書》卷一一六《姚萇載記》，第2969頁。
③ 《晉書》卷一一五《苻登載記》，第2952頁。
④ 《晉書》卷一一五《苻登載記·校勘記》六，第2957頁。
⑤ 《晉書》卷一一五《苻登載記》，第2952頁。

《通鑑》。

　　四月

　　秦鎮東將軍魏揭飛自稱衝天王，帥氐、胡攻後秦安北將軍姚當成
於杏城；鎮軍將軍雷惡地叛應之，攻鎮東將軍姚漢得於李潤。後秦主
萇欲自擊之，羣臣皆曰：“陛下不憂六十里符登，乃憂六百里魏揭
飛，何也？”萇曰：“登非可猝滅，吾城亦非登所能猝拔。惡地智略
非常，若南引揭飛，東結董成，得杏城、李潤而據之，長安東北非吾
有也。”乃潛引精兵一千六百赴之。（第 3395 頁）

　　此條見《晉書·姚萇載記》①，唯“姚當成”，《載記》作“姚當城”，
下文又作“姚當成”，可知“城”爲“成”字之訛；“潛引精兵一千六百
赴之”，《載記》作“潛軍赴之”，《載記》下文有姚萇“以千六百人破三
萬眾”之語，可爲《通鑑》此條之佐證。《載記》下文又謂“萇時眾不
滿二千”，其一千六百精兵當盡出其中。

　　　　（魏）揭飛、（雷）惡地有眾數萬，氐、胡赴之者前後不絕。（後
　　秦主）萇每見一軍至，輒喜。（第 3395 頁）

　　此條見《晉書·姚萇載記》②。

　　　　羣臣怪而問之，（後秦主）萇曰：“揭飛等扇誘同惡，種類甚繁，
　　吾雖克其魁帥，餘黨未易猝平；今烏集而至，吾乘勝取之，可一舉無
　　餘也。”（第 3395 頁）

　　《晉書·姚萇載記》載姚萇之語作：“今同惡相濟，皆來會集，吾得
乘勝席卷，一舉而覆其巢穴，東北無復餘也。”③《通鑑》似另有出處。

_____

① 《晉書》卷一一六《姚萇載記》，第 2969 頁。
② 同上。
③ 同上。

（魏）揭飛等見後秦兵少，悉衆攻之；（後秦主）萇固壘不戰，示之以弱，潛遣其子中軍將軍崇帥騎數百出其後。揭飛兵擾亂，萇遣鎮遠將軍王超等縱兵擊之，斬揭飛及其將士萬餘級。（雷）惡地請降，萇待之如初。惡地謂人曰：“吾自謂智勇傑出一時，而每遇姚翁輒困，固其分也！”（第 3395—3396 頁）

此條見《晉書‧苻登載記》①、《姚萇載記》②，唯“斬揭飛及其將士萬餘級”，《載記》脫“其將士”三字；“每遇姚翁輒困”，《載記》作“遇姚公智力摧屈”。

（後秦主）萇命姚當成於所營之地，每柵孔中輒樹一木以旌戰功。歲餘，問之，當成曰：“營地太小，已廣之矣。”萇曰：“吾自結髮以來，與人戰，未嘗如此之快，以千餘兵破三萬之衆，營地惟小爲奇，豈以大爲貴哉！”（第 3396 頁）

此條見《晉書‧姚萇載記》③，唯“千餘兵”，《載記》作“千六百人”。

七月

馮翊人郭質起兵於廣鄉以應秦，移檄三輔曰：“姚萇凶虐，毒被神人。吾屬世蒙先帝堯、舜之仁，非常伯、納言之子，即卿校、牧守之孫也。與其含恥而存，孰若蹈道而死。”於是三輔壁壘皆應之；獨鄭縣人苟曜聚衆數千附於後秦。秦以質爲馮翊太守。後秦以曜爲豫州刺史。（第 3396—3397 頁）

此條見《晉書‧苻登載記》④，唯後秦以苟曜爲豫州刺史，僅見於《通鑑》。

---

① 《晉書》卷一一五《苻登載記》，第 2952 頁。
② 《晉書》卷一一六《姚萇載記》，第 2969—2970 頁。
③ 同上書，第 2970 頁。
④ 《晉書》卷一一五《苻登載記》，第 2952 頁。

太元十六年（建初六年，391）

三月

秦主登自雍攻後秦安東將軍金榮于范氏堡，克之；遂渡渭水，攻京兆太守韋範于段氏堡，不克；進據曲牢。（第 3398 頁）

此條見《晉書·苻登載記》①，唯金榮，《載記》作金溫。

四月

苟曜有衆一萬，密召秦主登，許爲內應；登自曲牢向繁川，軍于馬頭原。（第 3398 頁）

此條見《晉書·苻登載記》②、《姚萇載記》③，唯"登自曲牢向繁川"，《載記》脫"向"字。

五月

後秦主萇引兵逆戰，（秦主）登擊破之，斬其右將軍吳忠。（第 3398 頁）

此條見《晉書·苻登載記》④、《姚萇載記》⑤，唯"右將軍吳忠"，《載記》作"尚書吳忠"。

（後秦主）萇收衆復戰，姚碩德曰："陛下慎於輕戰，每欲以計取之，今戰失利而更前逼賊，何也？"萇曰："登用兵遲緩，不識虛實。今輕兵直進，遙據吾東，此必苟曜豎子與之有謀也。緩之則其謀得成，故及其交之未合，急擊之以敗散其事耳。"遂進戰，大破之。

---

① 《晉書》卷一一五《苻登載記》，第 2952 頁。
② 同上。
③ 《晉書》卷一一六《姚萇載記》，第 2970 頁。
④ 《晉書》卷一一五《苻登載記》，第 2952—2953 頁。
⑤ 《晉書》卷一一六《姚萇載記》，第 2970 頁。

（秦主）登退屯於郿。（第 3399 頁）

此條見《晉書·姚萇載記》①，唯“遙據吾東”，《載記》作“逕據吾東”；“交之未合”，《載記》作“謀之未就”。

秦兗州刺史強金槌據新平，降後秦，以其子遠爲質。後秦主萇將數百騎入金槌營。羣下諫之，萇曰：“金槌既去符登，又欲圖我，將安所歸乎！且彼初來款附，宜推心以結之，奈何復以不信疑之乎！”既而羣氏欲取萇，金槌不從。（第 3399 頁）

此條見《晉書·姚萇載記》②，唯“強金槌”，《載記》脫“強”字；金槌“以其子遠爲質”，僅見於《通鑑》。

七月
秦主登攻新平，後秦主萇救之，登引去。（第 3400 頁）

此條分見《十六國春秋·前秦錄》③、《晉書·符登載記》④，唯“新平”，《前秦錄》訛作“新安”。

十二月
秦主登攻安定，後秦主萇如陰密以拒之，謂太子興曰：“苟曜聞吾北行，必來見汝，汝執誅之。”曜果見興於長安，興使尹緯讓而誅之。（第 3403 頁）

此條分見《晉書·姚萇載記》⑤、《符登載記》⑥。

---

① 《晉書》卷一一六《姚萇載記》，第 2970—2971 頁。
② 同上書，第 2971 頁。
③ 《太平御覽》卷一二二《偏霸部六》“前秦符登”條引，第 1 冊，第 592 頁下欄。
④ 《晉書》卷一一五《符登載記》，第 2953 頁。
⑤ 《晉書》卷一一六《姚萇載記》，第 2971 頁。
⑥ 《晉書》卷一一五《符登載記》，第 2953 頁。

（後秦主）萇敗（秦主）登於安定城東，登退據路承堡。萇置酒高會，諸將皆曰："若值魏武王，不令此賊至今，陛下將牢太過耳。"萇笑曰："吾不如亡兄有四：身長八尺五寸，臂垂過膝，人望而畏之，一也；將十萬之衆，與天下爭衡，望麾而進，前無橫陳，二也；溫古知今，講論道藝，收羅英儁，三也；董帥大衆，上下咸悅，人盡死力，四也。所以得建立功業，驅策羣賢者，正望算略中有片長耳。"羣臣咸稱萬歲。（第3403頁）

此條分見《晉書·姚萇載記》①、《苻登載記》②，唯"將十萬之衆"，《載記》"將"訛作"當"。

卷一〇八

太元十七年（建初七年，392）

三月

秦驃騎將軍沒弈干帥衆降于後秦，後秦以爲車騎將軍，封高平公。（第3404頁）

此條見《晉書·姚萇載記》③。

後秦主萇寢疾，命姚碩德鎮李潤，尹緯守長安，召太子興詣行營。征南將軍姚方成言於興曰："今寇敵未滅，上復寢疾。王統等皆有部曲，終爲人患，宜盡除之。"興從之，殺王統、王廣、苻胤、徐成、毛盛。萇怒曰："王統兄弟，吾之州里，實無他志；徐成等皆前朝名將，吾方用之，奈何輒殺之！"（第3404—3405頁）

① 《晉書》卷一一六《姚萇載記》，第2971頁。
② 《晉書》卷一一五《苻登載記》，第2953頁。
③ 《晉書》卷一一六《姚萇載記》，第2971頁。

此條分見《十六國春秋·後秦錄》①、《晉書·姚萇載記》②，唯"行營"，《後秦錄》作"行在所"；"實無他志"，《載記》作"無他遠志"。"前朝"，《載記》作"秦朝"。

七月

秦主登聞後秦主萇疾病，大喜，告祠世祖神主，大赦，百官進位二等，秣馬厲兵，進逼安定，去城九十餘里。（第 3407 頁）

此條見《晉書·苻登載記》③，唯"世祖"，《載記》作"（苻）堅"。

八月

（後秦主）萇疾小瘳，出拒之。（秦主）登引兵出營，將逆戰，萇遣安南將軍姚熙隆別攻秦營，登懼而還。萇夜引兵旁出以躡其後，旦而候騎告曰："賊諸營已空，不知所向。"登驚曰："彼為何人，去令我不知，來令我不覺，謂其將死，忽然復來，朕與此羌同世，何其厄哉！"登遂還雍，萇亦還安定。（第 3407 頁）

此條見《晉書·苻登載記》④，唯姚熙隆為後秦安南將軍，僅見於《通鑑》。

太元十八年（建初八年，393）

七月

秦主登攻竇衝於野人堡，衝求救於後秦。尹緯言於後秦主萇曰："太子仁厚之稱，著於遠近，而英略未著，請使擊苻登以著之。"萇從之。（第 3410 頁）

　　此條見《晉書·姚萇載記》①。

　　（後秦）太子興將兵攻胡空堡，（秦主）登解（寶）衝圍以赴之。興因襲平涼，大獲而歸。（後秦主）萇使興還鎮長安。（第 3410 頁）

　　此條見《晉書·姚萇載記》②。

　　氐帥楊佛嵩叛，奔後秦，楊佺期、趙睦追之。九月，丙戌，敗佛嵩於湩關。後秦將姚崇救佛嵩，敗晉兵，趙睦死。（第 3410 頁）

　　此條見《晉書·姚萇載記》③。唯"氐帥"，《載記》作"晉平遠將軍、護氐校尉"，溫公等人似另有所本。

　　十月
　　後秦主萇疾甚，還長安。（第 3410 頁）

　　此條分見《十六國春秋·後秦錄》④、《晉書·姚萇載記》⑤。

　　十二月
　　己亥，後秦主萇召太尉姚旻、僕射尹緯、姚晃、將軍姚大目、尚書狄伯支入禁中，受遺詔輔政。萇謂太子興曰："有毀此諸公者，慎勿受之。汝撫骨肉以恩，接大臣以禮，待物以信，遇民以仁，四者不失，吾無憂矣。"（第 3411 頁）

　　此條分見《十六國春秋·後秦錄》⑥、《晉書·姚萇載記》⑦。唯將軍

---

① 《晉書》卷一一六《姚萇載記》，第 2972 頁。
② 同上。
③ 同上。
④ 《太平御覽》卷一二三《偏霸部七》"後秦姚萇"條引，第 1 冊，第 595 頁上欄。
⑤ 《晉書》卷一一六《姚萇載記》，第 2971 頁。
⑥ 《太平御覽》卷一二三《偏霸部七》"後秦姚萇"條引，第 1 冊，第 595 頁上欄。
⑦ 《晉書》卷一一六《姚萇載記》，第 2971—2972 頁。

姚大目參與顧命，僅見於《通鑑》；"諸公"，諸史作"諸人"；"撫骨肉以恩"、"遇民以仁"，諸史作"撫骨肉以仁"、"遇民以恩"；"吾無憂矣"，《後秦錄》作"吾無恨矣"。

　　姚晃垂涕問取符登之策，（後秦主）萇曰："今大業垂成，興才智足辦，奚所復問！"（第3411頁）

此條僅見於《通鑑》。

　　庚子，（後秦主）萇卒。（第3411頁）

此條分見《十六國春秋·後秦錄》①、《晉書·安帝紀》②、《姚萇載記》③。《安帝紀》作十月，疑脫"二"字，說詳《校勘記》④。

　　（太子）興祕不發喪，以其叔父緒鎮安定，碩德鎮陰密，弟崇守長安。（第3411頁）

此條見《晉書·姚興載記上》⑤。

　　或謂（姚萇弟）碩德曰："公威名素重，部曲最強，今易世之際，必爲朝廷所疑，不如且奔秦州，觀望事勢。"碩德曰："太子志度寬明，必無他慮。今符登未滅而骨肉相攻，是自亡也；吾有死而已，終不爲也。"遂往見（太子）興，興優禮而遣之。（第3411—3412頁）

此條見《晉書·姚興載記上》⑥，唯"易世"，《載記》作"喪代"，

① 《太平御覽》卷一二三《偏霸部七》"後秦姚萇"條引，第1冊，第595頁上欄。
② 《晉書》卷一〇《安帝紀》，第240頁。
③ 《晉書》卷一一六《姚萇載記》，第2973頁。
④ 《晉書》卷一〇《安帝紀·校勘記》四一，第247頁。
⑤ 《晉書》卷一一七《姚興載記上》，第2975頁。
⑥ 同上。

疑避唐諱；"是自亡也"，《載記》作"所謂追二袁之蹤，授首與人"。

　　（太子）興自稱大將軍，以尹緯爲長史，狄伯支爲司馬，帥衆伐
秦。（第3412頁）

此條見《晉書·姚興載記上》①。

太元十九年（文桓帝姚興皇初元年，394）

正月
　　秦主登聞後秦主萇卒，喜曰："姚興小兒，吾折杖笞之耳。"乃
大赦，盡衆而東。（第3412頁）

此條分見《十六國春秋·前秦錄》②、《魏書·臨渭氐苻健傳》③、《晉
書·苻登載記》④。

四月
　　秦主登自六陌趣廢橋，後秦始平太守姚詳據馬嵬堡以拒之。太子
興遣尹緯將兵救詳，緯據廢橋以待秦。秦兵爭水，不能得，渴死者什
二、三，因急攻緯。興馳遣狄伯支謂緯曰："苻登窮寇，宜持重以挫
之。"緯曰："先帝登退，人情擾懼，今不因思奮之力以禽敵，大事
去矣！"遂與秦戰，秦兵大敗。其夜，秦衆潰，登單騎奔雍，太子崇
及安成王廣聞敗，皆棄城走；登至，無所歸，乃奔平涼，收集遺衆，
入馬毛山。（第3413頁）

此條分見《十六國春秋·前秦錄》⑤、《魏書·臨渭氐苻健傳》⑥、《晉

---

①　《晉書》卷一一七《姚興載記上》，第2975頁。
②　《太平御覽》卷一二二《偏霸部六》"前秦苻登"條引，第1冊，第592頁下欄。
③　《魏書》卷九五《臨渭氐苻健傳》，第2080頁。
④　《晉書》卷一一五《苻登載記》，第2953頁。
⑤　《太平御覽》卷一二二《偏霸部六》"前秦苻登"條引，第1冊，第592頁下欄。
⑥　《魏書》卷九五《臨渭氐苻健傳》，第2080—2081頁。

書·苻登載記》①、《姚興載記上》②。

　　後秦太子興始發喪，即皇帝位于槐里，大赦，改元皇初；遂如安
定。謚後秦主萇曰武昭皇帝，廟號太祖。（第3414頁）

　　此條分見《十六國春秋·後秦錄》③、《魏書·姚興傳》④、《晉書·姚
興載記上》⑤。

　　七月
　　（秦主）登引兵出迎（乞伏）乾歸兵，後秦主興自安定如涇陽，
與登戰于山南，執登，殺之。（第3415頁）

　　此條分見《十六國春秋·前秦錄》⑥、《晉書·苻登載記》⑦、《姚興載
記上》⑧。

　　（後秦主興）悉散其（引者按：指秦主登）部衆，使歸農業。徙
陰密三萬戶於長安。（第3415頁）

　　此條見《晉書·姚興載記上》⑨。

　　（後秦主興）以李后賜姚晃。（第3415頁）

　　此條僅見於《通鑑》。

---

① 《晉書》卷一一五《苻登載記》，第2953頁。
② 《晉書》卷一一七《姚興載記上》，第2976頁。
③ 《太平御覽》卷一二三《偏霸部七》"後秦姚興"條引，第1冊，第595頁上欄。
④ 《魏書》卷九五《羌姚萇傳》，第2082頁。
⑤ 《晉書》卷一一七《姚興載記上》，第2976頁。
⑥ 《太平御覽》卷一二二《偏霸部六》"前秦苻登"條引，第1冊，第592頁下欄。
⑦ 《晉書》卷一一五《苻登載記》，第2954頁。
⑧ 《晉書》卷一一七《姚興載記上》，第2976頁。
⑨ 同上。

後秦安南將軍強熙、鎮遠將軍強多叛，推竇衝爲主。後秦主興自將討之，軍至武功，多兄子良國殺多而降，熙奔秦州，衝奔汧川，汧川氐仇高執送之。（第 3416 頁）

此條見《晉書‧姚興載記上》①，唯"強多"，《載記》作"楊多"。

十二月

秦主興遣使與燕結好，并送太子寶之子敏於燕，燕封敏爲河東公。（第 3418 頁）

此條僅見於《通鑑》。按後秦主稱"秦主"，始見此。前後秦並立時，《通鑑》以"秦主"、"後秦主"區別兩國之主，前秦亡國後，《通鑑》改稱"後秦主"爲"秦主"，已不致造成誤會。

太元二十年（皇初二年，395）

十二月

是歲，秦主興封其叔父緒爲晉王，碩德爲隴西王，弟崇爲齊公，顯爲常山公。（第 3425 頁）

此條分見《十六國春秋‧後秦錄》②、《晉書‧姚興載記上》③，唯姚興弟崇封齊公、顯封常山公，僅見於《通鑑》。

太元二十一年（皇初三年，396）

十二月

楊盛遣使來請命；詔拜盛鎮南將軍、仇池公。（第 3436 頁）

---

① 《晉書》卷一一七《姚興載記上》，第 2976 頁。
② 《太平御覽》卷一二三《偏霸部七》"後秦姚興"條引，第 1 冊，第 595 頁上欄。
③ 《晉書》卷一一七《姚興載記上》，第 2976 頁。

此條見《晉書·姚興載記上》①。

　　（楊）盛表苻宣爲平北將軍。（第 3436 頁）

此條僅見於《通鑑》。

　　是歲，越質詰歸帥戶二萬叛西秦降于秦，秦人處之成紀，拜鎮西將軍、平襄公。（第 3436 頁）

此條見《晉書·姚興載記上》②。

　　秦隴西王碩德攻姜乳於上邽，乳率衆降。秦以碩德爲秦州牧，鎮上邽；徵乳爲尚書。強熙、權千成帥衆三萬共圍上邽，碩德擊破之，熙奔仇池，遂來奔。碩德西擊千成於略陽，千成降。（第 3436 頁）

此條見《晉書·姚興載記上》③，唯“權千成”，《載記》作“權干城”。碩德擊千成（干城）於略陽，僅見於《通鑑》。《載記》稱干城爲“略陽豪族”，疑其上邽敗後返回故里，碩德又尾隨而至。

　　西燕既亡，其所署河東太守柳恭等各擁兵自守。秦主興遣晉王緒攻之，恭等臨河拒守，緒不得濟。（第 3436 頁）

此條見《晉書·姚興載記上》④。

　　初，永嘉之亂，汾陰薛氏聚其族黨，阻河自固，不仕劉、石。及苻氏興，乃以禮聘薛彊，拜鎮東將軍。（第 3436 頁）

---

① 《晉書》卷一一七《姚興載記上》，第 2977 頁。
② 同上。
③ 同上。
④ 同上。

《晉書·姚興載記上》僅有"鎮東薛彊先據楊氏壁"① 一句，其餘內容皆爲《通鑑》獨家所載。

（薛）彊引秦兵自龍門濟，遂入蒲阪，（柳）恭等皆降。（第3436 頁）

此條見《晉書·姚興載記上》②。

（秦主）興以（晉王）緒爲并、冀二州牧，鎮蒲阪。（第3436 頁）

此條僅見於《通鑑》。

卷一〇九

安帝隆安元年（皇初四年，397）

正月
燕范陽王德求救於秦，秦兵不出。（第3437 頁）

此條見《晉書·慕容德載記》③。

二月
（魏主珪）以奚牧爲并州刺史。牧與東秦主興書稱"頓首"，與之均禮。興怒，以告珪，珪爲之殺牧。（第3441 頁）

此條見《魏書·奚牧傳》④。又東秦，《通鑑》胡注："時乞伏氏建國隴西，號秦，故史書姚秦爲東秦以別之。"

---

① 《晉書》卷一一七《姚興載記上》，第2977 頁。
② 同上。
③ 《晉書》卷一二七《慕容德載記》，第3163 頁。
④ 《魏書》卷二八《奚牧傳》，第683 頁。

九月

秦太后虵氏卒。秦主興哀毀過禮，不親庶政。羣臣請依漢、魏故事，既葬即吉。尚書郎李嵩上疏曰："孝治天下，先王之高事也。宜遵聖性以光道訓，既葬之後，素服臨朝。"尹緯駁曰："嵩矯常越禮，請付有司論罪。"興曰："嵩忠臣孝子，有何罪乎！其一從嵩議。"（第3458頁）

此條見《晉書·姚興載記上》①。

鮮卑薛勃叛秦，秦主興自將討之。勃敗，奔沒弈干，沒弈干執送之。（第3458頁）

此條見《晉書·姚興載記上》②。

秦泫氏男姚買得謀弑秦主興，不克而死。（第3458頁）

此條見《晉書·姚興載記上》③。

秦主興入寇湖城，弘農太守陶仲山、華山太守董邁皆降之；遂至陝城，進寇上洛，拔之。遣姚崇寇洛陽，河南太守夏侯宗之固守金墉，崇攻之不克，乃徙流民二萬餘戶而還。（第3458頁）

此條見《晉書·姚興載記上》④，唯"流民"，《載記》作"流人"，避唐諱。

武都氐屠飛、啖鐵等據方山以叛秦，（秦主）興遣姚紹等討之，斬飛、鐵。（第3458頁）

---

① 《晉書》卷一一七《姚興載記上》，第2977—2978頁。
② 同上書，第2978頁。
③ 同上。
④ 同上。

此條見《晉書·姚興載記上》①。

（秦主）興勤於政事，延納善言，京兆杜瑾等皆以論事得顯拔，天水姜龕等以儒學見尊禮，給事黃門侍郎古成詵等以文章參機密。詵剛介雅正，以風教爲己任。京兆韋高慕阮籍之爲人，居母喪，彈琴飲酒。詵聞之而泣，持劍求高，欲殺之，高懼而逃匿。（第3459頁）

此條見《晉書·姚興載記上》②。《通鑑》文字多有減省。

秦長水校尉姚珍奔西秦，西秦王乾歸以女妻之。（第3460頁）

此條僅見於《通鑑》。

卷一一〇

隆安二年（皇初五年，398）

正月

庚子，魏王珪自中山南巡至高邑，得王永之子憲，喜曰："王景略之孫也。"以爲本州中正，領選曹事，兼掌門下。（第3461—3462頁）

此條見《魏書·王憲傳》③，唯"王景略"，《載記》作"王猛"。

卷一一一

隆安三年（皇初六年，弘始元年，399）

七月

秦齊公崇、鎮東將軍楊佛嵩寇洛陽，河南太守隴西辛恭靖嬰城固

---

① 《晉書》卷一一七《姚興載記上》，第2978—2979頁。
② 同上書，第2979頁。
③ 《魏書》卷三三《王憲傳》，第775頁。

守。（第 3493 頁）

此條分見《十六國春秋·後秦錄》①、《晉書·辛恭靖傳》②、《姚興載記上》③。唯崔鴻書此事繫於皇初四年（397）二月，疑《御覽》引文有脫漏。

雍州刺史楊佺期遣使求救於魏常山王遵，魏主珪以散騎侍郎西河張濟爲遵從事中郎以報之。佺期問於濟曰：“魏之伐中山，戎士幾何？”濟曰：“四十餘萬。”佺期曰：“以魏之強，小羌不足滅也。且晉之與魏，本爲一家，今既結好，義無所隱。此間兵弱糧寡，洛陽之救，恃魏而已。若其保全，必有厚報；若其不守，與其使羌得之，不若使魏得之。”濟還報。（第 3493—3494 頁）

此條見《魏書·張濟傳》④，唯“四十餘萬”，《魏書》作“三十餘萬”。

八月

（魏主）珪遣太尉穆崇將六萬騎往救之。（第 3494 頁）

此條見《魏書·太祖紀》⑤，唯“六萬”，《太祖紀》作“六千”。

九月

秦主興以災異屢見，降號稱王，下詔令羣公、卿士、將牧、守宰各降一等；大赦，改元弘始。（第 3496 頁）

此條分見《十六國春秋·後秦錄》⑥、《晉書·姚興載記上》⑦。

---

① 《太平御覽》卷一二三《偏霸部七》“後秦姚興”條引，第 1 冊，第 595 頁上欄。
② 《晉書》卷八九《忠義·辛恭靖傳》，第 2321 頁。
③ 《晉書》卷一一七《姚興載記上》，第 2979 頁。
④ 《魏書》卷三三《張濟傳》，第 787 頁。
⑤ 《魏書》卷二《太祖紀》，第 35 頁。
⑥ 《太平御覽》卷一二三《偏霸部七》“後秦姚興”條引，第 1 冊，第 595 頁上欄。
⑦ 《晉書》卷一一七《姚興載記上》，第 2979—2980 頁。

（秦王興）存問孤貧，舉拔賢俊，簡省法令，清察獄訟，守令之有政迹者賞之，貪殘者誅之，遠近肅然。（第 3496—3497 頁）

《晉書·姚興載記上》作“賜孤獨鰥寡粟帛有差，年七十已上加衣杖。始平太守周班、槐里令李彭皆以黷貨誅，於是郡國肅然矣”①，《通鑑》似另有所本。

十月

辛恭靖固守百餘日，魏救未至，秦兵拔洛陽，獲恭靖。恭靖見秦王興，不拜，曰：“吾不爲羌賊臣！”興囚之，恭靖逃歸。（第 3497 頁）

此條分見《魏書·太祖紀》②、《晉書·安帝紀》③、《辛恭靖傳》④，唯恭靖不拜姚興事，僅見於《通鑑》。姚興繼姚萇稱帝，《通鑑》記姚興事，均作“秦主”。姚興降號稱王，《通鑑》改稱“秦王”。溫公等人書法如此。

自淮、漢以北，諸城多請降，送任於秦。（第 3497 頁）

此條見《晉書·姚興載記上》⑤。

隆安四年（弘始二年，400）

五月

秦征西大將軍隴西公碩德將兵五千伐西秦，入自南安峽，西秦王乾歸帥諸將拒之，軍于隴西。（第 3511 頁）

---

① 《晉書》卷一一七《姚興載記上》，第 2979 頁。
② 《魏書》卷二《太祖紀》，第 35 頁。
③ 《晉書》卷一〇《安帝紀》，第 252 頁。
④ 《晉書》卷八九《忠義·辛恭靖傳》，第 2321 頁。
⑤ 《晉書》卷一一七《姚興載記上》，第 2980 頁。

此條分見《十六國春秋·後秦錄》①、《晉書·姚興載記上》②、《乞伏乾歸載記》③，唯碩德將兵五千，《後秦錄》作六萬，《乞伏乾歸載記》作五萬，按《姚興載記上》下文稱此役"乾歸敗走，降其部眾三萬六千，收鎧馬六萬匹"，碩德以五千兵力迫降乾歸部眾三萬六千，頗難置信，疑《通鑑》所記不確。《晉書·姚興載記上》于弘始元年姚興"降號稱王"一事下載："姚緒、姚碩德以興降號，固讓王爵，興弗許。"又載："姚緒、姚碩德固讓王爵，許之。"姚興繼帝位時，姚碩德封隴西王，弘始元年降爲公號。

七月

西秦王乾歸使武衛將軍慕兀等屯守，秦軍樵采路絕，秦王興潛引兵救之。（第 3512 頁）

《晉書·姚興載記上》："興潛軍赴之。"④《乞伏乾歸載記》："興潛師繼發。"⑤《通鑑》當另有所本。

（西秦王）乾歸聞之，使慕兀帥中軍二萬屯柏楊。鎮軍將軍羅敦帥外軍四萬屯侯辰谷。乾歸自將輕騎數千前候秦兵，會大風昏霧，與中軍相失，爲追騎所逼，入於外軍，旦，與秦戰，大敗，走歸苑川，其部眾三萬六千皆降於秦。興進軍枹罕。（第 3512 頁）

此條分見《魏書·羌姚萇傳》⑥、《晉書·姚興載記上》⑦、《乞伏乾歸載記》⑧，唯"慕兀"，《通鑑》上文作"武衛將軍慕兀"，《乞伏乾歸載記》作"衛軍慕容允"。

---

① 《太平御覽》卷一二三《偏霸部七》"後秦姚興"條引，第 1 冊，第 595 頁上欄。
② 《晉書》卷一一七《姚興載記上》，第 2981 頁。
③ 《晉書》卷一二五《乞伏乾歸載記》，第 3119 頁。
④ 《晉書》卷一一七《姚興載記上》，第 2979 頁。
⑤ 《晉書》卷一二五《乞伏乾歸載記》，第 3119 頁。
⑥ 《魏書》卷九五《羌姚萇傳》，第 2082 頁。
⑦ 《晉書》卷一一七《姚興載記上》，第 2981 頁。
⑧ 《晉書》卷一二五《乞伏乾歸載記》，第 3120 頁。

八月

（西秦王）乾歸南奔枹罕，遂降於秦。（第 3513 頁）

此條見《魏書·羌姚萇傳》①、《晉書·乞伏乾歸載記》②，唯乾歸奔枹罕，僅見於《通鑑》。

九月

涼呂方降於秦，廣武民三千餘戶奔武威王利鹿孤。（第 3513 頁）

此條僅見於《通鑑》。

乞伏乾歸至長安，秦王興以爲都督河南諸軍事、河州刺史、歸義侯。（第 3514 頁）

此條分見《晉書·姚興載記上》③、《乞伏乾歸載記》④。

秦王興遣晉將劉嵩等二百餘人來歸。（第 3515 頁）

此條見《晉書·姚興載記上》⑤。

卷一一二

隆安五年（弘始三年，401）

二月

秦王興使乞伏乾歸還鎮苑川，盡以其故部衆配之。（第 3518 頁）

---

① 《魏書》卷九五《羌姚萇傳子興附傳》，第 2082 頁。
② 《晉書》卷一二五《乞伏乾歸載記》，第 3120—3121 頁。
③ 《晉書》卷一一七《姚興載記上》，第 2981 頁。
④ 《晉書》卷一二五《乞伏乾歸載記》，第 3121 頁。
⑤ 《晉書》卷一一七《姚興載記上》，第 2981 頁。

此條見《晉書·乞伏乾歸載記》①。

七月
秦隴西公碩德自金城濟河，直趣廣武，河西王利鹿孤攝廣武守軍以避之。（第 3525 頁）

此條分見《南涼春秋》②、《十六國春秋·後秦錄》③。

秦軍至姑臧，涼王隆遣輔國大將軍超、龍驤將軍遜等逆戰，（隴西公）碩德大破之，生禽遜，俘斬萬計。隆嬰城固守。（第 3525—3526 頁）

此條分見《十六國春秋·後秦錄》④、《晉書·呂隆載記》⑤。

巴西公佗帥東苑之衆二萬五千降於秦。（第 3526 頁）

此條見《晉書·姚興載記上》⑥。

西涼公暠、河西王利鹿孤、沮渠蒙遜各遣使奉表入貢於秦。（第 3526 頁）

此條見《十六國春秋·後秦錄》⑦，唯“河西王利鹿孤”，《後秦錄》作“傉檀”。按利鹿孤死于元興元年三月，傉檀繼位，《後秦錄》此時即稱“傉檀”不確，《通鑑》改“利鹿孤”更妥。

初，涼將姜紀降於河西王利鹿孤，廣武公傉檀與論兵略，甚愛重之，坐則連席，出則同車，每談論，以夜繼晝。利鹿孤謂傉檀曰：“姜紀信有

---

① 《晉書》卷一二五《乞伏乾歸載記》，第 3121 頁。
② 《通鑑》此卷隆安五年九月“（涼王隆）遣使請降於秦”條下《考異》引，第 3528 頁。
③ 《太平御覽》卷一二三《偏霸部七》“後秦姚興”條引，第 1 冊，第 595 頁上欄。
④ 同上。
⑤ 《晉書》卷一二二《呂隆載記》，第 3070 頁。
⑥ 《晉書》卷一一七《姚興載記上》，第 2982 頁。
⑦ 《太平御覽》卷一二三《偏霸部七》“後秦姚興”條引，第 1 冊，第 595 頁上欄。

美才，然視候非常，必不久留於此，不如殺之。紀若入秦，必爲人患。"偽檀曰："臣以布衣之交待紀，紀必不相負也。"（第 3526 頁）

此條僅見於《通鑑》。

八月

（姜）紀將數十騎奔秦軍，說（隴西公）碩德曰："呂隆孤城無援，明公以大軍臨之，其勢必請降；然彼徒文降而已，未肯遂服也。請給紀步騎三千，與王松忽因焦朗、華純之衆，伺其釁隙，隆不足取也。不然，今禿髮在南，兵强國富，若兼姑臧而據之，威勢益盛，沮渠蒙遜、李暠不能抗也，必將歸之，如此，則爲國家之大敵矣。"碩德乃表紀爲武威太守，配兵二千，屯據晏然。（第 3526 頁）

此條僅見於《通鑑》。

秦王興聞楊桓之賢而徵之，利鹿孤不敢留。（第 3526 頁）

此條見《晉書·禿髮利鹿孤載記》①。

閏月

秦隴西公碩德圍姑臧累月，東方之人在城中者多謀外叛，魏益多復誘扇之，欲殺涼王隆及安定公超，事發，坐死者三百餘家。（第 3527—3528 頁）

此條見《晉書·呂隆載記》②。

（秦隴西公）碩德撫納夷、夏，分置守宰，節食聚粟，爲持久之計。（第 3528 頁）

---

① 《晉書》卷一二六《禿髮利鹿孤載記》，第 3146 頁。
② 《晉書》卷一二二《呂隆載記》，第 3070 頁。

此條見《晉書·姚興載記上》①。

　　涼之羣臣請與秦連和，（涼王）隆不許。安定公超曰："今資儲內竭，上下嗷嗷，雖使張、陳復生，亦無以爲策。陛下當思權變屈伸，何愛尺書、單使爲卑辭以退敵！敵去之後，脩德政以息民，若卜世未窮，何憂舊業之不復！若天命去矣，亦可以保全宗族。不然，坐守困窮，終將何如？"隆乃從之。（第3528頁）

　　此條見《晉書·呂隆載記》②，唯"何愛尺書、單使爲卑辭以退敵"，《載記》作"割區區常慮"；"敵去之後，脩德政以息民"及"不然，坐守困窮，終將何如"兩句，僅見於《通鑑》。

　　九月
　　（涼王隆）遣使請降於秦。（第3528頁）

　　此條分見《十六國春秋·後秦錄》③、《晉書·呂隆載記》④。《考異》曰："《姚興載記上》，姚平伐魏與姚碩德伐呂隆同時。《魏書》，天興五年五月姚平未來侵。晉元興元年，秦弘始四也。《晉帝紀》、《晉春秋》皆云'隆安五年降秦'。《十六國》、《西秦春秋》云：'太初十四年五月，乾歸隨姚碩德伐涼。'《南涼春秋》云：'建和二年，七月，姚碩德伐呂隆，孤攝廣武守軍以避之。'皆隆安五年也。按秦小國，既與魏相持，豈暇更興兵伐涼！蓋《載記》之誤也。今以《晉帝紀》、《晉春秋》、《十六國》、《西秦》、《南涼春秋》爲據。"

　　（秦隴西公）碩德表（呂）隆爲鎮西大將軍、涼州刺史、建康公。隆遣子弟及文武舊臣慕容筑、楊穎等五十餘家入質于長安。（第3528頁）

---

① 《晉書》卷一一七《姚興載記上》，第2982頁。
② 《晉書》卷一二二《呂隆載記》，第3070頁。
③ 《太平御覽》卷一二三《偏霸部七》"後秦姚興"條引，第1冊，第595頁上欄。
④ 《晉書》卷一二二《呂隆載記》，第3070頁。

此條分見《十六國春秋·後秦錄》①、《晉書·安帝紀》②、《姚興載記上》③、《呂隆載記》④，唯鎮西大將軍，《後秦錄》脫"大"字。

　　（秦隴西公）碩德軍令嚴整，秋毫不犯，祭先賢，禮名士，西土悅之。（第 3528 頁）

此條見《晉書·姚興載記上》⑤，唯"名士"，《載記》作"儒哲"。

　　沮渠蒙遜所部酒泉、涼寧二郡叛降於西涼，又聞呂隆降秦，大懼，遣其弟建忠將軍拏、牧府長史張潛見（隴西公）碩德於姑臧，請帥其衆東遷。碩德喜，拜潛張掖太守，拏建康太守。潛勸蒙遜東遷。拏私謂蒙遜曰："姑臧未拔，呂氏猶存，碩德糧盡將還，不能久也，何爲自棄土宇，受制於人乎！"臧莫孩亦以爲然。（第 3528—3529 頁）

此條見《晉書·沮渠蒙遜載記》⑥，唯"自棄土宇"，《載記》作"違離桑梓"。

元興元年（弘始四年，402）

　　正月
　　秦王興立子泓爲太子，大赦。泓孝友寬和，喜文學，善談詠，而懦弱多病；興欲以爲嗣，而狐疑不決，久乃立之。（第 3536 頁）

此條分見《晉書·姚興載記上》⑦、《姚泓載記》⑧。

---

① 《太平御覽》卷一二三《偏霸部七》"後秦姚興"條引，第 1 冊，第 595 頁上欄。
② 《晉書》卷一〇《安帝紀》，第 254 頁。
③ 《晉書》卷一一七《姚興載記上》，第 2982 頁。
④ 《晉書》卷一二二《呂隆載記》，第 3070 頁。
⑤ 《晉書》卷一一七《姚興載記上》，第 2982 頁。
⑥ 《晉書》卷一二九《沮渠蒙遜載記》，第 3192—3193 頁。
⑦ 《晉書》卷一一七《姚興載記上》，第 2981 頁。
⑧ 《晉書》卷一一九《姚泓載記》，第 3007 頁。

三月

司馬休之、劉敬宣、高雅之俱奔洛陽，各以子弟爲質於秦以求救。秦王興與之符信，使於關中募兵，得數千人，復還屯彭城間。（第 3541 頁）

此條僅見於《通鑑》。司馬休之等人在洛陽到彭城一線活動，"關中"應爲"關東"之訛。《晉書·司馬休之傳》："桓玄攻歷陽，休之嬰城固守。及尚之戰敗，休之以五百人出城力戰，不捷，乃還城，攜子姪奔于慕容超。"① 慕容德死于義熙元年（405，建平六年），其兄子超嗣位，此處"慕容超"應爲"慕容德"之誤，《校勘記》亦有論說。② 另據《晉書·安帝紀》："（元興元年二月）丁卯，桓玄敗王師于姑孰，譙王尚之、齊王柔之並死之。"③ 同書《司馬尚之傳》記此事更詳："桓玄至姑熟，遣馮該等攻歷陽，斷洞浦，焚尚之舟艦。尚之率步卒九千陣於浦上，先遣武都太守楊秋屯橫江。秋奔于玄軍，尚之眾潰，逃于塗中十餘日。譙國人韓連、丁元等以告玄，玄害之於建康市。"④ 司馬休之北奔應即此時，但其停留在彭城一帶，而未"奔于慕容超（德）"，所以《通鑑》才會說休之等人奉姚興之命募兵後，"復還屯彭城間"。《晉書·劉敬宣傳》："爲元顯從事中郎，又爲桓玄諮議參軍。牢之敗，與廣陵相高雅之俱奔慕容超，夢丸土而服之，既覺，喜曰：'丸者桓也，丸既吞矣，我當復本土也。'旬日而玄敗，遂與司馬休之還京師。"⑤ "慕容超"亦爲"慕容德"之誤。敬宣夢服丸土，在其"與司馬休之還京師"前不久，但其何時投奔慕容德，還需要其他證據。本傳稱敬宣北奔在"牢之敗後"，據《晉書·劉牢之傳》：牢之密謀北奔其婿、廣陵相高雅之，"欲據江北以距（桓）玄"，遭劉襲等眾多佐吏反對，自縊而死。《通鑑》此事繫於元興元年三月，敬宣北奔應即此時。敬宣北奔，第一步與高雅之會合，第二步與司馬休之會合，第三步則與司馬休之、高雅之一同西行，進入後秦控制的區域，並最

---

① 《晉書》卷三七《司馬休之傳》，第 1109 頁。

② 《晉書》卷八四《劉牢之傳子敬宣附傳》："牢之敗，與廣陵相高雅之俱奔慕容超。"《校勘記》九："慕容超，《諸史考異》：以《載記》及《桓玄傳》考之，'慕容超'當作'慕容德'。按：《宋書》、《南史·劉敬宣傳》俱作'慕容德'。"第 2191、2203 頁。

③ 《晉書》卷一〇《安帝紀》，第 254 頁。

④ 《晉書》卷三七《司馬尚之傳》，第 1108—1109 頁。

⑤ 《晉書》卷八四《劉牢之傳子敬宣附傳》，第 2191 頁。

終抵達洛陽。司馬休之、劉敬宣、高雅之"各以子弟爲質於秦以求救"，但姚興"與之符信，使於關中（東）募兵"，未允許他們滯留於秦地。他們募得數千人後，"復還屯彭城間"，此舉是否爲姚興的部署，尚不清楚。《晉書·桓玄傳》："玄又害吳興太守高素、輔國將軍竺謙之、謙之從兄高平相朗之、輔國將軍劉襲、襲弟彭城内史季武、冠軍將軍孫無終等，皆牢之之黨，北府舊將也。襲兄冀州刺史軌及寧朔將軍高雅之、牢之子敬宣並奔慕容德。"①《慕容德載記》："時桓玄將行篡逆，誅不附己者。冀州刺史劉軌、襄城太守司馬休之、征虜將軍劉敬宣、廣陵相高雅之、江都長張誕並内不自安，皆奔於德。"②《安帝紀》："（元興元年）十月，冀州刺史劉軌叛奔于慕容德。"③《通鑑》記此事更詳：元興元年十月，桓玄殺高素、竺謙之、朗之、劉襲、季武，"襲兄冀州刺史軌邀司馬休之、劉敬宣、高雅之等共據山陽，欲起兵攻玄，不克而走。將軍袁虔之、劉壽、高長慶、郭恭等皆往從之，將奔魏；至陳留南，分爲二輩：軌、休之、敬宣奔南燕，虔之、壽、長慶、恭奔秦"。高素等人爲桓玄所殺及劉軌等人北奔，均在元興元年十月，孫無終爲桓玄所殺，則在次年二月④，《桓玄傳》作同時，不確。劉軌"邀司馬休之、劉敬宣、高雅之等共據山陽，欲起兵攻玄"，而司馬休之等人此前"還屯彭城間"，他們大約就是由彭城一帶南下的。"不克而走"，可證司馬休之、劉敬宣確實渡淮，與劉軌會合。高雅之則不見記載，可能已經陣亡。根據以上所引諸史的記載，還原司馬休之等人北奔的過程：元興元年二月，司馬尚之爲桓玄所滅，司馬休之北奔，停留在彭城附近；三月，劉牢之自殺，牢之子敬宣、婿高雅之等人北奔，與司馬休之會合，進入後秦洛陽；司馬休之、劉敬宣、高雅之各以子弟爲質，憑藉姚興符信，在關東募兵，得數千人，還屯彭城一帶；十月，桓玄殺高素、竺謙之、竺朗之、劉襲、劉季武，襲兄軌邀司馬休之、劉敬宣、高雅之等人共據山陽，以攻桓玄；同月，劉軌、司馬休之、劉敬宣等人起兵失利，奔北魏，至陳留南，轉投南燕；桓玄敗後，司馬休之、劉敬宣返回建康。

---

① 《晉書》卷九九《桓玄傳》，第2591—2592頁。
② 《晉書》卷一二七《慕容德載記》，第3171頁。
③ 《晉書》卷一〇《安帝紀》，第255頁。
④ 《晉書》卷一〇《安帝紀》："（元興二年二月）丁巳，冀州刺史孫無終爲桓玄所害。"第255頁。

四月

乞伏熾磐自西平逃歸苑川，南涼王傉檀歸其妻子。乞伏乾歸使熾磐入朝于秦，秦主興以熾磐爲興晉太守。（第 3542 頁）

“秦主”，爲“秦王”之訛。《晉書·乞伏乾歸載記》：“元興元年，熾磐自西平奔長安，姚興以爲振忠將軍、興晉太守。”① 《乞伏熾磐載記》：“初，乾歸爲姚興所敗，熾磐質於禿髮利鹿孤。後自西平逃而降興，興以爲振忠將軍、興晉太守。”② 《禿髮傉檀載記》：“初，乞伏乾歸之在晉興也，以世子熾磐爲質。後熾磐逃歸，爲追騎所執，利鹿孤命殺之。傉檀曰：‘臣子逃歸君父，振古通義，故魏武善關羽之奔，秦昭恕頃襄之逝。熾磐雖逃叛，孝心可嘉，宜垂全宥以弘海岳之量。’乃赦之。至是，熾磐又奔允街，傉檀歸其妻子。”③ 均與《通鑑》所記不同，溫公等人似另有所本。綜合上引各條：乞伏熾磐先自西平出逃，爲南涼軍追及，禿髮傉檀勸利鹿孤赦之，熾磐經允街歸西秦，又奉其父乾歸之命入朝于後秦，姚興遂以爲振忠將軍、興晉太守。《晉書·乞伏乾歸、熾磐載記》多有省略，賴《通鑑》記述，此事各種細節得以爲後人所知。

五月

秦主興大發諸軍，遣義陽公平、尚書右僕射狄伯支等將步騎四萬伐魏，興自將大軍繼之，以尚書令姚晃輔太子泓守長安，沒弈干權鎮上邽，廣陵公欽權鎮洛陽。平攻魏乾壁六十餘日，拔之。（第 3543 頁）

此條分見《魏書·太祖紀》④、《羌姚萇傳》⑤、《晉書·姚興載記上》⑥，唯“秦主”，爲“秦王”之訛。“伐魏”，《魏書·羌姚興傳》作“侵平陽”；欽，《載記》作歛。

① 《晉書》卷一二五《乞伏乾歸載記》，第 3121 頁。
② 《晉書》卷一二五《乞伏熾磐載記》，第 3123 頁。
③ 《晉書》卷一二六《禿髮傉檀載記》，第 3148 頁。
④ 《魏書》卷二《太祖紀》，第 40 頁。
⑤ 《魏書》卷九五《羌姚萇傳》，第 2082 頁。
⑥ 《晉書》卷一一七《姚興載記上》，第 2981—2982 頁。

七月

魏主珪遣毗陵王順及豫州刺史長孫肥將六萬騎爲前鋒，自將大軍繼發以擊之。（第 3543 頁）

此條分見《魏書·太祖紀》①、《長孫肥傳》②、《羌姚萇傳》③。

八月

魏主珪至永安，秦義陽公平遣驍將帥精騎二百覘魏軍，長孫肥逆擊，盡擒之。平退走，珪追之，乙巳，及於柴壁；平嬰城固守，魏軍圍之。秦王興將兵四萬七千救之，將據天渡運糧以餉平。（第 3543 頁）

此條見《魏書·太祖紀》④、《長孫肥傳》⑤、《李先傳》⑥、《羌姚萇傳》⑦，唯"秦王興將兵四萬七千救之"，《魏書·太祖紀》作"姚興悉舉其眾來救"；《羌姚興傳》又作"興乃悉舉其眾救平"。

魏博士李先曰："兵法：高者爲敵所棲，深者爲敵所囚。今秦皆犯之，宜及興未至，遣奇兵先據天渡，柴壁可不戰而取也。"（第 3543 頁）

此條見《魏書·李先傳》⑧，唯"兵法"二字，溫公等人所加。

（魏主）珪命增築重圍，內以防平之出，外以拒（秦王）興之入。廣武將軍安同曰："汾東有蒙坑，東西三百餘里，蹊徑不通。興來，必從汾西直臨柴壁，如此，虜聲勢相接，重圍雖固，不能制也；不如爲浮梁，渡汾西，築圍以拒之，虜至，無所施其智力矣。"珪從之。（第 3543—3544 頁）

---

① 《魏書》卷二《太祖紀》，第 40 頁。
② 《魏書》卷二六《長孫肥傳》，第 652 頁。
③ 《魏書》卷九五《羌姚萇傳》，第 2082—2083 頁。
④ 《魏書》卷二《太祖紀》，第 40 頁。
⑤ 《魏書》卷二六《長孫肥傳》，第 652 頁。
⑥ 《魏書》卷三三《李先傳》，第 790 頁。
⑦ 《魏書》卷九五《羌姚萇傳》，第 2083 頁。
⑧ 《魏書》卷三三《李先傳》，第 790 頁。

此條分見《魏書·安同傳》①、《羌姚萇傳》②。

　　（秦王）興至蒲阪，憚魏之強，久乃進兵。（第 3544 頁）

《晉書·姚興載記上》作"興至蒲阪，憚而不進"③。

　　甲子，（魏主）珪帥步騎三萬逆擊（秦王）興於蒙阬之南，斬首千餘級，興退走四十餘里，（秦義陽公）平亦不敢出。珪乃分兵四據險要，使秦兵不得近柴壁。興屯汾西，憑壘爲壘，束柏材從汾上流縱之，欲以毀浮梁，魏人皆鉤取以爲薪蒸。（第 3544 頁）

此條分見《魏書·太祖紀》④、《魏書·羌姚萇傳》⑤。

　　十月
　　（秦義陽公）平糧竭矢盡。（第 3544 頁）

此條分見《魏書·羌姚萇傳》⑥、《晉書·姚興載記上》⑦。

　　夜，（秦義陽公平）悉衆突西南圍求出；（秦王）興列兵汾西，舉烽鼓譟爲應。興欲平力戰突免，平望興攻圍引接，但叫呼相和，莫敢逼圍。（第 3544 頁）

此條見《魏書·羌姚萇傳》⑧。

---

①　《魏書》卷三〇《安同傳》，第 712 頁。
②　《魏書》卷九五《羌姚萇傳》，第 2083 頁。
③　《晉書》卷一一七《姚興載記上》，第 2982 頁。
④　《魏書》卷二《太祖紀》，第 40 頁。
⑤　《魏書》卷九五《羌姚萇傳》，第 2083 頁。
⑥　同上。
⑦　《晉書》卷一一七《姚興載記上》，第 2982 頁。
⑧　《魏書》卷九五《羌姚萇傳》，第 2083 頁。

　　（秦義陽公）平不得出，計窮，乃帥麾下赴水死，諸將多從平赴水；珪使善游者鉤捕之，無得免者。執狄伯支及越騎校尉唐小方等四十餘人，餘衆二萬餘人皆斂手就禽。（第 3544 頁）

　　此條分見《魏書·太祖紀》①、《羌姚萇傳》②、《晉書·姚興載記上》③，唯“執狄伯支及越騎校尉唐小方等四十餘人，餘衆二萬餘人皆斂手就禽”，《魏書·太祖紀》作“（平赴水而死後，魏軍）俘其餘衆三萬餘人。獲興征虜將軍、尚書右僕射狄伯支，越騎校尉唐小方，積弩將軍姚梁國，建忠將軍雷星、康官，北中郎將康猥，平從弟伯禽已下、四品將軍已上四十餘人”。《羌姚萇傳》作“平眾三萬餘人，皆斂手受執，擒興尚書右僕射狄伯支，越騎校尉唐小方，積弩將軍姚梁國，建忠將軍雷星、康官，北中郎將康猥，興從子伯禽已下四品將軍已上四十餘人”。《晉書·姚興載記上》作“狄伯支等十將四萬餘人，皆爲魏所擒”。姚平、狄伯支等伐魏，“將步騎四萬”，已見上引，與魏軍苦戰之後，仍有“四萬餘人”被擒，令人費解，《魏書》稱“俘其餘衆三萬餘人”、“平眾三萬餘人，皆斂手受執”，《通鑑》作“餘衆二萬餘人皆斂手就禽”，更爲合理。《晉書》“十將四萬餘人”，可能是“四十將二（或三）萬餘人”之訛。

　　（秦王）興坐視其窮，力不能救，舉軍慟哭，聲震山谷。（第 3544 頁）

　　此條見《魏書·羌姚萇傳》④。

　　（秦王興）數遣使求和於魏，（魏主）珪不許。（第 3544 頁）

　　此條見《魏書·太祖紀》⑤、《魏書·羌姚萇傳》⑥。

---

① 《魏書》卷二《太祖紀》，第 40 頁。
② 《魏書》卷九五《羌姚萇傳》，第 2083—2084 頁。
③ 《晉書》卷一一七《姚興載記上》，第 2982 頁。
④ 《魏書》卷九五《羌姚萇傳》，第 2084 頁。
⑤ 《魏書》卷二《太祖紀》，第 40 頁。
⑥ 《魏書》卷九五《羌姚萇傳》，第 2084 頁。

（魏主珪）乘勝進攻蒲阪，秦晉公緒固守不戰。（第 3544 頁）

此條見《晉書·姚興載記上》。①

會柔然謀伐魏，（魏主）珪聞之，戊申，引兵還。（第 3544 頁）

此條見《魏書·太祖紀》②。

或告太史令晁崇及弟黃門侍郎懿潛召秦兵，（魏主）珪至晉陽，賜崇、懿死。（第 3544 頁）

此條見《魏書·晁崇傳》③。

秦徙河西豪右萬餘戶于長安。（第 3544 頁）

此條見《晉書·姚興載記上》④。

袁虔之等至長安，秦王興問曰："桓玄才略何如其父？卒能成功乎？" 虔之曰："玄乘晉室衰亂，盜據宰衡，猜忌安忍，刑賞不公，以臣觀之，不如其父遠矣。玄今已執大柄，其勢必將篡逆，正可爲他人驅除耳。" 興善之，以虔之爲廣州刺史。（第 3546 頁）

此條見《晉書·姚興載記上》⑤。

是歲，秦王興立昭儀張氏爲皇后，封子懿、弼、洸、宣、諶、愔、璞、質、逵、裕、國兒皆爲公，遣使拜禿髮傉檀爲車騎將軍、廣

---

① 《晉書》卷一一七《姚興載記上》，第 2982 頁。
② 《魏書》卷二《太祖紀》，第 40 頁。
③ 《魏書》卷九一《術藝·晁崇傳》，第 1944 頁。
④ 《晉書》卷一一七《姚興載記上》，第 2982 頁。
⑤ 同上書，第 2982—2983 頁。

武公，沮渠蒙遜爲鎮西將軍、沙州刺史、西海侯，李暠爲安西將軍、高昌侯。（第 3547 頁）

此條見《晉書·姚興載記上》①。

秦鎮遠將軍趙曜帥衆二萬西屯金城，建節將軍王松忽帥騎助呂隆守姑臧。松忽至魏安，（南涼王）傉檀弟文眞擊而虜之。傉檀大怒，送松忽還長安，深自陳謝。（第 3547 頁）

此條見《晉書·姚興載記上》②。

卷一一三

元興二年（弘始五年，403）

七月

南涼王傉檀及沮渠蒙遜互出兵攻呂隆，隆患之。秦之謀臣言於秦王興曰：“隆藉先世之資，專制河外，今雖飢窘，尚能自支，若將來豐贍，終不爲吾有。涼州險絕，土田饒沃，不如因其危而取之。”興乃遣使徵呂超入侍。隆念姑臧終無以自存，乃因超請迎于秦。興遣尚書左僕射齊難、鎮西將軍姚詰、左賢王乞伏乾歸、鎮遠將軍趙曜帥步騎四萬迎隆于河西，南涼王傉檀攝昌松、魏安二戍以避之。（第 3550頁）

此條分見《晉書·姚興載記上》③、《呂隆載記》④、《禿髮傉檀載記》⑤。

① 《晉書》卷一一七《姚興載記上》，第 2983 頁。
② 同上。
③ 同上書，第 2983—2984 頁。
④ 《晉書》卷一二二《呂隆載記》，第 3071 頁。
⑤ 《晉書》卷一二六《禿髮傉檀載記》，第 3148 頁。

八月

齊難等至姑臧，（呂）隆素車白馬迎于道旁。（第3550頁）

此條見《晉書‧呂隆載記》①。

（呂）隆勸（齊）難擊沮渠蒙遜，蒙遜使臧莫孩拒之，敗其前軍。難乃與蒙遜結盟；蒙遜遣弟挐入貢于秦。難以司馬王尚行涼州刺史，配兵三千鎮姑臧，以將軍閭松爲倉松太守，郭將爲番禾太守，分戍二城，徙隆宗族、僚屬及民萬戶于長安。（秦王）興以隆爲散騎常侍，超爲安定太守，自餘文武隨才擢敍。（第3550—3551頁）

此條分見《晉書‧姚興載記上》②、《呂隆載記》③、《沮渠蒙遜載記》④，唯"挐"，《姚興載記上》誤作"如子"，《校勘記》已有說明。⑤"（徙）民萬戶于長安"，《呂隆載記》作"隆率騎一萬，隨難東遷，至長安"，當各有所本。

初，郭黁常言"代呂者王"，故其起兵，先推王詳，後推王乞基；及（呂）隆東遷，王尚卒代之。黁從乞伏乾歸降秦，以爲滅秦者晉也，遂來奔，秦人追得，殺之。（第3551頁）

此條見《晉書‧郭黁傳》⑥，唯"滅秦者晉"，《郭黁傳》作"滅姚者晉"。

秦遣使者梁構至張掖，蒙遜問曰："禿髮傉檀爲公而身爲侯，何也？"構曰："傉檀凶狡，款誠未著，故朝廷以重爵虛名羈縻之。將軍忠貫白日，當入贊帝室，豈可以不信相待也！聖朝爵必稱功，如尹緯、姚晃，

① 《晉書》卷一二二《呂隆載記》，第3071頁。
② 《晉書》卷一一七《姚興載記上》，第2984頁。
③ 《晉書》卷一二二《呂隆載記》，第3071頁。
④ 《晉書》卷一二九《沮渠蒙遜載記》，第3193頁。
⑤ 《晉書》卷一一七《姚興載記上‧校勘記》五，第2989頁。
⑥ 《晉書》卷九五《藝術‧郭黁傳》，第2498頁。

佐命之臣，齊難、徐洛，一時猛將，爵皆不過侯伯，將軍何以先之乎！昔竇融殷勤固讓，不欲居舊臣之右，不意將軍忽有此問！”蒙遜曰：“朝廷何不即封張掖而更遠封西海邪？”構曰：“張掖，將軍已自有之，所以遠授西海者，欲廣大將軍之國耳。”蒙遜悅，乃受命。（第3551—3552頁）

此條見《晉書·沮渠蒙遜載記》①，唯“梁構”，《載記》作“梁斐、張構”。《載記》下文：“蒙遜聞之，不悅，謂斐等曰：‘僞檀上公之位，而身爲侯者何也？’構對曰”云云，可知秦使者確爲梁斐、張構兩人，《通鑑》“梁”下脫“斐”、“張”二字。

元興三年（弘始六年，404）

二月

南涼王僞檀畏秦之強，乃去年號，罷尚書丞郎官，遣參軍關尚使于秦。秦王興曰：“車騎獻款稱藩，而擅興兵造大城，豈爲臣之道乎？”尚曰：“王公設險以守其國，先王之制也。車騎僻在退藩，密邇勃寇，蓋爲國家重門之防；不圖陛下忽以爲嫌。”興善之。僞檀求領涼州，興不許。（第3562頁）

此條見《晉書·禿髮僞檀載記》②。

卷一一四

義熙元年（弘始七年，405）

正月

劉懷肅追斬馮該於石城，桓謙、桓怡、桓蔚、桓謐、何澹之、溫楷皆奔秦。（第3579頁）

---

① 《晉書》卷一二九《沮渠蒙遜載記》，第3193—3194頁。
② 《晉書》卷一二六《禿髮僞檀載記》，第3148—3149頁。

劉懷肅追斬馮該於石城事，僅見於《通鑑》。《晉書·桓玄傳》："（義熙元年）二月，桓謙、何澹之、溫楷等奔於姚興。"[1] 桓怡、桓蔚、桓謐一道奔秦，亦僅見於《通鑑》。

秦王興以鳩摩羅什爲國師，奉之如神，親帥羣臣及沙門聽羅什講佛經，又命羅什翻譯西域經、論三百餘卷。（第 3579 頁）

此條分見《十六國春秋·後秦錄》[2]、《晉書·鳩摩羅什傳》[3]。

大營塔寺，沙門坐禪者常以千數。公卿以下皆奉佛，由是州郡化之，事佛者十室而九。（第 3579 頁）

此條見《晉書·姚興載記上》[4]。

初，南燕主備德仕秦爲張掖太守，其兄納與母公孫氏居于張掖。備德之從秦王堅寇淮南也，留金刀與其母別。備德與燕王垂舉兵於山東，張掖太守苻昌收納及備德諸子，皆誅之，公孫氏以老獲免，納妻段氏方娠，未決。獄掾呼延平，備德之故吏也，竊以公孫氏及段氏逃于羌中。段氏生子超，十歲而公孫氏病，臨卒，以金刀授超曰："汝得東歸，當以此刀還汝叔也。"呼延平又以超母子奔涼。及呂隆降秦，超隨涼州民徙長安。平卒，段氏爲超娶其女爲婦。（第 3583—3584 頁）

此條分見《十六國春秋·南燕錄》[5]、《晉書·慕容超載記》[6]。

（慕容）超恐爲秦人所錄，乃陽狂行乞；秦人賤之，惟東平公紹見而異之，言於秦王興曰："慕容超姿幹瓌偉，殆非眞狂，願微加官

① 《晉書》卷九九《桓玄傳》，第 2602 頁。
② 《太平御覽》卷一二三《偏霸部七》"後秦姚興"條引，第 1 冊，第 595 頁上—下欄。
③ 《晉書》卷九五《藝術·鳩摩羅什傳》，第 2501 頁。
④ 《晉書》卷一一七《姚興載記上》，第 2985 頁。
⑤ 《太平御覽》卷一二六《偏霸部一〇》"南燕慕容超"條引，第 1 冊，第 611 頁下欄。
⑥ 《晉書》卷一二八《慕容超載記》，第 3175 頁。

爵以縻之。"興召見，與語，超故爲謬對，或問而不答。興謂紹曰：
"諺云'妍皮不裹癡骨'，徒妄語耳。"乃罷遣之。（第 3584 頁）

此條見《晉書·慕容超載記》①。唯姚紹封東平公，僅見於《通鑑》；
姚紹之語，亦僅見於《通鑑》。

（南燕主）備德聞納有遺腹子在秦，遣濟陰人吳辯往視之，辯因
鄉人宗正謙賣卜在長安，以告超。超不敢告其母妻，潛與謙變姓名逃
歸南燕。（第 3584 頁）

《十六國春秋·南燕錄》："濟陰人宗正謙善卜相，西至長安，賣術于
路，超行而遇之，因就謙相。謙奇其姿貌。超乃內斷於心，不告母妻，辭
母詣霸上，乃與謙俱歸。至諸關禁，自稱張伏生。二十日達梁父。建平六
年四月，至廣固。"②《晉書·慕容超載記》："超不告母妻乃歸。"③《通
鑑》慕容德遣吳辯赴後秦，辯又因鄉人宗正謙以告超諸事，當另有所本。

（慕容超）行至梁父，鎮南長史悅壽以告兗州刺史慕容法。法
曰："昔漢有卜者詐稱衛太子，今安知非此類也！"不禮之。超由是
與法有隙。（第 3584 頁）

《晉書·慕容超載記》："超自長安行至梁父，慕容法時爲兗州，鎮南長史
悅壽還謂法曰：'向見北海王子，天資弘雅，神爽高邁，始知天族多奇，玉林
皆寶。'法曰：'昔成方遂詐稱衛太子，人莫辯之，此復天族乎？'超聞而恚
恨，形於言色。法亦怒，處之外館，由是結憾。"④ 慕容法因慕容超"恚恨，
形於言色"而"處之外館"，溫公等人作"不禮之"，改寫頗簡略。

六月
秦隴西公碩德伐仇池，屢破楊盛兵；將軍斂俱攻漢中，拔成固，

---

① 《晉書》卷一二八《慕容超載記》，第 3175—3176 頁。
② 《太平御覽》卷一二六《偏霸部一〇》"南燕慕容超"條引，第 1 冊，第 611 頁上欄。
③ 《晉書》卷一二八《慕容超載記》，第 3176 頁。
④ 同上書，第 3176—3177 頁。

徙流民三千餘家於關中。（第 3585 頁）

此條見《晉書·姚興載記上》①，唯 "成固"，《載記》作 "城固"；"流民"，《載記》作 "流人"，避唐諱。

七月

楊盛請降於秦。秦以盛爲都督益寧二州諸軍事、征南大將軍、益州牧。（第 3585 頁）

此條見《晉書·姚興載記上》②，唯 "都督益寧二州諸軍事"，《載記》脫 "二" 字。

劉裕遣使求和於秦，且求南鄉等諸郡，秦王興許之。羣臣咸以爲不可，興曰："天下之善一也。劉裕拔起細微，能誅討桓玄，興復晉室，內釐庶政，外脩封疆，吾何惜數郡，不以成其美乎！"遂割南鄉、順陽、新野、舞陰等十二郡歸于晉。（第 3585 頁）

此條見《晉書·姚興載記上》③，唯 "內釐庶政，外脩封疆" 兩句，僅見於《通鑑》。

義熙二年（弘始八年，406）

六月

秦隴西公碩德自上邽入朝，秦王興爲之大赦；及歸，送之至雍，乃還。（第 3589 頁）

此條見《晉書·姚興載記上》④，唯碩德 "自上邽" 入朝，僅見於《通鑑》。

---

① 《晉書》卷一一七《姚興載記上》，第 2985 頁。
② 同上。
③ 同上。
④ 同上書，第 2986 頁。

　　（秦王）興事晉公緒及碩德皆如家人禮，車馬、服玩，先奉二叔
而自服其次，國家大政，皆諮而後行。（第3589—3590頁）

此條見《晉書·姚興載記上》①。

　　禿髮傉檀伐沮渠蒙遜，蒙遜嬰城固守。傉檀至赤泉而還，獻馬三
千匹、羊三萬口于秦。秦王興以爲忠，以傉檀爲都督河右諸軍事、車
騎大將軍、涼州刺史，鎮姑臧，徵王尚還長安。涼州人申屠英等遣主
簿胡威詣長安請留尚，興弗許。威見興，流涕言曰："臣州奉戴王
化，於茲五年，土宇僻遠，威靈不接，士民嘗膽扰血，共守孤城；仰
恃陛下聖德，俯杖良牧仁政，克自保全，以至今日。陛下奈何乃以臣
等貿馬三千匹、羊三萬口；賤人貴畜，無乃不可！若軍國須馬，直煩
尚書一符，臣州三千餘戶，各輸一馬，朝下夕辦，何難之有！昔漢武
傾天下之資力，開拓河西，以斷匈奴右臂。今陛下無故棄五郡之地忠
良華族，以資暴虜，豈惟臣州士民墜於塗炭，恐方爲聖朝旰食之憂。"
興悔之，使西平人車普馳止王尚，又遣使諭傉檀。會傉檀已帥步騎三
萬軍于五澗，普先以狀告之；傉檀遽逼遣王尚；尚出自清陽門，傉檀
入自涼風門。（第3590頁）

此條分見《晉書·姚興載記上》②、《禿髮傉檀載記》③。唯"傉檀入
自涼風門"，《禿髮傉檀載記》作"鎮南文支入自涼風門"。

　　別駕宗敞送（王）尚還長安，（禿髮）傉檀謂敞曰："吾得涼州
三千餘家，情之所寄，唯卿一人，奈何捨我去乎！"敞曰："今送舊
君，所以忠於殿下也。"傉檀曰："吾新牧貴州，懷遠安邇之略如
何？"敞曰："涼土雖弊，形勝之地。殿下惠撫其民，收其賢俊以建
功名，其何求不獲！"因薦本州文武名士十餘人；檀嘉納之。（第

①　《晉書》卷一一七《姚興載記上》，第2985—2986頁。
②　同上書，第2986頁。
③　《晉書》卷一二六《禿髮傉檀載記》，第3149頁。

3590—3591 頁）

　　此條見《晉書·禿髮傉檀載記》①，唯 "殿下惠撫其民，收其賢俊以
建功名，其何求不獲"，《載記》作 "道由人弘，實在殿下。段懿、孟禕，
武威之宿望；辛晃、彭敏，秦隴之冠冕；裴敏、馬輔，中州之令族；張
昶，涼國之舊胤；張穆、邊憲、文齊、楊班、梁崧、趙昌，武同飛羽。以
大王之神略，撫之以威信，農戰並修，文教兼設，可以從橫於天下，河右
豈足定乎"。"因薦本州文武名士十餘人"，僅見於《通鑑》。

　　王尚至長安，（秦王）興以爲尚書。（第 3591 頁）

　　此條見《晉書·姚興載記上》②。

　　十一月
　　乞伏乾歸入朝于秦。（第 3594 頁）

　　此條見《晉書·乞伏乾歸載記》③。

義熙三年（弘始九年，407）

　　正月
　　秦王興以乞伏乾歸寖強難制，留爲主客尚書，以其世子熾磐行西
夷校尉，監其部衆。（第 3594 頁）

　　此條見《晉書·乞伏乾歸載記》④。

　　四月
　　氐王楊盛以平北將軍苻宣爲梁州督護，將兵入漢中，秦梁州別駕

---

① 《晉書》卷一二六《禿髮傉檀載記》，第 3149 頁。
② 《晉書》卷一一七《姚興載記上》，第 2988 頁。
③ 《晉書》卷一二五《乞伏乾歸載記》，第 3121 頁。
④ 同上。

呂瑩等起兵應之；刺史王敏攻之。瑩等求援於盛，盛遣軍臨瀘口，敏退屯武興。（第 3596 頁）

此條見《晉書·姚興載記下》①，唯呂瑩，《載記》作呂嵤。②“刺史王敏攻之”一句，僅見於《通鑑》。

初，魏主珪滅劉衛辰，其子勃勃奔秦，秦高平公沒弈干以女妻之。（第 3597 頁）

《晉書·赫連勃勃載記》：“魏人……執辰殺之。勃勃乃奔于叱干部。叱干他斗伏送勃勃于魏。他斗伏兄子阿利……潛遣勁勇篡勃勃于路，送于姚興高平公沒奕于，奕于以女妻之。”③ 溫公等人所言似過於簡略。

（赫連）勃勃魁岸，美容儀，性辯慧，秦王興見而奇之，與論軍國大事，寵遇踰於勳舊。興弟邕諫曰：“勃勃不可近也。”興曰：“勃勃有濟世之才，吾方與之平天下，柰何逆忌之！”乃以爲安遠將軍，使助沒弈干鎮高平，以三城、朔方雜夷及衛辰部衆三萬配之，使伺魏間隙。邕固爭以爲不可。興曰：“卿何以知其爲人？”邕曰：“勃勃奉上慢，御衆殘，貪猾不仁，輕爲去就；寵之踰分，恐終爲邊患。”興乃止；久之，竟以勃勃爲安北將軍、五原公，配以三交五部鮮卑及雜虜二萬餘落，鎮朔方。（第 3597 頁）

此條見《晉書·赫連勃勃載記》④，唯“久之”，《載記》作“傾之”。

魏主珪歸所虜秦將唐小方于秦。秦王興請歸賀狄干，仍送良馬千匹以贖狄伯支，珪許之。（第 3597 頁）

---

① 《晉書》卷一一八《姚興載記下》，第 2991 頁。
② 《宋書》卷九八《氐胡傳》作呂瑩，第 2405 頁。
③ 《晉書》卷一三〇《赫連勃勃載記》，第 3201—3202 頁。
④ 同上書，第 3202 頁。

此條分見《十六國春秋·後秦錄》①、《魏書·賀狄干傳》②、《晉書·姚興載記下》③。唯此事崔鴻繫於弘始十年（408），疑據魏人記錄。

　　（赫連）勃'勃聞秦復與魏通而怒，乃謀叛秦。柔然可汗社崙獻馬八千匹于秦，至大城，勃勃掠取之，悉集其衆三萬餘人偽畋於高平川，因襲殺沒弈干而并其衆。（第3597頁）

此條分見《晉書·赫連勃勃載記》④、《姚興載記下》⑤。唯"柔然可汗社崙"，《載記》作"河西鮮卑杜崙"，《校勘記》："河西鮮卑亦不得云即柔然，不知《通鑑》何據。但其名當是'社崙'，故《通鑑》以爲與柔然可汗爲一人，疑'杜'字訛。"⑥校勘者謂河西鮮卑杜崙之名當是"社崙"，亦不知何據。

　　六月
　　秦王興以太子泓錄尚書事。（第3598頁）

此條見《晉書·姚興載記下》⑦。

　　十月
　　秦河州刺史彭奚念叛，降於禿髮傉檀，秦以乞伏熾盤行河州刺史。（第3602頁）

此條見《晉書·姚興載記下》⑧。唯姚興以乞伏熾盤行河州刺史，僅見於《通鑑》。

---

① 《太平御覽》卷一二三《偏霸部七》"後秦姚興"條引，第1冊，第595頁下欄。
② 《魏書》卷二八《賀狄干傳》，第685頁。
③ 《晉書》卷一一八《姚興載記下》，第2991頁。
④ 《晉書》卷一三〇《赫連勃勃載記》，第3202頁。
⑤ 《晉書》卷一一八《姚興載記下》，第2991頁。
⑥ 《晉書》卷一三〇《赫連勃勃載記·校勘記》四，第3214頁。
⑦ 《晉書》卷一一八《姚興載記下》，第2991頁。
⑧ 同上書，第2992頁。

南燕主超使左僕射張華、給事中宗正元獻太樂伎一百二十人於
秦，秦王興乃還超母妻，厚其資禮而遣之，超親帥六宮迎於馬耳關。
（第 3602 頁）

《十六國春秋·南燕錄》："（義熙）三年七月，遣中書令韓範聘秦，
姚興許還超母妻。八月，秦使兼員外散騎常侍韋宗還聘，贈以千金。超復
遣右僕射張華、給事中宗正元聘秦，送大樂伎一百二十人。姚興大悅，還
超母妻。十月，華發長安，宗正元馳先反命。超大悅，遣征虜公孫五樓率
騎二千迎於境上，超親率六宮迎于馬耳關。"① 《晉書·慕容超載記》：
"超遣其僕射張華、給事中宗正元入長安，送太樂伎一百二十人于姚興。
興大悅，延華入讌……還超母妻。"② 嚴耕望說："南北朝時代，馬耳山、
馬耳關之名屢見，在今萊蕪縣東北七十里原山西麓，爲泰山山脈中段之一
斷谷，爲古代齊、魯兩地區之一交通要道，而見史最早者莫過於《通鑑》
此條，但《晉書·載記》無馬耳關之名，殆亦採錄《十六國春秋》者
歟？"③ 按上引《十六國春秋》有"超親率六宮迎於馬耳關"一句，嚴先
生推測溫公等人"採錄《十六國春秋》"，是可以成立的。但其所言"見
史最早者莫過於《通鑑》此條"，則未必妥帖。

夏王勃勃……進攻秦三城已北諸戍，斬秦將楊丕、姚石生等……
侵掠嶺北，嶺北諸城門不晝啟。（秦王）興乃歎曰："吾不用黃兒之
言，以至於此！"（第 3602 頁）

此條見《晉書·赫連勃勃載記》④。黃兒，同《載記》下文又說：
"姚邕小字也。"

十一月
（夏王）勃勃又敗秦將張佛生於青石原，俘斬五千餘人。（第
3603 頁）

---

① 《太平御覽》卷一二六《偏霸部一〇》"南燕慕容超"條引，第一冊，第 611 頁下欄。
② 《晉書》卷一二八《慕容超載記》，第 3179—3180 頁。
③ 嚴耕望前引文，《嚴耕望史學論文集》，下冊，第 1168 頁。
④ 《晉書》卷一三〇《赫連勃勃載記》，第 3202—3203 頁。

此條見《晉書·赫連勃勃載記》①，唯“五千餘人”，《載記》作“五千七百人”。

義熙四年（弘始十年，408）

五月

譙縱遣使稱藩於秦，又與盧循潛通。縱上表請桓謙於秦，欲與之共擊劉裕。秦王興以問謙，謙曰：“臣之累世，著恩荊、楚，若得因巴、蜀之資，順流東下，士民必翕然響應。”興曰：“小水不容巨魚，若縱之才力自足辦事，亦不假君以爲鱗翼。宜自求多福。”遂遣之。謙至成都，虛懷引士；縱疑之，置於龍格，使人守之。謙泣謂諸弟曰：“姚主之言神矣！”（第 3606 頁）

《十六國春秋·後秦錄》：“蜀譙縱遣使稱藩。”②《魏書·羌姚萇傳》：“（譙縱）遣使稱藩於興。”③《晉書·桓彝傳》：“先是，譙縱稱藩於姚興，縱與盧循通使，潛相影響，乃表興請（桓）謙共順流東下。興問謙，謙曰：‘臣門著恩荊、楚，從弟玄末雖篡位，皆是逼迫，人神所明。今臣與縱東下，百姓自應駭動。’興曰：‘小水不容大舟，若縱才力足以濟事，亦不假君爲鱗翼。宜自求多福。’遂遣之。謙至蜀，欲虛懷引士，縱疑之，乃置謙於龍格，使人守之。謙向諸弟泣曰：‘姚主言神矣！’”④《譙縱傳》：“明年，遣使稱藩於姚興，將順流東寇，以討車騎將軍劉裕爲名，乞師於姚興，且請桓謙爲助，興遣之。”⑤《姚興載記下》：“蜀譙縱遣使稱藩，請桓謙，欲令順流東伐劉裕。興以問謙，謙請行，遂許之。”⑥ 按溫公等人所錄桓謙、姚興對話，與《晉書》多不同，似另有所本。據《通鑑》此條，《桓謙傳》“欲虛懷引士”，衍一“欲”字。

---

① 《晉書》卷一三〇《赫連勃勃載記》，第 3204 頁。

② 《太平御覽》卷一二三《偏霸部七》“後秦姚興”條引，第 1 冊，第 595 頁下欄。

③ 《魏書》卷九五《羌姚萇傳》，第 2084 頁。

④ 《晉書》卷七四《桓彝傳》，第 1954 頁。

⑤ 《晉書》卷一〇〇《譙縱傳》，第 2637 頁。

⑥ 《晉書》卷一一八《姚興載記下》，第 2992 頁。

　　秦主興以禿髮傉檀外內多難，欲因而取之，使尚書郎韋宗往覘之。傉檀與宗論當世大略，縱橫無窮。宗退，歎曰：“奇才英器，不必華夏，明智敏識，不必讀書，吾乃今知九州之外，五經之表，復自有人也。”歸，言於興曰：“涼州雖弊，傉檀權謫過人，未可圖也。”興曰：“劉勃勃以烏合之衆猶能破之，況我舉天下之兵以加之乎！”宗曰：“不然。形移勢變，返覆萬端，陵人者易敗，戒懼者難攻。傉檀之所以敗於勃勃者，輕之也。今我以大軍臨之，彼必懼而求全。臣竊觀羣臣才略，無傉檀之比者，雖以天威臨之，亦未敢保其必勝也。”興不聽，使其子中軍將軍廣平公弼、後軍將軍斂成、鎮遠將軍乞伏乾歸帥步騎三萬襲傉檀，左僕射齊難帥騎二萬討勃勃。（第3606—3607頁）

　　此條分見《晉書·姚興載記下》①、《禿髮傉檀載記》②，唯“秦主”，爲“秦王”之訛。“九州之外，五經之表”，《禿髮傉檀載記》作“五經之外，冠冕之表”；“未敢保其必勝”，《載記》作“未見其利”。

　　　吏部尚書尹昭諫曰：“傉檀恃其險遠，故敢違慢；不若詔沮渠蒙遜及李暠討之，使自相困斃，不必煩中國之兵也。”亦不聽。（第3607頁）

　　此條見《晉書·姚興載記下》③，唯“不必煩中國之兵也”，《載記》作“此卞莊之舉也”。

　　　（秦王）興遺（禿髮）傉檀書曰：“今遣齊難討勃勃，恐其西逸，故令弼等於河西邀之。”傉檀以爲然，遂不設備。（姚）弼濟自金城，姜紀言於弼曰：“今王師聲言討勃勃，傉檀猶豫，守備未嚴，願給輕騎五千，掩其城門，則山澤之民皆爲吾有，孤城無援，可坐克也。”弼不從，進至漠口，昌松太守蘇霸閉城拒之。弼遣人諭之使降，霸曰：“汝棄信誓而伐與國，吾有死而已，何降之有！”弼進攻，斬之，長驅至姑臧。（第3607—3608頁）

① 《晉書》卷一一八《姚興載記下》，第2992頁。
② 《晉書》卷一二六《禿髮傉檀載記》，第3151頁。
③ 《晉書》卷一一八《姚興載記下》，第2992頁。

　　《晉書·禿髮傉檀載記》：“（姚興）遺傉檀書云：‘遣尚書左僕射齊
難討勃勃，懼其西逸，故令弼等於河西邀之。’傉檀以爲然，遂不設備。
弼衆至漠口，昌松太守蘇霸嬰城固守，弼喻霸令降，霸曰：‘汝違負盟
誓，伐委順之藩，天地有靈，將不祐汝！吾寧爲涼鬼，何降之有！’城
陷，斬霸。弼至姑臧，屯于西苑。”① 按據《通鑑》，姚弼軍“濟自金
城”，再“進至漠口”，《載記》“遂不設備”四字下疑有脫文。姜紀之
言，也僅見於《通鑑》。

　　　（禿髮）傉檀嬰城固守，出奇兵擊（姚）弼，破之，弼退據西
苑。（第 3608 頁）

　　《晉書·禿髮傉檀載記》：“（姚）弼至姑臧，屯于西苑。”② 傉檀以奇
兵破姚弼事，僅見於《通鑑》。

　　　城中人王鍾等謀爲內應，事泄，（禿髮）傉檀欲誅首謀者而赦其餘。
前軍將軍伊力延侯曰：“今強寇在外，而姦人竊發於內，危埶甚焉，不悉
阬之，何以懲後！”傉檀從之，殺五千餘人。命郡縣悉散牛羊於野，斂成
縱兵鈔掠；傉檀遣鎮北大將軍俱延、鎮軍將軍敬歸等擊之，秦兵大敗，
斬首七千餘級。姚弼固壘不出，傉檀攻之，未克。（第 3608 頁）

　　此條見《晉書·禿髮傉檀載記》③，唯伊力延侯所言“今強寇在外，
而姦人竊發於內，危埶甚焉，不悉阬之，何以懲後”，《載記》作“今強
敵在外，內有姦豎，兵交勢蹴，禍難不輕，宜悉坑之，以安內外”，表述
多有區別。

　　七月
　　（秦王）興遣衛大將軍常山公顯帥騎二萬爲諸軍後繼，至高平，
聞弼敗，倍道赴之。顯遣善射者孟欽等五人挑戰於涼風門，弦未及

---

① 《晉書》卷一二六《禿髮傉檀載記》，第 3151—3152 頁。
② 同上書，第 3152 頁。
③ 同上。

發，傉檀材官將軍宋益等迎擊，斬之。顯乃委罪斂成，遣使謝傉檀，慰撫河外，引兵還。傉檀遣使者徐宿詣秦謝罪。（第 3608 頁）

此條分見《晉書‧姚興載記下》①、《禿髮傉檀載記》②。唯"迎擊"，《禿髮傉檀載記》作"馳擊"。

　　夏王勃勃聞秦兵且至，退保河曲。齊難以勃勃既遠，縱兵野掠；勃勃潛師襲之，俘斬七千餘人。難引兵退走，勃勃追至木城，禽之，虜其將士萬三千人。於是嶺北夷、夏附於勃勃者以萬數，勃勃皆置守宰以撫之。（第 3608 頁）

此條見《晉書‧赫連勃勃載記》③，唯"野掠"，《載記》作"掠野"。檢《通鑑》全書，凡唐以前史籍稱"掠野"者，溫公等人皆改爲"野掠"，可信其書法如此。

　　九月
　　乞伏熾磐以秦政浸衰，且畏秦之攻襲。冬，十月，招結諸部二萬餘人築城于嵝嵑山而據之。（第 3609 頁）

此條見《晉書‧乞伏乾歸載記》④，唯"二萬餘人"，《載記》作"二萬七千"。

卷一一五

義熙五年（弘始十一年，409）

　　正月
　　秦王興遣其弟平北將軍沖、征虜將軍狄伯支等帥騎四萬，擊夏王

① 《晉書》卷一一八《姚興載記下》，第 2992 頁。
② 《晉書》卷一二六《禿髮傉檀載記》，第 3152 頁。
③ 《晉書》卷一三〇《赫連勃勃載記》，第 3204 頁。
④ 《晉書》卷一二五《乞伏乾歸載記》，第 3121 頁。

勃勃。沖至嶺北，謀還襲長安，伯支不從而止，因酖殺伯支以滅口。
（第 3612 頁）

此條見《晉書·姚興載記下》[1]。

　　秦王興遣使冊拜譙縱爲大都督、相國、蜀王，加九錫，承制封
拜，悉如王者之儀。（第 3612 頁）

此條見《晉書·姚興載記下》[2]。

　　乞伏熾磐入見秦太原公懿於上邽，彭奚念乘虛伐之。熾磐聞之，
怒，不告懿而歸，擊奚念，破之，遂圍枹罕。（第 3613 頁）

此條僅見於《通鑑》。

　　乞伏乾歸從秦王興如平涼。（第 3613 頁）

此條僅見於《通鑑》。

　　（乞伏）熾磐克枹罕，遣人告乾歸，乾歸逃還苑川。（第 3613 頁）

此條見《晉書·乞伏乾歸載記》[3]。

　　馮翊人劉厥聚衆數千，據萬年作亂，秦太子泓遣鎮軍將軍彭白狼
帥東宮禁兵討之，斬厥，赦其餘黨。諸將請露布，表言廣其首級。泓
不許，曰："主上委吾後事，不能式遏寇逆，當責躬請罪，尚敢矜誕
自爲功乎！"（第 3613 頁）

---

① 《晉書》卷一一八《姚興載記下》，第 2992 頁。
② 同上。
③ 《晉書》卷一二五《乞伏乾歸載記》，第 3121 頁。

　　此條見《晉書·姚泓載記》①，唯"尚敢矜誕自爲功乎"，《載記》作"安敢過自矜誕，以重罪責乎"。

　　秦王興自平涼如朝那，聞姚沖之謀，賜沖死。（第 3613 頁）

　　此條見於《晉書·姚興載記下》②。

　　四月
　　夏王勃勃率騎二萬攻秦，掠取平涼雜胡七千餘戶，進屯依力川。（第 3614 頁）

　　此條見《晉書·赫連勃勃載記》③。

　　七月
　　秦王興遣使謂（劉）裕曰："慕容氏相與鄰好，今晉攻之急，秦已遣鐵騎十萬屯洛陽；晉軍不還，當長驅而進。"裕呼秦使者謂曰："語汝姚興：我克燕之後，息兵三年，當取關、洛；今能自送，便可速來！"劉穆之聞有秦使，馳入見裕，而秦使者已去。裕以所言告穆之。穆之尤之曰："常日事無大小，必賜預謀，此宜善詳，云何遽爾答之！此語不足以威敵，適足以怒之。若廣固未下，羌寇奄至，不審何以待之？"裕笑曰："此是兵機，非卿所解，故不相語耳。夫兵貴神速，彼若審能赴救，必畏我知，寧容先遣信命，逆設此言！是自張大之辭也。晉師不出，爲日久矣。羌見伐齊，殆將內懼，自保不暇，何能救人邪！"（第 3618—3619 頁）

　　此條見《宋書·武帝紀上》④，唯劉裕答劉穆之之言，《宋書》作"此是兵機，非卿所解，故不語耳。夫兵貴神速，彼若審能遣救，必畏我知，寧容先遣信命。此是其見我伐燕，內已懷懼，自張之辭耳"。與《通

　　① 《晉書》卷一一九《姚泓載記》，第 3007—3008 頁。
　　② 《晉書》卷一一八《姚興載記下》，第 2992—2993 頁。
　　③ 《晉書》卷一三〇《赫連勃勃載記》，第 3204 頁。
　　④ 《宋書》卷一《武帝紀上》，中華書局 1974 年版，第 16—17 頁。

鑑》多有不同，似各有所本。

　　秦王興自將擊夏王勃勃，至貳城，遣安遠將軍姚詳等分督租運。勃勃乘虛奄至，興懼，欲輕騎就詳等。右僕射韋華曰："若鑾輿一動，衆心駭懼，必不戰自潰，詳營亦未必可至也。"興與勃勃戰，秦兵大敗，將軍姚榆生爲勃勃所禽，左將軍姚文崇等力戰，勃勃乃退，興還長安。勃勃復攻秦敕奇堡、黃石固、我羅城，皆拔之，徙七千餘家於大城，以其丞相右地代領幽州牧以鎮之。（第3619—3620頁）

　　《晉書·姚興載記下》："興如貳城，將討赫連勃勃，遣安遠姚詳及斂曼嵬、鎮軍彭白狼分督租運。諸軍未集而勃勃騎大至，興欲留步軍，輕如嵬營……右僕射韋華等諫曰：'若車騎輕動，必不戰自潰，嵬營亦未必可至，惟陛下圖之。'興乃遣左將軍姚文宗率禁兵距戰，中壘齊莫統氏兵以繼之。文宗與莫皆勇果兼人，以死力戰，勃勃乃退。留禁兵五千配姚詳守貳城，興還長安。"①《赫連勃勃載記》："姚興來伐，至三城，勃勃候興諸軍未集，率騎擊之。興大懼，遣其將姚文宗距戰，勃勃僞退，設伏以待之。興遣其將姚榆生等追之，伏兵夾擊，皆擒之。興將王奚聚羌胡三千餘戶于敕奇堡，勃勃進攻之……堡人窘迫，執奚出降……勃勃又攻興將金洛生于黃石固，彌姐豪地于我羅城，皆拔之，徙七千餘家于大城，以其丞相右地代領幽州牧以鎮之。"②《通鑑》此條，疑據上引《載記》兩段文字改寫而成，唯姚詳、斂曼嵬、彭白狼三將，溫公等人省稱"姚詳等"。下文"嵬營亦未必可至"，改爲"詳營亦未必可至"，則欠妥。又"姚文崇"，《載記》作"姚文宗"，未詳孰是。

　　初，（秦王）興遣衞將軍姚強帥步騎一萬隨韓範往就姚紹於洛陽，并兵以救南燕，及爲（夏王）勃勃所敗，追強兵還長安。韓範歎曰："天滅燕矣！"南燕尚書張俊自長安還，降於劉裕，因說裕曰："燕人所恃者，謂韓範必能致秦師也，今得範以示之，燕必降矣。"裕乃表範爲散騎常侍，且以書招之。長水校尉王蒲勸範奔秦，範曰："劉裕起布衣，滅桓玄，復晉室，今興師伐燕，所向崩潰，此殆天授，非人力也。

---

① 《晉書》卷一一八《姚興載記下》，第2993頁。
② 《晉書》卷一三〇《赫連勃勃載記》，第3204頁。

燕亡，則秦爲之次矣，吾不可以再辱。”遂降於裕。（第 3620 頁）

此條見《晉書·慕容超載記》①，唯長水校尉王蒲勸韓範奔秦及韓範答王蒲之語，僅見於《通鑑》。

義熙六年（弘始十二年，410）

三月
西秦王乾歸攻秦金城郡，拔之。（第 3629 頁）

此條見《晉書·姚興載記下》②、《乞伏乾歸載記》③。

夏王勃勃遣尚書胡金纂攻平涼，秦王興救平涼，擊金纂，殺之。勃勃又遣兄子左將軍羅提攻拔定陽，阬將士四千餘人。（第 3629 頁）

此條分見《晉書·姚興載記下》④、《赫連勃勃載記》⑤。唯“擊金纂，殺之”，《姚興載記》作“纂眾大潰，生擒纂”，《赫連勃勃載記》作“纂爲興所敗，死之”，可知姚興擒纂而殺之，《通鑑》所記不誤。羅提，《姚興載記》脫“羅”字。

秦將曹熾、曹雲、王肆佛等各將數千戶內徙，（秦王）興處之湟山及陳倉。（夏王）勃勃寇隴右，破白崖堡，遂趣清水，略陽太守姚壽都棄城走，勃勃徙其民萬六千戶於大城。興自安定追之，至壽渠川，不及而還。（第 3629—3630 頁）

此條分見《晉書·姚興載記下》⑥、《赫連勃勃載記》⑦。

---

① 《晉書》卷一二八《慕容超載記》，第 3183 頁。
② 《晉書》卷一一八《姚興載記下》，第 2994 頁。
③ 《晉書》卷一二五《乞伏乾歸載記》，第 3122 頁。
④ 《晉書》卷一一八《姚興載記下》，第 2994 頁。
⑤ 《晉書》卷一三〇《赫連勃勃載記》，第 3204 頁。
⑥ 《晉書》卷一一八《姚興載記下》，第 2994 頁。
⑦ 《晉書》卷一三〇《赫連勃勃載記》，第 3205 頁。

八月

西秦王乾歸攻秦略陽、南安、隴西諸郡，皆克之，徙民二萬五千戶於苑川及枹罕。（第 3639 頁）

此條見《晉書·乞伏乾歸載記》①。

卷一一六

義熙七年（弘始十三年，411）

正月

秦廣平公弼有寵於秦王興，爲雍州刺史，鎮安定。姜紀諂附於弼，勸弼結興左右以求入朝。興徵弼爲尚書令、侍中、大將軍。弼遂傾身結納朝士，收采名勢，以傾東宮；國人惡之。會興以西北多叛亂，欲命重將鎮撫之；隴東太守郭播請使弼出鎮；興不從，以太常索稜爲太尉、領隴西內史，使招撫西秦。（第 3642 頁）

此條見《晉書·姚興載記下》②，唯“勸弼結興左右以求入朝”，《載記》作“（姜紀與姚弼）密謀還朝，令傾心事常山公顯，樹黨左右”。

西秦王乾歸遣使送所掠守宰，謝罪請降。（秦王）興遣鴻臚拜乾歸都督隴西嶺北雜胡諸軍事、征西大將軍、河州牧、單于、河南王，太子熾磐爲鎮西將軍、左賢王、平昌公。（第 3642—3643 頁）

此條分見《晉書·姚興載記下》③、《乞伏乾歸載記》④、《乞伏熾磐載記》⑤，唯“都督隴西嶺北雜胡諸軍事”，《載記》作“都督隴西嶺北匈奴雜胡諸軍事”，疑衍“匈奴”二字；“單于”，《載記》作“大單于”，未

---

① 《晉書》卷一二五《乞伏乾歸載記》，第 3122 頁。
② 《晉書》卷一一八《姚興載記下》，第 2995 頁。
③ 同上。
④ 《晉書》卷一二五《乞伏乾歸載記》，第 3122 頁。
⑤ 《晉書》卷一二五《乞伏熾磐載記》，第 3123 頁。

詳孰是。

　　（秦王）興命羣臣搜舉賢才。右僕射梁喜曰："臣累受詔而未得
其人，可謂世之乏才。"興曰："自古帝王之興，未嘗取相於昔人，
待將於將來，隨時任才，皆能致治。卿自識拔不明，豈得遠誣四海
乎？"羣臣咸悅。（第3643頁）

此條見《晉書·姚興載記下》①，唯"帝王之興"，《載記》作"霸王
之起"；"隨時任才，皆能致治"兩句，僅見於《通鑑》。

　　秦姚詳屯杏城，爲夏王勃勃所逼，南奔大蘇；勃勃遣平東將軍鹿
弈干追斬之，盡俘其衆。（第3643頁）

此條分見《晉書·姚興載記下》②、《赫連勃勃載記》③，唯"鹿弈
干"，《赫連勃勃載記》作"鹿奕于"。

　　（夏王）勃勃南攻安定，破尚書楊佛嵩于青石北原，降其衆四萬
五千；進攻東鄉，下之，徙三千餘戶於貳城。秦鎮北參軍王買德奔
夏，夏王勃勃問以滅秦之策，買德曰："秦德雖衰，藩鎮猶固，願且
蓄力以待之。"勃勃以買德爲軍師中郎將。（第3643頁）

此條見《晉書·赫連勃勃載記》④，唯"秦德雖衰"，《載記》作"秦
政雖衰"。另據《姚興載記下》："召其尚書楊佛嵩……以楊佛嵩都督嶺北
討虜諸軍事、安遠將軍、雍州刺史，率嶺北見兵以討赫連勃勃。"⑤ 可知
《通鑑》所言尚書，爲楊佛嵩本官。

　　秦王興遣衛大將軍常山公顯迎姚詳，弗及，遂屯杏城。（第3643頁）

① 《晉書》卷一一八《姚興載記下》，第3000頁。
② 同上書，第2995頁。
③ 《晉書》卷一三〇《赫連勃勃載記》，第3205頁。
④ 同上。
⑤ 《晉書》卷一一八《姚興載記下》，第2996、2997頁。

此條見《晉書·姚興載記下》①。

義熙八年（弘始十四年，412）

六月

秦人多勸秦王興乘亂取（平昌公）熾磐，興曰：“伐人喪，非禮也。”（第 3650 頁）

《晉書·姚興載記下》：“乾歸爲其下人所殺，子熾磐新立，羣下咸勸興取之。興曰：‘乾歸先已返善，吾方當懷撫，因喪伐之，非朕本志也。’”②《通鑑》所錄姚興語與《晉書》差異頗大，似另有所本。

十月

仇池公楊盛叛秦，侵擾祁山；秦王興遣建威將軍趙琨爲前鋒，立節將軍姚伯壽繼之，前將軍姚恢出鷲峽，秦州刺史姚嵩出羊頭峽，右衛將軍胡翼度出汧城，以討盛。興自雍赴之，與諸將會于隴口。（第 3654 頁）

此條見《晉書·姚興載記下》③，唯“姚伯壽”，《載記》作“楊伯壽”，未詳孰是。

天水太守王松忽言於（姚）嵩曰：“先帝神略無方，徐洛生以英武佐命，再入仇池，無功而還；非楊氏智勇能全也，直地勢險固耳。今以趙琨之衆，使君之威，準之先朝，實未見成功。使君具悉形便，何不表聞！”嵩不從。（楊）盛帥衆與（趙）琨相持，（姚）伯壽畏懦不進，琨衆寡不敵，爲盛所敗。興斬伯壽而還。（第 3654 頁）

---

① 《晉書》卷一一八《姚興載記下》，第 2995 頁。
② 同上書，第 2997 頁。
③ 同上書，第 2996 頁。

　　此條見《晉書·姚興載記下》①，唯"先帝"，《載記》作"先皇"；"直地勢險固耳"，《載記》作"直是地勢然也"。

　　（秦王）興以楊佛嵩爲雍州刺史，帥嶺北見兵以擊夏。行數日，興謂羣臣曰："佛嵩每見敵，勇不自制，吾常節其兵不過五千人。今所將既多，遇敵必敗，行已遠，追之無及，將若之何？"佛嵩與夏王勃勃戰，果敗，爲勃勃所執，絕亢而死。（第 3654 頁）

　　此條見《晉書·姚興載記下》②，唯"將若之何"，《載記》作"吾深憂之"。

　　秦立昭儀齊氏爲后。（第 3654 頁）

　　此條見《晉書·姚興載記下》③。

義熙九年（弘始十五年，413）

　　三月
　　庚午，秦王興遣使至魏脩好。（第 3658 頁）

　　《魏書·明元帝紀》："（永興五年，弘始十五年，413，二月）庚午，姚興遣使來聘。"④ 疑指此事，唯"二月"爲"三月"之誤。

　　秦太尉索稜以隴西降（河南王）熾磐，熾磐以稜爲太傅。（第 3658 頁）

　　此條僅見於《通鑑》。

────────────

① 《晉書》卷一一八《姚興載記下》，第 2996 頁。
② 同上書，第 2997 頁。
③ 同上。
④ 《魏書》卷三《明元帝紀》，第 52 頁。

十一月

魏主嗣遣使請昏於秦，秦王興許之。（第 3662 頁）

《魏書·明元帝紀》："（永興五年，弘始十五年，413）十一月癸酉……姚興遣使朝貢，來請進女，帝許之。"① 另據《晉書·姚興載記下》："時魏遣使聘於興，且請婚。會平陽太守姚成都來朝，興謂之曰：'卿久處東藩，與魏鄰接，應悉彼事形。今來求婚，吾已許之，終能分災共患，遠相接援以不？'成都曰：'魏自柴壁克捷已來，戎甲未曾損失，士馬桓桓，師旅充盛。今修和親，兼婚姻之好，豈但分災共患而已，實亦永安之福也。'興大悅，遣其吏部郎嚴康報聘，並致方物。"② 按上引《魏書》、《晉書》及《通鑑》所記，均爲後秦、北魏聯姻事。《魏書·明元帝紀》至宋代已闕，後人據魏澹《魏書》補，並非魏收書原文，宋人考證甚詳，唐長孺亦有說明。③ 將此《紀》與《太平御覽》卷一〇二《皇王部二七》"後魏太宗明元皇帝"條所引《後魏書》對校，可發現永興三年（411）至神瑞元年（414）北魏與後秦通聘以及拓跋嗣與姚興結親，在《太平御覽》中無一字提及。《太平御覽》沿自《修文殿御覽》，《修文殿御覽》所引《後魏書》，應即魏收《魏書》。魏收是否秉承旨意，抹去這部分史實？並不清楚。魏澹《魏書》重提此事，則多半查閱了未公開的北魏官方記錄。上引《晉書·載記》的依據，主要是《十六國春秋》或十六國國別史。最早的出處可能是後秦的檔案，其與拓跋史家的表述相對立，也不足爲怪。關鍵在於，魏、秦兩國記敘其聯姻，都是在抬高自己、貶抑對方，強調各自的法統地位。由姚興、姚成都二人的對話內容看，姚興所謂"今來求婚，吾已許之"，大致可信，後秦（或《十六國春秋》）以及《晉書》的表述，也更接近事實。換言之，這次結親的動議，是由北魏方面首先提起。後秦方面迅速作出反應，同意聯姻。姚興就此事咨詢"久處東藩，與魏鄰接，應悉彼事形"的平陽太守姚成都，得到認同後，即"遣其吏部郎嚴康報聘，並致方物"。永興五年（弘始十五年，413）十一月癸酉，嚴康等抵達魏境。魏人記事，又寫成"姚興遣使朝

---

① 《魏書》卷三《明元帝紀》，第 52 頁。
② 《晉書》卷一一八《姚興載記下》，第 2999 頁。
③ 宋人校語，見殿本《魏書》卷三《明元帝紀》下《考證》。唐長孺：《校勘記》，附標點本《魏書》卷三《明元帝紀》後，第 64—65 頁。

貢，來請進女，帝許之"，變爲後秦王動嫁女，北魏接受其請求了。《通鑑》記作"魏主嗣遣使請昏於秦，秦王興許之"，依秦人所言而未從《魏書》之說，可謂慧眼獨具。温公等人于中古時期諸史所記紛紜之處，細緻甄别，意見多可信從，此爲一顯例。問題在於，姚成都所看到的情況："魏自柴壁克捷已來，戎甲未曾損失，士馬桓桓，師旅充盛。"北魏、後秦決戰柴壁，姚興的計劃是一舉滅魏，結果反爲魏人所敗，秦軍主力損失數萬，前線將領多被俘。此後，魏、秦的力量對比發生根本逆轉，魏强秦弱成爲北方政治、軍事的基本態勢。那麽，拓跋嗣何以又要主動示弱、示好，向姚興求和、求親呢？我們對此事的分析，還要從當時北方的大局著眼：鮮卑拓跋部取代慕容部進佔河北之後，北魏周邊的政治、軍事形勢發生變化，其中最重要的變化，就是東晉成爲其南面的强鄰。十六國前期，鮮卑拓跋部與東晉結盟，成爲晉人在北方制衡胡、羯的重要力量。但到十六國末年拓跋珪復國後，代（北魏）與東晉之間的盟友關係已不復存在。與此同時，因柴壁一戰慘敗而實力大損的後秦，對北魏的軍事威脅驟減。後秦在由攻轉守之後力求與魏人和平相處，也爲這對昔日的敵手重新結盟創造了條件。北魏北有柔然，南有劉裕，後燕故地尤其是并州一帶，又有各族勢力的反叛，此伏彼起。所以，明元帝不得不改變策略，尋求與秦人釋怨，乃至重新結盟，"魏主嗣遣使請昏於秦"，正是在此背景下出臺的。

義熙十年（弘始十六年，414）

五月
秦後將軍斂成討叛羌，爲羌所敗，懼罪，出奔夏。（第 3664 頁）

此條見《晉書·姚興載記下》[①]。

秦王興有疾。妖賊李弘與氐仇常反於貳城，興輿疾往討之，斬常，執弘而還。（第 3664 頁）

---

① 《晉書》卷一一八《姚興載記下》，第 2997 頁。

此條見《晉書·姚興載記下》①，唯"貳城"，《載記》作"貳原"。

　　秦左將軍姚文宗有寵於太子泓，廣平公弼惡之，誣文宗有怨言；秦王興怒，賜文宗死，於是羣臣畏弼側目。（第 3664 頁）

此條見《晉書·姚興載記下》②。

　　（廣平公）弼言於（秦王）興，無不從者；以所親天水尹沖爲給事黃門侍郎，唐盛爲治書侍御史，興左右掌機要者，皆其黨也。右僕射梁喜、侍中任謙、京兆尹尹昭承間言於興曰："父子之際，人所難言；然君臣之義，不薄於父子，故臣等不得默然。廣平公弼，潛有奪嫡之志，陛下寵之太過，假其威權；傾險無賴之徒輻湊附之。道路皆言陛下將有廢立之計，信有之乎？"興曰："豈有此邪！"喜等曰："苟無之，則陛下愛弼，適所以禍之；願去其左右，損其威權，如此，非特安弼，乃所以安宗廟、社稷。"興不應。（第 3664—3665 頁）

此條見《晉書·姚興載記下》③，唯"默然"，《載記》脫"然"字；"奪嫡之志"，《載記》作"陵奪之志"，《通鑑》所言，語義更明晰；又"喜等曰"，《載記》作"昭等曰"，按《載記》、《通鑑》上文皆謂進諫者爲右僕射梁喜、侍中任謙、京兆尹尹昭，梁喜排在首位，則下文作"喜等曰"較爲合理，此處應從《通鑑》。

　　大司農竇溫、司徒左長史王弼皆密疏勸（秦王）興立（廣平公）弼爲太子，興雖不從，亦不責也。（第 3665 頁）

此條見《晉書·姚興載記下》④，唯"竇溫"，《載記》作"寶溫"；又"勸（秦王）興立（廣平公）弼爲太子"，《載記》作"勸興廢立"。

---

①　《晉書》卷一一八《姚興載記下》，第 2998 頁。
②　同上書，第 2997 頁。
③　同上書，第 2998 頁。
④　同上書，第 2999—3000 頁。

（秦王）興疾篤，（廣平公）弼潛聚衆數千人，謀作亂。姚裕遣使以弼逆狀告諸兄在藩鎮者，於是姚懿治兵於蒲阪，鎮東將軍、豫州牧洸治兵於洛陽，平西將軍諶治兵於雍，皆欲赴長安討弼。會興疾瘳，見羣臣，征虜將軍劉羌泣以告興。梁喜、尹昭請誅弼，且曰："苟陛下不忍殺弼，亦當奪其權任。"興不得已，免弼尚書令，使以將軍、公還第。懿等各罷兵。（第 3665 頁）

此條分見《十六國春秋·後秦錄》①、《魏書·羌姚萇傳》②、《晉書·姚興載記下》③，唯"興不得已"，《載記》作"興以弼才兼文武，未忍致法"，與溫公等人敘事稍有不同。

（姚）懿、洸、諶與姚宣皆入朝，使（姚）裕入白（秦王）興，求見，興曰："汝等正欲論弼事耳，吾已知之。"裕曰："弼苟有可論，陛下所宜垂聽；若懿等言非是，便當實之刑辟，柰何逆拒之！"於是引見懿等於諮議堂。宣流涕極言，興曰："吾自處之，非汝曹所憂。"撫軍東曹屬姜虬上疏曰："廣平公弼，釁成逆著，道路皆知之。昔文王之化，刑于寡妻；今聖朝之亂，起自愛子，雖欲含忍掩蔽，而逆黨扇惑不已，弼之亂心何由可革！宜斥散凶徒，以絕禍端。"興以虬表示梁喜曰："天下人皆以吾兒爲口實，將何以處之？"喜曰："信如虬言，陛下宜早裁決。"興默然。（第 3665—3666 頁）

此條見《晉書·姚興載記下》④，唯"道路皆知之"，《載記》作"取嗤戎裔"。

---

① 《太平御覽》卷一二三《偏霸部七》"後秦姚興"條引，第 1 冊，第 595 頁下欄。
② 《魏書》卷九五《羌姚萇傳》，第 2084 頁。
③ 《晉書》卷一一八《姚興載記下》，第 2998—2999 頁。
④ 同上書，第 2999—3000 頁。

卷一一七

義熙十一年（弘始十七年，415）

三月

秦廣平公弼譖姚宣於秦王興，宣司馬權丕至長安，興責以不能輔
導，將誅之；丕懼，誣宣罪惡以求自免。興怒，遣使就杏城收宣下
獄，命弼將三萬人鎮秦州。尹昭曰："廣平公與皇太子不平，今握強
兵於外，陛下一旦不諱，社稷必危。'小不忍，亂大謀'，陛下之謂
也。"興不從。（第3676—3677頁）

此條見《晉書·姚興載記下》①，唯"小不忍，亂大謀"，《載記》作
"小不忍以致大亂者"，可知此係尹昭自言而非引孔子之語，《通鑑》標點
本引號可酌。

夏王勃勃攻秦杏城，拔之，執守將姚達，阬士卒二萬人。秦王興
如北地，遣廣平公弼及輔國將軍斂曼嵬向新平，興還長安。（第3677
頁）

此條分見《晉書·姚興載記下》②、《赫連勃勃載記》③。《姚興載記
下》上文："興疾篤……輔國斂曼嵬（與撫軍姚紹及侍中任謙、右僕射梁
喜、冠軍姚讚、京兆尹尹昭）並典禁兵，宿衛于內"④，溫公等人謂斂曼
嵬為輔國將軍，疑據此。

初，（司馬）休之等求救於秦、魏，秦征虜將軍姚成王及司馬國璠
引兵至南陽，魏長孫嵩至河東，聞休之等敗，皆引還。（第3678頁）

---

① 《晉書》卷一一八《姚興載記下》，第3001頁。
② 同上。
③ 《晉書》卷一三〇《赫連勃勃載記》，第3206頁。
④ 《晉書》卷一一八《姚興載記下》，第2998頁。

此條見《晉書·姚興載記下》①。

　　（司馬）休之至長安，秦王興以爲揚州刺史，使侵擾襄陽。侍御史唐盛言於興曰："據符讖之文，司馬氏當復得河、洛。今使休之擅兵於外，猶縱魚於淵也；不如以高爵厚禮，留之京師。"興曰："昔文王卒免羑里，高祖不斃鴻門，苟天命所在，誰能違之！脫如符讖之言，留之適足爲害。"遂遣之。（第 3678 頁）

　　《晉書·姚興載記下》："休之等至長安……興將以休之爲荆州刺史，任以東南之事。休之固辭，請與魯宗之等擾動襄陽、淮、漢。乃以休之爲鎮南將軍、揚州刺史，宗之等並有拜授。休之將行，侍御史唐盛言於興曰：'符命所記，司馬氏應復河洛。休之既得濯鱗南翔，恐非復池中之物，可以崇禮，不宜放之。'興曰：'司馬氏脫如所記，留之適足爲患。'遂遣之。"②《通鑑》此條多爲《晉書》所不載，溫公等人當另有所本。

　　　九月
　　　夏赫連建將兵擊秦，執平涼太守姚軍都，遂入新平。廣平公弼與戰於龍尾堡，禽之。（第 3681 頁）

　　此條見《晉書·姚興載記下》③，唯"姚軍都"，《姚興載記》作"姚興都"，又同書《姚泓載記》："赫連勃勃攻陷陰密，執秦州刺史姚軍都，坑將士五千餘人。"爲姚泓繼位後之事。④疑《姚興載記》"姚興都"係"姚軍都"之訛。⑤

　　　秦王興藥動。廣平公弼稱疾不朝，聚兵於第。興聞之，怒，收弼黨唐盛、孫玄等，殺之。太子泓請曰："臣不肖，不能緝諧兄弟，使

　①　《晉書》卷一一八《姚興載記下》，第 3000 頁。
　②　同上書，第 3001—3002 頁。
　③　同上書，第 3001 頁。
　④　《晉書》卷一一九《姚泓載記》，第 3010 頁。
　⑤　義熙十一年（弘始十七年，415）九月，赫連建克新平而俘軍都。稍後，建又爲姚弼所擒，疑軍都因此得以重返後秦，故此後又爲姚泓守陰密，再次爲夏軍所獲。

至於此，皆臣之罪也。若臣死而國家安，願賜臣死；若陛下不忍殺臣，乞退就藩。"興惻然憫之，召姚讚、梁喜、尹昭、斂曼嵬與之謀，囚弼，將殺之，窮治黨與；泓流涕固請，乃并其黨赦之。泓待弼如初，無忿恨之色。（第 3681—3682 頁）

　　此條分見《十六國春秋·後秦錄》①、《晉書·姚興載記下》②，"若臣死而國家安，願賜臣死；若陛下不忍殺臣，乞退就藩"數句，《載記》作"陛下若以臣爲社稷之憂，除臣而國寧，亦家之福也。若垂天性之恩，不忍加臣刑戮者，乞聽臣守藩"，《通鑑》改寫較多。"泓待弼如初，無忿恨之色"兩句，僅見於《通鑑》。

　　　　魏太史奏："熒惑在匏瓜中，忽亡不知所在，於法當入危亡之國，先爲童謠妖言，然後行其禍罰。"魏主嗣召名儒十餘人使與太史議熒惑所詣。崔浩對曰："按《春秋左氏傳》：'神降于莘'，以其至之日推知其物。庚午之夕，辛未之朝，天有陰雲；熒惑之亡，當在二日。庚之與午，皆主於秦；辛爲西夷。今姚興據長安，熒惑必入秦矣。"衆皆怒曰："天上失星，人間安知所詣！"浩笑而不應。後八十餘日，熒惑出東井，留守句己，久之乃去。秦大旱，昆明池竭，童謠訛言，國人不安，間一歲而秦亡。衆乃服浩之精妙。（第 3682 頁）

　　此條見《魏書·崔浩傳》③，唯"庚午之夕"，《崔浩傳》作"庚午之弘"，"庚午之夕"與"辛未之朝"對應，可知"弘"爲"夕"字之訛；又"庚之與午"，《崔浩傳》作"庚之與未"，上文既舉"庚午"、"辛未"兩日，則此處作"庚之與未"是，"午"爲"未"字之訛。"長安"，《崔浩傳》作"咸陽"。"留守句己，久之乃去"，《崔浩傳》作"留守盤遊"，《通鑑》似另有所本。

---

① 《太平御覽》卷一二三《偏霸部七》"後秦姚興"條引，第 1 冊，第 595 頁下欄。
② 《晉書》卷一一八《姚興載記下》，第 3002 頁。
③ 《魏書》卷三五《崔浩傳》，第 808—809 頁。

十月

秦王興使散騎常侍姚敞等送其女西平公主于魏，魏主嗣以后禮納
之；鑄金人不成，乃以爲夫人，而寵遇甚厚。（第3683頁）

此條分見《魏書·明元帝紀》①、《皇后傳》②、《姚興傳》③。唯“鑄
金人不成，乃以爲夫人”，《魏書·皇后傳》作“後以鑄金人不成，未昇
尊位”，另據該《傳》上文：“魏故事，將立皇后必令手鑄金人，以成者
爲吉，不成則不得立也。”④ 可知“鑄金人不成，未昇尊位”者，正是西
平公主本人，而“後以鑄金人不成，未昇尊位”之“後”應爲“后”
字，指享受后禮的西平公主本人——明元帝夫人姚氏。

義熙十二年（永和元年，416）

正月

秦王興使魯宗之將兵寇襄陽，未至而卒。其子軌引兵入寇，雍州
刺史趙倫之擊敗之。（第3684頁）

《晉書·安帝紀》：“（義熙）十二年春正月，姚泓使其將魯軌寇襄陽，
雍州刺史趙倫之擊走之。”⑤ “秦王興使魯宗之將兵寇襄陽，未至而卒”等
情節，僅見於《通鑑》。

西秦王熾磐攻秦洮陽公彭利和於漒川，沮渠蒙遜攻石泉以救之。
熾磐至遝中，引還。（第3684頁）

此條見《晉書·乞伏熾磐載記》⑥。唯彭利和封洮陽公，僅見於《通
鑑》。

---

① 《魏書》卷三《明元帝紀》，第56頁。
② 《魏書》卷一三《皇后傳》“明元昭哀皇后”條，第325頁。
③ 《魏書》卷九五《羌姚萇傳》，第2084頁。
④ 《魏書》卷一三《皇后傳》序，第321頁。
⑤ 《晉書》卷一〇《安帝紀》，第265頁。
⑥ 《晉書》卷一二五《乞伏熾磐載記》，第3124頁。

二月

秦王興如華陰，使太子泓監國，入居西宮。興疾篤，還長安。黃門侍郎尹沖謀因泓出迎而殺之。興至，泓將出迎，宮臣諫曰：“主上疾篤，姦臣在側，殿下今出，進不得見主上，退有不測之禍。”（第3684頁）

此條見《晉書‧姚興載記下》①。

（太子）泓曰：“臣子聞君父疾篤而端居不出，何以自安！”對曰：“全身以安社稷，孝之大者也。”泓乃止。（第3684頁）

此條僅見於《通鑑》。

尚書姚沙彌謂尹沖曰：“太子不出迎，宜奉乘輿幸廣平公第；宿衛將士聞乘輿所在，自當來集，太子誰與守乎！且吾屬以廣平公之故，已陷名逆節，將何所自容！今奉乘輿以舉事，乃杖大順，不惟救廣平之禍，吾屬前罪亦盡雪矣。”沖以興死生未可知，欲隨興入宮作亂，不用沙彌之言。（第3684頁）

此條見《晉書‧姚興載記下》②，唯“今奉乘輿以舉事，乃杖大順”，《載記》作“今以乘輿南幸，自當是杖義之理”。

（秦王）興入宮，命太子泓錄尚書事，東平公紹及右衛將軍胡翼度典兵禁中，防制內外。遣殿中上將軍斂曼嵬收（廣平公）弼第中甲仗，內之武庫。（第3684—3685頁）

此條分見《十六國春秋‧後秦錄》③、《晉書‧姚興載記下》④。唯“第中甲仗”，《後秦錄》殘卷無“中”字。

---

① 《晉書》卷一一八《姚興載記下》，第3003頁。
② 同上。
③ 《太平御覽》卷一二三《偏霸部七》“後秦姚興”條引，第1冊，第595頁下欄。
④ 《晉書》卷一一八《姚興載記下》，第3003頁。

（秦王）興疾轉篤，其妹南安長公主問疾，不應。幼子耕兒出，告其兄南陽公愔曰："上已崩矣，宜速決計。"愔即與尹沖帥甲士攻端門，斂曼嵬、胡翼度等勒兵閉門拒戰。愔等遣壯士登門，緣屋而入，及于馬道。泓侍疾在諮議堂，太子右衛率姚和都率東宮兵入屯馬道南。愔等不得進，遂燒端門，興力疾臨前殿，賜弼死。禁兵見興，喜躍，爭進赴賊，賊眾驚擾；和都以東宮兵自後擊之，愔等大敗。愔逃于驪山，其黨建康公呂隆奔雍，尹沖及弟泓來奔。興引東平公紹及姚讚、梁喜、尹昭、斂曼嵬入內寢，受遺詔輔政。明日，興卒。泓祕不發喪，捕南陽公愔及呂隆、大將軍尹元等，皆誅之，乃發喪，即皇帝位，大赦，改元永和。泓命齊公恢殺安定太守呂超。恢猶豫久之，乃殺之。泓疑恢有貳心，恢由是懼，陰聚兵謀作亂。泓葬興于偶陵，謚曰文桓皇帝，廟號高祖。（第3685頁）

此條分見《十六國春秋·後秦錄》①、《魏書·羌姚萇傳》②、《晉書·姚興載記下》③、《姚泓載記》④。唯"帥甲士"，崔鴻書殘卷誤寫作"率甲仗"。又呂隆封建康公，見《晉書·呂隆載記》。尹沖弟泓，僅見於《通鑑》。姚泓捕殺呂隆，亦僅見於《通鑑》。姚興稱帝，《通鑑》稱姚興爲"秦主"；姚興降號稱王，《通鑑》改稱姚興爲"秦王"。姚泓稱帝，尊姚興爲高祖，謚文桓皇帝，《通鑑》又稱興爲"秦主"。

初，（秦王）興徙李閏羌三千戶於安定。興卒，羌酋党容叛，（秦主）泓遣撫軍將軍姚讚討降之，徙其酋豪于長安，餘遣還李閏。北地太守毛雍據趙氏塢以叛，東平公紹討禽之。時姚宣鎮李閏，參軍韋宗聞毛雍叛，說宣曰："主上新立，威德未著，國家之難，未可量也，殿下不可不爲深慮。邢望險要，宜徙據之，此霸王之資也。"宣從之，帥戶三萬八千，棄李閏，南保邢望。諸羌據李閏以叛，東平公紹進討，破之。宣詣紹歸罪，紹殺之。（第3685—3686頁）

① 《太平御覽》卷一二三《偏霸部七》"後秦姚興、姚泓"條引，第1冊，第595頁下欄。
② 《魏書》卷九五《羌姚萇傳》，第2084頁。
③ 《晉書》卷一一八《姚興載記下》，第3003—3004頁。
④ 《晉書》卷一一九《姚泓載記》，第3008頁。

此條見《晉書‧姚泓載記》①。

　　二月
　　（晉安帝）加太尉裕中外大都督。（第 3686 頁）

此條分見《宋書‧武帝紀中》②、《晉書‧安帝紀》③。

　　（太尉）裕戒嚴將伐秦，詔加裕領司、豫二州刺史，以其世子義符爲徐、兗二州刺史。（第 3686 頁）

此條見《宋書‧武帝紀中》。④

　　四月
　　西秦襄武侯曇達等擊秦秦州刺史姚艾於上邽，破之，徙其民五千餘戶於枹罕。（第 3686 頁）

此條見《晉書‧乞伏熾磐載記》⑤，唯曇達封西秦襄武侯、姚艾拜秦秦州刺史，僅見於《通鑑》。

　　并州胡數萬落叛秦，入于平陽，推匈奴曹弘爲大單于，攻立義將軍姚成都于匈奴堡。征東將軍姚懿自蒲阪討之，執弘，送長安，徙其豪右萬五千落于雍州。（第 3687 頁）

此條見《晉書‧姚泓載記》⑥。

---

① 《晉書》卷一一九《姚泓載記》，第 3008—3009 頁。
② 《宋書》卷二《武帝紀中》，第 36 頁。
③ 《晉書》卷一〇《安帝紀》，第 265 頁。
④ 《宋書》卷二《武帝紀中》，第 36 頁。
⑤ 《晉書》卷一二五《乞伏熾磐載記》，第 3124 頁。
⑥ 《晉書》卷一一九《姚泓載記》，第 3009 頁。

　　氐王楊盛攻秦祁山，拔之，進逼秦州。秦後將軍姚平救之；盛引兵退，平與上邽守將姚嵩追之。夏王勃勃帥騎四萬襲上邽，未至，嵩與盛戰於竹嶺，敗死。（第 3687 頁）

此條分見《晉書·姚泓載記》①、《赫連勃勃載記》②。

　　（夏王）勃勃攻上邽，二旬，克之，殺秦州刺史姚軍都及將士五千餘人，因毀其城；進攻陰密，又殺秦將姚良子及將士萬餘人；以其子昌爲雍州刺史，鎮陰密。（第 3687 頁）

此條分見《晉書·姚泓載記》③、《赫連勃勃載記》④。

　　征北將軍姚恢棄安定，奔還長安，安定人胡儼等帥戶五萬據城降於夏。（夏王）勃勃使鎮東將軍羊苟兒將鮮卑五千鎮安定，進攻秦鎮西將軍姚諶于雍城，諶委鎮奔長安。勃勃據雍，進掠郿城。秦東平公紹及征虜將軍尹昭等將步騎五萬擊之，勃勃退趨安定，胡儼閉門拒之，殺羊苟兒及所將鮮卑，復以安定降秦。紹進擊勃勃於馬鞍阪，破之，追至朝那，不及而還。勃勃歸杏城。（第 3687 頁）

此條分見《魏書·姚泓傳》⑤、《晉書·姚泓載記》⑥、《赫連勃勃載記》⑦。

　　楊盛復遣兄子倦擊秦，至陳倉，秦歛曼嵬擊卻之。（第 3687 頁）

此條見《晉書·姚泓載記》⑧。

---

① 《晉書》卷一一九《姚泓載記》，第 3009 頁。
② 《晉書》卷一三〇《赫連勃勃載記》，第 3207 頁。
③ 《晉書》卷一一九《姚泓載記》，第 3010 頁。
④ 《晉書》卷一三〇《赫連勃勃載記》，第 3207 頁。
⑤ 《魏書》卷九五《羌姚萇傳》，第 2085 頁。
⑥ 《晉書》卷一一九《姚泓載記》，第 3010 頁。
⑦ 《晉書》卷一三〇《赫連勃勃載記》，第 3207 頁。
⑧ 《晉書》卷一一九《姚泓載記》，第 3010 頁。

　　夏王勃勃復遣兄子提南侵泄陽，秦車騎將軍姚裕等擊卻之。（第3687—3688頁）

此條見《晉書·姚泓載記》①，《通鑑》"泄陽"下胡注："《晉書·載記》作'池陽'，當從之"。

　　王鎮惡、檀道濟入秦境，所向皆捷。秦將王苟生以漆丘降鎮惡，徐州刺史姚掌以項城降道濟，諸屯守皆望風款附。惟新蔡太守董遵不下，道濟攻拔其城，執遵，殺之。（第3691頁）

此條見《晉書·姚泓載記》②。

　　（晉軍）進克許昌，獲秦潁川太守姚垣及大將楊業。沈林子自汴入河，襄邑人董神虎聚衆千餘人來降，太尉裕版爲參軍。林子與神虎共攻倉垣，克之，秦兗州刺史韋華降。神虎擅還襄邑，林子殺之。（第3691—3692頁）

此條分見《晉書·姚泓載記》③、《宋書·檀道濟傳》④、《自序》⑤。

　　秦東平公紹言於秦主泓曰："晉兵已過許昌；安定孤遠，難以救衞，宜遷其鎮戶，內實京畿，可得精兵十萬，雖晉、夏交侵，猶不亡國。不然，晉攻豫州，夏攻安定，將若之何？事機已至，宜在速決。"左僕射梁喜曰："齊公恢有威名，爲嶺北所憚，鎮人已與勃勃深仇，理應守死無貳。勃勃終不能越安定遠寇京畿；若無安定，虜馬必至於郿。今關中兵足以拒晉，無爲豫自損削也。"泓從之。吏部郎懿橫密言於泓曰："恢於廣平之難，有忠勳於陛下。自陛下龍飛紹統，未有殊賞以答其意。今外則置之死地，內則不豫朝權，安定人自以孤

<hr />

① 《晉書》卷一一九《姚泓載記》，第3010頁。
② 同上。
③ 同上。
④ 《宋書》卷四三《檀道濟傳》，第1342頁。
⑤ 《宋書》卷一〇〇《自序》，第2455頁。

危逼寇，思南遷者十室而九，若恢擁精兵數萬，鼓行而向京師，得不
爲社稷之累乎！宜徵還朝廷以慰其心。"泓曰："恢若懷不逞之心，徵
之適所以速禍耳。"又不從。（第 3692 頁）

此條見《晉書·姚泓載記》①，唯"安定孤遠"，《載記》作"豫州、
安定孤遠"，觀梁喜等人所言，皆專指安定而與豫州無涉，可知《載記》
"豫州"二字衍。

十月

秦陽城、滎陽二城皆降，晉兵進至成皋。秦征南將軍陳留公洸鎮
洛陽，遣使求救於長安。秦主泓遣越騎校尉閻生帥騎三千救之，武衛
將軍姚益男將步卒一萬助守洛陽，又遣并州牧姚懿南屯陝津，爲之聲
援。寧朔將軍趙玄言於洸曰："今晉寇益深，人情駭動；衆寡不敵，
若出戰不捷，則大事去矣。宜攝諸戍之兵，固守金墉，以待西師之
救。金墉不下，晉必不敢越我而西，是我不戰而坐收其弊也。"（第
3693—3694 頁）

此條見《晉書·姚泓載記》②，唯"衆寡不敵，若出戰不捷，則大事
去矣"，《載記》作"衆寡勢殊，難以應敵"；"西師"，《載記》作"京
師"；姚洸封陳留公，趙玄拜寧朔將軍，僅見於《通鑑》。

（秦陳留公洸）司馬姚禹陰與檀道濟通，主簿閻恢、楊虔，皆禹
之黨也，共嫉（趙）玄，言於洸曰："殿下以英武之略，受任方面；
今嬰城示弱，得無爲朝廷所責乎！"洸以爲然，乃遣趙玄將兵千餘南
守柏谷塢，廣武將軍石無諱東戍鞏城。玄泣謂洸曰："玄受三帝重
恩，所守正有死耳。但明公不用忠臣之言，爲姦人所誤，後必悔之。"
既而成皋、虎牢皆來降，檀道濟等長驅而進，無諱至石關，奔還。龍
驤司馬滎陽毛德祖與玄戰於柏谷，玄兵敗，被十餘創，據地大呼。玄
司馬蹇鑒冒刃抱玄而泣，玄曰："吾創已重，君宜速去！"鑒曰："將

---

① 《晉書》卷一一九《姚泓載記》，第 3010—3011 頁。
② 同上書，第 3011 頁。

軍不濟，鑒去安之！”與之皆死。姚禹踰城奔道濟。（第 3694 頁）

此條見《晉書·姚泓載記》①，唯閻恢等勸姚洸出戰、共毀趙玄之言，僅見於《通鑑》。

甲子，（檀）道濟進逼洛陽，丙寅，（陳留公）洸出降。（第 3694 頁）

此條見《晉書·姚泓載記》②。

閻生、姚益男未至，聞洛陽已沒，不敢進。（第 3695 頁）

此條見《晉書·姚泓載記》③。

西秦王熾磐使秦州刺史王松壽鎮馬頭，以逼秦之上邽。（第 3695 頁）

此條僅見於《通鑑》。

十二月

西秦王熾磐遣使詣太尉裕，求擊秦以自効。裕拜熾磐平西將軍、河南公。（第 3695 頁）

《宋書·鮮卑吐谷渾傳》：“乾歸死，子熾磐立，遣使詣晉朝歸順，以爲使持節、都督河西諸軍事、平西將軍，公如故。”④ 唯熾磐遣使詣劉裕求擊秦以自效事，僅見於《通鑑》。

秦姚懿司馬孫暢說懿使襲長安，誅東平公紹，廢秦主泓而代之。懿以爲然，乃散穀以賜河北夷、夏，欲樹私恩。左常侍張敞、侍郎左

---

① 《晉書》卷一一九《姚泓載記》，第 3011—3012 頁。
② 同上書，第 3012 頁。
③ 同上。
④ 《宋書》卷九六《鮮卑吐谷渾傳》，第 2372 頁。

雅諫曰：“殿下以母弟居方面，安危休戚，與國同之。今吴寇内侵，四州傾没，西虜擾邊，秦、涼覆敗，朝廷之危，有如累卵。穀者，國之本也，而殿下無故散之，虚損國儲，將若之何？”懿怒，笞殺之。（第3695—3696頁）

此條見《晉書·姚泓載記》①，唯“虚損國儲，將若之何”，《載記》作“若朝廷問殿下者，將何辭以報”，似各有所本。

　　（秦主）泓聞之，召東平公紹密與之謀。紹曰：“懿性識鄙淺，從物推移，造此謀者，必孫暢也。但馳使徵暢，遣撫軍將軍讚據陝城，臣向潼關爲諸軍節度。若暢奉詔而至，臣當遣懿帥河東見兵共禦晉師；若不受詔命，便當聲其罪而討之。”泓曰：“叔父之言，社稷之計也。”乃遣姚讚及冠軍將軍司馬國璠、建義將軍尹玄屯陝津，武衛將軍姚驢屯潼關。（第3696頁）

此條見《晉書·姚泓載記》②。

　　（姚）懿遂舉兵稱帝，傳檄州郡，欲運匈奴堡穀以給鎮人。寧東將軍姚成都拒之，懿卑辭誘之，送佩刀爲誓，成都不從。懿遣驍騎將軍王國帥甲士數百攻成都，成都擊禽之，遣使讓懿曰：“明公以至親當重任，國危不能救，而更圖非望；三祖之靈，其肯佑明公乎！成都將糾合義兵，往見明公於河上耳。”於是傳檄諸城，諭以逆順，徵兵調食以討懿。懿亦發諸城兵，莫有應者，惟臨晉數千戶應懿。成都引兵濟河，擊臨晉叛者，破之。鎮人安定郭純等起兵圍懿。東平公紹入蒲阪，執懿，誅孫暢等。（第3696—3697頁）

此條見《晉書·姚泓載記》③，唯姚成都讓姚懿之言：“明公以至親當重任，國危不能救，而更圖非望；三祖之靈，其肯佑明公乎！成都將

---

① 《晉書》卷一一九《姚泓載記》，第3012頁。
② 同上。
③ 同上書，第3013頁。

糾合義兵，往見明公於河上耳。"《載記》作："明公以母弟之親，受推
穀之寄，今社稷之危若綴旒然，宜恭恪憂勤，匡輔王室。而更包藏奸
宄，謀危宗廟，三祖之靈豈安公乎！……成都方糾合義衆，以懲明公之
罪，復須大兵悉集，當與明公會於河上。"表述多有不同。"懿亦發諸
城兵，莫有應者"，《載記》作"河東之兵無詣懿者"。"成都引兵濟河，
擊臨晉叛者"，《載記》又作"姚紹濟自蒲津，擊臨晉叛戶"，似各有
所本。

卷一一八

義熙十三年（永和二年，417）

正月

秦主泓朝會百官於前殿，以內外危迫，君臣相泣。征北將軍齊公
恢帥安定鎮戶三萬八千，焚廬舍，自北雍州趨長安，自稱大都督、建
義大將軍，移檄州郡，欲除君側之惡；揚威將軍姜紀帥衆歸之，建節
將軍彭完都棄陰密奔還長安。恢至新支，姜紀說恢曰："國家重將、
大兵皆在東方，京師空虛，公亟引輕兵襲之，必克。"恢不從，南攻
郿城；鎮西將軍姚諶爲恢所敗，長安大震。泓馳使徵東平公紹，遣姚
裕及輔國將軍胡翼度屯灃西。扶風太守姚儁等皆降於恢。東平公紹引
諸軍西還，與恢相持於靈臺，姚讚留寧朔將軍尹雅爲弘農太守，守潼
關，亦引兵還。恢衆見諸軍四集，皆有懼心；其將齊黃等詣大軍降。
恢進兵逼紹，讚自後擊之，恢兵大敗，殺恢及其三弟。泓哭之慟，葬
以公禮。（第3698—3699頁）

此條見《晉書·姚泓載記》[1]，唯"國家重將、大兵皆在東方"，《載
記》作"國家重將在東"，疑脫"大兵"二字。

王鎮惡進軍澠池，遣毛德祖襲尹雅於蠡吾城，禽之；雅殺守者而
逃。鎮惡引兵徑前，抵潼關。（第3700頁）

---

[1] 《晉書》卷一一九《姚泓載記》，第3013—3014頁。

　　此條分見《晉書·姚泓載記》①、《宋書·王鎮惡傳》②，唯 "澠池"，《載記》作 "宜陽"。又 "蠡吾城" 乃 "蠡城" 之誤，說詳《通鑑》此條下胡注，《王鎮惡傳》即作 "蠡城"，亦可爲一側證。尹雅 "殺守者而逃"，僅見於《通鑑》。

　　　　檀道濟、沈林子自陝北渡河，拔襄邑堡，秦河北太守薛帛奔河東。又攻秦并州刺史尹昭於蒲阪，不克。別將攻匈奴堡，爲姚成都所敗。（第 3700 頁）

　　此條見《晉書·姚泓載記》③，唯 "河北太守薛帛"，《載記》作 "建威薛帛"，薛帛拜河北太守，僅見于《通鑑》。"攻秦并州刺史尹昭於蒲阪"，《載記》作 "攻蒲阪"，《通鑑》似另有所本。

　　　　秦主泓以東平公紹爲太宰、大將軍、都督中外諸軍事，假黃鉞，改封魯公，使督武衞將軍姚鸞等步騎五萬守潼關，又遣別將姚驢救蒲阪。（第 3700 頁）

　　此條見《晉書·姚泓載記》④，唯 "大將軍、都督中外諸軍事"，《載記》多 "大都督" 一項，按 "都督中外諸軍事" 即 "大都督"，可知《載記》此三字衍。又《載記》稱泓遣姚驢救蒲阪，在姚紹拜太宰諸官前，與《通鑑》敘事順序不同。

　　　　沈林子謂檀道濟曰："蒲阪城堅兵多，不可猝拔，攻之傷衆，守之引日。王鎮惡在潼關，勢孤力弱，不如與鎮惡合勢并力以爭潼關；若得之，尹昭不攻自潰矣。" 道濟從之。（第 3700 頁）

---

①　《晉書》卷一一九《姚泓載記》，第 3014 頁。
②　《宋書》卷四五《王鎮惡傳》，第 1369 頁。
③　《晉書》卷一一九《姚泓載記》，第 3014 頁。
④　同上。

　　此條見《晉書·姚泓載記》①，唯"不如與鎮惡合勢并力以爭潼關"一句，僅見於《通鑑》。又"若得之（按：指潼關），尹昭不攻自潰"，《載記》作"如克潼關，紹可不戰而服"。紹指姚紹，時以大都督總統秦軍，在潼關；尹昭爲并州刺史，據蒲阪。林子既云"如克潼關"（或"若得之"），則所謂"不戰自潰"者，必不在潼關，以蒲阪守將尹昭爲近是，此處宜從《通鑑》。

　　三月

　　（檀）道濟、（沈）林子至潼關。秦魯公紹引兵出戰，道濟、林子奮擊，大破之，斬獲以千數。紹退屯定城，據險拒守，謂諸將曰："道濟等兵力不多，懸軍深入，不過堅壁以待繼援。吾分軍絕其糧道，可坐禽也。"乃遣姚鸞屯大路以絕道濟糧道。（第 3701 頁）

　　此條分見《晉書·姚泓載記》②、《宋書·自序》③，唯姚紹謂諸將之語，僅見於《通鑑》。

　　（姚）鸞遣尹雅將兵與晉戰於關南，爲晉兵所獲，將殺之。雅曰："雅前日已當死，幸得脫至今，死固甘心。然夷、夏雖殊，君臣之義一也。晉以大義行師，獨不使秦有守節之臣乎！"乃免之。（第 3701 頁）

　　《晉書·姚泓載記》："姚鸞遣將尹雅與道濟司馬徐琰戰于潼關南，爲琰所獲，送之劉裕。裕以雅前叛，欲殺之。雅曰：'前活本在望外，今死寧不甘心。明公將以大義平天下，豈可使秦無守信之臣乎！'裕嘉而免之。"④ 與《通鑑》所記差異頗大，當各有所本。

　　丙子夜，沈林子將銳卒襲（姚）鸞營，斬鸞，殺其士卒數千人。（第 3701 頁）

────────────

① 《晉書》卷一一九《姚泓載記》，第 3015 頁。
② 同上書，第 3015—3016 頁。
③ 《宋書》卷一〇〇《自序》，第 2455 頁。
④ 《晉書》卷一一九《姚泓載記》，第 3015 頁。

此條見《晉書·姚泓載記》①，唯"數千人"，《載記》作"九千餘人"。

（姚）紹又遣東平公讚屯河上以斷水道；沈林子擊之，讚敗走，還定城。薛帛據河曲來降。（第 3701 頁）

此條分見《晉書·姚泓載記》②、《宋書·自序》③。又姚讚爲東平公，見《十六國春秋·後秦錄》④。

太尉裕將水軍自淮、泗入清河，將沂河西上，先遣使假道於魏；秦主泓亦遣使請救於魏。魏主嗣使羣臣議之，皆曰："潼關天險，劉裕以水軍攻之甚難；若登岸北侵，其勢便易。裕聲言伐秦，其志難測。且秦，婚姻之國，不可不救也。宜發兵斷河上流，勿使得西。"博士祭酒崔浩曰："裕圖秦久矣。今姚興死，子泓懦劣，國多內難。裕乘其危而伐之，其志必取。若遏其上流，裕心忿戾，必上岸北侵，是我代秦受敵也。今柔然寇邊，民食又乏，若復與裕爲敵，發兵南赴則北寇愈深，救北則南州復危，非良計也。不若假之水道，聽裕西上，然後屯兵以塞其東。使裕克捷，必德我之假道；不捷，吾不失救秦之名；此策之得者也。且南北異俗，借使國家棄恆山以南，裕必不能以吳、越之兵與吾爭守河北之地，安能爲吾患乎！夫爲國計者，惟社稷是利，豈顧一女子乎！"議者猶曰："裕西入關，則恐吾斷其後，腹背受敵；北上，則姚氏必不出關助我，其勢必聲西而實北也。"（第 3701—3702 頁）

此條見《魏書·崔浩傳》⑤，唯"劉裕以水軍攻之甚難"，《崔浩傳》作"裕舟船步兵，何能西入"。"北上"，《崔浩傳》又作"北上岸"，似衍一

---

① 《晉書》卷一一九《姚泓載記》，第 3016 頁。
② 同上。
③ 《宋書》卷一〇〇《自序》，第 2455 頁。
④ 《太平御覽》卷一二三《偏霸部七》"後秦姚泓"條引，第 1 冊，第 595 頁下欄。
⑤ 《魏書》卷三五《崔浩傳》，第 809—810 頁。

"岸"字。"秦主泓亦遣使請救於魏",僅見於《通鑑》。"秦,婚姻之國,不可不救也",及"南北異俗,借使國家棄恆山以南,裕必不能以吳、越之兵與吾爭守河北之地,安能爲吾患乎"數句,亦僅見於《通鑑》。

（魏主）嗣乃以司徒長孫嵩督山東諸軍事,又遣振威將軍娥清、冀州刺史阿薄干將步騎十萬屯河北岸。（第3702頁）

此條分見《宋書·朱超石傳》①、《武帝紀中》②、《魏書·長孫嵩傳》③,唯"娥清",《朱超石傳》作"鵝青";"冀州刺史阿薄干",《朱超石傳》又作"冀州刺史安平公乙旃眷、襄州刺史托跋道生、青州刺史阿薄干",《通鑑》"冀州刺史"四字下疑有脫文。

庚辰,（太尉）裕引軍入河,以左將軍向彌爲北青州刺史,留戍碻磝。（第3702頁）

此條分見《宋書·武帝紀中》④、《向靖（彌）傳》⑤,唯向彌拜左將軍,本傳未載。

初,（太尉）裕命王鎮惡等:"若克洛陽,須大軍到俱進。"鎮惡等乘利徑趨潼關,爲秦兵所拒,不得前。久之,乏食,衆心疑懼,或欲棄輜重還赴大軍。沈林子按劍怒曰:"相公志清六合,今許、洛已定,關右將平,事之濟否,繫於前鋒。柰何沮乘勝之氣,棄垂成之功乎!且大軍尚遠,賊衆方盛,雖欲求還,豈可得乎!下官授命不顧,今日之事,當自爲將軍辦之,未知二三君子將何面以見相公之旗鼓邪!"鎮惡等遣使馳告裕,求遣糧援。裕呼使者,開舫北戶,指河上魏軍以示之曰:"我語令勿進,今輕佻深入。岸上如此,何由得遣軍!"鎮惡乃親至弘農,說諭百姓,百姓競送義租,軍食復振。（第

① 《宋書》卷四八《朱超石傳》,第1425頁。
② 《宋書》卷二《武帝紀中》,第42頁。
③ 《魏書》卷二五《長孫嵩傳》,第643頁。
④ 《宋書》卷二《武帝紀中》,第42頁。
⑤ 《宋書》卷四五《向靖（彌）傳》,第1374頁。

3702—3703 頁）

此條分見《宋書・王鎮惡傳》①、《自序》②，唯"奈何沮乘勝之氣，棄垂成之功"，《王鎮惡傳》作"今捨已捷之形，棄垂成之業"。

　　秦魯公紹遣長史姚洽、寧朔將軍安鸞、護軍姚墨蠡、河東太守唐小方帥衆二千屯河北之九原，阻河爲固，欲以絕檀道濟糧援。沈林子邀擊，破之，斬洽、墨蠡、小方，殺獲殆盡。林子因啟太尉裕曰："紹氣蓋關中，今兵屈於外，國危於內，恐其凶命先盡，不得以膏齊斧耳。"紹聞洽等敗死，憤恚，發病嘔血，以兵屬東平公讚而卒。讚既代紹，衆力猶盛，引兵襲林子，林子復擊破之。（第3704頁）

此條分見《晉書・姚泓載記》③、《宋書・自序》④，唯長史姚洽，《載記》作"左長史"，《自序》作"姚伯子"，疑洽字伯子。姚墨蠡，《自序》作"姚默騾"。"帥衆二千"，《載記》作"三千"，《自序》作"三萬"，下文載林子大破伯子諸軍，又云："所虜獲三千餘人，悉以還紹，使知王師之弘。"疑《載記》作"三千"是。"九原"，《自序》作"九泉"。"兵屈於外，國危於內"，《自序》作"力以勢屈，外兵屢敗，衰亡協兆"，《通鑑》文字變動頗大。

　　七月
　　太尉裕至陝。沈田子、傅弘之入武關，秦戍將皆委城走。田子等進屯青泥，秦主泓使給事黃門侍郎姚和都屯嶢柳以拒之。（第3706頁）

此條分見《十六國春秋・後秦錄》⑤、《晉書・姚泓載記》⑥。

① 《宋書》卷四五《王鎮惡傳》，第1369頁。
② 《宋書》卷一〇〇《自序》，第2456頁。
③ 《晉書》卷一一九《姚泓載記》，第3016頁。
④ 《宋書》卷一〇〇《自序》，第2456—2457頁。
⑤ 《太平御覽》卷一二三《偏霸部七》"後秦姚泓"條引，第1冊，第595頁下欄。
⑥ 《晉書》卷一一九《姚泓載記》，第3015、3016頁。

　　太尉裕至閿鄉。沈田子等將攻嶢柳，秦主泓欲自將以禦裕軍，恐田子等襲其後，欲先擊滅田子等，然後傾國東出；乃帥步騎數萬，奄至青泥。田子本爲疑兵，所領裁千餘人，聞泓至，欲擊之；傅弘之以衆寡不敵止之，田子曰：“兵貴用奇，不必在衆。且今衆寡相懸，勢不兩立，若彼結圍既固，則我無所逃矣。不如乘其始至，營陳未立，先薄之，可以有功。”遂帥所領先進，弘之繼之。秦兵合圍數重。田子撫慰士卒曰：“諸君冒險遠來，正求今日之戰，死生一決，封侯之業於此在矣！”士卒皆踴躍鼓譟，執短兵奮擊，秦兵大敗，斬馘萬餘級，得其乘輿服御物，秦主泓奔還灞上。（第3707頁）

　　此條見《宋書·自序》①，唯“步騎”，范曄作“步軍”。“千余人”，范曄作“數百”。“若彼結圍既固，則我無所逃矣。不如乘其始至，營陳未立，先薄之，可以有功”，范曄作“若使賊圍既固，人情喪沮，事便去矣。及其未整，薄之必克，所謂先人有奪人之志也”。“冒險遠來”，蔚宗又作“捐親戚，棄墳墓，出矢石之間”。“死生一決”四字，僅見於《通鑑》。

　　初，（太尉）裕以田子等衆少，遣沈林子將兵自秦嶺往助之，至則秦兵已敗，乃相與追之，關中郡縣多潛送款於田子。（第3707頁）

　　此條見《宋書·自序》②。

　　辛丑，太尉裕至潼關，以朱超石爲河東太守，使與振武將軍徐猗之會薛帛於河北，共攻蒲阪。秦平原公璞與姚和都共擊之，猗之敗死，超石奔還潼關。東平公讚遣司馬國璠引魏兵以躡裕後。（第3707—3708頁）

　　此條分見《十六國春秋·後秦錄》③、《晉書·姚泓載記》④，唯姚璞

---

① 《宋書》卷一〇〇《自序》，第2448頁。
② 同上書，第2457頁。
③ 《太平御覽》卷一二三《偏霸部七》“後秦姚泓”條引，第1冊，第595頁下欄。
④ 《晉書》卷一一九《姚泓載記》，第3016—3017頁。

封平原公，僅見於《通鑑》。又姚讚"遣司馬國璠引魏兵以躡裕後"，《載記》作"遣司馬休之及司馬國璠自軹關向河內，引魏軍以躡裕後"。《通鑑》略去司馬休之。

　　王鎮惡請帥水軍自河入渭以趨長安，（太尉）裕許之。秦恢武將軍姚難自香城引兵而西，鎮惡追之；秦主泓自灞上引兵還屯石橋以爲之援，鎮北將軍姚彊與難合兵屯涇上以拒鎮惡。鎮惡使毛德祖進擊，破之，彊死，難奔長安。（第 3708 頁）

此條分見《宋書·王鎮惡傳》①、《晉書·姚泓載記》②。

　　東平公讚退屯鄭城，太尉裕進軍逼之。（秦主）泓使姚丕守渭橋，胡翼度屯石積，東平公讚屯灞東，泓屯逍遙園。（第 3708 頁）

此條分見《十六國春秋·後秦錄》③、《晉書·姚泓載記》④。

　　（王）鎮惡泝渭而上，乘蒙衝小艦，行船者皆在艦內；秦人見艦進而無行船者，皆驚以爲神。壬戌旦，鎮惡至渭橋，令軍士食畢，皆持仗登岸，後登者斬。衆既登，渭水迅急，艦皆隨流，倐忽不知所在。時（秦主）泓所將尚數萬人。鎮惡諭士卒曰："吾屬並家在江南，此爲長安北門，去家萬里，舟楫、衣糧皆已隨流。今進戰而勝，則功名俱顯；不勝，則骸骨不返，無他岐矣。卿等勉之！"乃身先士卒，衆騰踊爭進，大破姚丕於渭橋。泓引兵救之，爲丕敗卒所蹂踐，不戰而潰；姚諶等皆死，泓單馬還宮。鎮惡入自平朔門，泓與姚裕等數百騎逃奔石橋。東平公讚聞泓敗，引兵赴之，衆皆潰去；胡翼度降於太尉裕。（第 3708—3709 頁）

---

① 《宋書》卷四五《王鎮惡傳》，第 1369 頁。
② 《晉書》卷一一九《姚泓載記》，第 3017 頁。
③ 《太平御覽》卷一二三《偏霸部七》"後秦姚泓"條引，第 1 冊，第 595 頁下欄。
④ 《晉書》卷一一九《姚泓載記》，第 3017 頁。

　　此條分見《十六國春秋·後秦錄》①、蕭方等《三十國春秋》②、《宋書·王鎮惡傳》③、《晉書·姚泓載記》④。唯鎮惡所言"今進戰而勝，則功名俱顯；不勝，則骸骨不返，無他岐矣。卿等勉之"，《宋書》本傳作"唯宜死戰，可以立大功，不然，則無遺類矣"。"石橋"，《三十國春秋》作"石橋門"。

　　　　（秦主）泓將出降，其子佛念，年十一，言於泓曰："晉人將逞其欲，雖降必不免，不如引決。"泓憮然不應。佛念登宮牆自投而死。（第3709頁）

　　此條分見《十六國春秋·後秦錄》⑤、《晉書·姚泓載記》⑥，唯"子"，《御覽》所引崔鴻書訛爲"于"。"佛念"，《十六國春秋》又作"伏念"。

　　　　癸亥，（秦主）泓將妻子、羣臣詣（王）鎮惡壘門請降，鎮惡以屬吏。城中夷、晉六萬餘戶，鎮惡以國恩撫慰，號令嚴肅，百姓安堵。（第3709頁）

　　此條分見《十六國春秋·後秦錄》⑦、《晉書·姚泓載記》⑧、《宋書·王鎮惡傳》⑨，唯"壘門"，《王鎮惡傳》作"鎮惡壘門"，表述更爲明晰。

　　　　九月
　　　　太尉裕至長安，（王）鎮惡迎於灞上。裕勞之曰："成吾霸業者卿也！"鎮惡再拜謝曰："明公之威，諸將之力，鎮惡何功之有！"裕笑曰：

① 《太平御覽》卷一二三《偏霸部七》"後秦姚泓"條引，第1冊，第595頁下欄。
② 《建康實錄》卷一〇《安皇帝》引，上海古籍出版社1987年版，第261頁。
③ 《宋書》卷四五《王鎮惡傳》，第1369頁。
④ 《晉書》卷一一九《姚泓載記》，第3017頁。
⑤ 《太平御覽》卷一二三《偏霸部七》"後秦姚泓"條引，第1冊，第595頁下欄。
⑥ 《晉書》卷一一九《姚泓載記》，第3017頁。
⑦ 《太平御覽》卷一二三《偏霸部七》"後秦姚泓"條引，第1冊，第595頁下欄。
⑧ 《晉書》卷一一九《姚泓載記》，第3017頁。
⑨ 《宋書》卷四五《王鎮惡傳》，第1369—1370頁。

"卿欲學馮異邪？"鎮惡性貪，秦府庫盈積，鎮惡盜取，不可勝紀；裕以其功大，不問。或譖諸裕曰："鎮惡藏姚泓偽輦，將有異志。"裕使人覘之，鎮惡剔取其金銀，棄輦於垣側，裕意乃安。（第3709頁）

此條見《宋書·王鎮惡傳》①，唯"或譖諸裕曰：'鎮惡藏姚泓偽輦，將有異志'"，《王鎮惡傳》作"時有白高祖以鎮惡既克長安，藏姚泓偽輦，爲有異志"。原爲陳述之語，《通鑑》作引言欠妥。

（太尉）裕收秦彝器、渾儀、土圭、記里鼓、指南車送詣建康。其餘金玉、繒帛、珍寶，皆以頒賜將士。（第3709—3710頁）

此條見《宋書·武帝紀中》②，唯"記里鼓、指南車"兩項，僅見於《通鑑》。

秦平原公璞、并州刺史尹昭以蒲阪降，東平公讚帥宗族百餘人詣（太尉）裕降，裕皆殺之。（第3710—3711頁）

此條見《十六國春秋·後秦錄》③。

送姚泓至建康，斬於市。（第3711頁）

此條分見《十六國春秋·後秦錄》④、《宋書·武帝紀中》⑤。

羌衆十餘萬口西奔隴上，沈林子追擊至槐里，俘虜萬計。（第3711頁）

---

① 《宋書》卷四五《王鎮惡傳》，第1370頁。
② 《宋書》卷二《武帝紀中》，第42頁。
③ 《太平御覽》卷一二三《偏霸部七》"後秦姚泓"條引，第1冊，第595頁下欄。
④ 同上書，第596頁上欄。
⑤ 《宋書》卷二《武帝紀中》，第42頁。

此條見《宋書・自序》①。

　　初，夏王勃勃聞太尉裕伐秦，謂羣臣曰："姚泓非裕敵也。且其兄弟內叛，安能拒人！裕取關中必矣。然裕不能久留，必將南歸；留子弟及諸將守之，吾取之如拾芥耳。"乃秣馬礪兵，訓養士卒，進據安定，秦嶺北郡縣鎮戍皆降之。裕遣使遺勃勃書，約爲兄弟；勃勃使中書侍郎皇甫徽爲報書而陰誦之，對裕使者，口授舍人使書之。裕讀其文，歎曰："吾不如也！"（第 3711 頁）

此條見《晉書・赫連勃勃載記》②，唯"裕取關中必矣。然裕不能久留，必將南歸"，《載記》作"裕既克長安，利在速返"。

　　癸酉，司馬休之、司馬文思、司馬國璠、司馬道賜、魯軌、韓延之、刁雍、王慧龍及桓溫之孫道度、道子、族人桓謐、桓璲、陳郡袁式等皆詣魏長孫嵩降。秦匈奴鎮將姚成都及弟和都舉鎮降魏。（第 3712 頁）

此條見《魏書・明元帝紀》③，《通鑑》上述名單中，王慧龍、桓道度兩人，不見於魏澹書。

　　魏主嗣詔民間得姚氏子弟送平城者賞之。（第 3712 頁）

此條見《魏書・明元帝紀》④，其事魏澹繫於十二月己酉。

　　十月
　　西秦王熾磐遣左丞相曇達等擊秦故將姚艾，艾遣使稱藩，熾磐以艾爲征東大將軍、秦州牧。徵王松壽爲尚書左僕射。（第 3712 頁）

---

① 《宋書》卷一〇〇《自序》，第 2457 頁。
② 《晉書》卷一三〇《赫連勃勃載記》，第 3207—3208 頁。
③ 《魏書》卷三《明元帝紀》，第 57—58 頁。
④ 同上書，第 58 頁。

　　此條僅見《通鑑》。

　　　先是，隴上流戶寓關中者，望因兵威得復本土；及置東秦州，知
（太尉）裕無復西略之意，皆歎息失望。（第 3713 頁）

　　此條見《宋書·劉義眞傳》①。

《資治通鑑》獨家所存後秦國資料輯錄

　　1. 晉成帝咸和九年（334）十一月，（姚弋仲）正色謂（後趙丞相）
虎曰：“弋仲常謂大王命世英雄，奈何把臂受託而返奪之邪？”虎曰：“吾
豈樂此哉！顧海陽年少，恐不能了家事，故代之耳。”心雖不平，然察其
誠實，亦不之罪。（第 2998 頁）

　　2. 晉穆帝永和元年（345）十二月，（武城左尉，石虎寵姬之弟也，
嘗入弋仲營，侵擾其部衆。）弋仲執而數之曰：“爾爲禁尉，迫脅小民；
我爲大臣，目所親見，不可縱也。”（第 3068 頁）

　　3. 永和五年（349）正月，（姚弋仲至鄴，求見趙王虎。虎病，未之
見，引入領軍省，賜以己所御食。弋仲怒，不食，）曰：“主上召我來擊
賊，當面見授方略，我豈爲食來邪！且主上不見我，我何以知其存亡
邪？”（第 3086 頁）

　　4. （趙王虎力疾見姚弋仲，弋仲讓虎曰：）“既爲逆而誅之，又何愁
焉！”（第 3086 頁）

　　5. 四月，（姚弋仲等共說石遵曰：）“今女主臨朝，姦臣用事。”（第
3089 頁）

　　6. 永和六年（350）閏月，姚弋仲、蒲洪各有據關右之志。弋仲遣其
子襄帥衆五萬擊洪，洪迎擊，破之，斬獲三萬餘級。（第 3102 頁）

　　7. （趙主祇以姚弋仲爲右丞相、）親趙王。（第 3106 頁）

　　8. （姚）弋仲遣其子襄帥騎二萬八千救趙，誡之曰：“冉閔棄仁背
義，屠滅石氏。我受人厚遇，當爲復讎，老病不能自行；汝才十倍於閔，

────────────

　　① 《宋書》卷六一《劉義眞傳》，第 1634 頁。

若不梟擒以來，不必復見我也！"（第 3112 頁）

9.（姚）弋仲亦遣使告於燕。（第 3112 頁）

10. 三月，（冉閔悉衆出，與（姚）襄、（趙汝陰王）琨戰。悅綰適以燕兵至，去魏兵數里，）疏布騎卒，曳柴揚塵，魏人望之恟懼。（第 3115 頁）

11.（初，中原大亂，因以饑疫，）人相食。（第 3116 頁）

12. 十一月（姚）襄與秦兵戰，敗，亡三萬餘戶。（第 3124 頁）

13. 尹赤奔秦，秦以赤爲并州刺史，鎮蒲阪。（第 3124 頁）

14.（謝尚、姚襄共攻張遇於許昌。秦主健遣丞相東海王雄、衛大將軍平昌王菁略地關東，）帥步騎二萬救之。（丁亥，戰于潁水之誡橋，尚等大敗，）死者萬五千人。（第 3127 頁）

15.（謝）尚奔還淮南，（姚）襄棄輜重，送尚于芍陂；尚悉以後事付襄。（第 3127—3128 頁）

16. 永和九年（353）九月，姚襄屯歷陽以燕、秦方強，未有北伐之志，乃夾淮廣興屯田，訓厲將士。（第 3133 頁）

17.（權）翼曰："平北英姿絕世，擁兵數萬遠歸晉室者，以朝廷有道，宰輔明哲故也。今將軍輕信讒慝之言，與平北有隙，愚謂猜嫌之端，在此不在彼也。"（第 3134 頁）

18. 永和十二年（356）四月，姚襄自許昌攻周成于洛陽。（第 3155 頁）

19. 七月，（姚襄攻洛陽，踰月不克。長史王亮諫曰：）"明公英名蓋世，兵強民附。今頓兵堅城之下，力屈威挫，或爲他寇所乘，此危亡之道也！"（第 3156 頁）

20. 八月己亥，（桓）溫至伊水，姚襄撤圍拒之，匿精銳於水北林中，遣使謂溫曰："承親帥王師以來，襄今奉身歸命，願救三軍小卻，當拜伏道左。"溫曰："我自開復中原，展敬山陵，無豫君事。欲來者便前，相見在近，無煩使人。"（第 3157 頁）

21.（姚襄帥麾下數千騎奔於洛陽北山，其夜，）民棄妻子隨襄者五千餘人。（第 3157 頁）

22. 姚襄奔平陽，秦并州刺史尹赤復以衆降襄，襄遂據襄陵。（第 3157 頁）

23.（姚）襄所乘駿馬曰黧眉騧。（第 3162 頁）

24.（秦主生以王禮）葬弋仲於孤磐。（第 3162 頁）

25. 晉海西公太和元年（366）七月，（秦輔國將軍王猛、前將軍楊安、）揚武將軍姚萇等帥衆二萬寇荊州，攻南鄉郡。（第 3202 頁）

26. 二年（367）二月，（秦輔國將軍王猛、隴西太守姜衡、南安太守南安邵羌、）揚武將軍姚萇（等帥衆萬七千討斂岐）。（第 3203—3204 頁）

27. 晉簡文帝咸安元年（371）三月，秦西縣侯雅、楊安、王統、徐成及羽林左監朱肜、揚武將軍姚萇帥步騎七萬伐仇池公楊纂。（第 3244 頁）

28. 十一月，（秦王堅以）姚萇爲寧州刺史，屯墊江。（第 3265 頁）

29. 晉孝武帝太元元年（376）五月，秦王堅下詔曰：“張天錫雖稱藩受位，然臣道未純，可遣使持節武衛將軍苟萇、左將軍毛盛、中書令梁熙、步兵校尉姚萇等將兵臨西河；尚書郎閻負、梁殊奉詔徵天錫入朝，若有違王命，即進師撲討。”（第 3273—3274 頁）

30. 孝武帝太元三年（378）二月，（秦王堅遣征南大將軍都督征討諸軍事守尚書令長樂公丕、）武衛將軍苟萇、尚書慕容暐（帥步騎七萬寇襄陽），以荊州刺史（楊安帥樊、鄧之衆爲前鋒），領軍將軍苟池、右將軍毛當、（強弩將軍王顯帥衆四萬出武當，會攻襄陽。）（第 3285 頁）

31. 太元八年（383）六月，（晉桓沖帥衆十萬伐秦，遣輔國將軍楊亮攻蜀，拔五城，進攻涪城。秦王堅遣）後將軍張蚝、步兵校尉姚萇救涪城。（第 3308 頁）

32. 是時，朝臣皆不欲（秦王）堅行，獨慕容垂、姚萇及良家子勸之。（第 3308 頁）

33. 陽平公融言於（秦王）堅曰：“鮮卑、羌虜，我之仇讎，常思風塵之變以逞其志，所陳策畫，何可從也！良家少年皆富饒子弟，不閑軍旅，苟爲諂諛之言以會陛下之意。今陛下信而用之，輕舉大事，臣恐功既不成，仍有後患，悔無及也！”（第 3308 頁）

34. 晉帝太元九年（後秦姚萇白雀元年，384）四月，慕容泓聞秦兵且至，懼，帥衆將奔關東。秦鉅鹿愍公叡粗猛輕敵，欲馳兵邀之。姚萇諫曰：“鮮卑皆有思歸之志，故起而爲亂，宜驅令出關，不可遏也。夫執屬鼠之尾，猶能反噬於人。彼自知困窮，致死於我，萬一失利，悔將何及。但可鳴鼓隨之，彼將奔敗不暇矣。”叡弗從，戰于華澤，叡兵敗，爲泓所殺。（第 3327 頁）

35.（姚萇遣龍驤長史趙都、）參軍姜協（詣秦王堅謝罪）。（第 3327 頁）

36. 六月，（秦王堅自帥步騎二萬以擊後秦軍於趙氏塢，）後秦軍中無井，秦人塞安公谷、堰同官水以困之。（第 3329 頁）

37.（後秦王萇）乃留其長子興守北地，使寧北將軍姚穆守同官川，自將其衆攻新平。（第 3336—3337 頁）

38.（後秦王萇至新平，新平太守南安苟輔欲降之，郡人遼西太守馮傑、蓮勺令馮羽、尚書郎趙義、汶山太守馮苗諫曰："昔田單以一城存齊。今秦之州鎮，猶連城過百，奈何遽爲叛臣乎!"）輔喜曰："此吾志也；但恐久而無救，郡人橫被無辜。諸君能爾，吾豈顧生哉!"（第 3337 頁）

39. 太元十年（白雀二年，385）正月，後秦王萇留諸將攻新平，自引兵擊安定，擒秦安西將軍勃海公珍，嶺北諸城悉降之。（第 3339 頁）

40. 初，（高）蓋以楊定爲子，及蓋敗，定亡奔隴右，復收集其舊衆。（第 3355 頁）

41. 太元十一年（建初元年，386）正月，後秦王萇如安定。（第 3358 頁）

42. 鮮卑既東，長安空虛。前滎陽高陵趙穀等招杏城盧水胡郝奴帥戶四千入于長安，渭北皆應之，以穀爲丞相。（第 3363 頁）

43. 四月，（後秦王萇自安定伐之，郝奔漢中。萇執多而進，）奴懼，請降，拜鎮北將軍、六谷大都督。（第 3363 頁）

44.（後秦王）萇與羣臣宴，酒酣，言曰："諸卿皆與朕北面秦朝，今忽爲君臣，得無恥乎!"趙遷曰："天不恥以陛下爲子，臣等何恥爲臣!"萇大笑。（第 3364—3365 頁）

45. 初，後秦主萇之弟碩德統所部羌居隴上，聞萇起兵，自稱征西將軍，聚衆於冀城以應之；以兄孫詳爲安遠將軍，據隴城，從孫訓爲安西將軍（，據南安之赤亭，與秦州刺史王統相持。）（第 3368 頁）

46. 秦略陽太守王皮降之。（第 3368 頁）

47. 九月，後秦主萇以姚碩德爲使持節（、都督隴右諸軍事、秦州刺史，鎮上邽）。（第 3369 頁）

48. 秦南安王登既克南安，夷、夏歸之者三萬餘戶，遂進攻姚碩德于秦州，後秦主萇自往救之。登與萇戰于胡奴阜，大破之，斬首二萬餘級，

將軍啖青射萇，中之。萇創重，走保上邽，姚碩德代之統衆。（第3370頁）

49. 太元十二年（建初二年，387）四月，後秦征西將軍姚碩德爲楊定所逼，退守涇陽。定與秦魯王纂共攻之，戰于涇陽，碩德大敗。（第3376—3377頁）

50. 西燕主永攻（蘭）檀，檀請救於後秦，後秦主萇欲自救之。尚書令姚旻、左僕射尹緯曰：“苻登近在瓦亭，將乘虛襲吾後。”萇曰：“苻登衆盛，非旦夕可制；登遲重少決，必不能輕軍深入。比兩月間，吾必破賊而返，登雖至，無能爲也。”（第3379—3380頁）

51. 九月，（後秦主萇軍於泥源。師奴逆戰，大敗，）亡奔鮮卑。（後秦盡收其衆，）屠各董成等皆降。（第3380頁）

52. 十月，後秦主萇進擊西燕王永於河西，永走。蘭檀復列兵拒守，萇攻之；十二月，禽檀，遂如杏城。（第3380頁）

53. （後秦姚方成攻秦雍州刺史徐嵩壘，拔之，斬嵩，）悉阬其士卒，以妻子賞軍。（第3380頁）

54. 太元十四年（建初四年，389）八月，（秦主登）據苟頭原（以逼安定。）諸將勸後秦主萇決戰，萇曰：“與窮寇競勝，兵家之忌也；吾將以計取之。”乃留尚書令姚旻守安定，夜，帥騎三萬襲秦輜重於大界，克之。（第3388—3389頁）

55. 九月，秦主登之東也，後秦主萇使姚碩德置秦州守宰，以從弟常戍隴城，邢奴戍冀城，姚詳戍略陽。楊定攻隴、冀，克之，斬常，執邢奴；詳棄略陽，奔陰密。定自稱秦州牧、隴西王；秦因其所稱而授之。（第3389頁）

56. 十二月，（後秦主萇）東門將軍任瓫，征東將軍雷惡地。（第3393—3394頁）

57. （後秦主）萇以（雷）惡地爲鎮軍將軍。（第3394頁）

58. 十五年（建初五年，390）三月，後秦天水太守張業生。（第3395頁）

59. 四月，羣臣怪而問之，（後秦主）萇曰：“揭飛等扇誘同惡，種類甚繁，吾雖克其魁帥，餘黨未易猝平；今烏集而至，吾乘勝取之，可一舉無餘也。”（第3395頁）

60. 七月，後秦以（鄭縣人苟）曜爲豫州刺史。（第3397頁）

61. 十六年（建初六年，391）五月，（秦兗州刺史強金槌據新平，降後秦，）以其子逵爲質。（第 3399 頁）

62. 太元十七年（建初七年，392）八月，（後秦）安南將軍姚熙隆。（第 3407 頁）

63. 十八年（建初八年，393）八月，氐帥楊佛嵩。（第 3410 頁）

64. 十一月，姚晃垂涕問取苻登之策，（後秦主）萇曰：“今大業垂成，興才智足辦，奚所復問！”（第 3411 頁）

65. 十九年（文桓帝姚興皇初元年，394）七月，（後秦主興）以李后賜姚晃。（第 3415 頁）

66. 十二月，秦主興遣使與燕結好，并送太子寶之子敏於燕，燕封敏爲河東公。（第 3418 頁）

67. 二十一年（皇初三年，396）十二月，（楊）盛表苻宣爲平北將軍。（第 3436 頁）

68. （秦隴西王）碩德西擊（權）千成於略陽，千成降。（第 3436 頁）

69. 初，永嘉之亂，汾陰薛氏聚其族黨，阻河自固，不仕劉、石。及苻氏興，乃以禮聘薛彊，拜鎮東將軍。（第 3436 頁）

70. （秦主）興以（晉王）緒爲并、冀二州牧，鎮蒲阪。（第 3436 頁）

71. 安帝隆安元年（皇初四年，397）九月，（秦主興）存問孤貧，舉拔賢俊，簡省法令，清察獄訟，守令之有政迹者賞之，貪殘者誅之，遠近肅然。（第 3496—3497 頁）

72. 十月，（辛）恭靖見秦王興，不拜。（第 3497 頁）

73. 隆安四年（弘始二年，400）七月，西秦王乾歸使武衛將軍慕兀等屯守，秦軍樵采路絕，秦王興潛引兵救之。（第 3512 頁）

74. 八月，（西秦王）乾歸南奔枹罕。（第 3513 頁）

75. 九月，涼呂方降於秦，廣武民三千餘戶奔武威王利鹿孤。（第 3513 頁）

76. 初，涼將姜紀降於河西王利鹿孤，廣武公傉檀與論兵略，甚愛重之，坐則連席，出則同車，每談論，以夜繼晝。利鹿孤謂傉檀曰：“姜紀信有美才，然視候非常，必不久留於此，不如殺之。紀若入秦，必爲人患。”傉檀曰：“臣以布衣之交待紀，紀必不相負也。”（第 3526 頁）

77. 隆安五年（弘始三年，401）八月，（姜）紀將數十騎奔秦軍，說碩德曰："呂隆孤城無援，明公以大軍臨之，其勢必請降；然彼徒文降而已，未肯遂服也。請給紀步騎三千，與王松忽因焦朗、華純之衆，伺其釁隙，隆不足取也。不然，今禿髮在南，兵強國富，若兼姑臧而據之，威勢益盛，沮渠蒙遜、李暠不能抗也，必將歸之，如此，則爲國家之大敵矣。"碩德乃表紀爲武威太守，配兵二千，屯據晏然。（第3526頁）

78. （涼之羣臣請與秦連和，涼王隆不許。安定公超）曰："敵去之後，脩德政以息民……不然，坐守困窮，終將何如?"隆乃從之。（第3528頁）

79. 元興元年（弘始四年，402）三月，司馬休之、劉敬宣、高雅之俱奔洛陽，各以子弟爲質於秦以求救。秦王興與之符信，使於關中募兵，得數千人，復還屯彭城間。（第3541頁）

80. 四月，乞伏熾磐自西平逃歸苑川，南涼王傉檀歸其妻子。乞伏乾歸使熾磐入朝于秦，秦主興以熾磐爲興晉太守。（第3542頁）

81. （魏主）珪乘勝進攻蒲阪，秦晉公緒固守不戰。（第3544頁）

82. 元興二年（弘始五年，403）八月，（齊難）徙（呂）隆宗族、僚屬及民萬戶于長安。（第3551頁）

83. 義熙元年（弘始七年，405）正月，劉懷肅追斬馮該於石城，桓謙、桓怡、桓蔚、桓謐、何澹之、溫楷皆奔秦。（第3579頁）

84. （南燕主）備德聞納有遺腹子在秦，遣濟陰人吳辯往視之，辯因鄉人宗正謙賣卜在長安，以告超。超不敢告其母妻，潛與謙變姓名逃歸南燕。（第3584頁）

85. 義熙二年（弘始八年，406），（傉檀別駕宗敞）因薦本州文武名士十餘人；檀嘉納之。（第3591頁）

86. 義熙三年（弘始九年，407）四月，（氐王楊盛以平北將軍苻宣爲梁州督護，將兵入漢中，秦梁州別駕呂瑩等起兵應之；）刺史王敏攻之。（第3596頁）

87. 十月，秦以乞伏熾盤行河州刺史。（第3602頁）

88. 南燕主超使左僕射張華、給事中宗正元獻太樂伎一百二十人於秦，秦王興乃還超母妻，厚其資禮而遣之，超親帥六宮迎於馬耳關。（第3602頁）

89. 四年（弘始十年，408）五月，[（譙）縱上表請桓謙於秦，欲與之共擊劉裕。〕秦王興以問謙，謙曰：“臣之累世，著恩荊、楚，若得因巴、蜀之資，順流東下，士民必翕然響應。”興曰：“小水不容巨魚，若縱之才力自足辦事，亦不假君以爲鱗翼。宜自求多福。”遂遣之。謙至成都，虛懷引士；縱疑之，置於龍格，使人守之。謙泣謂諸弟曰：“姚主之言神矣！”（第3606頁）

90. 義熙四年（弘始十年，408），姜紀言於（姚）弼曰：“今王師聲言討勃勃，俘檀猶豫，守備未嚴，願給輕騎五千，掩其城門，則山澤之民皆爲吾有，孤城無援，可坐克也。”（第3607頁）

91.（禿髮）俘檀嬰城固守，出奇兵擊（姚）弼，破之，弼退據西苑。（第3608頁）

92. 義熙五年（弘始十一年，409）正月，乞伏熾磐入見秦太原公懿於上邽，彭奚念乘虛伐之。熾磐聞之，怒，不告懿而歸，擊奚念，破之，遂圍枹罕。（第3613頁）

93. 乞伏乾歸從秦王興如平涼。（第3613頁）

94. 七月，（劉）裕笑曰：“此是兵機，非卿所解，故不相語耳。夫兵貴神速，彼若審能赴救，必畏我知，寧容先遣信命，逆設此言！是自張大之辭也。晉師不出，爲日久矣。羌見伐齊，殆將內懼，自保不暇，何能救人邪！”（第3619頁）

95. 長水校尉王蒲勤（韓）範奔秦，範曰：“劉裕起布衣，滅桓玄，復晉室，今興師伐燕，所向崩潰，此殆天授，非人力也。燕亡，則秦爲之次矣，吾不可以再辱。”（第3620頁）

96. 義熙七年（弘始十三年，411）正月，（秦王興曰：“自古帝王之興，）隨時任才，皆能致治。”（第3643頁）

97. 義熙八年（弘始十四年，412）六月，（秦人多勸秦王興乘亂取平昌公熾磐，）興曰：“伐人喪，非禮也。”（第3650頁）

98. 義熙九年（弘始十五年，413）三月，秦太尉索稜以隴西降（河南王）熾磐，熾磐以稜爲太傅。（第3658頁）

99. 十一月，魏主嗣遣使請昏於秦，秦王興許之。（第3663頁）

100. 義熙十一年（弘始十七年，415）三月，（司馬）休之至長安，秦王興以爲揚州刺史，使侵擾襄陽。侍御史唐盛言於興曰：“據符讖之文，司馬氏當復得河、洛。今使休之擅兵於外，猶縱魚於淵也；不如以高爵厚禮，留之京師。”興曰：“昔文王卒免羑里，高祖不斃鴻門，苟天命

所在，誰能違之！脫如符讖之言，留之適足爲害。”遂遣之。（第 3678 頁）

101. 義熙十二年（姚泓永和元年，416）正月，秦王興使魯宗之將兵寇襄陽，未至而卒。（第 3684 頁）

102. 秦洮陽公彭利和。（第 3684 頁）

103. 二月，（太子）泓曰：“臣子聞君父疾篤而端居不出，何以自安！”對曰：“全身以安社稷，孝之大者也。”泓乃止。（第 3684 頁）

104. 尹沖弟泓。（第 3685 頁）

105. 四月，西秦襄武侯曇達。（第 3686 頁）

106. 秦秦州刺史姚艾。（第 3686 頁）

107. 十月，秦陳留公洸。（第 3693 頁）

108. （秦）寧朔將軍趙玄。（第 3694 頁）

109. （秦陳留公洸司馬姚禹陰與檀道濟通，主簿閻恢、楊虔，皆禹之黨也，共嫉趙玄，）言於洸曰：“殿下以英武之略，受任方面；今嬰城示弱，得無爲朝廷所責乎！”（第 3694 頁）

110. 西秦王熾磐使秦州刺史王松壽鎮馬頭，以逼秦之上邽。（第 3695 頁）

111. （寧東將軍姚成都）遣使讓（姚）懿曰：“明公以至親當重任，國危不能救，而更圖非望；三祖之靈，其肯佑明公乎！成都將糾合義兵，往見明公於河上耳。”（第 3696 頁）

112. 義熙十三年（永和二年，417）正月，（沈林子謂檀道濟曰：“王鎮惡在潼關，勢孤力弱，不如與鎮惡合勢并力以爭潼關；若得之，）尹昭不攻自潰矣。”（第 3700 頁）

113. 三月，（秦魯公）紹退屯定城，據險拒守，謂諸將曰：“道濟等兵力不多，懸軍深入，不過堅壁以待繼援。吾分軍絕其糧道，可坐禽也。”（第 3701 頁）

114. （姚）鸞遣尹雅將兵與晉戰於關南，爲晉兵所獲，將殺之。雅曰：“雅前日已當死，幸得脫至今，死固甘心。然夷、夏雖殊，君臣之義一也。晉以大義行師，獨不使秦有守節之臣乎！”乃免之。（第 3701 頁）

115. 東平公讚。（第 3701 頁）

116. （太尉裕遣使假道於魏；秦主泓亦遣使請救於魏。魏主嗣使羣臣議之，）皆曰：“秦，婚姻之國，不可不救也。”（第 3701—3702 頁）

117. 博士祭酒崔浩曰：“南北異俗，借使國家棄恆山以南，裕必不能以吳、越之兵與吾爭守河北之地，安能爲吾患乎！”（第 3702 頁）

118. 九月，（太尉裕收秦）記里鼓、指南車送詣建康。（第 3709 頁）

119. 十月，西秦王熾磐遣左丞相曇達等擊秦故將姚艾，艾遣使稱藩，熾磐以艾爲征東大將軍、秦州牧。徵王松壽爲尚書左僕射。（第 3712 頁）